동아시아 지역질서의 변화와 한국의 선택

동아시아 지역질서의 변화와 한국의 선택

변창구 지음

한국학술정보(주)

오늘날 동아시아는 세계에서 가장 역동적인 변화와 발전을 거듭하면서 새로운 지역질서를 모색하고 있다는 점에서 비상한 관심을 모으고 있다. 세계 2위의 경제대국으로 발전하여 미국과 함께 '차이메리카(Chimerica)' 시대를 주도하면서 장차 '팍스 시니카(Pax-Sinica)' 시대를 꿈꾸고 있는 중국, 전쟁의 폐허를 딛고 눈부신 경제발전과 정치적 민주화를 이룩한 한국과 일본, 그리고 사회문화적 이질성과 경제적·정치적 격차에도 불구하고 매우 성공적인 지역협력체로 발전을 거듭하면서 아시아·태평양지역의 국제정치경제에 막강한 영향력을 행사하고 있는 ASEAN 국가들의 모습은 참으로 놀라운 것이 아닐 수 없다.

이 책은 이처럼 놀라운 변화와 발전을 통하여 새로운 동아시아 지역질서를 모색해 가고 있는 주요 국가들의 인식과 전략을 정확히 인식하고, 이를 바탕으로 한국이 나아가야 할 바람직한 선택과 전략이 무엇인지를 학술적으로 연구할 필요가 있다는 문제의식에서 기획되었다. 이에 따라 필자는 단행본의 발간을 위하여, 첫째, 새로운 동아시아 지역질서의 형성에 가장 큰 영향력을 행사하고 있는 미국·중국·일본 등 강대국들, 둘째, 지금까지 동아시아 지역통합과정에서 주도적 역할을 하고 있는 ASEAN, 셋째, 강대국과 약소국 사이에서 가교적 역할을 하면서 독자적 역할공간의 확장을 모색하고 있는 중견국(middle power)으로서의 한국 등, 세 그룹의 행위자들에 관심을 집중하여 연구를 진행하여 왔으며, 그 결과물들을 이 분야의 주요 학술지에 발표하였다. 따라서 여기에 실려 있는 대부분의 글들은 최근까지 국제문제 및 정치외교 관련 주요 학술지에 발표된 것들로서 시의에 맞게 수정 및 보완된 것들이며, 전체적 통일성을 갖추기 위하여 필요한 일부 부족한 논제들은 새로이 작성하였다.

이와 같은 기획과정을 거쳐서 탄생하게 된 이 책은 모두 4부 13장으로 구성되어 있는데, 제1부 '동아시아 지역주의와 지역통합이론'에서는 동아시아 국가들 간에 이루어지고 있는 협력과 통합의 노력들을 이해하기 위한 이론적 관점들을 다루고 있는데, 현실주의 · 자유주의 · 구성주의 등 다양한 이론적 시각과 접근법을 통하여 실제 이루어지고 있는 통합의 과정을 조명해 보았다.

다음으로 제2부 '동아시아 지역질서와 강대국'에서는 현재 이 지역의 국제관계는 물론이고 향후 새로운 질서 형성에 있어서 가장 큰 영향력을 행사하게 될 강대국 행위자들, 즉 미국 · 중국 · 일본의 개별적인 동아시아전략 및 그들 상호 간의 관계를 중점적으로 다루었다. 특히 여기에서는 최근 이 지역의 패권을 둘러싸고 점차 심화되고 있는 중국과 미국 간의 갈등과 경쟁의 원인 및 양상도 함께 논의하였다.

제3부 '동아시아 지역질서와 ASEAN'에서는 내적으로 회원국들의 결속을 통하여 ASEAN공동체를 추진하는 한편, 외적으로는 동아시아 지역통합에 이니셔티브를 취하면서 APT와 EAS를 출범시키는 등 집단적 결속의 힘을 과시하면서 통합에 주도적 역할을 수행하는 동시에, 점차 자신의 입지를 확장시켜 나가고 있는 ASEAN의 인식과 전략을 동남아 및 동아시아 지역통합 이슈들을 중심으로 논의하였다.

마지막 제4부 '동아시아 지역질서와 한국'은 결론 부분이라고 할 수 있는데, 지금까지 논의한 동아시아 지역질서 변화에 대응하여 우리는 국가와 민족의 생존과 번영을 위하여 어떠한 전략을 선택하여야 할 것인가를 모색하였다. 특히 여기에서는 현 정부에서 추진하고 있는 신아시아외교, 이 지역 국가들 간에 논의가 활성화되고 있는 동아시아공동체 구축과 한국의 전략, 그리고 최근 비상한 관심을 모으고 있는 한반도 평화의 안정적 관리, 즉 북한의 급변사태에 대처하기 위한 안보외교전략을 모색해 보았다.

이상과 같은 구성과 내용을 담고 있는 이 책은 주로 최근 이슈들을 중점적으로 논의함으로써 향후 동아시아 지역질서의 향방을 가늠하는데 도움을 주고자 하였다. 이 지역에 관심 있는 동학제현들의 연구에 일조할 수 있기를 기대하면서 부족한 부분은 계속 관심을 가지고 보완해 나가고자 한다. 끝으로 시장성이 크지 않은 학술서적의 출판을 흔쾌히 허락해주신 한국학술정보(주)의 채종준 사장님과 편집진 여러분에게 감사의 말씀을 드린다.

2011년 8월

강촌마을 서재에서

변창구

AC: ASEAN Community

ACFTA: ASEAN-China Free Trade Agreement

ADB: Asian Development Bank

AEC: ASEAN Economic Community

AFTA: ASEAN Free Trade Area

AMF: Asia Monetary Fund

APC: Asia Pacific Community

APEC: Asia-Pacific Economic Cooperation

APT: ASEAN Plus Three

ARF: ASEAN Regional Forum

ASC: ASEAN Security Community

ASCC: ASEAN Socio-Cultural Community

ASEAN: Association of Southeast Asian Nations

ASEAN-AMM: ASEAN Annual Ministerial Meeting

ASEAN-PMC: ASEAN Post Ministerial Meeting

ASEAN-SOM: ASEAN Senior Official Meeting

BFA: Boao Forum for Asia

CAFTA: China-ASEAN Free Trade Agreement

CEPT: Common Effective Preferential Tariff

CMI: Chiang Mai Initiative

CSCAP: Council for Security Cooperation in the Asia-Pacific

CSCE: Conference on Security and Cooperation in Europe

EAC: East Asian Community

EAEC: East Asia Economic Caucus

EAEG: East Asia Economic Group

EAF: East Asia Forum

EAFTA: East Asia Free Trade Area

EAI: Enterprise for ASEAN Initiative

EAS: East Asia Summit

EASI: East Asia Strategic Initiative

EAVG: East Asia Vision Group

EC: European Community

EEZ: Exclusive Economic Zone

EU: European Union

FDI: Foreign Direct Investment

EPA: Economic Partnership Agreement

FTA: Free Trade Agreement

FTAA: Free Trade Area of the Americas

GMS: Greater Mekong Subregion

ICWG: International Crisis Watch Group

IMF: International Monetary Fund

LMI: Lower Mekong Initiative

NAFTA: North America Free Trade Area

NATO: North Atlantic Treaty Organization

NEACD: North East Asia Security Dialogue

NEAT: Network of East Asia Think-Tanks

NPT: Non-Proliferation Treaty

NSC: National Security Council

MOU: Memorandum of Understanding

ODA: Official Development Assistance

OECD: Organization for Economic Cooperation and Development

OSCE: Organization for Security and Cooperation in Europe

PKO: Peace Keeping Operation

SCO: Shanghai Cooperation Organization

SIPRI: Stockholm International Peace Research Institute

SEANWFZ: Southeast Asia Nuclear Weapon Free Zone

TAC: Treaty of Amity and Cooperation in Southeast Asia

WMD: Weapon of Mass Destruction

WTO: World Trade Organization

ZOPFAN: Zone of Peace, Freedom and Neutrality

목 차

머리말 / 4
약어표 / 8

제1부 동아시아 지역주의와 지역통합이론

제1장 동아시아 지역주의와 지역통합의 향방 / 19

1. 서 론_19
2. 동아시아 지역주의의 이론적 배경_21
3. 동아시아 지역주의와 통합논의의 진전_25
4. 동아시아 지역통합에 대한 평가_33
5. 결 론: 동아시아 지역통합의 향방_42

제2장 구성주의 이론과 동남아시아 지역통합 / 47

1. 서 론_47
2. 지역통합에 대한 구성주의적 시각_49
3. 지역통합의 추동력으로서 ASEAN의 집단적 정체성_55
4. ASEAN 공동체 형성을 위한 구성주의적 함의_62
5. 결 론_69

제3장 동아시아공동체 형성과 지역통합이론 / 72

1. 서 론_72

2. 지역통합이론에서 보는 지역공동체_74

3. 동아시아공동체 담론의 제도화_83

4. 지역통합이론의 함의와 시사점_88

5. 결 론_94

제2부 동아시아 지역질서와 강대국

제4장 미국의 동아시아 안보전략과 다자주의 / 99

1. 서 론_99

2. 다자주의와 일방주의의 개념_101

3. 동아시아 안보전략의 기반: 양자주의_104

4. 전략환경의 변화와 다자주의의 모색_109

5. 동아시아 다자주의 안보전략의 특성_121

6. 결 론_126

제5장 중국의 동아시아 전략과 동아시아공동체 구상 / 130

1. 서 론_130

2. 중국의 동아시아 인식과 전략의 기조_132

3. 중국의 동아시아 지역주의와 공동체 인식_139

4. APT와 EAS를 통해서 본 동아시아공동체 구상_144

5. 결 론_150

제6장 일본의 동아시아 다자안보외교 / 153

1. 서 론_153
2. 다자주의와 다자안보협력_156
3. 일본의 동아시아 다자안보외교_162
4. 일본의 다자안보외교에 대한 평가_172
5. 결 론: 일본의 다자안보외교의 향방_176

제7장 동아시아 지역통합과 중·일 관계의 양면성 / 179

1. 서 론_179
2. 동아시아 지역통합에 대한 중·일의 이론적 시각_181
3. 동아시아 지역통합의 파트너로서 중·일 관계_186
4. 동아시아 지역패권의 경쟁자로서 중·일 관계_191
5. 결 론_197

제3부 동아시아 지역질서와 ASEAN

제8장 중국의 부상과 ASEAN의 대응 / 205

1. 서 론_205
2. 중국의 부상을 보는 이론적 관점_207
3. 중국의 부상에 대한 ASEAN의 위협 인식_214
4. 중국의 부상에 대한 ASEAN의 기회 인식_219
5. ASEAN의 대응 전략_225

6. 결 론_230

제9장 동아시아공동체 담론의 제도화와 ASEAN / 233

1. 서 론_233
2. ASEAN의 동아시아공동체 담론의 발전_235
3. 동아시아공동체에 대한 ASEAN의 인식과 입장_241
4. 동아시아공동체의 제도화에 대한 ASEAN의 전략_246
5. 결 론_254

제10장 미·중 패권경쟁과 ASEAN의 선택 / 257

1. 서 론_257
2. 중국의 부상과 미·중 패권경쟁의 요인_259
3. 동남아시아에 있어서 미·중 패권경쟁의 양상과 실태_267
4. 미·중 패권경쟁에 대한 ASEAN의 인식과 선택_283
5. 결 론_289

제4부 동아시아 지역질서와 한국

제11장 한국의 신아시아외교와 ASEAN / 295

1. 서 론_295
2. 신아시아외교의 추진배경과 방향_297
3. 신아시아외교에 있어서 ASEAN의 중요성_301

  4. 이명박 정부에서의 ASEAN 외교_305
  5. ASEAN 외교의 발전방안 모색_310
  6. 결 론_315

제12장 한국과 동아시아공동체의 구축 / 319

  1. 서 론_319
  2. 한국의 동아시아공동체 구축 의의_321
  3. 동아시아공동체 논의와 관계국의 입장_326
  4. 한국의 동아시아공동체 구축 전략_331
  5. 결 론_339

제13장 북한의 급변사태와 한국의 안보외교전략 / 342

  1. 서 론_342
  2. 북한 급변사태의 예상 형태와 가능성_344
  3. 북한 급변사태의 안보적 영향_349
  4. 한국의 안보외교전략 모색_357
  5. 결 론_364

참고문헌 / 369

제 **1** 부

동아시아 지역주의와 지역통합이론

제1장

동아시아 지역주의와
지역통합의 향방

1. 서 론

오늘날 세계 각 지역에서 더욱 심화되고 있는 지역주의(regionalism) 내지 지역통합(regional integration) 현상은 탈냉전 세계화시대의 국제정치경제적 특징 가운데 하나로 자리 잡고 있다. EU · ASEAN · NAFTA와 같은 기존의 지역통합체들은 통합의 수준을 더욱 높여가고 있는 한편, 세계 도처에서 새로운 지역적 차원의 자유무역협정(FTA: Free Trade Agreement)이 크게 증가하고 있다. 이러한 현상은 급변하는 국제정치경제 환경에 대처하는 국가전략의 하나로서 그 효용성이 크기 때문인데, 그것은 지역통합에 참여하는 국가의 입장에서 볼 때 역내적으로는 자유화의 이익을 얻을 수 있고, 역외적으로는 대외협상력(external bargaining power)을 제고시켜주기 때문이다.

그렇다면 '동아시아(East Asia)'[1) 지역에 있어서의 지역주의 내지 지역통합의 현황은 어떠한가? 동아시아지역은 유럽과는 달리 정치 ·

경제 · 문화 · 종교 · 종족 면에서 다양성과 이질성이 존재할 뿐만 아니라, 역사적인 대립과 갈등의 경험으로 인하여 지역적 차원에서의 통합논의가 매우 어려웠던 것이 사실이다. 그러나 동아시아지역의 국가들도 21세기의 '세계화(globalization)'와 '지역화(regionalization)' 추세에 대응하여 공동 번영하기 위해서는 역내국가 간의 협력이 무엇보다도 중요하다는 사실을 인식하게 되었다. 특히 1997년 7월 태국의 바트(Bhat)화 폭락으로 시작된 금융위기는 인도네시아 · 말레이시아 · 필리핀 · 한국 등 동아시아 전역으로 확대되면서 지역적 차원에서 공동대응의 필요성을 인식시킨 결정적 계기를 제공해 줌으로써 지역협력을 본격적으로 모색하게 되었다.

이 글은 이처럼 최근 비상한 관심을 모으고 있는 동아시아 지역통합 내지 '동아시아공동체(EAC: East Asian Community)' 형성에 대한 논의 및 추진 전략과 그 과정을 관계당사국의 이해관계를 중심으로 지금까지의 성과를 평가해보고, 향후 지역통합의 향방이 어떻게 될 것인지를 전망해 보는 데 그 목적이 있다. 이를 위하여 먼저 동아시아 지역주의와 지역통합에 관한 이론적 배경을 살펴보고, 이러한 이론과 관련하여 실제 정치엘리트들에 의해 제안, 추진되어 온 다양한 구상들을 검토하고자 한다. 특히 동아시아 지역협력과정은 이 지역의 정치지도자들에 의해 제안되어 각종 회동을 통하여 논의, 추진되어 왔다는 점에서 정치엘리트들의 지역주의에 대한 인식과 접근태도는 매우 중요하다. 그리고 마지막으로 현 단계에서 동아시아 지역협력의 성과를

---

1) 여기에서 사용되는 동아시아(East Asia)라는 지역은 동북아시아(Northeast Asia)와 동남아시아(Southeast Asia)를 포괄하는 개념으로서 지역적 정체성(identity)과 공동체(community) 형성의 토대가 되고 있는 지역을 의미한다.

어떻게 평가할 수 있는지를 분석해 보고, 동아시아 지역통합과정에 개입되어 있는 다양한 촉진요인과 제약요인들을 검토해 봄으로써 향후 동아시아 지역통합의 향방을 전망해 보고자 한다.

2. 동아시아 지역주의의 이론적 배경

일반적으로 지역주의와 지역통합은 참여국에게 개별 국가의 한계성을 극복하여 집단적 힘과 협상력을 제고시켜줌으로써 역외압력을 극복하는 동시에 역내 회원국 간의 공동체의식과 자유화의 이익을 향유하게 한다. 마찬가지로 동아시아 국가들이 지역주의 발전을 통해서 달성하고자 하였던 목적도 크게 두 가지였다고 하겠는데, 그 하나는 지역연대의 공고화, 즉 지역주의의 제도화를 통해서 점증하는 신자유주의적 세계화의 압력에 효율적으로 공동 대응하자는 것이고, 다른 하나는 그것을 통해 지금까지의 국제정치경제가 아닌 '지역 간 정치경제(inter-regional political economy)' 시대의 도래에 대비하자는 것이었다.[2]

이와 같이 동아시아 지역주의를 위한 동기는 테이(Simon Tay)가 적절히 지적하고 있는 바와 같이 기능적 필요성, 지역적 정체성, 지정학적 중요성 등의 세 가지 요소가 중요하다고 볼 수 있다.[3] 먼저 기능적 필요성이라는 측면에서의 동기는 상호의존이 점차 증대하는 지역경제와 그에 수반하는 정치적 힘을 관리하고 협력을 더욱 심화시키는

---

2) 최태욱, 『한미 FTA와 동아시아 지역주의』, 서울: 미래전략연구원, 2007, p. 2.

3) Simon Tay, "ASEAN Plus 3: Challenges and Cautions About a New Regionalism", in Mohamed J. Hassan, S. Leong and V. Lims(ed.), *Asia Pacific Century: Challenges and Opportunities in the 21st Century*, Kuala Lumpur: ISIS Malaysia, 2002, p. 104.

수단으로서의 동기를 말하는데, 동아시아 지역주의 내지 지역통합이라는 담론이 대두하게 된 주된 요인은 무엇보다도 이 지역 국가들의 급속한 경제성장과 이를 토대로 한 역내 교역이 크게 확대된 데에 있었다. 이처럼 새로운 형태의 지역협력은 경제성장을 촉진시키고 1997년에 발생하였던 이 지역의 외환위기와 같은 사태를 막기 위해서 필요할 뿐만 아니라, 최근 그 중요성이 크게 증대되고 있는 인권 · 마약 · 테러 · 환경 등의 문제와 같은 초국가적 이슈에 대한 지역적 차원의 대응이 필요하기 때문이다.

다음으로 '지역적 정체성(regional identity)'에 대해서는 다양한 형태로 나타나고 있는데, 말레이시아의 마하티르(Mahathir bin Mohamad)나 싱가포르의 리콴유(Lee Kuan Yew) 전 수상 등에 의해서 주장되어 온 '아시아적 가치(Asian value)'는 공통적으로 독특한 가치와 공통의 역사적 경험을 갖고 있음을 주장한다. 이에 반해 테이는 이 지역에는 정치 · 문화 · 언어 · 종교 등 그 어느 영역에서도 지속적 단일성의 역사나 공인된 공통성도 없다고 주장하면서 아시아적 가치를 담론으로 풀어가기보다는 근대화에 대한 대응의 결과로서 사람들 사이의 상호작용에 기초한 문화적 공통성을 찾는다.[4] 아차라(Amitav Acharya)는 이것을 '예외주의 없는 정체성(identity without exceptionalism)'[5]이라는 개념으로 발전시키고 있다.

이러한 동아시아 지역주의의 가치 및 정체성 문제와 관련하여 국제관계이론으로서 '구성주의(constructivism)'는 시사하는 바가 크다. 구성

---

4) Tay(2002), p. 104

5) Amitav Acharya, "Identity Without Exceptionalism: Challenges for Asian Political and International Studies", *Address to the Inaugural Workshop of the Asian Political and International Studies Association*, Kuala Lumpur, 1–2 November 2001.

주의는 국제관계에 있어서 물질적 토대 못지않게 인간의 관념(idea) · 가치(value) · 규범(norms) · 정체성(identity) 등이 중요하다는 입장을 취하는데, 개인적 행위자 수준에서는 정체성과 국가이익이 어떻게 이슈화되고 그것이 어떻게 사회적으로 구성되는지에 관심을 가지고 있기 때문이다.6) 지역주의와 지역통합에 관한 구성주의적 시각은 객관적으로 불리한 물리적 조건과 환경에도 불구하고 현실적으로 이루어지는 통합, 즉 객관적 · 물적 조건을 이용해서 설명하기 어려운 통합의 움직임을 설명하는 데 강점이 있다. 구성주의는 통합에 있어서 행위자들의 선호가 내생적으로 형성된다는 점을 강조하는데, 물적 조건에도 불구하고 행위자들은 사회화과정을 통해서 새로운 규범과 가치를 터득하고 새로운 정체성을 만들게 되며, 이를 적용하게 되는 것이다.7) 바로 이러한 구성주의자들의 인식은 동아시아 지역통합 현상을 설명하는 데 매우 유용하다. 왜냐하면 동아시아 지역은 페인(A. Payne)과 갬블 (A. Gamble)이 지적한 바와 같이 "지역주의는 구성되는 것이며, 집합적 인간의 행동에 의해서 끊임없이 재구성된다."8)고 한 것처럼, 통합의 객관적 · 물적 조건으로서 지적되어 온 사회적 · 문화적 동질성이 결여되어 있을 뿐만 아니라, 역사적 갈등의 경험으로 인하여 상호 불신이 존재하는 여건 속에서도 지역 정치엘리트들이 새로운 아이디어

6) 구성주의에 대해서는 Alexander Wendt, *Social Theory of International Politics,* Cambridge: Cambridge University Press, 1999; John G. Ruggie, *Constructing the World Polity: Essays on International Institutionalization,* London: Routledge, 1998; Maja Zehfuss, *Constructivism in International Relations: The Politic of Reality*, Cambridge: Cambridge University Press, 2002. 등을 참조할 것.

7) 최영종, 『동아시아 지역통합과 한국의 선택』, 서울: 고려대학교 아연출판부, 2003, pp. 57 - 63.

8) Anthony Payne & Andrew Gamble, *Regionalism and World Order,* Houndmills: Macmillan Press, 1996, p. 17.

를 가지고 새로운 가치를 창출해 나가고 있기 때문이다.

마지막으로 지정학적 동기는 동아시아지역이 세계에서 차지하는 비중을 증대시킬 필요성을 강조하면서 지역주의가 미국의 영향력을 축소시킬 수 있을 것이라고 기대한다. 버그스텐(C. F. Bergsten)은 외부제도들, 특히 워싱턴에 기반을 둔 국제통화제도(IFI: International Financial Institutions)나 미국 당국 그리고 이 둘의 본을 받은 사적시장 등에 과도한 의존을 줄이려는 열망을 지적한다.9) 이는 경제적 위기의 재발과 미국에 대한 과도한 의존을 피하고자 하는 열망인 동시에, 미국의 오만함과 절대불멸의 신념 그리고 동아시아의 일상에서 과도할 정도로 자주 나타나는 미국이라는 존재에 대해 강한 불만을 토로하는 것이다. 동아시아 지역주의는 바로 이러한 정서, 계산 그리고 새로운 물질적 기반을 융합시키고자 하는 것이다.10)

이러한 맥락에서 역외로부터의 위협이나 압력이 지역통합의 촉진요인이 될 수 있다는 점에 주목해야 한다. 홀스티(K. J. Holsti)는 국가간 협력과 통합은 외부로부터의 공통된 위협, 개별적으로 대처하기 힘든 이슈의 발생 등에 의해 촉발되고 활성화된다고 하였다.11) 또한 유럽통합을 설명하는 많은 이론가들도 소련으로부터의 위협과 미국의지원이 초기단계의 유럽통합과정에서 가장 중요한 촉매제 역할을 하였음을 지적한다.12) 역시 마찬가지로 1967년 동남아시아 지역통합체

---

9) C. Fred Bergsten, "The New Asian Challenge", *in Institute for International Economics Working Paper*, 2000, p. 3.

10) Paul Evans, "East Asian Regionalism: Supplement or Alternative to an American Centered Pacific Order?", *in Building an East Asian Community: Visions and Strategies*, Annual International Conference, Asiatic Research Center, Korea University, 2002, p. 136.

11) K. J. Holsti, *International Politics: A Framework for Analysis*, Englewood Cliffs: Prentice Hall, 1995, pp. 362 – 363.

인 ASEAN의 창립배경에는 공산주의의 위협이라는 공동의 외부압력이 있었으며, 동아시아 지역통합을 본격적으로 거론하기 시작한 것도 1997년 이 지역의 금융위기가 계기가 되었다는 사실은 이를 뒷받침한다. 따라서 동아시아지역 통합과정에 있어서 역외로부터의 위협이나 압력 또는 강력한 힘을 가진 외부 행위자라는 변수에 대한 검토는 여기에서도 중요한 분석 대상이 된다.

3. 동아시아 지역주의와 통합논의의 진전

동아시아 지역주의와 지역통합에 대한 최초의 제안은 경제적 차원에서 시작되었는데, 그것은 1990년 12월 말레이시아의 마하티르 수상에 의한 동아시아경제그룹(EAEG: East Asia Economic Group) 구상이었다. 이 구상은 당시 유럽공동체(EC: European Community)나 NAFTA의 진전에 대항하기 위한 목적으로 동남아국가들과 한국·중국·일본을 포함하여 경제통합체를 추진하려는 것이었다. 그러나 이 구상은 오스트레일리아와 뉴질랜드 및 미국이 제외되어 있었기 때문에 이들은 배타적 경제블록화를 결성하려는 것이라고 강력히 비판하였는데, 특히 미국은 1991년 11월 당시 베이커(J. Baker) 국무장관을 통해 한국과 일본의 통상장관들에게 EAEG의 불참을 요청한 바 있으며, 1992년 1월 부시(G. Bush) 대통령은 싱가포르 및 일본 방문을 통하여 EAEG를 무역장벽으로 간주한다고 경고하였다.

---

12) Andrew Moravcsik, *The Choice for Europe*, Ithaca: Cornell University Press, 1998, pp. 27 - 35.

이러한 미국의 강력한 반대로 인하여 EAEG는 ASEAN 내부에서
도 절대적인 지지를 얻지 못하였다. 따라서 마하티르는 ASEAN 내부
의 지지를 끌어내기 위해서 당초의 경제블록체의 성격을 크게 완화시
킨 동아시아경제협의체(EAEC: East Asia Economic Caucus)로 전환
하였다. 그럼에도 불구하고 이들의 비판은 여전히 강하였는데, 결국
일본이 미국의 압력으로 미국과 같은 입장을 표명함에 따라 무산되고
말았다.

그런데 1997년 7월 태국에서 촉발된 외환위기가 말레이시아·인도
네시아·필리핀 등 동남아국가들은 물론이고 동북아지역의 한국의 금
융위기를 일으켜 동아시아 전역으로 확산됨으로써 동아시아지역 통합
논의를 재활성화시키는 중요한 계기를 제공하였다. ASEAN은 통화위
기 발생 직후인 1997년 쿠알라룸푸르에서 한국·중국·일본의 정상
들을 초청하여 비공식 정상회담을 개최하였으며, 이를 계기로 매년
ASEAN+3(APT: ASEAN Plus Three) 비공식정상회의가 열리게 되
었다. 말레이시아의 마하티르는 APT를 그가 1990년 제안하였던
'EAEG의 사실상의 부활'[13])이라고 주장한 데서도 알 수 있듯이, 양자
간에는 비록 제도적 연속성은 없으나 동일한 지역 범주의 참여대상국
을 상정하고 있다는 점에서 주목할 만하다.

1998년 12월 하노이에서 개최된 제2차 APT 정상회의에서 김대중
대통령은 동아시아 경제위기 극복을 목적으로 Track Ⅱ 차원의 동아

---

13) 마하티르는 2006년에 쓴 한 기고문에서 "한국의 김대중 대통령이 ASEAN의 대화 상
대로서 동북아 3개국이 ASEAN과 대화해야 한다고 제안하였다. 그가 동아시아 그룹핑
(grouping)에 대해서 직접 언급하지는 않았지만, 이 모임은 ASEAN Plus Three라고
불렀고, 이는 사실상 EAEG의 부활이었다(Mahathir Mohamad, "Let Asian Build Their
Own Future Regionalism", *Global Asia*, Vol. 1, No. 1. 2006, p. 14)."고 주장하였다.

시아비전그룹(EAVG: East Asia Vision Group)을 제안하여 참가국의 동의를 얻어 1999년부터 활동을 시작하였나. 이 회남에서는 역내국가들의 거시경제정책을 조화시킴으로써 환율 불안정요인을 제거하고, 외환위기 재발방지를 위한 단기자본 유·출입에 대한 규제 등이 역내 공동현안으로 제기됨으로써 역내문제를 본격적으로 논의할 수 있는 제도적 기반을 구축하는 데 결정적 역할을 할 수 있었다.[14] 또한 1999년 마닐라에서 열린 제3차 APT정상회담에서는 동아시아지역의 금융·통화·재정 등 포괄적 금융협력 추진을 합의하였고, 2000년 5월 태국의 치앙마이에서 열린 APT재무장관회의에서는 역내금융위기 예방시스템인 '치앙마이 이니셔티브(CMI: Chiang Mai Initiative)'[15]를 채택하였는데, 이 CMI에 의하여 외화가 부족한 나라의 경우 양자 간에 상호 자금을 융통하는 '통화스와프협정(Currency Swap Agreement)'이 체결되었고, 2003년에는 양자 간 협정이 모두 체결되어 그 총액은 365억 달러에 달하였다. 이 양자 간 통화스와프협정은 2007년까지 총 800억 달러 규모로 확대되었다. 나아가 2001년 제5차 APT회의에서는 그동안 EAVG가 활동한 결과보고서인 '동아시아공동체 – 평화·번영·진보의 지역'[16]이라는 이름의 보고서를 통하여 EAC 구축을

---

14) 권율, "동아시아 지역주의: ASEAN의 시각과 전략", 『동남아시아연구』, 제14권 1호, 2004, p. 10.

15) '치앙마이 이니셔티브'에서는 두 가지 중요한 합의사항이 발표되었는데, 그 하나는 자본의 흐름에 대한 데이터를 교환하는 것이었고, 다른 하나는 동남아국가들에게만 적용되던 기존의 통화스와프협정을 확대하여 모든 동아시아 국가로 확대하는 것이었다. 자세한 내용은 Wang Seok-Dong, "Regional Financial Cooperation in East Asia: The Chiang Mai Initiative and the Beyond", *Bulletin on Asia-Pacific Perspectives 2002/2003*, 2002, pp. 89 – 99 참조.

16) EAVG의 결과보고서에 대한 구체적 내용은 *Toward an East Asian Community-Region of Peace, Prosperity and Progress*, East Asia Vision Group Report, 2001. 참조.

선언함으로써 공동체 추진 논의가 본격적으로 시작되었다. 특히 이 보고서에서는 기존의 APT체제를 향후 동아시아정상회의(EAS: East Asia Summit) 체제로 전환하자는 제안도 담겨져 있었다.

그러나 2005년 제9차 APT회의에 이어서 최초로 열린 제1차 EAS 회의는 당초 EAVG에서 제안한 것과는 다르게 출범되었다. APT의 EAS로의 전환과 EAS의 조기 개최를 추진하였던 말레이시아와 중국에 반해서 유보적 태도를 취했던 일본·인도네시아·싱가포르 등은 중국의 영향력 확대를 우려하여 역외의 인도·오스트레일리아·뉴질랜드·러시아·미국 등의 참여를 주장함으로써 민감한 '외교쟁점으로 부상'[17]하였는데, 이 논란은 결국 2005년 4월 필리핀 세부에서 열린 ASEAN 비공식 외상회의에서 정리되었다. 즉, EAS의 신규 참여국 기준으로서, 첫째, ASEAN의 대화파트너 국가이고, 둘째, ASEAN과 실질적인 협력관계를 맺고 있어야 하며, 셋째, 동남아우호협력조약 (TAC: Treaty of Amity and Cooperation in Southeast Asia)에 가입한 국가 등으로 제한하였다.[18] 이러한 기준에 따라 기존의 APT 참여국 외에 인도·오스트레일리아·뉴질랜드가 추가로 가입하게 되었던 것이다. 이처럼 비동아시아지역 국가들이 참여하게 된 것은 동아시아의 블록화에 일관되게 반대해 온 미국의 지원을 받은 일본이 찬성하였

---

17) 2005년 말레이시아에서 최초로 개최된 EAS에 오스트레일리아와 뉴질랜드 및 인도가 참여한 것에 대해서 마하티르는 "오스트레일리아는 동아시아의 견해가 아닌 미국의 견해를 대변한다(*Business Times*(Singapore), December 8, 2005)."고 하면서 동아시아의 지역적 범주가 확대된 것에 대해서 강한 비판을 하였다. 또한 중국은 특히 인도의 참여를 우려하였는데, 그 이유는 인도가 강대국으로 부상하면서 그 영향력을 중국의 뒤뜰까지 확대시키려 하고 있을 뿐만 아니라, 인도의 동방정책(Look East Policy)이 워싱턴-도쿄-뉴델리 축을 통하여 중국을 봉쇄하고 개입하는 전략의 일환으로 추진되고 있다고 보기 때문이다(Mohan Malik, "The East Asia Summit", *Australian Journal of International Affairs*", Vol. 60, No. 2, 2006, p. 209).

18) 자세한 내용은 *ASEAN Ministerial Meeting*, Cebu, the Philippines. 11 April 2005. 참조.

기 때문인데, 그 결과 동아시아지역 국가들 간의 협의체라는 지역적 정체성이 상당히 약화되었다.

이러한 상황 변화에 따라 중국과 말레이시아는 기존의 입장을 바꾸어서 회원국의 완전개방이라는 카드로 응수에 나섰다. 이들은 EAS가 3개 역외 국가들을 받아들인 이상 동아시아 지역협력에 있어서 더 이상 실질적 의미가 없다는 판단하에 회원국을 더욱 확대시킴으로써 무의미한 회의체로 방기하려는 의도를 갖게 된 것으로 보인다.19) 이뿐만 아니라 이미 회원국 확대를 주장하였던 일본과 싱가포르도 미국과 유럽 국가들까지 확대하여 동아시아 지역협력에 기여할 수 있도록 해야 한다고 주장하였다. 반면 인도네시아와 같은 일부 국가만이 EAS가 역내 현안 해결을 위한 수단이 되어야 함을 강조하면서 회원국 확대에 반대하고 있을 뿐이다. 이미 2011년 EAS회의에서부터 미국의 참여를 허용하기로 결정한 데서 알수 있는 바와 같이 향후에는 보다 많은 국가들이 EAS에 참여하게 될 가능성이 높다고 보이지만, 이것이 곧 동아시아 지역통합에 긍정적 기여를 할 것인지는 별개의 문제이다. 그러나 우리는 이 제1차 EAS회의가 향후 동아시아 지역주의와 지역통합 과정에 새로운 전환점을 마련하고 있다는 점에 주목할 필요가 있다. 즉, 이 회의를 통하여 참여국들은 ASEAN · APT · EAS의 역할분담에 관한 중요한 운영원칙을 천명하였는데, 그것은 첫째, 향후 EAC 형성에 있어서 ASEAN이 주도적 역할을 담당하고, 둘째, 기존의 APT는 앞으로도 EAC 형성에 있어서 주된 메커니즘이 될 것이며, 셋째, EAS는 보완적 장치로서 이 지역의 공동체 형성에 있어서 의미 있는 역할을

---

19) 배긍찬, 『동아시아 지역협력과 미국 변수』, 서울: 외교안보연구원. 2006, pp. 15 - 16.

담당한다는 것이었다.[20]

그런데 이 운영원칙에서 주목해야 할 것은 동아시아 지역통합과정에서 ASEAN이 주도적 역할을 담당한다는 사실을 밝혔다는 데에 있다. 이 원칙은 이미 2005년 12월에 개최된 제9차 APT 정상회의 공동선언에서 'ASEAN의 추진력(driving force)을 명문화'[21]한 바 있으며, 그 이후에도 APT와 EAS 회의를 통하여 거듭 확인하고 있다. ASEAN의 입장에서 가장 중요한 것은 'ASEAN공동체(AC: ASEAN Community)'[22]이며, 이것을 전제로 하여 EAC를 생각한다고 볼 수 있다. 즉, ASEAN은 APT나 EAS 내지 EAC 추진 등 그 어느 것이라도 자신이 추진하는 AC에 장애가 되지 않아야 하며, 지역협력의 중심이 동북아지역으로 옮겨지는 것도 우려하고 있다.[23] 따라서 ASEAN은 동아시아 지역협력에 있어서 언제나 자신의 '일차적 추진력(primary driving force)'을 잃지 않으려 하는 것이다.

이러한 ASEAN의 일차적 추진력 담당은 결국 동아시아 지역통합의 접근방식이 ASEAN의 경험과 방식, 즉 동남아 지역통합을 성공적으로

---

20) *Chairman's Statements of the First East Asia Summit*, Kuala Lumpur, Malaysia, 14 December 2005.

21) 이 선언에서 APT지역협력에 있어서 ASEAN의 역할을 'ASEAN as the driving force'라고 명확히 밝히고 있다. *Chairman's Statement of the Ninth ASEAN Plus Three Summit*, Kuala Lumpur, 12 December 2005.

22) ASEAN은 2003년 10월 제9차 ASEAN 정상회의를 통하여 'ASEAN 화합선언 II (Declaration of ASEAN Concord II)'를 채택하였는데, 여기에서 ASEAN은 안보공동체, 경제공동체 및 사회·문화공동체 등 세 분야를 중심으로 ASEAN공동체 실현을 천명하였다.

23) 이러한 맥락에서 ASEAN은 동아시아지역협력에서 동북아 국가들의 비중이 높아지자 2003년 APT 정상회담에 인도를 초청하였고, 2004년에는 오스트레일리아와 뉴질랜드를 초청하였으며, 2005년에 처음으로 개최된 EAS에도 말레이시아와 같은 일부 회원국의 반대에도 불구하고 이들을 모두 참여하도록 허락함으로써 동북아국가들, 특히 중국의 영향력 확대를 견제하고자 하였다.

이끌어 온 이른바 'ASEAN 방식(ASEAN way)'으로 추진한다는 것을 의미한다. ASEAN 방식이란 지역통합의 기본원칙으로서 참여국들 간의 '자제(restraint)·존중(respect)·책임(responsibility)의 원칙'24)을 준수하는 것이며, 정책결정절차로서는 합의제(consensus)를 채택하고 있는데, 그 과정은 무샤와라(*musyawarah*)를 통한 무파카트(*mufakat*)로서 이루어지고 있다.25) 이러한 ASEAN의 지역통합 방식은 참여국들의 강한 주권의식과 민족주의 의식, 인종적·종교적·문화적 이질성과 경제적 격차 등을 반영한 것으로서 그동안 성공적인 지역통합에 기여하여 왔지만, 동시에 지역협력의 제도화가 매우 느리게 이루어질 수밖에 없는 한계를 가지고 있다. 따라서 동아시아 지역주의가 ASEAN의 경험에 기반을 둔 ASEAN 방식이 채택되고 있다는 점에서 지역통합의 제도화 속도 및 그 수준을 알 수 있는 것이다.

나아가 2007년 11월에 개최된 제11차 APT회의에서는 우선 APT 10주년을 맞이하여 '제2차 동아시아 협력에 관한 공동성명'을 발표하였는데, 여기에서 참여국들은 APT가 EAC 형성의 주된 기제로서, ASEAN이 '일차적 추진력'을 가진다는 점을 재확인하면서 향후 정치안보·경제금융·에너지·환경·기후변화·지속가능한 발전·사회문화 등의 분야에서 협력을 증진해 나가기로 하였다.26) APT회의에

---

24) 이 원칙들에 대한 자세한 설명은 Michael Antolik, *ASEAN and the Diplomacy of Accommodation*, New York: M. E. Sharp, 1990, pp. 8–9. 참조.

25) *musyawarah*는 어원(語源)으로 볼 때 아라비아어가 그 기원으로, 동남아지역에 이슬람의 전파와 함께 들어왔는데, 협의(consultation)라는 의미를 가지고 있으며, *mufakat*는 합의(consensus)라는 의미를 가지고 있다. 양자를 비교해 본다면 전자는 '의견 일치를 위한 협의의 과정'을, 그리고 후자는 협의의 결과 성립된 의견일치 그 자체 또는 그 내용을 의미한다. 山影 進, "ASEAN－10の課題と内政不干涉原則の動搖", 『國際問題』, 1999年 7月號, p. 293.

26) *Second Joint Statement on East Asia Cooperation: Building on the Foundations of*

이은 제3차 EAS에서는 역시 가장 민감하면서도 큰 관심을 끌었던 현안은 미얀마 문제였으며, 기후변화와 에너지문제도 중요한 의제로 논의되면서 지속적인 관심을 가지기로 하였으며, 이와 관련하여 '싱가포르선언'[27]이 채택되었다. 또한 향후 EAS의 발전방향으로서 '정상회의 중심의 전략적 협의체(leaders-led strategic forum)' 성격을 지니면서 ASEAN이 주도한다는 점을 거듭 확인하였다.

이상의 논의를 통하여 우리는 현 단계에서 동아시아 지역통합을 향한 진전과정에서 나타나고 있는 특징들을 몇 가지로 요약할 수 있는데, 그것은 첫째, 동아시아 지역주의는 역내의 공동관심사나 역외로부터의 위협이 촉진요인으로 작용해 왔다는 사실이다. 즉, 1997년 동아시아 전역으로 확산된 금융위기, 환경과 테러 같은 역내 공동관심사뿐만 아니라, 신자유주의적 경제세계화의 압력이나 지역주의의 심화에 공동대응할 필요성 등이 지역통합 노력에 긍정적 영향을 미쳤다는 점이다. 둘째, 동아시아 지역주의는 동북아지역이 아닌 동남아지역 국가들, 특히 동남아지역통합체로서 ASEAN이 주도적으로 제안, 추진해 왔을 뿐만 아니라, ASEAN의 리더십에 의해서 ASEAN 방식의 통합전략으로 추진되고 있다는 점이다. 셋째, 지역주의의 초기단계에서는 주로 경제협력과 통합문제에 일차적 관심을 가지고 시작되었으나, 점차 지역협력의 범위가 정치안보·사회문화적 영역으로 확대되면서 EAC의 비전까지 제시하게 되었다는 점이다. 그러나 여전히 경제협력문제가 동아시아 지역주의의 가장 큰 관심사라는 점에는 변함이 없다.

ASEAN Plus Three Cooperation, Singapore, 20 November 2007. 참조.

27) 여기에 대해서는 *Singapore Declaration on Climate Change, Energy and the Environment,* Singapore, 21 November 2007. 참조.

넷째, 동아시아 지역주의는 그 발전과정에서 APT와 EAS로 이원화되면서 양자 간의 관계 설정, 주도권문제, EAS에 역외국가 참여로 인한 지역적 정체성 문제 등이 세기되고 있고, 이는 앞으로 동아시아 지역통합의 향방에 적지 않은 영향을 미칠 수 있다는 점 등이다.

4. 동아시아 지역통합에 대한 평가

동아시아 지역주의와 통합과정에 대한 평가는 여러 가지 어려운 통합여건에도 불구하고 나름대로의 성과를 내고 있다는 점에서 긍정적인 평가를 할 수 있는 부분도 있지만, 반면에 참여국 간의 갈등과 대립, 국가이기주의, 통합전략의 문제점 등으로 지역통합의 제도화를 제약, 지체시키고 있다는 측면에서 부정적인 평가도 함께 지적할 수밖에 없다.

먼저 긍정적인 측면에서 볼 때 동아시아 지역주의와 통합논의는 이 지역 국가들 간의 협력의 가치에 관심을 유도함으로써 갈등과 대립으로 점철되어 왔던 과거의 역사적 경험으로부터 새로운 동아시아 시대를 열어가는 데에 중요한 계기를 제공하고 있다는 점에서 적지 않은 의의가 있다고 하겠다. 2001년에 발표되었던 EAVG 보고서에 의하면 동아시아의 지리적 인접성, 많은 공통의 역사적 경험, 유사한 문화적 가치와 규범들을 언급하고 있지만 구체적인 정체성의 내용을 제시하지 못하고 있으며, 오히려 협력의 장애요소에 대한 논의들이 주로 다루어지고 있다는 점을 이해한다면, 역내협력의 필요성과 가치는 아무리 강조하여도 지나치지 않을 것이다.[28]

실제로 동아시아지역 국가들 간의 역내무역의존도를 볼 때 이미 2003년도에 54.5%에 달해 NAFTA의 47.2%를 능가하여 EU의 58.1%에 육박하고 있을 정도로 경제적 상호의존이 매우 심화되고 있다는 것은 잘 알려진 사실이며, 이로 인하여 호혜적 이익의 수혜와 동시에 1997년의 외환위기와 같은 경우에는 함께 어려움을 겪게 됨으로써, 공동 대응책을 모색하였던 것이다. 당시 외환위기에서 이 지역 국가들은 IMF 구제금융의 가혹한 이행조건의 시행에 따른 고통을 경험하였고, 그 결과 아시아통화기금(AMF: Asia Monetary Fund)과 같은 지역적 협조체제와 안전망이 필요하다는 데에 인식을 같이하게 되었으며, 2008년 미국에서 시작된 금융위기가 유럽과 아시아지역 등 전 세계적으로 확산되는 조짐을 보이자 AMF의 설립 필요성이 또다시 부각되고 있다. 또한 CMI에 의해서 통화스와프협정이 체결되어 금융위기에 대한 대처 능력을 제고시켰고, 2008년 5월 4일 개최된 제11차 APT 재무장관회의에서 제안된 '아시아외환공동펀드'[29]의 설립에 따라 동아시아 금융협력은 드디어 양자체제에서 다자체제로 전환하여 지역적 협력을 더욱 강화함으로써 AMF의 창설에 한 걸음 더 접근하게 되었다.

이뿐만 아니라 동아시아 지역은 이미 '초국가적 생산네트워크(supranational production network)'가 그물망처럼 짜여 가고 있다. 실제로 일본의 다국적 기업을 중심으로 한 이 분업 네트워크는 동남아시아

---

28) 자세한 내용은 East Asia Vision Group Report(2001)를 참조할 것.

29) 이 펀드의 설립을 위하여 한·중·일본 등 3국이 80%, ASEAN 회원국들이 20%를 각각 분담하기로 하였는데, 한·중·일 3국은 최소 800억 달러를 출자하여 역내 금융위기 발생에 대비하기로 하였다. 구체적인 내용은 *Joint Ministerial Statement of the 11th ASEAN Plus Three ASEAN Ministerial Meeting*, Madrid, Spain, May 4, 2008. 을 참조할 것.

에서 중국으로 확산되어 양적·질적으로 발전하고 있다. 따라서 동아시아 지역통합이 부진하다는 평가는 공식적인 정부 간 관계에 주목했을 때이며, 비국가행위자 간의 상호연계, 특히 시장의 차원에서 이루어지고 있는 통합의 정도는 정부차원과는 대조적으로 매우 높다고 평가할 수 있겠다.[30]

한편 동아시아 지역협력의 진전은 '인간안보(human security)'와 '예방외교(preventive diplomacy)'에 기여하고 있다는 점에서도 의미가 크다. 이 지역에서 이루어지는 무역·투자·금융 등 역내경제협력은 동아시아 국가들의 경제발전과 복지를 증진시키는 동시에, 환경·마약·테러 등에 대한 공동대응은 이 지역 국민들의 인간안보의 증진에 기여하고 있다. 특히 APT나 EAS와 같은 동아시아 협력체제는 역사적 갈등과 영토분쟁을 안고 있는 이 지역 국가들 간의 갈등을 완화시켜주고 잠재적 분쟁의 현재화(懸在化)를 막아주는 예방외교적 기능을 수행한다는 점에서 그 유용성이 크다고 하겠다. 지금까지의 APT와 EAS에서의 회의과정과 의장성명을 통해서 알 수 있듯이 이 협의체들은 지역분쟁과 갈등요인들을 안정적으로 관리하는 데 적지 않은 기여를 하고 있는 것이다.

나아가 이 지역 국가들은 동아시아 지역협력을 통하여 신자유주의적 세계화의 무한경쟁이라는 도전에 직면하여 역내 공동이익을 모색함으로써 외부적 압력에 대처하는 동시에, 세계 도처에서 더욱 심화되고 있는 지역주의와 지역통합의 강화 추세에 대응하는 수단으로서 동

---

30) 이러한 현상을 동아시아 지역주의의 이중성(dualism)이라고 하는데, 비국가행위자 간의 통합을 강조한 대표적인 연구로서는 T. J. Pempel, *Remapping East Asia*, Ithaca: Cornell University Press, 2005. 참조.

아시아 지역협력 메커니즘을 활용하고 있다. 또한 오늘날 급속하게 부상하고 있는 중국이 주변 국가들의 우려와 미국의 견제를 피하기 위한 하나의 메커니즘으로서 동아시아 지역협력체를 활용하고 있듯이, 동아시아 지역주의는 참여국에게 다양한 외교적 이익을 제공해 줌으로써 존재 의의를 더욱 증대시켜주고 있다.

그러나 다른 한편에서 볼 때 현재의 동아시아 지역통합과정은 부정적 평가를 받을 만한 요인들도 적지 않다. 이 가운데 가장 큰 문제점은 동아시아 지역주의에 참여하고 있는 이 지역 국가들의 입장과 정책이 너무나 상이한 가운데에 협력하고 있는 '동상이몽(同床異夢)'의 문제이다. 특히 동아시아 지역통합과정에서 지도적 역할을 담당해야 할 중국과 일본은 동아시아 지역통합을 통한 공동이익의 구현보다는 자국의 영향력 확대라는 관점에서 지역주의 정책을 추진해 왔으며, 양국은 이 지역에 대한 패권경쟁으로 인하여 적극적인 지역통합을 주도하고 있지 못하다. 양국은 기본적으로 자신의 지역전략 내지 세계전략의 관점에서 동아시아 지역주의를 인식, 추진하고 있기 때문에 경쟁은 불가피한 측면을 띠고 있다. 예를 들어 역사적 사례에서 알 수 있듯이 중국의 '중화세계론(中華世界論)'적 질서관이나 일본의 '대동아공영권(大東亞共榮圈)'은 모두 자국중심적인 지역질서관에 입각한 것이었으며, 최근 'EAS 참여국의 범위와 EAC 형성을 둘러싼 중국과 일본의 현격한 입장의 차이'[31] 역시 자국의 영향력 확대와 상대방의 영향력 축소에 그 목적을 두고 있었던 것이다. 중국은 자신의 주도권을 확보하기 위하여 EAS 참여국의 범위를 순수한 동아시아 국가들로 구성된

---

31) 구체적인 내용은 http://www.answers.com/topic/east-asian-community(검색일: 2010. 7. 10) 참조.

기존의 APT 회원국으로 제한하자는 주장이었고, 일본은 중국의 주도
권을 희석시키기 위하여 인도 · 오스트레일리아 · 뉴질랜드 등의 가입
을 추진하었넌 것이다. 여기에는 동아시아지역에 깊은 이해관계를 가
지고 있고 일본과 특수한 관계에 있는 미국과 EAC의 관계, 즉 미국이
참여할 방법을 열어두어도 좋지 않겠는가 하는 생각이 관련되어 있는
것이다.32) 따라서 중국은 최근 EAS가 일본의 의도대로 참여국이 결
정되자 2005년 12월 인민일보를 통하여 「동아시아 정상회의: 날카로
운 분단의 그림자」라는 제목의 논설을 통하여 제1차 EAS에 오스트레
일리아와 인도를 참여시키는 일본의 의도를 강하게 비판한 바 있다.33)
중국의 입장에서는 일본 · 오스트레일리아 · 인도가 EAS 내에서 미국
의 영향력과 이익을 대변할 것이라고 우려하였기 때문이다. 이처럼 중
국은 미국의 영향력이 없는 EAC 구상을 하고 있으며, EAS가 참가국
이 확대된 뒤에는 오히려 지역전략의 중심축을 EAS에서 APT로 다시
옮기고 있다. 또한 EAC 형성문제와 관련하여 중국은 먼저 APT에서
논의한 후 다음으로 EAS에서 논의하자는 입장인 데 반해서, 일본은
중국의 주도권 장악을 우려하여 EAS에서 논의해야 한다는 입장을 취
하고 있다.

한편 일본은 동아시아 통화위기가 발생하자 즉시 AMF 구상을 제
안하여 통화위기 확산을 막으려 했다. 이 구상의 골자는 동아시아 국
가들을 중심으로 약 1,000억 달러 규모의 기금을 조성하여 통화위기

---

32) Wada Haruki, "Toward Northeast Asian Regional Cooperation and East Asian Commu-
nity", *in A Paper Presented '2007 NEAR International Economic Forum'*, The Asso-
ciation of Northeast Asia Regional Governments, Dague: Hotel Inter-Burgo. October
17 2007, p. 201.

33) *People's Daily*, 7 December 2005.

에 대비하자는 것이었는데, 기본적으로 IMF와 협조하면서 IMF를 보완하자는 것이었다. 그러나 이 제안에 대해서 미국은 강력히 반대하였고 중국도 일본의 동아시아 지역통합에 대한 주도권 장악을 우려하여 소극적인 입장을 취함으로써 일본이 제안한 동아시아 구상은 좌절되었다.[34] 또한 일본은 1998년 '신미야자와 구상'을 발표하여 '경제구조 개혁 지원을 위한 특별 엔화 차관' 등을 포함하여 총 800억 달러에 달하는 거액의 구제조치를 함으로써 일본과 동아시아 국가들과의 연대감을 강화시켰다.[35] 이러한 '일본의 동아시아 지역주의 전략'[36]은 일본의 영향력 및 미국과의 유대강화, 중국의 영향력 약화를 목적으로 하였음은 물론이다. 특히 최근 중국의 급속한 부상은 미국과 일본의 우려를 낳고 있고, 이는 곧 미일동맹의 강화와 함께 일본의 안보역할 강화 및 보통국가화를 더욱 촉진시키는 요인으로 작용하여 왔다. 결국 지역 강대국으로서 '동아시아지역을 둘러싼 중·일 간의 패권경쟁'[37]은 지역통합의 제도화를 가로막는 장애요인이 되어 왔던 것이다.

다음으로는 통합주도세력의 부재 내지 한계이다. 지역강대국인 중국과 일본은 패권경쟁으로 인하여 지역통합을 주도하지 못하고 있는 가운데, 중견국가(middle powers)인 한국과 ASEAN이 동아시아 지역통합을 주도해 왔던 것이다. 한국은 김대중 정부에서 동아시아 지역협력에 대하여 적극적인 제안과 역할을 모색해 왔으나, 노무현 정부

---

34) 진창수, "일본의 동아시아 지역주의", 『세종정책연구』, 제2권 1호, 2006, pp. 133 - 134.
35) 다니구치 마코토(저), 김종걸·김문정(역), 동아시아 공동체, 서울: 도서출판 울력, 2007, p. 41.
36) 일본의 동아시아 지역주의 전략에 대해서는 김기석, "일본의 동아시아 지역주의 전략", 『국가전략』, 제13권 1호, 2007, pp.61 - 89; 김기석, "동아시아 지역주의와 일본 대외경제정책의 딜레마", 『국가전략』, 제11권 4호, 2005, pp. 69 - 98; 진창수(2006) 등을 참조.
37) 동아시아 지역주의를 둘러싼 중·일 경쟁에 대한 자세한 논의는 이 책의 <제7장>을 참조할 것.

이후 그 역할이 다소 약화 내지 감소되고 있다. 반면 ASEAN은 여전히 주도적 역할을 하고 있기는 하지만 향후 예상되는 도전을 극복하고 동아시아 지역협력을 보다 심화시킬 수 있을 것인가에 대해서는 적지 않은 문제점이 있다. ASEAN은 광역의 EAC보다는 동남아국가들만의 공동체인 AC에 일차적 관심을 가지고 있다는 데서 한계가 있을 뿐만 아니라, 통합전략으로서 자신이 동남아통합에서 경험한 이른바 ASEAN 방식을 그대로 광역의 동아시아 지역통합에도 적용하고 있는데, 이러한 접근법은 참여국의 범위와 대상이 다르다는 점에서 여전히 적실성과 효율성을 가지기는 어렵다는 문제점과 함께, ASEAN이 앞으로도 계속 동아시아지역 통합과정에서 일차적 추진력을 가질 때 과연 EAC의 형성이 가능하겠는가 하는 데 대해서는 의문의 여지가 많다.

한편 현실주의적 관점에서 볼 때 동아시아에서 지역통합이 부진했던 이유는 안보위협이 상존하고 있는 가운데 안보공동체(security community)도 존재하지 않았다는 점이다. 경제적 통합이나 경제공동체 역시 안보공동체 속에 내재될 경우에 성공할 가능성이 크기 때문이다.[38] 그러나 이 지역 국가들 간에는 여전히 해소되지 않고 있는 역사적 갈등경험과 잠재적 또는 실제적 영토분쟁들이 존재하고 있을 뿐만 아니라, 커다란 경제적 격차는 통합의 제도화에 한계로 작용하고 있다. 주지하는 바와 같이 동아시아 지역 국가 간에는 역사적 갈등으로 인한 불신의 골이 깊다. 특히 일본의 제국주의 침략 전쟁으로 인한 지역 국가들의 식민지 경험은 이들로 하여금 반제(反帝) · 반식민(反植民) 민족주의와 강

---

38) James A. Caporaso, "Global Political Economy", in A. W. Finifter(ed.), *Political Science: The State of the Discipline,* Washington D.C.: American Political Science Association, 1993, pp. 464－465.

한 주권의식을 형성하였고, 그 결과 지역통합과정에서 일어날지도 모를 어떠한 형태의 주권 침해에 대해서도 커다란 우려를 갖고 있는 것이다. EU의 경험에서 보듯이 높은 수준의 지역통합을 달성하기 위해서는 참여 국가들이 자신의 주권을 지역통합체에 기꺼이 양도 내지 이양할 용의를 가지고 있어야 한다고 볼 때, 이 지역 국가들의 강한 민족주의와 주권의식은 지역통합의 제도화에 상당한 장애로 작용하고 있다. 동아시아 지역협력전략으로서 채택하고 있는 ASEAN 방식도 역시 이러한 지역국가들의 강한 주권의식과 민족주의 의식을 반영한 결과이다.

이뿐만 아니라 동아시아 지역주의에 대한 역외 강대국, 특히 미국의 반대는 동아시아 지역통합을 지체시켰던 중요한 요인 가운데 하나였다. 이미 앞에서 지적한 바와 같이 마하티르가 제안하였던 EAEG에 일본이 불참하기로 결정하였던 배경에는 미국의 강력한 영향력의 행사가 있었으며, AMF 역시 미국의 반대로 아직까지 실현되지 못하고 있다. 미국은 동아시아 지역통합이 전기를 마련할 수 있는 중요한 시점마다 반대의사를 표시하여 영향력을 행사함으로써 지역통합의 진전을 방해하여 왔던 것이다.

이처럼 미국은 동아시아 지역주의가 미국을 배제한 형태로 발전하게 되면 자신의 이익을 침해할 가능성이 크다고 우려하면서 다양한 수단을 동원하여 동아시아 지역주의를 무력화시키려 하였다.[39] 따라서 미국은 자신이 배제된 다자주의보다는 자신이 포함된 다자주의를 당연히 선호하고 있다. 이러한 점에서 자신이 배제되어 있는 APT와 같

---

39) Bergsten(2000), p. 19.

은 소지역 차원의 지역협력보다는 자신이 참여하고 있는 ARF나 APEC과 같은 광역차원에서 이루어지고 있는 다자주의를 더욱 선호하고 있는 것이다. 특히 이 지역 강대국으로 부상하고 있는 중국이 주도적 역할을 할 가능성이 있는 다자주의나 지역통합체의 형성에 대해서는 미국의 상대적 영향력 약화 또는 미국의 동맹국인 일본의 영향력 약화를 우려하여 이를 강력히 반대하면서 중국을 견제하고 있다. 이러한 이유로 동아시아 지역통합체를 구상하는 사람들은 이 협력체가 미국과 어떠한 관계를 설정해 나갈 것인가를 고민하지 않을 수 없었는데, 그것은 대체로 두 가지를 생각할 수 있었다. 그 하나는 동아시아 지역통합을 미국의 영향력과 그 존재에 대한 대안으로 생각하였으며, 다른 하나는 보완물로 생각하였다. 물론 현재까지는 후자의 입장을 취하는 사람들이 우세하지만, 동아시아가 종국에는 보다 독자적인 경로를 취할 수 있는 기본 틀과 동력을 서서히 만들어 가고 있는 것도 사실이다.[40] 그러나 분명한 것은 지금까지의 동아시아 지역주의와 통합 논의는 이 지역 국가들의 미국에 대한 높은 정치·경제적 의존도 및 그로 인한 미국의 영향력 행사, 그리고 미국이 동아시아지역에서 추구하고 있는 '다층적인 전략'[41]으로부터 자유롭지 못했다는 점에서 상당한 한계를 보여 주고 있다고 하겠다.

---

40) Evans(2002), p. 132.

41) 미국이 현재 추구하고 있는 동아시아 지역주의에 대한 정책은 안보 영역에서의 '견고한 양자주의'와 경제영역에서의 '느슨한 다자주의'로 압축되는 다층적인 전략을 구사하고 있다. 자세한 내용은 박인휘, "미국의 동아시아 인식과 전략", 손열(편), 『동아시아와 지역주의』, 서울: 미래인력연구원, 2006, pp. 197–232. 참조.

5. 결론: 동아시아 지역통합의 향방

지금까지의 논의를 통하여 알 수 있듯이 동아시아 지역주의와 통합 논의에 대한 평가는 긍정적 측면과 부정적 측면을 공유하고 있다. 자유주의적 제도주의 시각에서 본다면 동아시아지역 국가 간의 역내교역의 증대는 경제적 상호의존을 심화시키고 상호이익을 증대시켜 줌으로써 유럽의 경우와 같이 지역통합의 수준을 지속적으로 향상시켜 줄 것으로 기대되고 있다. 그러나 반면에 현실주의적 관점에서 보았을 때 이 지역 국가들 간에 존재하고 있는 역사적·현실적 갈등과 분쟁은 민족국가 최고의 이익이라고 할 수 있는 국가안보와 직결됨으로써 지역주의의 제도화를 지체 또는 약화시키는 요인으로 작용하고 있다. 이러한 지역통합의 양면성은 일반적으로 논자의 관점과 시각에 따라 특정한 측면이 크게 강조됨으로써 낙관론과 비관론으로 나누어져 왔지만, 분명한 사실은 어느 한 측면만을 지나치게 과대 또는 과소평가하는 것은 실체적 진실을 왜곡하게 된다는 점이다. 이러한 점에 유의하면서 향후 동아시아 지역주의와 지역통합의 향방에 대하여 말한다면 다음과 같은 몇 가지의 전망이 가능할 것이다.

먼저 향후 동아시아 지역통합을 주도하는 국가의 리더십 문제이다. 일반적으로 서구적 시각에서 발전되어 온 '패권안정이론(hegemonic stability theory)'에서는 지역통합을 헌신적·주도적으로 추진할 핵심 국가가 필요할 뿐만 아니라, 제도화된 통합체의 안정적 관리라는 측면에서도 지역통합에 헌신적인 패권국이 필요하다고 본다. 그러나 중국과 일본은 주변국에 대한 침략의 역사를 갖고 있으면서 이 지역에 대한 패권경쟁의 당사자들이기 때문에 지역통합을 위한 지도적 역할을 수행하지 못하고 있다. 따라서 지금까지의 동아시아 지역협력은 사실상 ASEAN이 주도하여 왔고, ASEAN의 성공은 동남아지역통합 경험에서 확인하였듯이 오히려 '패권국의 주도적 역할을 인정하지 않았기 때문에 가능하였다는 점'[42]을 이해하여야 한다. 즉, 강한 민족주의와 주권의식을 갖고 있고 종교적·인종적·문화적 이질성과 커다란 경제적 격차를 가지고 있는 동아시아 지역에서는 오히려 패권국의 존재가 지역통합에 장애요인으로 작용할 수 있기 때문이다. 따라서 동아시아 지역통합이 앞으로도 상당한 기간 동안은 중국이나 일본과 같은 지역패권국의 주도적 역할에 의해서가 아니라 ASEAN이 주도적으로 촉매자 역할을 하면서 추진될 것으로 보인다.

다음으로 동아시아 지역통합의 제도화 수준에 대해서는 어떠한 전망이 가능할 것인가? 지금까지의 논의에서 알 수 있듯이 동아시아 지역주의는 높은 수준의 제도화를 이룩한 유럽의 지역주의와 달리 지역협력의 제도화를 강조하지 않는 이른바 '개방적 지역주의(open regionalism)' 또는 '연성지역주의(soft regionalism)'라는 특성을 가지고 발전하여 왔다. 유럽의 경우에는 역내국가들 간의 '협력의 수준'과 '제도화의 수준'이 모두 상당히 앞서 있는 반면, 동아시아지역은 협력의 실질적인 수준은 상당히 진행되어 있지만, 이것이 제도화의 차원으로까지 발전하지 못하고 있다.[43] 사실상 동아시아 국가들은 지역주의 내지 지역협력을 국민국가의 국익을 추구하는 하나의 방편으로 인식하는 경향이

---

42) Donald K. Emmerson, "ASEAN as an International Regime", *Journal of International Affairs*, Vol. 41, No.1, 1987, pp. 5 - 8.

43) 박인휘(2006), pp. 228 - 229.

강하다는 점에서 지역주의의 제도화, 즉 지역통합의 향방은 각 국가들이 세력균형을 인정하고 이에 기반하여 마련되어야지 현실적으로 존재하는 이익을 초월하여 새로운 지역이념과 지역이익의 창조로 얻어지기는 매우 어려운 것이 현실이다.[44]

이처럼 동아시아의 연성지역주의는 패권국의 존재를 인정하지 않고 다양성과 이질성, 합의를 존중하는 문화적 속성에 기초하고 있기 때문인데, 참여국들에게 구속력이 동반하는 서구적 제도화의 발전에 대해서는 견해를 달리하고 있으며, 이는 이미 동남아시아 지역통합전략으로서 채택된 ASEAN방식이 잘 보여 주고 있다. ASEAN의 정책결정 방식은 참여국들 간의 지속적인 '협의에 의한 합의제'로서 강제가 아니라 자발적 이행을 강조하고 있기 때문에 지역통합과정은 매우 단계적이고 점진적으로 이루어진다. 지금까지 동아시아 지역통합을 실질적으로 주도해 온 세력은 ASEAN이고, APT와 EAS에서는 ASEAN의 주도적 역할을 거듭 재확인하고 있다. 더욱이 그들이 채택하고 있는 동아시아지역 통합의 전략은 ASEAN방식이라는 점에서 매우 점진적인 제도화의 과정을 걷게 될 것이며, 머지않은 장래에 동아시아 지역통합이 서구적 관점에서 보는 높은 수준의 제도화를 이룩하기는 어려울 것으로 보인다.

한편 동아시아지역의 통합이슈 내지 통합영역 문제이다. 동아시아지역 통합 논의는 마하티르의 EAEC, 외환위기 이후의 금융스와프협정, AMF 설립안, 그리고 최근의 FTA추진 등, 먼저 경제영역에서 시작되어 활발하게 논의되어 왔다. 그러나 점차 사회문화적 이슈에까지

---

44) 전재성, "현실주의 국제제도론을 위한 시론", 『한국정치학회보』, 제34집 2호, 2000, pp. 341-356.

논의를 확장하여 왔고 최근에는 북한 핵문제와 6자회담, EAS에서의 지역안보 현안 논의 등을 계기로 다자안보체제의 구축 문제까지도 논의되고 있다. 이미 동남아국가들이 ASEAN이라는 지역통합체를 구축하여 경제공농체, 사회문화공동체 및 안보공동체를 AC가 야심차게 추진하고 있고, ARF를 통하여 지역안보문제를 협의하고 있듯이, 보다 광역의 지역통합을 지향하고 있는 EAC 역시 경제·정치·안보 등 다면적인 협력을 추진함으로써 평화와 번영을 동시에 정착시키고자 할 것이다.

마지막으로 동아시아 지역주의의 정체성 확립 및 이와 관련한 EAC 형성 문제이다. 지역주의에 관한 구성주의자들의 주장과 같이 정체성이 지역의 경계를 획정한다면, 동아시아지역도 역시 명확하게 측정하기는 어렵지만 지역협력의 초창기에 비해서 훨씬 분명하고도 강력한 정체성을 공유하게 되었다고 할 수 있다.[45] 과거 중국의 중화세계론적 질서관이나 일본의 대동아공영권 같은 자기중심적인 지역적 정체성 확립 전략은 이 지역 국가들에게 공감을 얻지 못하여 실패하였듯이, 향후 동아시아 지역주의가 제도화 과정에서 구축해 나가야 할 지역주의 이념과 정체성은 모든 역내 국가들이 공감하는 동시에 그 수혜자가 될 수 있는 것이어야 할 것이다.

그런데 문제는 이러한 지역적 정체성을 어떻게 확립해 나갈 것인가이다. 이미 살펴본 바와 같이 기존의 APT 참가국만으로 EAS를 개최하자는 중국과 한국의 입장에 대해서 EAS의 참가국을 보다 확대해야 된다는 일본의 입장 차이의 배경에는 각국의 이해관계와 동아시아 지

---

45) John Ravenhill, "A Three Bloc World? The New East Asian Regionalism", *International Relations of the Asia-Pacific*, Vol. 2, 2002, p. 175.

역통합과정에 있어서 주도권 문제가 얽혀 있을 뿐만 아니라, 현실적으로 이 지역에 커다란 영향력을 행사하고 있는 미국을 어떻게 생각해야 할 것인지에 대한 인식의 차이가 있었다. 결국 논쟁 끝에 출범한 EAS에는 역외 국가까지 참여하게 됨으로써 동아시아 지역통합은 EAS와 APT라는 두 개의 협의체를 통하여 이중구조 속에서 추진되게 되었는데, 일단 공식적으로는 'APT의 주된 역할'과 'EAS의 보조적 기능'을 천명함으로써 참여국들의 견해 차이를 애매한 표현으로 타협한 바 있다. 이처럼 양자의 관계가 명확히 정리되지 못한 채 EAC 형성 문제가 이중적으로 논의되고 있어서 지역통합의 제도화 과정에서 적지 않은 혼란과 갈등이 예상된다. 물론 유럽통합의 경험에 비추어 볼 때 EAC의 성공을 위해서는 먼저 APT 참여국 중심의 동아시아 지역통합을 심화시킨 후에 EAS의 참여국까지 확대하는 것이 바람직한 방향이라고 생각한다.

제2장

구성주의 이론과 동남아시아 지역통합

1. 서 론

국제적 지역통합 현상을 연구하는 학자들이나 그러한 조직을 형성하려는 정치지도자들은 ASEAN의 성공적 발전요인이 무엇인가에 대해서 커다란 관심을 가지고 있다. 그 이유는 EU의 경우와는 달리 동남아시아 국가들 간에 존재하는 역사적 분쟁과 갈등, 정치체제와 이념의 상이성, 커다란 경제적 격차, 사회문화적 이질성 등 지역통합에 매우 불리한 조건에도 불구하고 성공적인 지역통합체로 발전하여 동아시아 국제정치 및 경제관계에서 막대한 영향력을 행사하고 있기 때문이다. 이제 ASEAN은 동남아시아를 넘어 동북아시아를 포함하는 동아시아지역의 통합논의와 관련하여 APT와 EAS를 주도하고 있을 뿐만 아니라, 최근 논의가 활성화되고 있는 동아시아공동체 담론의 제도화 문제의 중심에 서 있다.

그렇다면 이러한 ASEAN의 성공적인 통합과 발전을 어떻게 설명할 것인가? 지역통합을 설명하는 이론들은 다양한 시각과 관점을 보여주고 있는데, 현실주의(realism)자들은 역내 국가들의 이해관계를 일치시켜 통합을 촉진시키는 강력한 외부적 유인(誘引) 요인으로서 역외압력과 위협, 통합주도세력으로서 패권국(hegemonic state)의 존재와역할을 강조하고 있으며, 신자유주의(neo-liberalism)적 제도주의자들은합리주의적 이익 계산에 의한 지역통합을, 기능주의(functionalism) 및신기능주의자(neo-functionalism)들은 교류를 통한 공동체의식의 형성과 공통의 규범 형성의 가능성에 주목하면서 통합의 원동력으로서 초국가적 이해집단이나 사회세력의 존재를 중시하고 있다.

이러한 이론적 관점들이 동남아시아 지역통합을 설명하는 데 있어서 나름대로 의미가 없는 것은 아니지만 통합의 본질을 이해하는 데에는 한계가 있다. 왜냐하면 ASEAN의 경우, 패권국이 존재하지 않고초국가적 사회세력이 취약한 상황에서도 정치엘리트들의 노력으로 공통의 규범과 제도를 구성함으로써 '지역적 정체성(regional identity)'을 발전시키고 통합을 강화해 왔기 때문이다. 바로 이러한 점에서 지역통합에 대한 구성주의(constructivism)적 접근이 ASEAN의 성공적인 지역통합의 제도화 과정을 설명하는 데 보다 큰 유용성이 발견되고있다. 물론 이것은 구성주의가 ASEAN의 통합과정에서 나타나는 모든 현상을 설명할 수 있다는 것은 아니며, 다만 이 글의 관심 주제인ASEAN이 객관적으로 불리한 물리적 조건에도 불구하고 지역적 정체성을 확립하고 통합을 강화함으로써 ASEAN 공동체(AC: ASEAN Community)를 구축해 나가는 제도화의 과정에 대한 설명은 구성주의적 방식으로 설명하는 것이 현실적으로 유용성이 가장 크다는 것을 의미한다.

이 글의 목적은 구성주의적 시각을 이론적 분석 틀로 하여 ASEAN 의 '집단적 정체성(collective identity)' 형성과 지역통합의 관계를 규명하는 데 있다. 이를 위하여 먼저 구성주의자들은 지역통합이라는 현상을 어떻게 인식, 설명하고 있는가를 살펴보고자 하는데, 특히 여기에서는 구성주의에서 강조하는 정체성이라는 개념은 무엇이며, 이것이 왜 지역통합에 있어서 핵심적 요소가 되는지를 이론적으로 검토하고자 한다. 이를 토대로 구성주의적 시각에서 볼 때 ASEAN의 집단적 정체성은 어떻게 형성되었고, 그 실체는 무엇이라고 규명할 수 있으며, 또한 그것이 동남아시아 지역통합에 어떻게 기여하였는지를 규명하고자 한다. 그리고 마지막으로 이러한 구성주의적 분석의 결과가 최근 ASEAN이 야심차게 추진하고 있는 AC의 건설에 주는 함의 (implication)와 시사점이 무엇인지를 찾아보고자 한다.

2. 지역통합에 대한 구성주의적 시각

구성주의적 시각은 지역통합에 있어서 객관적으로 불리한 물질적 조건에도 불구하고 어떻게 통합이 이루어질 수 있는가 하는 이유를 설명해준다. 현실주의자나 자유주의자들은 국가의 정체성과 이익이 외생적으로 주어진 상태에서 합리적인 선택을 한다고 보는 데 반해서, 구성주의자들은 국가들이 상호작용을 통해서 긍정적인 사회경험을 공유하는 것이 가능하다고 본다. 즉, 구성주의자들은 지역통합에 있어서 행위자들의 선호는 반드시 외생적으로 주어진 것이 아니라 내생적으로도 형성된다는 점을 강조하는데, 행위자들은 지속적인 사회화의 과정을 통해서 새로운 규범과 가치를 터득하고 새로운 정체성을 구성함으로써 자신의 선호도 자체를 변경할 수 있다고 주장한다. 이처럼 내생적인 선호도의 생성 가능성을 인정하는 구성주의는 국가가 자신의 주권을 심각하게 손상시키면서도 지역통합에 나서는 현상을 설명하는 데 유용하다.[1] 러기(John G. Ruggie)가 "구성주의는 근본적으로 인간 의식(human consciousness)의 문제에 관심을 갖는다."[2]고 지적한 바와 같이, 지역통합을 설명하는 구성주의의 핵심은 통합과정에 있어서 물질적인 요소보다는 아이디어(ideas)나 규범(norms) 또는 정체성(identity)과 같은 관념적인 요소들의 중요성을 강조한다는 데 있다. 구성주의의 대표적 학자인 웬트(A. Wendt)는 구성주의의 두 가지 교의로서 관념에 의한 사회구조의 결정, 관념에 의한 정체성 및 이익의 구성을 제시하면서 '구조적 관념주의(structural idealism)'가 구성주의의 '중핵(hard core)'이라는 점을 분명히 하고 있다.[3]

이러한 점에서 구성주의자들은 지역통합에 있어서 구조(structure)와 행위주체(agent)를 동시에 고려해야 함을 강조한다. 웬트는 '제도란 정체성과 이익의 구조로서 근본적으로 행위주체가 실제 세계에 대해 가지는 관념을 떠나서는 존재하지 않는 인지적 실체'로 보는데, 그 핵심적 주장은, 첫째, 주된 분석단위는 국가이며, 둘째, 국가체계의 주요 구조들은 물질적(material)이라기보다는 상호주관적(intersubjective)이

1) 최영종, 『동아시아 지역통합과 한국의 선택』, 서울: 고려대학교 아연출판부, 2003, p. 58.
2) John G. Ruggie, *Constructing the World Policy: Essays on Institutionalization,* London: Routledge, 1998, p. 33.
3) Alexander Wendt, *Social Theory of International Politics,* Cambridge: Cambridge University Press, 1999, p. 1.

고, 셋째, 국가 정체성과 이익은 이러한 사회적 구조에 의해 만들어지는 것이지 외생적으로 주어진 것이 아니라고 하였다.[4] 따라서 한 국가의 행위는 "정체성과 이익의 합"[5]으로서 단순히 산술적 계산에 의한 인과 관계로만 설명될 수 없으며, 상호주관적인 규범과 사회화의 학습과정이라고 본다.[6] 이처럼 구성주의 이론에서 강조하고 있는 중심 개념은 '행위주체인 국가'와 '구조로서의 제도'이며, 국가와 제도는 상호주관적이고 상호작용(interacting)한다고 본다. 즉, 국가가 제도를 만들고 제도는 다시 국가의 행위에 영향을 미친다는 것이다. 이러한 구성주의적 관점을 ASEAN에 적용해 본다면 ASEAN이라는 제도는 동남아 국가들이 만들었으며, 그 회원국들이 새로운 지역적 정체성을 형성하고 그 속에서 새로운 이해관계를 발견함으로써 발전되어 왔다고 할 수 있다. 또한 ASEAN 회원국들 속에는 ASEAN의 제도적 요소와 규범이 들어와 있으며 그 지배를 받고 있다. 다시 말해 ASEAN이라는 제도와 이를 구성한 회원국의 행위와의 관계는 상호작용하고 있는 것이다.

이와 같이 지역통합에 대한 구성주의적 시각은 국가들이 관념과 규범을 공유함으로써 제도화가 진행되고 새로운 정체성이 형성된다고 보는데, 이 정체성이라는 개념을 역사적·정치적·문화적 맥락에 의존하면서 구조의 변화와 행위자의 행동을 초래하는 독립변수로 부각시키고 있을 정도로 중시하고 있다. 정체성의 개념에는 '행위자 내의 동일시 작업'과 '행위자 간의 차별화 작업' 등 두 가지 기능이 동시에 포함되어 있다. 즉, 정체성은 구체적으로 볼 때 첫째, 자신이 누구인지

---

4) Alexander Wendt, "Collective Identity Formation and International State", *American Political Science Review*, Vol. 8, No. 2, 1994, p. 385.

5) Wendt(1999), p. 231.

6) Wendt(1999), p. 170.

를 자신에게 알려주고, 둘째, 자신이 누구인지를 타자에게 말해주고, 셋째, 타자가 누구인지를 자신에게 알려주기 때문이다.[7] 구성주의는 바로 이러한 정체성 개념으로부터 구조와 행위자의 상호 구성적 관계를 설명하고 있는데, 구조로서의 국제체제는 행위자의 행위 또는 행위자 간의 문화적 관계와 독립되어 있는 것이 아니라고 본다. 따라서 지역통합의 맥락에서 구성주의가 중시하는 것은 문화적 요소인 정체성의 역할이다. 구성주의에서는 각 행위자의 국가적 정체성이 국제적 수준에서 내재적으로 조절될 수 있다고 보는데, 이렇게 각 행위자들에 의해 조절된 정체성이 동일한 목적을 위해 공유될 때 '집단적 정체성'이 형성된다고 본다.[8] 또한 집단적 정체성은 거래와 제도를 통한 학습과정을 통해서 촉진되며, 이러한 정체성 형성은 인지구조를 변화시킨다. 따라서 지속적인 상호작용을 통해서 '우리'라는 집단적 정체성이 생기면 이는 공동체 형성의 기초가 되고, 그에 따라 집단적 이익도 새롭게 정의된다.[9] 이렇게 본다면 지역통합은 집단적 정체성이 창조되는 인지과정을 통해서 이루어진다고 할 수 있다. 이처럼 구성주의는 국제정치에 있어서 행위자들 간의 관계를 개선하여 문화적 공동체에 참여시켜 갈등을 해소하는 데 관심을 집중하고 있다. 즉, 구성주의는 행위자들이 공유할 수 있는 문화적 기반을 확장하여 조화적인 집단적 정체성을 만들어 나가는 데 일차적 관심이 있다. 구성주의자들은 공동체적 정체성이 국제사회에서 질서를 유지하는 데 긴요한 필요조건이라고 생각하여 행위자들 간의 의식적 합의, 이념 혹은 집단적 정체성

---

7) Heri Tajfel, *Human Groups and Social Categories: Studies in Social Psychology,* Cambridge: Cambridge University Press, 1981, p. 255.

8) Wendt(1994), pp. 384 – 396.

9) Wendt(1994), p. 386.

에 주목하고 있다.[10]

이상과 같은 지역통합에 대한 구성주의적 시각은 ASEAN의 집단적 정체성 형성과 지역통합의 진전과정을 설명하는 데 있어서 매우 유용한 분석 틀이 될 수 있는데, 그것은 무엇보다도 구성주의자들은 '지역협력이 단순한 물질적 이해관계에 따라 영향을 받는다는 현실주의적 관점으로부터 탈피하여 그러한 협력에 참여하는 국가들 간의 상호인식과 유기적 연계관계의 제고를 통한 집단적 정체성의 형성'[11]을 강조하고 있기 때문이다. 일반적으로 현실주의자들은 동남아지역의 경우, 비효율적 협력과 역내갈등과 긴장의 존재로 인하여 AC의 형성 가능성에 대해서 부정적인 견해를 보이고 있지만, 구성주의자들은 지역의 평화와 안정 및 질서를 가져다주는 규범과 정체성의 이념적 요소들을 강조함으로써 긍정적인 견해를 보여 주고 있다.[12] 이는 구성주의자들이 지역통합에 있어서 현실적 제약조건의 존재에도 불구하고 지역국가들의 인식 여하에 따라서는 제도의 형성을 통하여 공동의 정체성을 형성해 나갈 수 있다고 보기 때문이다.

페인(A. Payne)과 갬블(A. Gamble)은 "지역주의는 구성되는 것이며, 집합적 인간의 행동에 의해서 끊임없이 재구성(reconstruct)된다."[13]고

---

10) 남궁 곤, "동아시아 전통적 국제질서의 구성주의적 이해", 『국제정치논총』, 제43집 4호, 2003, p. 12.

11) Cameron J. Hill & William T. Tow, "The ASEAN Regional Forum: Material and Ideational Dynamics", Mark Beeson(ed.), *Reconfiguring East Asia: Regional Institutions and Organizations After Crisis*, London: Routledge, 2002, p. 162.

12) Helen E. S. Nesadurai, "ASEAN and Regional Governance after the Cold War: From Regional Order to Regional Community?", *Pacific Review*, Vol. 22, No. 1, 2009, p. 97.

13) Anthony Payne & Andrew Gamble, *Regionalism and World Order*, Houndmill: Macmillan Press, 1996, p. 17.

지적한 바 있으며, 아들러(Emanuel Adler)도 구성주의적 시각에서 "사회적 정체성과 이익은 고정되어 있는 것이 아니라 높은 수준의 커뮤니케이션, 경제적 상호의존, 협력적 활동 등 국경을 초월한 이해의 수렴을 통하여 발전될 수 있다."14)는 점을 강조하였다. 역시 같은 맥락에서 아차라(A. Acharya)는 지역통합 현상을 '앤더슨(Benedict Anderson)의 민족 개념'15)을 적용하면서 구성주의적 방식으로 설명하고 있는데, 그에 의하면 '지역형성(region-building)은 민족형성(nation-building)과 매우 유사하며 동남아시아라는 지역개념은 문화적 공통점을 공유하고 있다는 상상에 의해 재창조된 것'16)이라고 하였다. 이와 같이 구성주의적 인식의 핵심은 '국가 간 상호작용의 가변성'이라고 할 수 있으며, 지역통합이라는 현상은 사회적으로 구성된 가변적 산물이라고 인식하고 있다는 점에서 ASEAN의 집단적 정체성 형성과 통합과정에 있어서의 변화를 잘 설명할 수 있다고 하겠다. 또한 현재 ASEAN 회원국들이 야심차게 추진하고 있는 안보공동체(security community) 역시 기본적으로는 구성주의적 관점에 입각한 것이다. 아들러(E. Adler)와 바넷(M. Barnett)이 정의한 바와 같이 "안보공동체란 참여국 국민들이 평화적 변화에 대한 신뢰할 만한 기대를 가지는 주권국가들로 구성된 공동인식지역"17)이라고 할 수 있는데, 이 경우에 신뢰할 만한 기

---

14) Emanuel Adler, "Imagined (Security) Communities: Cognitive Regions in International relations", *Millenium: Journal of International Studies,* Vol. 26, No. 2, 1997, p. 252.

15) 앤더슨은 민족이란 동일한 정치공동체에 속해 있다고 '상상하는' 사람들의 집합이라고 하였다. 즉, 민족은 그들이 공유하는 어떤 원초적·사회적·문화적 속성이나 특질이 아니라, 민족이라고 불리는 '명확한 경계와 주권을 가진' 실제적 삶을 공유하지는 않지만 그렇다고 상상하는 정치공동체에 속해 있다는 소속감이나 정체성이라는 것이다. Benedict Anderson, *Imagined Communities*, London: Verso, 1991, pp. 6-7.

16) Amitav Acharya, *The Quest for Identity: International Relations of Southeast Asia*, Singapore: Oxford University Press, 2000, p. 98.

대는 바로 정체성과 이익 개념의 변화를 통해서 달성된다. ASEAN이 추진하고 있는 안보공동체 역시 이러한 시각에 입각하고 있다는 점에서 구성주의가 가지는 이론적 분석 틀로서의 가치가 크다고 하겠다. 물론 특정한 이론적 틀을 가지고 특정 지역의 통합현상을 설명하는 데에는 한계가 있을 수밖에 없다는 점은 구성주의도 예외일 수는 없겠으나, 적어도 동남아시아 국가들이 어려운 통합여건에도 불구하고 ASEAN 이라는 지역적 제도를 설립하고 집단적 정체성 형성을 통하여 지역통 합을 강화하면서 AC의 건설 비전까지 제시하고 있는 회원국들의 인 식과 전략에 대한 설명은 그 어떤 지역통합이론이나 관점보다도 유용 성이 크다는 점을 강조하고자 한다.

3. 지역통합의 추동력으로서 ASEAN의 집단적 정체성

ASEAN과 같은 지역통합체의 형성과 발전에는 정체성의 지역적 공 유, 즉 '지역적 정체성'18)이 필수적으로 요구된다. ASEAN의 발전과 정에 대해서 키비메키(Timo Kivimäki)가 "ASEAN은 공통의 절차, 개인적 관계, 그리고 공통의 정체성 집단으로 발전하여 왔다."19)고 적

---

17) Emanuel Adler & Michael Barnett, *Security Community*, Cambridge: Cambridge University Press, 1998, p. 30.

18) '지역적 정체성'은 '집단적 정체성' 또는 '초국가적 정체성(supranational identity)'을 나타낸다. 일반적으로 그것은 '상징적/제도적 정체성'과 '가치(value) 정체성'으로 나눌 수 있다. 집단적 정체성이라는 개념은 그룹의 '우리 의식', 그룹 회원국의 유사성 및 공유된 속성을 강조한다. 그러므로 집단적 정체성은 본질적으로 공동체의 구조적 요소 인 문화와 연계되어 있다. 또한 가치는 자신과 타자의 경계를 구별하기 때문에 포함 (inclusion)과 배제(exclusion)의 척도라고 할 수 있다. Elena Asciutti, "The ASEAN Charter: An Analisis", *Perspectives on Federalism*, Vol. 2, No. 1, 2010, p. 66.

절히 지적한 바와 같이, 지난 40여 년 동안 ASEAN 회원국들 관계에 있어서 사실상 가장 중요한 요소는 지역적·사회문화적 정체성을 증진시키는 '아이디어'였다고 하겠다. 이처럼 ASEAN의 집단적 정체성은 회원국들의 지역협력과정에서 형성되는 결과물이기도 하지만, 일단 형성된 정체성은 시간이 경과하면서 하나의 안정된 실체로서 ASEAN 을 이끌어가는 추동력이 된다는 점에서 중요한 의미가 있다.

그렇다면 ASEAN의 집단적 정체성은 어떻게 형성되었고 그 실체는 무엇이며 지역통합의 추동력으로서 어떠한 역할을 하고 있는가? 우선 ASEAN의 정체성은 "이 지역의 지배엘리트들이 끊임없는 노력을 통하여 의도적으로 구성해 온 것"[20]이라는 데에 그 특징이 있다. 이 지역에 존재하는 다양한 역내갈등뿐만 아니라 역외 강대국의 간섭과 압력을 배제하면서 지역의 안정과 번영을 도모하기 위한 구체적인 전략의 모색은 일반 대중이 아니라 정치지도자와 지배엘리트의 몫이었기 때문이다. ASEAN의 창설자들은 지역주의가 자신들로 하여금 과거의 상업적·문화적·정치적 연계를 다시 살아나게 도와줄 것이라고 보았다. 서구 식민주의는 동남아지역에 있어서 일체성·상호작용·상호의존을 붕괴시켰지만, 식민주의가 끝나고 이제 지역주의와 함께 공통의 정체성을 형성할 수 있게 되었다고 판단하였던 것이다. 또한 냉전기에는 강대국의 간섭주의적 행동에 대응하여 지역적 정체성을 구축하였는데, 이는 동남아시아가 외부의 강대국들, 즉 미국이나 소련 및 중국 등의 조작 대상이 되지 않도록 하는 자율성을 형성시켜 주었다.[21] 특

---

19) Timo Kivimäki, "Power, Interest or Culture-Is There a Paradigm that Explain ASEAN's Political Role Best?", *Pacific Review*, Vol. 21, No. 4, 2008, p. 433.

20) Amitav Acharya, "Do Norms and Identity Matters: Community and Power in Southeast Asia's Regional Order", *Pacific Review*, Vol. 18, No. 1, 2005, p. 104.

히 ASEAN 지도자들은 1976년 2월에 발표된 ASEAN화합선언을 통하여 '지역적 정체성과 연대의식을 형성하기 위하여 적극적인 노력'을 경수하기로 하였다.[22] 나아가 냉전종식에 따라 인도차이나 공산국가들과의 관계가 개선됨에 따라 1995년 베트남의 가입을 시작으로 1997년에는 라오스와 미얀마, 1999년에는 캄보디아가 가입함으로써 ASEAN 창설 지도자들이 희구하였던 '하나의 동남아시아(One Southeast Asia)'를 마침내 형성함으로써 ASEAN의 집단적 정체성을 더욱 강화시키는 중요한 계기를 마련하였다. 또한 ASEAN 지도자들은 1997년 12월 'ASEAN 비전 2020'이라는 선언문을 통하여 2020년까지 동남아지역을 '공통의 지역적 정체성(common regional identity)'에 의해 결속된 AC의 건설이라는 비전을 제시하고 있다.[23]

이뿐만 아니라 1997년 회원국들 간의 양해각서(MOU: Memorandum of Understanding)에 의해 설립된 'ASEAN재단(ASEAN Foundation)'은 두 가지의 중요한 목적을 가지고 있었는데, 그 하나는 사회경제적 불평등과 빈곤을 경감시키기 위한 인적 자원의 개발이며, 다른 하나는 회원국 국민들 간의 ASEAN의 정체성을 증진시키기 위한 것이었다. ASEAN헌장 제15조에서는 ASEAN재단의 사명을 'ASEAN의 정체성 증진'에 있음을 분명히 밝히고 있는데, ASEAN이 목표로 설정한 2015년에 AC가 형성되었을 때에는 "동남아지역 주민들은 인도네시아 국민인 동시에 ASEAN 시민으로, 필리핀 국민인 동시에 ASEAN 시민으로 인식하게 될 것"[24]이라고 기대하고 있다. 특히 ASEAN재단

---

21) Amitav Acharya, "Constructing Security and Identity in Southeast Asia", *Brown Journal of World Affairs*, Vol. 12, No. 2, 2006, pp. 157‒158.

22) *Declaration of ASEAN Concord*, Bali, Indonesia, 24 February 1976.

23) *ASEAN Vision 2020*, Kuala Lumpur, Malaysia, 15 December 1997.

에서는 장차 ASEAN의 미래를 이끌어갈 젊은이들에게 ASEAN의 정체성을 증진시키는 데 역점을 두고 있다. 또한 2003년에 채택된 'ASEAN화합선언 Ⅱ'에서는 2020년까지 '3개의 기둥으로 구성된 AC'[25]를 건설하기로 하는 한편, '지역적 정체성을 육성하고 ASEAN에 대한 일반인들의 인식을 계발'하는 데 더욱 노력할 것을 천명하였다.[26] 나아가 2007년에는 ASEAN헌장을 채택함으로써 회원국들은 근본적인 지역적 정체성과 지역의식을 반영하고 확대하기로 약속하였는데, "만약 이러한 지역의식이 '아시아적 가치(Asian value)' 담론에 의해 지원받고 있다고 한다면, ASEAN의 정체성은 외부의 압력에도 불구하고 공동의 ASEAN 열망, 독특한 규범과 정치경제체제의 형태를 취할 수 있다."[27]고 하겠다.

이와 같이 ASEAN의 집단적 정체성은 아시아적 가치, 동남아 국가들의 정치문화 및 역사적 경험을 반영하여 발전하고 있는데, 그 핵심적 요소는 이른바 'ASEAN 방식(way)'이라 불리는 매우 독특한 지역협력규범에서 찾을 수 있다. ASEAN 방식이 무엇인가에 대해서는 '정의하는 학자들에 따라 다소 견해차이'[28]를 보여 주고 있으나, 그것

---

24) *Jakarta Post*, 8 August 2008.

25) AC는 3개의 공동체로 구성되는데, 그것은 ASEAN 안보공동체(ASC: ASEAN Security Community), ASEAN 경제공동체(AEC: ASEAN Economic Community) 그리고 ASEAN 사회문화공동체(ASCC: ASEAN Socio-Cultural Community) 등이다. AC는 당초 2020년까지 완료하기로 하였으나 APT와 EAS의 출범 등 EAC의 건설 논의가 활성화되자, 2007년 1월 ASEAN정상회담을 통하여 AC를 5년 앞당겨 2015년까지 완료하겠다는 '세부선언'을 채택, AC를 먼저 구축함으로써 EAC에 대한 발언권을 강화하고자 하였다.

26) 자세한 내용은 *Declaration of ASEAN Concord*, Bali, Indonesia, 24 February 1976; *Declaration of ASEAN Concord Ⅱ*, Bali, Indonesia, 7 October 2003. 참조.

27) Asciutti(2010), p. 53.

28) ASEAN 방식이 무엇인가에 대해서 소피(Noordin Sopiee)는 실용주의 원칙·상호존중의 원칙·평등주의 원칙을 비롯한 일련의 협력원칙으로 정의하고 있으며(Noordin Sopiee, 'ASEAN Towards 2020: Strategic Goals and Critical Pathways', *Presented at the*

은 대체로 동남아국가들의 집단적 촌락생활의 전통적 정치문화, 역내 국가 간의 갈등과 분쟁 및 서구 식민지배의 역사적 경험 등에 커다란 영향을 받은 규범들로 구성되어 있는데, 이는 구체적으로 동남아시아 국가들의 관계를 규율하는 '행동규범(behavioural norms)'과 절차규범(procedural norms)으로 나누어 볼 수 있다. 전자는 1976년에 체결된 '동남아시아우호협력조약' 제2조 및 2007년에 체결된 ASEAN 헌장 제2조(행동원칙)와 제22조(분쟁해결의 일반원칙)에 잘 나타나 있는데, 그 핵심내용은 첫째, 모든 국가의 독립·주권·평등·영토보전 및 국가적 동일성의 상호존중, 둘째, 상호내정에 대한 불간섭, 셋째, 평화적 수단에 의한 분쟁의 해결, 넷째, 힘에 의한 위협 또는 힘의 사용의 포기 등이다.[29] 또한 후자는 세 가지의 상호 관련된 요소로 구성되어 있는데, 그것은 첫째, 비공식성·증가주의(incrementalism)와 지나친 제도화의 회피, 둘째, 비대결과 조용한 외교(quiet diplomacy), 셋째, 협의(consultation)를 통한 합의제(consensus) 결정작성방법 등이다.[30] ASEAN 방식은 바로 이러한 규범들에 의해 정의된 "과정 지향적(process oriented) 접근법"[31]이라고 할 수 있다. 이러한 접근법은

Second ASEAN Congress, Kuala Lumpur, Malaysia, 20-23 July 1997, p. 28), 아차라(Amitav Acharya)는 이 개념을 좀 더 협의로 정의하여 법적 규범을 제외한 사회·문화적 규범으로 간주하고 있다. Acharya(2001), p. 63. 또한 ASEAN 방식을 일종의 '외교·안보문화(diplomatic and security culture)'로 규정하고 있는 하케(J. Haacke)는 동남아지역에서 그러한 문화가 발생하게 된 초기의 연원으로서 서구 식민지배에 대항하여 독립국가를 건설하고 주권평등을 확보하기 위한 투쟁을 지적하고 있다. Jürgen Haacke, *ASEAN's Diplomatic and Security Culture: Origins, Development and Prospects*, New York: Routledge, 2003, pp. 16-31.

29) *Treaty of Amity and Cooperation in Southeast Asia*, Bali, Indonesia, 24 February 1976; *The Charter of the Association of Southeast Asian Nations*, Singapore, 20 November 2007.

30) Beverly Loke, "The ASEAN Way: Toward Regional Order and Security Cooperation?," *Melbourne Journal of Politics*, 1 January 2005, pp. 5-6.

단지 상이한 이익을 조정하는 결정작성 메커니즘 이상으로 회원국 간의 신뢰형성을 가능하게 함으로써 ASEAN이 궁극적으로 추구하고 있는 공동체의식을 형성하는 데 도움이 된다. 이처럼 ASEAN 방식은 '우리 의식'을 강조하고 있다는 점에서 집단적 정체성 형성의 핵심적 요소로 작용하고 있는 것이다.

그렇다면 이러한 특징을 가지고 있는 ASEAN의 정체성에 대해서 회원국 국민들은 어떻게 인식하고 있는가? ASEAN의 정체성은 회원국들의 결속과 향후 지역통합의 향방에 커다란 영향을 미치게 된다는 점에서 중요한 의미를 가지고 있는데, 이러한 사실은 2005년 ASEAN 6개 회원국의 언론사가 공동으로 실시한 'ASEAN 정체성에 관한 여론조사'[32])에서도 나타나고 있다. 조사 결과에 의하면 ASEAN 시민들의 60.3%가 상호 정체성을 인정하고 있으며, 35%가 부정하고 있다. 또한 ASEAN의 지역통합 속도에 대해서는 '적절하다'가 36.5%, '너무 느리다'가 45.4%, '너무 빠르다'가 2.6%로 나타나고 있다.[33]) 이처럼 진정한 AC 형성에 있어서 핵심적 요소라고 할 수 있는 ASEAN 시민들의 지역적 정체성에 대한 인식은 매우 긍정적으로 나타나고 있으며, 통합의 속도가 다소 지체되고 있다는 반응이 높게 나타난 것은 역설적으로 지역통합에 대한 열망이 그만큼 크다고 볼 수 있다. 이러한 현상에 대해서 전 ASEAN 사무총장이었던 세베리노(Rodolfo Severino)는 ASEAN 시민들이 정부를 앞서고 있다고 하면서 "ASEAN의 지도자

---

31) Mely Caballero, Anthony, *Regional Security in Southeast Asia: Beyond the ASEAN Way*, Singapore: Institute of Southeast Asian Studies, 2005, p. 4.

32) 이 여론조사는 2005년 11월부터 12월 사이에 ASEAN 주민 1,147명을 대상으로 말레이시아의 The Star를 비롯한 ASEAN 6개 회원국의 언론사가 공동으로 실시하였다.

33) *The Star*, 7 December 2005.

들과 관료들은 여전히 ASEAN의 정체성 문제를 토론하고 있지만, 시민
대 시민이 연계는 지난 수년 동안에 매우 강력하게 성장해 왔다."34)는
사실을 지적한 바 있다.

〈표 1〉 ASEAN에 대한 회원국들의 태도와 인식

질 문	국 가	동의 비율(%)	질 문	국 가	동의 비율(%)
나는 ASEAN 시민이라고 느끼고 있다	라오스	96.0	ASEAN 회원국 자격이 우리 국가에 이익이다	라오스	99.0
	베트남	91.7		베트남	96.1
	캄보디아	92.7		캄보디아	96.3
	미얀마	59.5		미얀마	58.3
	말레이시아	86.8		말레이시아	90.9
	인도네시아	73.0		인도네시아	83.5
	필리핀	69.6		필리핀	94.1
	태국	67.0		태국	89.5
	브루나이	82.2		브루나이	85.3
	싱가포르	49.3		싱가포르	91.9
	평 균	76.8		평 균	88.5
ASEAN 회원국 자격이 나에게 개인적으로 이익이다	라오스	92.5	ASEAN 회원국들은 문화적으로 유사하다	라오스	80.9
	베트남	94.1		베트남	78.4
	캄보디아	79.3		캄보디아	84.3
	미얀마	26.0		미얀마	50.2
	말레이시아	66.4		말레이시아	50.2
	인도네시아	48.6		인도네시아	83.9
	필리핀	67.3		필리핀	78.0
	태국	74.5		태국	73.5
	브루나이	72.6		브루나이	45.4
	싱가포르	66.3		싱가포르	49.3
	평 균	68.8		평 균	67.4

※출처: Eric C. Thompson & Chulanee Thianthai, *Attitudes and Awareness toward ASEAN: Findings of a Ten Nation Survey*, Singapore: Institute of Southeast Asian Nations, 2008, pp. 16 - 21.에서 재구성

---

34) *The Star*, 7 December 2005.

한편 2007년 ASEAN 창립 40주년을 기념하여 ASEAN재단에서 실시한 'ASEAN에 대한 회원국들의 태도와 인식 조사'[35]는 정치엘리트가 아니라 일반 국민들의 ASEAN 정체성에 대한 인식을 잘 보여주고 있다. 조사의 결과 <표 1>에서 보는 바와 같이 '나는 ASEAN 시민이라고 느끼고 있다'는 질문에 대해서 전체 응답자의 76.8%가 동의하였는데, 특히 캄보디아·라오스·베트남에서는 90% 이상, 브루나이와 말레이시아에서는 80% 이상이 동의하였다. 또한 'ASEAN의 회원국 자격이 우리 국가에 이익이 된다.'는 질문에 88.5%의 응답자가 동의하였으며, '회원국의 자격이 나에게 개인적으로 이익이 된다.'는 질문에도 68.8%가 동의하는 등 높은 지지율을 보여 주고 있다. 이뿐만 아니라 동남아지역의 커다란 문화적 이질성에도 불구하고 '회원국들은 문화적으로 유사하다'고 인식하는 사람들이 국가별로 편차는 있으나 평균 67%를 상회하고 있는데, 이는 ASEAN의 집단적 정체성 형성과 관련하여 상당히 긍정적인 신호를 보여 주는 것이라고 하겠다.

4. ASEAN 공동체 형성을 위한 구성주의적 함의

ASEAN은 2015년까지 AC를 완성하겠다는 야심찬 비전을 제시, 추진하고 있으나 역내외적으로 적지 않은 도전들에 직면해 있다. 역내적 차원에서는 회원국의 확대에 따른 합의형성의 어려움 증대, 회원국

---

35) 이 조사는 2007년 9월부터 11월까지 10개 회원국의 대학생 2,179명(남자 1,064명, 여자 1106명, 각 회원국마다 200~220명)을 대상으로 'ASEAN에 대한 태도와 인식'이라는 제목으로 이루어졌다.

간의 정치적·경제적 발전 정도의 커다란 격차, 인권·테러·환경문제와 같은 초국가적 이슈들로 인한 갈등, ASEAN 방식의 수정을 둘러싼 회원국 간의 견해 차이 등이 존재하고 있을 뿐만 아니라, 역외적 차원에서는 중국의 부상에 따른 대응 전략, 강대국과의 관계 설정문제, APT·EAS·EAC 등 보다 광역의 동아시아 지역통합문제 등에 있어서 회원국 간의 이해관계에 따른 인식 차이를 극복해야 한다. 만약 ASEAN이 이러한 도전들을 극복하면서 회원국들의 결속과 집단적 정체성을 유지, 강화하지 못하면 AC의 건설은 좌초의 위험에 직면하게 될지도 모른다. 따라서 지금까지의 논의를 토대로 하여 동남아지역통합과 AC 건설을 위한 구성주의적 접근법이 주는 함의와 시사점을 제시하여 본다면 다음과 같은 몇 가지로 정리될 수 있다.

첫째, 무엇보다도 중요한 것은 AC 건설을 위한 핵심적 추동력으로서 ASEAN 회원국들의 공동체의식과 집단적 정체성을 강화하기 위한 지속적인 제도화의 노력이 경주되어야 한다는 점이다. 구성주의는 국가들이 관념과 규범을 공유함으로써 제도화가 진행되고 새로운 집단적 정체성이 형성된다고 보는데, 바로 이러한 정체성이야말로 지역통합을 가속화시켜서 정치적 통합을 달성하는 데 필수적인 요소라고 보기 때문이다. 이미 앞에서 지적한 바와 같이 구성주의는 지금까지 동남아국가들이 ASEAN이라는 제도를 통하여 자신들의 이익을 실현하고 지역적 정체성을 구축해나가는 제도와 이익의 긍정적 상호작용관계가 성공적 지역통합과정에 있어서 가장 중요한 요인이었음을 잘 인식시켜 주고 있다.

물론 현재 직면하고 있는 역내외적 도전들을 극복하면서 집단적 정체성을 강화해 나간다는 것은 쉬운 일이 아니다. 그러나 구성주의는

ASEAN과 같이 불리한 통합조건을 갖고 있는 경우에도 지역협력을 통한 학습과정에서 신뢰와 공동체의식이 생성, 발전될 수 있다는 사실을 가르쳐주고 있다. 지역적 정체성은 지역 국가 간의 교류와 협력을 확대하면서 자연스럽게 형성된다는 점에서 공동체 형성의 원인이라기보다는 그 결과라고 할 수 있으며, 동시에 공동체 형성을 촉진시키는 촉매제 역할을 한다고 볼 수 있다. 특히 진정한 의미의 AC는 회원국들 간에 '우리'라는 공동체의식과 집단적 정체성이 없이는 불가능하다는 점에서 지금까지 ASEAN의 성공적 통합에 가장 중요한 추동력이 되어 온 회원국들의 연대와 정체성의 중요성은 아무리 강조해도 지나치지 않다. 이처럼 구성주의가 ASEAN의 지역통합에 주는 가장 큰 함의는 지역적 정체성의 형성이 외생적으로 주어지는 것이 아니라 내생적으로 충분히 만들어질 수 있다는 사실이다. 비록 객관적인 물리적 통합조건이 불리하고 역내외적 도전들이 있다고 하더라도 구성원들의 인식과 태도가 지역통합에 더욱 중요하다는 점이 구성주의가 가르쳐주는 교훈이다. 따라서 현재 직면하고 있는 많은 역내외적 도전들을 극복하기 위해서는 회원국 간의 이해관계와 입장의 차이를 조율하고 ASEAN의 '집단적 선(collective good)'을 추구하는 지배엘리트들의 의도적인 협력과 제도화의 노력이 더욱 요구되고 있으며, 이러한 노력을 통한 집단적 정체성의 강화가 AC의 형성에 가장 중요한 변수가 된다는 것을 말해주고 있다.

둘째, 진정한 AC의 형성을 위해서는 정치엘리트들의 ASEAN 정체성은 물론이고 일반 국민들의 상호작용을 통한 집단적 정체성이 더욱 증대되어야 한다는 점이다. '정체성은 사회적 구성'이라는 구성주의적 관점에서 볼 때 정체성 형성의 과정은 결코 중립적이거나 단순하지 않으며, 누가 어떤 정체성을 가지고 ASEAN의 정체성 형성을 통제하느냐 하는 것은 매우 중대한 문제이다. "지역적 정체성의 추구는 정치엘리트의 프로젝트"36)라는 점에서 ASEAN의 정부 엘리트들은 동남아 지역주의와 지역적 정체성 형성에 있어서 가장 중요한 역할을 하는 주도자이자 옹호자(advocates)라고 할 수 있으며, 이들이 지역주의를 어떻게 인식하고 판단하는가 하는 것이 무엇보다도 중요하다. 현재까지의 ASEAN의 통합과 정체성 형성의 성과는 이들의 지역주의에 대한 인식과 노력의 결과였으며, 아직 동남아시아 시민사회가 충분히 성숙되어 있지 않다는 점에서 향후 AC 형성과정에 있어서도 당분간은 정치엘리트의 역할이 강조될 수밖에 없다고 하겠다.

그러나 장기적 안목에서 볼 때 ASEAN의 정체성을 강화하기 위해서는 지금까지 엘리트 수준에서 이루어져 왔던 공통의 정체성이 ASEAN의 시민들을 포함하여 더욱 확대할 필요가 있다. 왜냐하면 존(Michael E. Jones)이 지적한 바와 같이 "지역적 정체성이란 시민권이 모든 ASEAN 국가들의 관심사이자 초점이 될 때까지는 관리 장치가 없는 단지 강요된 상부구조에 불과"37)하기 때문이다. 사실상 ASEAN은 정부 엘리트들 간의 정체성은 어느 정도 형성되었다고 할 수 있지만, 일반 국민들의 정체성 형성은 매우 지체되고 있다. 이러한 현실은 정부 간의 상호작용이 국민 대 국민의 접촉과 조화를 이루지 못한 결과이다. 따라서 이제 ASEAN의 진정한 도전은 지역 시민들로 나아가는 ASEAN 정

---

36) Kristina Jönsson, "Unity-in-Diversity?: Regional Identity Building in Southeast Asia", *Working Paper No. 29*, Center for East and Southeast Asian Studies, Lund University, Sweden, 2008, p. 2.

37) Michael E. Jones, "Forging an ASEAN Identity: The Challenge to Construct a Shared Destiny", *Contemporary Southeast Asia*, Vol. 26, No. 1, 2004, p. 148.

체성을 창조하는 것이며, 이 지역의 시민들이 ASEAN이 무엇인지 알고 자신을 ASEAN의 한 부분으로서 정의할 수 있어야 지역적 차원에서 진정한 의미에서 ASEAN의 정체성이 형성될 수 있다.[38] ASEAN이 진정한 의미의 공동체가 되기 위해서는 프로그램의 중심에 일반 시민들, 특히 그들의 복지와 안정이 놓여 있어야 하며, 정책의 형성과정에 있어서도 그들의 목소리가 반영되어야 한다.[39] 그동안 정부엘리트들이 주도하여 성공적 지역통합의 성과를 거두었던 초기 단계와는 달리 이제 공동체에 진입하는 단계에 있어서 회원국 국민들 간의 상호작용과 ASEAN 소속감의 창조가 절대적으로 필요하기 때문이다. "집단적 정체성의 조건과 전망을 가늠하기 위해서는 상호작용의 양뿐만 아니라 질도 고려해야 한다."[40]는 아들러와 바넷의 지적처럼, 이제 ASEAN은 회원국의 엘리트들 간에 공식적으로 이루어지고 있는 연간 수백 회의 회동이라는 양적 상호작용뿐만 아니라, 회원국 국민들 간의 다양한 분야에서의 교류와 상호작용이라는 질적 측면의 제고에 더욱 관심을 기울여야 할 것이다.

셋째, AC의 3대 구성요소, 즉 ASC · AEC · ASCC 가운데 ASEAN의 지역적 정체성 형성에 있어서 가장 중요한 의미를 지니는 ASCC의 형성에 보다 많은 관심을 기울여야 하며, 이를 위한 교육적 노력이 필요하다는 점이다. ASEAN은 지금까지 지역의 안정과 평화 및 경제발전을 위해서 ASC와 AEC의 형성에 집중적인 관심을 보여 주었으나 ASCC

---

38) Ernest Z. Bower, "ASEAN Opportunity to Become the Core of Asian Regionalism", *CSIS Newsletter*, 2 April 2010, p. 1.

39) A. Collins, "Forming a Security Community: Lessons from ASEAN", *International Relations of the Asia-Pacific*, Vol. 7, No. 2, 2007, p. 223.

40) Adler & Barnett(1998), p. 48.

와 관련한 사회문화적 협력에 대해서는 상대적으로 소홀하였던 것이 사실이다. 그러나 구성주의는 '우리'라는 공동체의식과 집단적 정체성, 그리고 회원국 간의 신뢰가 AC 형성의 기반이 되기 때문에 ASCC의 진전 없이는 ASC나 AEC의 형성이 어렵다는 것을 말해주고 있다.

이러한 점에서 회원국 간의 사회문화적 차원의 교류와 협력이 더욱 활성화되어야 하는데, 그 필요성은 <표 1>의 정체성 조사 결과에서도 잘 나타나고 있다. 즉, ASEAN의 문화적 유사성에 대한 인식과 태도가 평균 67.4%의 동의로 나타나고 있어서 전반적으로는 양호한 편이다. 그러나 캄보디아(84.3%)·인도네시아(83.9%)·라오스(80.9%)에서는 비교적 높게 나타나고 있는 반면에, 브루나이(45.4%)·싱가포르(49.3%)·말레이시아(50.2%)·미얀마(50.2%)에서는 상대적으로 낮은 지지율을 보여 주고 있으며, 특히 ASEAN 회원국 가운데 소득 수준이 가장 높은 브루나이와 싱가포르 국민들의 인식과 태도가 가장 낮은 비율로 나타나고 있다는 점이 주목된다. 이뿐만 아니라 이 조사의 전반적인 결과를 놓고 볼 때에도 대체로 경제적으로 어려운 인도차이나 회원국의 대학생들은 ASEAN에 열정적인 태도를 보여준 반면, 기존의 ASEAN 6개국의 대학생들은 ASEAN을 '낡은 소식(old news)' 또는 '지루한 역사(boring history)' 정도로 인식하고 있는 것은 문제가 아닐 수 없다.[41] 이는 향후 AC의 형성에 있어서 더 많은 역할을 해야 할 입장에 있는 회원국들이라는 점에서 문제가 아닐 수 없다. 바로 이러한 인식에서 ASEAN 사무국의 자원개발국장인 로이(Anish K. Roy)는 'AC의 실현을 위해서는 교육영역이 매우 중요한 역할을

---

41) Thompson & Thianthai(2008).

할 뿐만 아니라 ASEAN 의식(sense of ASEANness)과 ASEAN 정체성의 구축에 크게 기여한다'42)는 점을 강조하였다. ASEAN헌장 제1조에 밝히고 있듯이 "ASEAN의 목적 가운데 하나는 다양한 문화와 지역의 유산에 대한 인식을 촉진하여 ASEAN의 정체성을 증대시키는 것"43)이고, 교육은 공유된 지역적 정체성을 형성하는 근본적 수단이 될 수 있다는 점에서 그 중요성은 아무리 강조해도 지나치지 않을 것이다.

마지막으로 ASEAN 정체성의 핵심요소가 되고 있는 'ASEAN 방식'이라는 규범을 환경의 변화에 적응력을 가질 수 있도록 보다 유연성 있게 수정 및 보완할 필요성이 있다는 점이다. 로이가 "ASEAN 정체성은 세계화의 동질화 효과에 대응할 수 있을 정도로 충분히 강하고 독특하여야 하며, 고정되거나 정태적이 아니라 동태적이고 변화하여야 한다."44)고 강조한 바와 같이, ASEAN 방식도 당면한 도전들을 극복하고 AC의 형성에 기여할 수 있는 규범들로 재구성할 필요가 있다. 현재의 ASEAN 방식은 제도화와 법적으로 구속력 있는 협정을 회피하고 비공식적 외교, 공동협의와 합의를 통한 정책결정방식에 그 특징이 있는데, 이에 대해서 니시알케(T. Nischalke)는 공유된 의미구조, 상호 일체화(mutual identification), 그리고 'ASEAN 방식'이라는 규범에 대한 순종에 토대를 둔 지역적인 집단적 정체성의 증거를 발견할수 없었다고 주장하면서 '정체성에 기초한 공동체보다는 법에 기반을 둔 공동체'를 제안하였다.45) 이는 구성주의에서 말하는 행위자의 인식

---

42) Anish Kumar Roy, "The Role of Education in Building the ASEAN Community by 2015", *A paper Presented in the 1st Regional Seminar on Education to Achieve ASEAN Caring and Sharing Community*, Bangkok, Thailand, 23－25 February 2009, p. 2.

43) *The Charter of the Association of Southeast Asian Nations*, Singapore, 20 November 2007, Article 1.

44) Roy(2009), p. 11.

이 제도를 창출하기도 하지만, 제도가 행위자의 행동에 미치는 영향이 매우 중요하다는 점을 강조한 것이라고 하겠으며, ASEAN은 바로 이러한 인식에서 'ASEAN 헌장'이라는 법적 규범을 마련하였던 것이다. 따라서 AC 형성을 위한 실천적 규범이라고 할 수 있는 'ASEAN 헌장'에 대한 회원국들의 인식과 그 실천의지가 매우 중요하다. 다만 여기에서 한 가지 유의해야 할 것은 현재 'ASEAN 방식이 당면하고 있는 다양한 도전들을 둘러싸고 전개되고 있는 회원국들 간의 갈등'[46]은 지역적 정체성을 약화시킬 수 있다는 점에서 회원국 간의 더 많은 대화와 협의가 필요하다고 하겠다.

5. 결 론

ASEAN 사무총장인 수린(Surin Pitsuwan)은 ASEAN 회원국들이 그동안 정치적 · 경제적으로 통합되어 왔기 때문에 회원국의 시민들은 새로운 정체성을 가질 필요가 있다는 점을 강조하면서 "ASEAN의 미래 도전을 극복하는 열쇠는 바로 ASEAN의 정체성"[47]이라고 하였다. 이러한 주장의 근거는 지금까지의 논의에서 확인된 것처럼 ASEAN이 어려운 통합여건 속에서도 비교적 성공적인 지역통합을 발전시킬 수

---

45) T. Nischalke, "Does ASEAN Measure Up? Post-Cold War Diplomacy and the Idea of Regional Community", *Pacific Review*, Vol. 15, No. 1, 2002, pp. 109 - 110.

46) ASEAN 방식의 수정 및 보완의 필요성 및 이를 둘러싸고 전개되고 있는 회원국들 간의 갈등에 대한 구체적인 논의는 변창구, "동남아시아 지역통합전략으로서의 ASEAN 방식: 유용성과 한계", 『대한정치학회보』, 제12집 2호, 2004, pp. 421 - 428. 참조.

47) *Vietnam Daily News*, 16 January 2010.

있었던 가장 중요한 핵심요인이 회원국 지도자들의 공유된 인식을 바탕으로 한 공동체의식과 지역적 정체성의 형성이었으며, 2015년 완성을 목표로 현재 추진되고 있는 AC의 성패여부도 역시 회원국들이 역내외적 도전들을 극복하기 위한 새로운 규범과 정체성의 창조 여부에 달려 있기 때문이다.

물론 동남아시아에 있어서 지역적 정체성은 지역기구로서 ASEAN이 존재하는 한 계속될 수 있을 것이라고 예상할 수 있다. 그러나 단순히 지역적 정체성이 존재하는 것만으로는 지역통합의 가속화와 진정한 의미의 AC 구축은 어려우며, 환경의 변화와 새로운 이슈들의 도전에 대처할 수 있는 새로운 협력규범과 정체성이 요구되는 것이다. 그렇지만 현실적으로 급변하는 국제환경 속에서 상이한 이해관계를 가지고 있는 개별 회원국 간의 관계를 지역적 차원에서의 '공동선(common good)'을 중심으로 조율해 나가면서 새로운 정체성을 지속적으로 발전시켜 나간다는 것은 결코 쉬운 일이 아니다. 따라서 이를 위해서는 앞에서 분석한 구성주의적 접근법이 가르쳐주는 함의들, 즉 지금까지 ASEAN의 정체성 형성을 주도해 온 정치엘리트의 역할이 여전히 매우 중요하지만, 진정한 AC의 형성을 위해서는 일반 국민들의 상호작용을 통한 집단적 정체성 형성에 더욱 관심과 노력이 경주되어야 한다는 점, 공동체의식과 집단적 정체성 및 회원국 간의 신뢰 형성의 기반이 되는 사회문화적 교류와 협력의 강화, 공유된 지역적 정체성을 제고시키는 데 있어서 가장 근본적인 수단이 될 수 있는 교육의 기능과 역할 제고, 그리고 ASEAN 정체성의 핵심요소로서 기능하고 있는 'ASEAN 방식'이라는 규범을 환경의 변화에 적응력을 가질 수 있도록 재구성하여야 한다는 점 등을 각종 ASEAN 회의체들을 통하여 구체적인 방법을 모색하고, 그것을 실행에 옮김으로써 지역통합의 추동력을 강화해야 할 것이다.

이러힌 짐들은 결국 향후 ASEAN의 지속적인 활력과 AC의 성공여부는 회원국들의 지역통합에 대한 인식과 태도의 여하에 달려 있다는 사실을 말해주는 것이다. 구성주의적 시각에서 볼 때 ASEAN과 같은 국제적 제도의 성공여부는 그 제도를 뒷받침하는 규범을 믿고 실행에 옮기는 행위자들의 인식여부, 그리고 필요에 따라 그러한 규범들을 재구성하여 변화에 적응하고자 하는 행위자들의 인식 여하에 달려 있기 때문이다. 따라서 무엇보다도 중요한 것은 ASEAN 회원국들의 공동체의식과 지역통합을 위한 의식적인 노력이며, 구체적인 행동의 차원에서는 이미 합의한 공동체의 규범이라고 할 수 있는 ASEAN 헌장을 철저히 준수하고 실천함으로써 ASEAN의 집단적 정체성을 강화해 나가는 것이다.

제3장

동아시아공동체 형성과
지역통합이론

1. 서 론

최근 동아시아지역에서 활발하게 논의되어 온 동아시아공동체(EAC: East Asian Community) 담론은 그 제도화를 위한 전략과 성격을 둘러싸고 이해관계 당사국들의 비상한 관심을 모으고 있다. 그동안 담론의 수준에 머물러 있던 동아시아공동체 형성이 1997년 동아시아 경제위기를 계기로 APT라는 역내협의체가 만들어져 지역 국가들 간의 협력을 축적하면서 2005년에는 EAS라는 또 하나의 협력메커니즘을 창출함으로써 비록 초보적 수준이기는 하지만 동아시아공동체 담론의 제도화가 이루어지면서 그 가능성과 문제점을 둘러싸고 활발한 논의가 진행되고 있다.

이러한 동아시아공동체 담론의 제도화를 위한 논의과정에서 이해당사국으로서 한국은 지속적인 관심을 가지고 건설적인 역할을 담당할 수 있어야 한다는 것은 아무리 강조하여도 지나치지 않을 것이다. 국제제도나 국제레짐이 일단 구축되고 난 후에는 참여자들은 그에 의해서 행동할 수밖에 없는 제약이 따르기 마련이기 때문에 그것을 디자인하는 논의과정에서 우리의 생각과 입장을 충분히 반영하는 것이 중요하다. 이러한 관점에서 본다면 1999년 한국의 제안으로 APT의 실질적이고 구체적인 협력방안을 모색하기 위하여 EAVG가 설립되고, 나아가 2001년 3월에는 EAVG의 보고서를 토대로 그 비전 달성을 위한 구체적 조치들을 연구하기 위하여 EASG를 출범시켜서 동아시아 지역통합 논의를 주도하였다는 사실은 높이 평가할 만하다.

　그러나 우리가 동아시아공동체 담론의 제도화 과정에서 주도적인 역할을 하기 위해서는 현재까지의 진행과정에서 발견되고 있는 문제점을 해소하면서 통합을 가속화할 수 있는 방안을 연구하여 이를 지역 국가들에게 제시할 수 있어야 한다. 현재 동아시아 지역통합은 강대국으로서 힘을 가지고 있는 중국과 일본이 지역패권경쟁으로 인하여 주도하지 못하고 상대적으로 힘의 열세에 있는 ASEAN이 주도하고 있다는 점에서 그들과 동병상련(同病相憐)의 역사적 경험을 가지고 있는 한국이 중견국(middle powers)으로서 충분한 역할 공간이 있기 때문이다.

　이 글은 바로 이러한 문제의식에서 출발하고 있기 때문에 그 목적은 지금까지 진행되어 온 동아시아공동체 담론의 제도화 과정에서 나타나는 성과와 문제점을 국제통합이론에서 제시하고 있는 주요 가설들을 적용하여 분석함으로써 이론적 함의와 시사점을 얻는 데 있다. 이를 위하여 먼저 동아시아공동체 형성이라는 국제적 지역통합현상을 설명하는 기존의 다양한 이론들에서 주장하고 있는 지역통합의 핵심적 가설들 가운데 이 지역 통합현상을 설명하는 데 있어서 유용성이 있는 주장들이 무엇인지를 찾아보고자 한다. 이어서 지역통합이론과는 별개로 실제 동아시아공동체 담론의 제도화는 어떻게 진전되어 왔으며, 그 과정에서 통합주체들의 행태 및 문제점들은 무엇인지를 구체적으로 살펴보고자 한다. 결국 지역통합이론의 의미 있는 가설들을 실제 일어나고 있는 지역통합의 제도화 과정에 대입시켜 봄으로써 지역통합이론이 동아시아공동체 형성에 주는 함의(implication)를 얻고자 하는 것이다.

2. 지역통합이론에서 보는 지역공동체

지역통합현상으로서 동아시아공동체 담론의 제도화를 평가하기 위해서는 먼저 그 수단이라고 할 수 있는 지역통합이론에 대한 검토가 선행되어야 한다. 일반적으로 지역통합이론은 통합의 주체로서 어떠한 행위자를 중심으로 논의하는가에 따라 국가를 강조하는 국가중심적 통합이론과 사회세력의 선호변화에 주목하는 탈국가중심적 통합이론으로 나누어 볼 수 있는데, 통합의 결과에 대해서 전자는 '국제레짐 (international regime)'[1])을 상정하고 있는 반면에 후자는 초국가적 정체(polity)의 형성에 관심을 가지고 있다.[2]) 물론 이러한 두 가지 유형

---

1) 국제레짐이란 크라스너(Stephen D. Krasner)의 정의에 따르면 "국제관계의 쟁점영역 (issue area)에 있어서 행위자들의 기대가 수렴되는 명시적 또는 묵시적 원칙, 규범, 규칙 및 정책결정절차"이다. Stephen D. Krasner, "Structural Causes and Regime Consequences: Regime as Intervening Variables", *International Organization*, Vol. 36, No. 2, 1982, p. 186.

2) 지역통합이론의 종류 및 분류에 대해서는 변창구, 『ASEAN 안보론』, 서울: 형설출판사, 1987, pp. 14 - 46; 구갑우, "지역통합이론의 재검토", 『한국과 국제정치』, 제14권 1호,

의 이론은 경쟁적으로 공존하고 있기 때문에 일반적으로 어떤 이론이 더 큰 타당성을 가지고 있다고는 말할 수 없으며, 특정의 지역통합현상을 설명하는 데 있어서 상대적 가치와 의미가 다르다고 보아야 할 것이다. 특히 본 연구에서는 유럽통합과는 달리 동아시아공동체 형성이라는 특수한 지역의 통합현상을 다루고 있으며, 이를 분석하기 위해서 필요한 이론들이 무엇인가에 대한 검토가 먼저 이루어져야 한다.

일반적으로 기존의 지역통합연구들은 대체로 특정의 관점이나 시각, 즉 예를 들어 기능주의(functionalism)나 구성주의(constructivism)와 같은 특정한 접근법을 사용하여 지역통합을 설명하고 있다. 물론 이러한 연구들은 지역통합현상의 특정한 측면에서의 성격과 의미를 규명하는 데에는 유용성이 있지만, 본 연구의 관심사인 동아시아공동체 형성을 위하여 이론적 함의와 시사점을 얻기 위해서는 모든 유용한 지역통합이론들을 전반적으로 검토해 보는 것이 필요하다. 다만 여기에서는 지면의 제한으로 인하여 구체적 논의는 어렵기 때문에 각 이론들의 핵심적 관점이나 주장들을 살펴봄으로써 동아시아 담론의 제도화를 평가하는 준거로 삼고자 한다. 이러한 이유로 여기서는 동아시아 지역통합 현상을 이해하는 데 있어서 필요하다고 판단되는 이론으로서 국가중심적 통합이론인 현실주의와 '신자유주의'3) 그리고 탈국가중심주의 통합이론으로서 기능주의 통합이론을 살펴볼 것이며, 이 양자의 절충적 입장에서 접근하고 있는 구성주의 통합이론의 핵심적 주장들도 함께 살펴보고자 한다.

1998, pp. 154 - 181, 참조할 것.

3) 신자유주의는 통합의 주체로서 국가의 역할을 중시하고 있다는 점에서 기본적으로는 신현실주의와 같은 국가중심적 통합이론이라고 할 수 있다. 그러나 동시에 국가이익이 국제제도에 의해서 재정의될 수 있다고 주장하는 점에서 현실주의와는 차이가 있다.

먼저 지역통합에 대한 현실주의자들의 주장은 역내 국가들의 이해 관계를 일치시켜 통합을 촉진시키는 강력한 외부적 유인(誘引) 요인으로서 역외압력과 위협, 통합주도세력으로서 패권국의 존재와 역할, 통합에 참여하는 국가들의 국익계산 등을 강조하고 있다. 역내 국가들의 결속은 역외로부터의 압력과 도전에 공동으로 대응할 필요성이 대두됨으로써 통합을 모색한다는 것인데, 그 실례로서 유럽통합에는 구소련으로부터의 위협과 미국의 지원이라는 외부적 요인이 초기단계의 통합과정에서 매우 중요하였으며, 1980년대 중반 이후 통합이 더욱 가속화된 것 역시 미국과 일본의 경제적 위협 증대에 대한 집단적 대응의 성격을 가지고 있다.[4] 이러한 관점에서 본다면 동남아지역의 비공산국가들이 ASEAN을 창설하게 된 것도 인도차이나 공산국가들의 위협에 공동으로 대처하기 위한 것이었으며, EU · NAFTA 등 유럽과 북미지역에서의 지역통합의 심화와 범세계적 지역주의의 확산은 동아시아 국가들에게도 지역적 차원에서의 대응을 요구하였고, 환경 · 마약 · 테러 · 인권 · 질병 등 초국가적 이슈의 등장은 지역협력의 필요성을 더욱 증대시켰다고 볼 수 있다.

특히 이러한 경우에 일반적으로 패권안정이론(hegemonic stability theory)은 지역통합의 주도세력으로서 패권국의 존재와 역할이 매우 중요하다고 보는데, 그 이유는 패권국이 지역통합 자체를 주도할 수 있을 뿐만 아니라 그렇게 형성된 지역통합체를 유지, 관리해 나가는 데 있어서도 핵심적 기능과 역할을 수행해야 하기 때문이다. 바로 이러한 관점에서 코헤인(Robert O. Keohane)은 국가 간의 정책조정을

---

4) Andrew Moravcsik, *The Choice for Europe,* Ithaca: Cornell University Press, 1998, pp. 27 – 35.

통한 국제레짐의 형성과 안정적 유지 및 변천은 패권국에 의존한다고 보았으며,[5] 메틀리(Walter Mattli)는 지역패권국가의 지도력과 지역통합의 성패는 밀접한 상관관계가 있다고 하면서, 유럽통합과정에 있어서 독일은 분명한 지도력을 행사함으로써 유럽의 경제적·제도적 통합에 기여하였다고 보았다.[6] 이와 같이 지역통합에 대한 패권안정이론의 설명은 견고하고 안정된 지역통합체의 형성과 유지는 패권국이 존재할 때 가능하다는 것이다.

그러나 동아시아지역의 경우에는 ASEAN의 사례에서 보듯이 명백한 패권국이 존재하지 않는 가운데서 출범하였다는 점에서 패권안정이론의 설명에는 한계가 있다. 서구 식민지배의 경험으로 주권의식과 민족주의가 강한 동남아시아 지역의 경우에는 패권국의 역할을 인정하지 않았을 뿐만 아니라, ASEAN의 창립을 주도한 5개국들은 패권국이 존재하지 않는 '균형 잡힌 불균등(balanced disparity)'[7]을 이루고 있었기 때문에 오히려 설립이 더욱 용이하였다는 것이다. 따라서 동아시아공동체 형성의 관점에서 볼 때 이 지역의 패권국으로서 중국이나 일본이 어느 정도 역할을 할 수 있을 것인지에 대해서는 의문이다. 왜냐하면 국력이 약한 국가의 경우에 주권 손상의 우려에도 불구하고 지역적 제도에 참여하는 이유는 "자신에게 효율적인 발언권이

---

5) Robert O. Keohane, *After Hegemony: Cooperation and Discord in the World Political Economy*, Princeton: Princeton University Press, 1984, pp. 31 - 32.

6) Walter Mattli, *The Logic of Regional Integration: Europe and Beyond*, Cambridge University Press, 1999, Chapter 2. 참조.

7) 에머슨(Donald K. Emmerson)은 ASEAN 창립 5개국, 즉 인도네시아·말레이시아·태국·필리핀·싱가포르 등은 각기 영토의 크기나 경제발전정도에 있어서 '균형 잡힌 불균등'을 가지고 있었다고 한다. 자세한 내용은 Donald K. Emmerson, "ASEAN as an International Regime", *Journal of International Affairs*, Vol. 41, No. 1, 1987, pp. 5 - 8. 참조.

주어지도록 규칙을 만들고 동시에 강대국의 전횡을 방지하고 통제하기 위해서"[8]라고 할 수 있으며, 약소국들은 집단적 결속을 통해서 대외적 협상력이나 영향력을 제고시키기 위한 목적도 가지고 있기 때문이다.

국가중심주의적 통합이론의 하나인 신자유주의적 통합이론으로서 의미 있는 이론은 정부간주의(inter-governmentalism)와 국제레짐이론을 들 수 있는데, 정부간주의는 국내정치적 측면을 고려한다는 점에서 자유주의적이며 정부 간의 협상을 중시한다는 점에서 정부간주의라고 한다. 정부간주의에서는 통합의 주체는 정부로서 지역통합은 이익결집, 정부 간 협상, 그리고 집행이라는 세 가지의 과정으로 이루어진다고 본다.[9] 정부간주의자들은 지역통합이라는 현상을 국익의 배분을 둘러싼 끊임없는 경쟁과 협상을 강조하였다는 점에 그 특징이 있다. 정부간주의의 대표적 이론가인 모라프칙(Andrew Moravcsik)에 의하면 유럽통합은 국가 간의 의도적인 선택과 협상의 결과이며 상호의존의 자연적 산물은 아니라고 주장한다. 국가들은 주권이 침해받는 것을 매우 싫어하기 때문에 협상의 결과는 참여국들의 이해관계의 최소공배수로 수렴될 것이라고 보았다.[10] 또한 국가의 지역통합에 대한 선호도는 지정학적이기보다는 주로 정치경제적 이해관계에 의해 결정되고, 협상의 결과는 국가들의 상대적 협상력(bargaining power)에 의해 결

---

8) Joseph M. Grieco, "Understanding the Problem of International Cooperation: The Limits of Neoliberal Institutionalism and the Future of Realist Theory", in David A. Baldwin(ed.), *Neorealism and Neoliberalism*, New York: Columbia University Press, 1993, p. 331.

9) 이에 대한 자세한 논의는 Moravcsik(1998)을 참조.

10) Andrew Moravcsik, "Negotiating the Single European Act: National Interests and Conventional Statecraft in the European Community", *International Organization*, Vol. 45, No. 1, 1991, pp. 26 - 28.

정된다고 주장하였다.11)

신자유주의적 통합이론이라고 할 수 있는 국제레짐이론은 오히려 패권국의 주도권이 약화될 때 그 형성을 쉽게 하며 레짐의 형성조건은 공동이익 또는 공동혐오의 딜레마로서 개별 국가 능력의 제한성을 극복하고 자국의 이익을 극대화하기 위하여 독립적인 정책결정보다는 공동협력과 정책조정이 유리할 때 형성된다고 본다.12) 동아시아 지역 통합의 경우, 협력레짐의 형성은 공동혐오의 딜레마를 극복하고 자국의 이익을 극대화시키기 위해서는 공동접근이 필요함을 인식한 데서 시작되었다고 볼 수 있기 때문에 이미 앞에서 지적한 바와 같이 패권안정이론적 설명보다는 신자유주의적 국제레짐이론의 설명이 보다 설득력을 갖는다고 할 수 있다. 이 지역 국가들 간에 존재하는 뿌리 깊은 갈등을 해소하고 상호신뢰를 구축하여 협력을 증진시킴으로써 공동번영을 도모하고자 하는 열망이 동아시아공동체 담론으로 나타나고 있다고 볼 수 있기 때문이다.

한편 탈국가중심적 통합이론으로서 기능주의는 교류를 통한 공동체 의식의 형성과 공통의 규범 형성의 가능성에 주목하고 있으며, 통합의 원동력으로서 초국가적 이해집단이나 사회세력의 존재를 중시하고 있다. 기능주의 통합이론은 통합추진의 주체로서 초국가적 엘리트나 기술관료와 같은 초국가적 사회세력에 주목하고 있으며, 통합의 결과로서는 행위자들의 공동이익이 증대되면서 경제적·사회적 결정이 점차 정치적 영역으로 확산효과(spill-over effect)가 일어남으로써 초국가

---

11) 자세한 내용은 Moravcsik(1998), Chapter 1. 참조.

12) Arthur A, Stein, "Coordination and Collaboration: Regime as an Anarchic World", *International Organization*, Vol. 36, No. 2, 1982, p. 316.

적 체제(supranational system)가 형성될 것을 상정하고 있는 것이다.13) 이러한 점에서 지역통합은 자본주의가 발전된 국가 또는 정치적·경제적 자유가 보장된 민주주의 국가들에서 성공할 가능성이 크다고 볼 수 있다.

기능주의자들의 접근방법론상의 특징은 기능을 강조하기 때문에 국가 간 갈등을 유발시킬 수 있는 정치적 이슈를 떠나 비정치적 영역에서의 협력 대상을 찾아서 이를 점진적으로 확대하고 견고히 함으로써 정치적 통합으로 나아가고자 한다. 즉, 경제적 통합의 축적이 점차 다른 부문으로 확산됨으로써 마침내 정치통합에 도달할 수 있을 것으로 가정하고 있다. 말하자면 국제적인 기능적 활동을 통하여 점차적으로 국가적 틀에 침투하는 간접적·우회적 접근을 함으로써 국가주권이라는 장애물을 피하면서 통합을 시도하는 것이다. 따라서 기능주의자들은 만약 수송과 커뮤니케이션, 건강과 복지, 과학적·문화적 활동, 무역과 생산 등과 같은 기본적인 기능적 필요들을 위한 국제적 활동이 조직화되면 세계평화가 더욱 증진될 수 있을 것이라고 본다.14) 이러한 점에서 미트라니(David Mitrany)는 평화란 폭력이 없는 정태적 상태만을 지칭하는 것이 아니라고 하면서 평화의 추구는 공동체의 성장을 통하여 진전될 수 있으며, 기능주의적 접근법에 의한 평화의 건설은 곧 공동체의 건설을 의미한다고 보았다.15) 역시 같은 맥락에서 헌팅턴

---

13) Ernst Haas, *Beyond the Nation-State: Functionalism and International Organization*, Stanford: Stanford University Press, 1964; Ernst Haas, "Technocracy, Pluralism and the New Europe", in Stephen Graubard (ed.), *A New Europe,* Boston: Bacon Press, 1963, p. 64.

14) Robert J. Lieber, *Theory and World Politics,* London: George Allen & Unwin LTD., 1973, p. 42.

15) 자세한 내용은 David Mitrany, *A Working Peace System: An Argument for the Functional Development of International Organization,* Chicago: Quadrangle Books,

(Samuel P. Huntington)도 "국제공동체는 국가를 관통하는 단체의 기능적 활동의 결과로서 더욱 집근하게 될 것"[16]이라는 견해를 피력한 바 있다.

이에 반해 구성주의 통합이론은 신현실주의와 신기능주의를 종합하려는 시도의 하나로서 구조와 행위주체를 동시에 고려해야 함을 강조한다는 데에 그 특징이 있다. 구성주의의 대표적 학자인 웬트(A. Wendt)에 의하면 제도란 '정체성과 이익의 구조로서 근본적으로 행위주체가 실제 세계에 대해 가지는 관념을 떠나서는 존재하지 않은 인지적 실체'로 보는데, 그 핵심적 주장은 첫째, 주된 분석단위는 국가이며, 둘째, 국가체계의 주요 구조들은 물질적(material)이라기보다는 간주관적(intersubjective)이며, 셋째, 국가 정체성(identity)과 이익은 이러한 사회적 구조에 의해 만들어지는 것이지 외생적으로 주어진 것이 아니라고 하였다.[17] 이처럼 구성주의에서 강조하고 있는 핵심적 개념은 '행위주체인 국가'와 '구조로서의 제도'이며, 국가와 제도는 간주관적이고 상호작용(interacting)한다고 본다. 즉, 국가가 제도를 만들고 제도는 다시 국가의 행위에 영향을 미친다는 것이다.

특히 구성주의는 행위자의 선호도가 외생적으로 주어진 것으로 상정하는 합리주의와는 달리 행위자들이 사회화과정과 학습을 통해서 새로운 규범이나 가치체제를 체득하고 새로운 정체성을 형성함으로써 자신의 선호도 자체를 변화시킬 수 있다고 주장한다. 이처럼 내생적인

1966; 변창구(1987), pp. 15 – 17. 참조.

16) Samuel P. Huntington, "Transnational Organization in World Politics", *World Politics*, Vol. 25, No. 3, 1973, p. 334.

17) Alexander Went, "Collective Identity Formation and the International State", *American Political Science Review,* Vol. 88, No. 2, 1994, p. 385.

선호도의 생성 가능성을 인정하는 구성주의는 국가가 주권을 심각하게 손상시키면서도 지역통합에 나서는 현상을 설명하는 데 유용하다.[18] 러기(John G. Ruggie)가 "구성주의는 근본적으로 인간 의식의 문제에 관심을 갖는다."[19]고 적절히 지적한 바와 같이, 지역통합을 설명하는 구성주의 이론의 핵심은 통합과정에 있어서 관념(ideas)이나 규범(norms) 또는 정체성(identity) 등의 중요성을 강조한다는 데 있다. 구성주의적 통합이론은 국가들이 관념과 규범을 공유함으로써 제도화가 진행되고 새로운 정체성이 형성된다고 보는데, 바로 이러한 정체성이야말로 통합을 가속화시켜서 정치적 통합을 달성하는 데 필수적인 요소라고 보는 것이다. 그리고 이러한 정체성과 제도화는 지속적으로 상호작용하면서 통합을 진전시켜 나간다고 본다.

동남아시아 연구의 대가인 아차라(Amitav Acharya)는 지역통합 현상을 '앤더슨(Benedict Anderson)의 민족 개념'[20]을 적용하면서 역시 구성주의적 방식으로 설명하고 있는데, 그에 의하면 지역형성(region-building)은 민족형성(nation-building)과 매우 유사하며 동남아시아라는 지역개념은 문화적 공통점을 공유하고 있다는 상상에 의해 재창조된 것이라고 하였다.[21] 이처럼 아차라가 동남아 지역통합을 구성주의

---

18) 최영종, 『동아시아 지역통합과 한국의 선택』, 서울: 고려대학교 아연출판부, 2003, p. 58.

19) John G. Ruggie, *Constructing the World Policy: Essays on Institutionalization,* London: Routledge, 1998, p. 33.

20) 앤더슨은 민족이란 동일한 정치공동체에 속해 있다고 '상상하는' 사람들의 집합이라고 하였다. 즉 민족은 그들이 공유하는 어떤 원초적 · 사회적 · 문화적 속성이나 특질이 아니라, 민족이라고 불리는 '명확한 경계와 주권을 가진' 실제적 삶을 공유하지는 않지만 그렇다고 상상하는 정치공동체에 속해 있다는 소속감이나 정체성이라는 것이다. 자세한 내용은 Benedict Anderson, *Imagined Communities,* London: Verso, 1991. pp. 6-7.

21) Amitav Acharya, *The Quest for Identity: International Relations of Southeast Asia,* Singapore: Oxford University Press, 2000, p. 98.

적 방식으로 설명하고 있는 것처럼, 동아시아 지역주의의 제도화, 즉 이 지역 국가들이 APT와 EAS 등을 설립하고 이를 통해서 공동의 이익을 실현하고 지역적 정체성을 형성해 나가는 과정에 대한 설명은 자유주의나 현실주의보다는 역시 구성주의적 방식으로 설명하는 것이 더욱 유용하다고 하겠다.

이상의 논의에서 알 수 있는 바와 같이 다양한 시각의 지역통합이론들이 주장하고 있는 지역통합의 촉진요인들을 종합하여 보면 외부 압력과 공동의 위기, 경제적 상호의존, 초국가적 사회세력의 존재, 지역패권국가의 존재와 역할, 지역적 정체성 등이 지적되고 있으며, 통합의 장애요인으로서는 역사적 불신과 갈등의 경험으로 인한 강한 주권의식과 민족주의, 역외 강대국의 지역통합에 대한 지원 또는 방해 여부에 따라 커다란 영향을 받게 됨을 알 수 있다.

3. 동아시아공동체 담론의 제도화

동아시아공동체에 대한 '담론(discourse)'[22]은 그 연원을 1990년 12월 말레이시아의 마하티르(Mahathir bin Mohamad) 전 수상이 제안한 EAEG에서 찾을 수 있다. 당시 마하티르가 제안한 EAEG는 동아시아국가들로 구성된 경제협력체를 조직하여 지역경제를 활성화하고자 하는 것이었으나, 경제블록화에 대한 미국의 비판과 회원국들의

---

22) 담론이란 인간의 지식·이념·신념·세계관·경험·실천 등을 체계적으로 구상하고 그러한 주도력을 통해서 다른 대안체계의 등장을 억압하는 문자나 음성체계를 의미한다. D. Hawarht, "Discourse Theory", in David Marsh and Gerry Stoker(ed.) *Theory and Methods in Political Science*, London: Macmillan, 1995, p. 115.

견해차이로 1991년 ASEAN 경제각료회의에서는 보다 느슨한 협의체인 EAEC로 그 성격이 수정되었으나 이후 동아시아 국가들의 적극적 지지를 받지 못하여 별다른 진전을 보지 못하였다.

그러나 이러한 마하티르의 제안은 1997년 7월 태국에서 시작된 동남아금융위기가 동아시아 전역으로 확산되면서 드디어 그 빛을 보게 되었다. ASEAN은 동년 창립 10주년을 맞아 동북아 지역의 한국 · 중국 · 일본 등 3개국을 초청함으로써 처음으로 APT 정상들의 회동이 이루어짐으로써 마하티르가 제안한 EAEG의 연장선에서 APT가 형성됨으로써 동아시아공동체 형성을 위한 담론의 제도화가 시작되었다. 1999년에는 한국의 제안으로 실질적이고 구체적인 협력방안을 모색하기 위하여 EAVG가 출범하였으며, 마침내 제3차 APT정상회의에서는 경제 · 통화 · 금융 · 사회 · 인적자원개발 · 과학기술개발 · 정치안보 · 초국가적 이슈 등 광범한 분야에 관한 긴밀한 협력을 약속하는 '동아시아협력에 관한 공동성명'이 채택되었다.[23] 나아가 2001년 3월에는 EAVG의 보고서를 토대로 그 비전 달성을 위한 구체적 조치들을 연구하기 위하여 EASG를 출범시켰는데, 2002년 11월에 발표된 EASG의 최종보고서에 의하면 APT의 궁극적 지향점이 바로 EAC의 구축이라는 점을 분명히 밝히고 있다. 여기서는 EAC의 실현을 위해서 17개의 단기과제와 9개의 중 · 장기과제를 제시하였는데, 이 가운데 특히 동아시아공동체의 제도화라는 측면에서 주목할 만한 것들은 중 · 장기적 사업으로서 제시한 EAFTA의 형성, 지역금융제도의 설립,

---

23) East Asian Vision Group Report, *Toward an East Asian Community: Region of Peace, Prospect and Progress*, 2001; *Joint Statement on East Asian Cooperation*, Manila, Philippine, 28 November 1999.

APT의 EAS로의 발전 추구 등이다.[24]

　2004년 11월에 개최된 APT 정상회의에서는 다음 해부터 EAS를 개최하기로 합의함으로써 동아시아공동체 담론의 제도화문제는 새로운 전기를 맞이하게 되었다. EAS의 출범문제를 둘러싸고 그동안 이 지역 국가들 간에 갈등을 빚어 온 문제들, 즉 참가국의 범위, APT와의 관계, 논의 의제, 주도권 문제 등이 정리되어야 하기 때문이다. ASEAN의 일부 회원국들은 EAS가 출범할 경우 자신의 전략적 위상이 약화될 것을 우려함으로써 일부 회원국은 유보적 태도를 보이기도 하였고, 중국은 동아시아지역의 정체성을 명분으로 이미 EAVG 보고서에서 명시한 대로 APT 참여국을 중심으로 한 EAS를 주장하였는데, 그 배경에는 이 지역에 있어서 미국의 영향력을 배제하고 자신의 리더십을 확보하고자 하는 정치적 의도를 담고 있었다. 반면에 일본은 역사적 갈등으로 중국에 거부감을 가지고 있는 베트남, 강대국 간의 세력균형을 강조해 온 싱가포르, 전통적으로 중국의 영향력 확대를 우려해 온 인도네시아 등과 제휴하여 중국의 영향력 확대를 견제할 목적으로 '개방적 지역주의(open regionalism)'를 추구해야 한다는 명분으로 역외의 인도·오스트레일리아·뉴질랜드 등을 가입시키고 장기적으로는 미국의 가입 가능성도 열어두고자 하였다. 결국 2005년 12월에 개최된 제1차 EAS회의 참가국은 일본의 의도대로 결정되었으며, APT와 EAS의 관계에 대해서는 의장성명을 통하여 APT는 EAC 추진의 '주된 수단(a main vehicle)'이라고 규정한 반면에, EAS는 '중요한 역할(a significant role)'을 하는 것으로 공식 규정됨으로써 APT의

---

24) *Final Report of the East Asia Study Group*, Phnom Penh, 4 November 2002.

주도적 기능과 EAS의 보조적 역할로 일단 정리되었다.[25] 이러한 회의 결과에 대응해서 중국은 EAS가 역외 국가들의 참가로 인하여 지역적 정체성이 약화되었을 뿐만 아니라 당초 자신의 주도권 확보의 목적을 달성하기 어렵게 되자, 러시아나 EU 등의 참여도 허용되어야 한다고 주장하면서 지역적 정체성을 더욱 약화시켜 EAS를 무력화시키는 한편, 지역통합의 중심은 APT가 담당하도록 전략적 수정을 하면서 APT 참가국을 중심으로 한 동아시아공동체 구상을 제창, 추진하고자 하였다. 이처럼 현 단계에서 볼 때 동아시아 지역통합의 제도화는 APT와 EAS의 모호한 관계 속에서 이원적으로 이루어지고 있으며, 제도화의 과정에 있어서 지역 강대국인 중국과 일본은 전략적 경쟁으로 인하여 주도적 역할을 하지 못한 채 ASEAN이 그 경제적 규모와 정치적 영향력의 한계에도 불구하고 더욱 강한 역할을 담당하고 있다. 특히 ASEAN은 자신의 주도하에 독특한 지역통합방식인 이른바 'ASEAN 방식(ASEAN way)'으로 접근하고 있으며, 동아시아공동체가 형성될 경우 자신의 위상이 약화될 것을 우려하여 당초의 계획보다 5년 앞당겨 2015년까지 ASEAN공동체(AC: ASEAN Community)를 완성하여 역량을 강화한 후에 EAC를 형성하자는 접근법을 채택하고 있다. 이처럼 동아시아공동체 형성에 대한 이 지역 국가들의 생각은 동상이몽(同床異夢)이다.

한편 동아시아공동체 담론의 제도화를 위한 또 하나의 시도가 금융통화협력을 통하여 진전되어 왔는데, 그것은 바로 이 지역 국가들의 유동성문제를 해결하기 위한 방안으로서 고안된 '치앙마이 이니셔티

---

25) *Chairman's Statements of the First East Asia Summit*, Kuala Lumpur, Malaysia, 14 December 2005.

브(CMI: Chiang Mai Initiative)'이다. CMI는 1999년 마닐라에서 개최된 제3차 APT정상회의를 통하여 동아시아지역의 금융·통화·재성 능 포괄적 금융협력의 추진에 합의한 것에 기반하여 2000년 5월 6일 태국의 지앙마이에서 열린 제2차 APT재무장관회의에서 채택된 역내 금융위기 예방시스템이다. CMI에서는 두 가지 중요한 합의사항이 발표되었는데, 그 하나는 자본의 흐름에 대한 데이터를 교환하는 것이었고, 다른 하나는 동남아시아 국가들에게만 적용하던 '통화스와프협정(currency swap agreement)'을 확대하여 모든 동아시아 국가들에게로 확대하는 것이었다.[26] 따라서 CMI에 의거하여 외화가 부족한 국가는 상호 자금을 융통하는 통화스와프협정이 체결되었고, 2003년에는 양자 간 협정이 모두 체결되어 그 규모는 365억 달러에 달하였는데, 2008년 5월 APT 재무장관회의에서 800억 달러로 확충되었으며, 2009년 2월에 다시 1,200억 달러로 확대되었다. 중국과 일본은 EAS의 출범과정에서와 마찬가지로 동아시아 경제통합과정에서 주도권을 잡기 위해 서로 더 많은 분담금을 내겠다고 주장해서 갈등을 빚어오다 2009년 5월 한·중·일 재무장관회담에서 분담금이 최종 타결되었다. 이에 따라 중국과 일본은 똑같이 32%인 384억 달러씩 내고, 한국은 16%인 192억 달러를 부담하기로 하였으며, 나머지 20%인 240억 달러는 ASEAN 10개 회원국이 분담하기로 하였다.

이와 같이 현재 동아시아공동체 담론은 APT와 EAS 및 CMI와 같은 부분적인 제도화에도 불구하고 여전히 당위적이고 규범적인 수준

---

26) 자세한 내용은 Wang Seok-Dong, "Regional Financial Cooperation in East Asia: The Chiang Mai Initiative and the Beyond", *Bulletin on Asia-Pacific Perspectives 2002/2003*, 2002, pp. 89-99. 참조.

의 논의에 머물고 있으며, 이 지역에서 패권경쟁을 벌이고 있는 중국
과 일본, 사실상 지역통합을 주도하고 있는 ASEAN 그리고 그 가운
데서 자신의 역할 공간을 확장하고자 하는 한국 간에 치열한 전략적
경쟁이 전개되고 있다. 이러한 경쟁은 결코 유리하다고 볼 수 없는 이
지역의 통합여건들, 즉 역사적 갈등과 불신, 정치체제의 차이, 경제발
전의 격차, 사회문화적 이질성 등을 고려할 때 공동체의 구축과정이
쉽지 않다는 것을 알 수 있다. 따라서 향후 동아시아공동체 담론이 의
미 있는 제도화의 과정으로 진전되기 위해서는 보다 구체적인 실천방
안 모색이 본격적으로 이루어져야 한다. 바로 이러한 점에서 이미 앞
에서 논의한 지역통합이론이 동아시아공동체 형성에 주는 함의와 시
사점을 살펴볼 필요가 있는 것이다.

4. 지역통합이론의 함의와 시사점

기존의 지역통합이론들이 대체로 유럽을 중심으로 한 서구적 통합
경험을 배경으로 하여 정립된 것이라는 점에서 동아시아 지역통합 현
상을 설명하는 데 있어서는 그 적실성 문제가 제기될 수 있다. 왜냐하
면 동아시아지역은 유럽과 비교해 볼 때 유사한 통합요인들도 존재하
는 것은 사실이지만 통합의 조건이나 목적 및 그 전략에 있어서 상당
히 다른 점도 많기 때문이다. 또한 지역공동체는 지역의 특수성이나
참여국에 따라서 다양한 형태가 존재할 수 있고, 그 결속의 정도에 있
어서도 편차가 매우 크며, 공동체를 형성하기 위한 방법이나 과정에는
다양한 경로가 있을 수 있기 때문에 어떤 특정한 통합이론이 반드시

옳다고 주장할 수는 없다. 그럼에도 불구하고 앞에서 살펴본 다양한 시각의 지역통합이론들은 향후 동아시아공동체 구축을 위한 이 지역 국가들의 행태와 전략에 있어서 다음과 같은 적지 않은 함의와 시사점을 던져주고 있다.

첫째, 무엇보다도 중요한 것은 이 지역 국가들의 공동체의식과 지역적 정체성을 형성하기 위한 지속적인 제도화의 노력이 동아시아공동체의 성패를 결정할 수 있을 정도로 중대한 영향을 미치게 될 것이라는 점이다. 구성주의적 통합이론은 국가들이 관념과 규범을 공유함으로써 제도화가 진행되고 새로운 정체성이 형성된다고 보는데, 바로 이러한 정체성이야말로 통합을 가속화시켜서 정치적 통합을 달성하는 데 필수적인 요소라고 보는 것이다. 구성주의는 동아시아 국가들이 APT나 EAS라는 지역협력의 제도화를 통하여 자신들의 이익을 실현하고 지역적 정체성을 구축해 나가는 제도와 이익의 상호작용관계를 잘 설명해 주고 있다. 물론 동아시아 지역은 문화·종족·종교·언어에 있어서 동질성이 결여되어 있을 뿐만 아니라, 정치체제나 경제발전 수준에 있어서도 그 편차가 매우 크다는 점에서 하나의 지역으로서 공동체의식이나 지역적 정체성이 결여되어 있기 때문에 그동안 지역통합이 부진하였다고 볼 수 있다.

그러나 공동체의식과 정체성은 반드시 동질적인 사회에서만 형성되는 것은 아니며, 지역협력을 통한 학습과정에서 신뢰와 공동체의식이 생성, 발전될 수 있다는 점에 유의할 필요가 있다. 지역적 정체성은 지역 국가 간의 교류와 협력을 확대하면서 자연스럽게 형성된다는 점에서 공동체 형성의 원인이라기보다는 결과라고 할 수 있으며, 동시에 공동체 형성을 촉진시키는 촉매제 역할을 한다고 볼 수 있다. 실제로

1990년대 후반 이 지역 국가들이 경제위기를 계기로 상호의존의 현실과 경제협력의 필요성을 인식하게 되어 하나의 공동운명체라는 공감대가 형성되기 시작함으로써 보다 적극적으로 지역통합을 모색하게 되었고, 그 결과적 산물이라고 할 수 있는 APT와 EAS 등 지역협력의 제도화는 또다시 지역 국가들 간의 공동체의식과 지역적 정체성을 증대시켜줌으로써 동아시아공동체 구축도 가능하다는 점을 시사하고 있다. 특히 진정한 의미의 지역공동체는 구성원들의 '우리(we-ness)'라는 정체성과 공동체의식이 없이는 불가능하다는 점에서 구성주의적 접근법은 동아시아 지역통합이론으로서 매우 유용성이 크다는 점을 말해주고 있다.

둘째, 현실주의적 관점에서 볼 때 동아시아공동체 건설은 통합주도세력으로서 중국과 일본의 협력적 리더십과 동아시아 지역통합에 깊은 이해관계를 가지고 있는 미국의 역할이 매우 중요하다는 사실을 말해주고 있다. 패권안정이론에서 볼 때 지역통합체의 설립과 안정은 패권국의 존재와 그 역할이 매우 중요한데, 동아시아지역의 경우 그러한 역할을 할 수 있는 지역패권국은 바로 중국과 일본이기 때문이다. 길핀(R. Gilpin)이 지적한 바와 같이 "유럽의 통합은 프랑스와 독일의 오랜 적대관계의 청산과 '핵심적 동맹(core alliance)'의 산물"[27]이었으며, 중국 칭화대(淸華大)의 류장융(劉江永) 교수가 "동아시아공동체는 중·일 간 우호관계 없이는 세워질 수 없다."[28]고 지적한 바와 같이 동아시아통합의 제도화를 위해서는 양국의 협력적 리더십이 절실

---

27) Robert Gilpin, *The Challenge of Global Capitalism: The World Economy in the 21st Century*, Princeton: Princeton University, 2000, p. 266.

28) ≪조선일보≫, 2009년 9월 8일자.

히 요구되고 있음에도 불구하고 오히려 양국은 지역패권을 차지하기 위한 경쟁관계 속에서 통합의 방향 및 공동체로 나아가는 전략에 있어서도 이견을 보이고 있어서 상당한 어려움을 겪고 있다. 그 결과 상대적으로 힘이 약한 개도국의 연합체인 ASEAN이 APT와 EAS와 같은 동아시아 지역통합의 제도화 및 그 운영을 주도하고 있기 때문에 추동력이 부족하여 동아시아공동체의 실질적 진전을 이루지 못하고 있다. 따라서 동아시아공동체 형성의 최대 당면과제는 양국의 협력적 리더십을 창출해 나가는 것이다.

이뿐만 아니라 현실주의적 관점에서 볼 때 동아시아공동체 형성에 있어서 미국은 커다란 이해 당사자라는 점에서 미국의 역할이 중요하다는 점을 인식시켜 주고 있다. 미국은 동아시아공동체가 이 지역에 대한 미국의 이익을 약화시키거나 자신에게 적대되는 배타적 블록으로 발전하는 것을 우려하여 분명한 반대의사를 표명해 왔다. 그러나 정작 미국 자신은 NAFTA를 주도하였을 뿐만 아니라 이를 토대로 전미주자유무역지대(FTAA: Free Trade Area of the Americas)를 설립하고자 하고 있다. 이처럼 미국이 국제적 지역통합정책에서 보여 주고 있는 이율배반적인 인식과 행동은 힘과 국가이익이 지배하는 현실주의의 속성을 그대로 드러내고 있는 것이다. 유럽통합은 초기단계에서 미국의 지원이 있었던 것에 반해서 동아시아의 경우에는 미국의 반대가 지역통합에 커다란 장애가 되어왔다는 사실은 시사하는 바가 크다. 따라서 향후 동아시아공동체의 제도화 과정은 미국의 국익에 대한 고려 및 미국과의 관계 정립 양상에 따라 그 진전에 상당한 영향을 받게 될 것이다.

셋째, 동아시아공동체 담론의 제도화를 위해서는 이 지역 국가들의 정치경제체제가 보다 민주화·자유화되고 초국가적 사회세력들이 발전하여 이들이 지역통합과정에 중요한 역할을 할 수 있어야 한다는 점을 말해주고 있다. 왜냐하면 동아시아지역은 기능주의적 통합이론이 통합의 성공조건으로서 강조하는 있는 자본주의와 자유주의 및 다원적인 사회구조가 아직 잘 정착되어 있다고 볼 수 없으며, 통합과정에서 중요한 역할을 담당할 수 있는 이익집단·전문가집단·노동조합·생산자집단 등 초국가적 사회세력들의 존재가 아직 대부분의 국가에서 매우 미약한 역할을 수행하고 있기 때문이다. 물론 2003년 중국과 태국의 주도로 설립된 '동아시아 싱크탱크 네트워크(NEAT: Network of East Asia Think-Tanks)'나 한국과 말레이시아가 설립을 주도한 '동아시아포럼(EAF: East Asia Forum)'과 같은 민간엘리트들의 역할이 없었던 것은 아니지만, 이는 EU의 통합과정에서 커다란 역할을 하였던 유럽의 싱크탱크 네트워크에 비해서 이제 시작단계에 불과하다고 할 수 있다. 또한 일본이나 한국과 같은 일부 국가를 제외하고는 이 지역의 대부분 국가들은 여전히 권위주의체제를 유지하고 있으며, 민주화와 자유화를 주장하는 시민사회의 힘은 아직 미미한 실정에 있다. 따라서 동아시아공동체의 형성은 권위주의 정치체제를 가지고 있는 이 지역의 후발도상국들에서 시민사회가 성숙됨으로써 보다 높은 제도화가 이루어질 수 있을 것으로 보인다. 또한 기능주의적 통합의 과정으로 볼 수 있는 경제적 상호의존의 심화 및 지역 국가 간의 다양한 FTA의 출현은 경제공동체의 형성 가능성을 증대시켜 주고 있으며, 이는 결과적으로 갈등과 불신의 장애를 극복해야 할 정치안보적 공동체의 건설에도 긍정적 영향을 미치게 될 것으로 기대된다.

마지막으로 신자유주의적 제도주의 통합이론으로서 국제레짐이론은 동아시아공동체 담론의 제도화 방법으로서 이 지역의 역사적 경험과 정치문화적 여건에 맞는 전략의 채택이 중요하다는 점을 말해주고 있다. EU의 통합에 비해서 동아시아 지역통합은 그 제도화의 수준이 매우 낮은 것이 현실이며 비공식적인 것이 특징이다. 그러나 지역통합을 위한 '제도화는 반드시 공식적일 필요는 없으며'29), 동남아 국가들이 지역통합전략으로서 채택하여 성공한 이른바 'ASEAN 방식'이 말해주고 있듯이 제도화의 방법은 이 지역의 역사적 경험과 정치문화적 여건에 맞는 전략을 강구하는 것이 올바른 선택이다. 1967년 매우 어려운 통합여건 속에서 창설된 ASEAN이 '지역통합에 성공할 수 있었던 요인들' 가운데 가장 중요한 것은 적실성이 있는 독특한 '지역협력레짐(regional cooperative regime)'을 창출, 운영하였다는 사실인데, ASEAN은 그러한 레짐을 구축하는 과정에서 자신들의 역사적 경험과 현실적 여건을 크게 고려하였음에 주목하여야 한다. 또한 오늘날 범세계적으로 지역통합의 주된 추진력을 제공하고 있는 '신자유주의 이념'30)에 대한 역내국가들 간의 합의 또한 부족하다. 일본과 같은 선진국은 신자유주의에 대해 지지하는 입장이지만, 미얀마·캄보디아·라오스 등 동남아시아 후발도상국들은 신자유주의의 폐해에 대해서 깊은 우려를 가지고 있으며, 중국과 같은 국가는 경제발전의 필요와 경제적 예속화의 우려라는 양면성에 주목하는 등 역내 국가들은 자신이 처해 있는

---

29) 코헤인(Robert O. Keohane)은 국제제도를 공식기구나 공식레짐으로 한정할 필요는 없다고 하였으며, 노스(Douglass North)도 역시 제도가 반드시 공식적일 필요는 없다고 하였다. 자세한 내용은 Robert O. Keohane, *International Institutions and State Power*, Boulder: Westview Press, 1989, p. 4; Douglass North, *Institutional Change and Economic Performance*, New York: Cambridge University Press, 1990, pp. 36 - 45.참조.

30) 이 글에서 사용하고 있는 '신자유주의'라는 용어는 '국가 간 통합이론으로서의 신자유주의'와 오늘날 급속히 진전되고 있는 '세계화(Globalization)의 추진 이데올로기로서의 신자유주의'는 다르다는 점에 유의하여야 한다.

입장과 정책 추진 방향에 따라 신자유주의에 대해서 상당한 편차를 보여 주고 있다. 따라서 동아시아공동체 구축을 위한 국제레짐은 이 지역 국가들 간에 존재하는 갈등과 불신, 정치경제적 편차, 사회문화적 이질성 등을 고려할 때 ASEAN방식과 같은 공식 및 비공식적인 접근법을 통한 점진적인 제도화의 길이 더욱 유용하다는 점을 시사해주고 있다.

5. 결 론

동아시아공동체는 이 지역의 평화와 안정을 유지하고 참여국들의 공동번영을 도모하는 데 있어서 매우 유용하다는 사실에는 모두가 인식을 같이하고 있다. 다만 지역통합의 여건이 아직 성숙되지 않은 채 동아시아공동체 담론을 제도화하는 과정에서 참여국들의 입장이나 이해관계의 충돌로 인하여 괄목할 만한 진전을 보여 주지 못하고 있다. 따라서 현 단계의 동아시아공동체 담론의 제도화 수준과 그 결속의 정도를 EU에 비교해 본다면 보잘것없는 것이 사실이다.

그러나 최근 동아시아공동체를 향한 지역 국가들의 지속적인 노력과 협력은 과거에 비해 괄목할 만한 발전을 이루었다는 점에서 상당히 희망적이다. 공동의 문제를 해결하기 위한 공식적 및 비공식적 회동의 빈도가 증대되었고, 정부 간 또는 민간 차원의 협력기구와 네트워크가 크게 성장하였으며, 지역 국가들 간에 상호의존성이 증대되면서 지역적 결속력과 지역적 정체성이 향상되고 있기 때문이다. 특히 경제협력의 확대, FTA의 설립 등 경제적 측면에서의 상호의존의 심화는 경제공동체의 가능성을 증대시켜 주고 있다. 그 결과 동아시아 국가들 간에 점차 형성되어가고 있는 지역적 정체성이나 공동체의식, 그리고 APT나 EAS와 같은 지역통합의 제도화는 비록 아직은 초보적 수준에 있기는 하지만 그간의 노력이 가져다 준 가시적인 성과들로서 결코 과소평가할 수는 없다.

그렇다면 향후 동아시아공동체의 제도화 수준을 한 단계 올려놓기 위해서는 무엇이 필요한가? 이를 위해서는 지금까지의 논의를 통해서 얻을 수 있는 다양한 관점의 지역통합이론들의 함의와 시사점들을 잘 활용하는 것이 중요하다. 즉, 본 연구의 결과 동아시아공동체 구축과정에서 중요한 역할을 담당할 수 있는 이익집단이나 전문가집단 또는 NGO 등과 같은 초국가적 사회세력들의 육성이 필요하며, 통합을 주도할 수 있는 지역 강대국인 중국과 일본의 협력적 리더십의 창출이 절실하다. 또한 이 지역에 깊은 이해관계를 가지고 있으면서 막강한 영향력을 행사하고 있는 미국이 지역통합에 긍정적 역할을 하거나 아니면 최소한 방해하지는 않도록 전략을 강구해야 하며, 공동체에서 요구되고 있는 참여국들의 진정한 공동체의식과 지역적 정체성의 함양을 위한 지속적 노력이 요구되고 있는 것이다.

이러한 과제를 해결해 나가는 과정에서 누르딘(Noordin Sopiee)이 적절하게 지적한 바와 같이 "동아시아공동체는 EU를 학습할 필요는 있지만 모방할 필요까지는 없다."[31]고 하겠다. 동아시아 지역통합은 이 지역의 특수한 여건을 반영하면서 효과적인 전략으로 적절한 형태와

---

31) Noordin Sopiee, "The Making of an East Asian Community: Strategic Challenges, Strategic Responses", A Paper Presented to AT10 Research Conference, Tokyo, Japan, 3 - 4 February 2004.

수준의 공동체를 구축하는 것이 중요한 것이다. 따라서 동아시아공동체는 그 성격에 있어서도 EU와 같은 '경성 공동체(hard community)'가 아니라 ASEAN과 같은 '연성 공동체(soft community)'를 추구하는 것이 실현가능성을 증대시켜 줄 것이다. 이는 에머슨(Donald K. Emmerson)의 지적처럼 주권의식이 강하고 이질적인 지역에서의 통합 접근전략으로서는 ASEAN이 채택하고 있는 '최소한의 엷은 공동체(a minimal or thin community)'가 바람직하기 때문이다.32) 바로 이러한 이유에서 ASEAN 방식의 통합전략은 동아시아공동체 형성에도 적지 않은 시사점을 던져 주고 있으며, 이 지역에 적실성 있는 모델을 찾아 공동체를 실현하기까지는 인내를 가지고 지속적인 노력을 경주하여야 한다. 1923년 오스트리아의 쿠덴호프 칼레르기(Nikolaus von Coudenhove-Kalergi) 백작이 『범유럽(Pan-Europa)』이라는 잡지를 발행하여 유럽의 통합을 제창하였던 당시에는 현재의 EU가 하나의 이상에 불과하였듯이, 동아시아공동체 담론 역시 지금은 하나의 이상에 불과할지 모르지만 지역 국가들의 지속적인 관심과 노력은 그것을 현실로 만들어 줄 것이다.

---

32) 에머슨은 다원적 안보공동체를 '최소한의(minimal) 또는 엷은(thin) 안보공동체'와 '최대한의(maximal) 또는 두터운(thick) 안보공동체'로 나누었는데, 전자는 회원국들이 공동체의식과 안보기대를 공유하고 있는 상태이고, 후자는 공동체가 실제로 안보를 제공한다는 것을 보여 주는 상태라고 하면서 현재 ASEAN은 전자에 해당한다고 보았다. Donald K. Emmerson, "Security, Community, and Democracy in Southeast Asia: Analyzing ASEAN", *Japanese Journal of Political Science*, Vol.6, No.2, 2005, p. 165.

제 2 부

동아시아 지역질서와 강대국

제4장

미국의 동아시아 안보전략과 다자주의

1. 서 론

미국의 전통적인 동아시아 안보전략은 기본적으로 양자주의(bilater-alism)에 입각한 동맹체제를 통하여 이 지역에 대한 자신의 국가이익과 영향력을 유지, 확대해 나가는 것이었고 다자주의(multilateralism)에 기초한 지역안보협력에 대해서는 부정적 내지 소극적이었다. 한미동맹과 미일동맹으로 대변되는 이른바 '중심-위성(hub and spoke)' 관계를 특징으로 하는 미국 중심의 양자 간 동맹체제는 이 지역의 안보에 매우 유효한 정책적 수단이었으며, 다자간 안보협력(multilateral security cooperation)은 이러한 동맹체제를 약화시킬 우려가 있다고 보았다.

그러나 냉전종식과 소련 연방의 붕괴, 중국의 부상 등 전략환경이 변화하고 글로벌시대의 도래와 함께 경제·환경·인권·마약·테러 등 초국가적 안보이슈들이 등장함으로써 국제협력을 통한 안보현안 해결의 필요성이 크게 증대하였는데, 특히 2001년 9·11테러사건이라는 엄청난 국가적 도전은 미국으로 하여금 기존의 국가안보전략을 전면적으로 재검토하게 하였다. 바로 이러한 필요성에서 미국은 새로운 안보전략의 일환으로 다자주의를 전향적으로 검토, 수용하게 되었던 것이다.

미국의 동아시아 안보전략으로서 다자주의는 그 의미와 기능 및 성격이 시간의 경과와 정권에 따라서 차이를 보여 주고 있다. 즉, 다자주의에 대한 인식과 태도뿐만 아니라 다자안보협력체에 대한 참여의 정도는 클린턴(Bill Clinton), 부시(George W. Bush) 및 현재의 오바마(Barack Obama) 행정부에서 각기 다르게 나타나고 있는데, 이것은 각 정부의 전략환경의 존재양상, 집권당의 성향과 최고정책결정자의 이미지와 가치, 사용 가능한 외교적 수단 등에서 차이가 있기 때문이다. 또한 다자주의는 유일초강대국이라는 미국의 국력, 기존의 양자 간 동맹체제와의 관계 그리고 미국의 외교적 전통과의 관련 속에서 다양한 형태와 성격을 보이면서 안보전략으로서의 기능을 수행하여 왔다. 그 결과 미국의 국익이 무엇으로 더 잘 성취할 수 있는지에 대해서 공화당과 민주당, 보수주의자와 자유주의자 간에 다자주의와 양자주의, 일방주의(unlateralism)와 협조주의를 둘러싸고 적지 않은 논쟁이 존재해 왔고, 역대 정부가 이것을 활용한 방법론에 있어서도 조합 · 보완 · 병행 등 세부적인 면에서 그 구체적 평가와 방향의 제시가 다르게 나타나고 있다.

이 글은 바로 이처럼 복잡한 양상을 보여 주고 있는 미국의 다자주의가 동아시아 안보전략으로서 어떠한 의미와 특성을 가지고 있는지를 규명하는 데 그 목적이 있다. 이러한 목적을 달성하기 위해서는 먼저 미국의 동아시아 안보전략의 전통적 기반이라고 할 수 있는 양자

간 동맹체제의 기능과 역할이 무엇이었는지를 살펴볼 필요가 있는데, 그 이유는 양자주의가 현재에도 다지주의와의 관련성 속에서 여전히 중요한 기능을 수행하고 있기 때문이다. 다음으로는 다자주의를 안보 전략으로 채택하게 된 다양한 배경요인들과 실제로 각 행정부에서 다자주의를 추진하여 온 그 구체적 내용을 분석하고자 한다. 이와 같은 논의는 결과적으로 미국의 동아시아 안보전략으로서 다자주의가 전통적 다자주의 또는 유럽지역의 다자주의와는 그 성격과 의미에 있어서 다른 특성이 무엇인지를 규명하게 해 줄 것이다.

2. 다자주의와 일방주의의 개념

미국의 동아시아 안보전략을 논의하기 위해서는 먼저 하나의 외교 전략으로서 다자주의가 어떠한 의미를 가지고 있는지, 그리고 그 대립적 개념으로 흔히 사용되고 있는 일방주의에 대한 정확한 이해가 필요하다. 왜냐하면 미국의 외교정책을 연구하는 많은 국내외의 학자들이 당연한 것으로 전제하면서 사용하고 있는 다자주의와 일방주의에 대한 개념적 이해는 사실상 잘못된 경우가 많기 때문이다.

다자주의가 무엇인가에 대해서 코헤인(Robert O. Keohane)은 "3개 이상의 국가들 간에 행동역할을 조정하여 행동을 제약하고 기대감을 배양하는 제도적 접근"[1]이라고 정의하였다. 그러나 러기(John G. Ruggie)는 코헤인의 정의가 행위자의 수에만 치중하여 다자주의 현상을 특징

---

[1] Robert O. Keohane, "Multilateralism: An Agenda for Research", *International Journal*, Vol. 45, No. 4, 1990, pp. 731 – 732.

짓는 질적(qualitative)인 측면을 간과하고 있다고 비판하면서 다자주의는 '일반화된 행위의 원칙(generalized principle of conduct)', 즉 어떤 특별한 사태에 존재할 수 있는 집단들의 특정한 이해나 전략적 상황에 관계없이 한 유형의 행동에 대해 적절한 행위를 명시할 수 있는 원칙에 기반을 두고 3개 이상의 국가들이 그들 사이의 관계를 조정하는 제도적 형태"[2]라고 명목적(nominal) 측면뿐만 아니라 질적인 측면을 동시에 중시하고 있다. 또한 그는 다자주의가 '포괄적 호혜성(diffuse reciprocity)'[3]에 대한 기대에 기초를 두고 있다는 점에서 "구체적 호혜성(specific reciprocity), 즉 항상 각 편의 다른 편에 대한 특정한 보상의 동시적 균형에 기반을 둔 양자주의"[4]와는 다르다는 점을 지적하였다. 바로 이러한 포괄적 호혜성에 대한 기대가 관련 국가들로 하여금 협력을 모색하게 하는 것이다.

반면에 일방주의는 다자적인 틀에서 이탈하려고 하거나 집단행동에 참가하기보다 지구화나 지방화와 같은 새로운 시도에 단독으로 도전하려는 경향을 말한다. 일방주의자들이 다자적인 틀에서 이탈하거나 단독으로 행동하려는 것은 일반행동원칙에 자국을 종속시키는 것을 원하지 않거나, 이 원칙이 국가이익을 손상시킨다고 판단하기 때문이다. 러기의 지적처럼 "다자주의는 매우 기대치가 높고 부담이 큰 제도적 형태"[5]이기 때문에 미국과 같은 강대국의 입장에서 볼 때는 "일반화

---

2) John G. Ruggie, "Multilateralism: The Anatomy of an Institution", in John G. Ruggie, (ed), *Multilateralism Matters; The Theory and Praxis of an Institutional Form*, New York: Columbia University Press, 1993, pp. 12-13.

3) 포괄적 호혜성은 시간의 차원, 공간의 차원, 이슈의 차원 등 세 가지 차원에서 호혜성을 인정하고 있다. 구체적인 내용은 Robert O. Keohane, "Reciprocity in International Relations", *International Organization*, Vol. 40, No. 1, 1986, pp. 1-27. 참조.

4) Ruggie(1993), p. 13.

된 행위의 원칙에 구속받는다고 인식하게 되는 것은 당연하다."[6]고 하겠다. 다자주의에는 협조정신·협조행동이라는 질적 요소가 내재되어 있고, 다자주의의 핵심은 다자간 협조주의에 있다는 점에서 일방주의를 추구할 수 없기 때문이다. 이와 같은 일방주의는 상당히 많은 경우 군사력을 포함한 총체적 국력이 우세한 미국과 같은 대국이나 패권국이 취할 가능성이 높은 외교적 방법이다.[7]

그런데 미국의 외교전략 연구에 있어서 많은 학자들은 다자주의와 일방주의를 상호 대립적 개념으로 사용하는 경우가 많은데, 그 이유는 전자는 다른 국가들과의 협력을 통해서 공동으로 국제정치 현안 해결을 위해 개입하는 것이고, 후자는 타국의 도움 없이 독자적으로 문제해결을 시도하기 때문이다. 그러나 사실은 다자주의는 외교게임에 참가하는 행위자의 수와 그에 기초한 틀로서 그 대립 개념은 양자주의이며, 일방주의란 외교상의 방법론으로서 그 대립개념은 '협조주의'[8]이다. 그럼에도 불구하고 다자주의와 일방주의를 대립개념으로 사용해 왔기 때문에 혼란이 생겼고, 이를 극복하기 위하여 학자들은 적극적 다자주의(assertive multilateralism), 경쟁적 다자주의(competitive multilateralism), 상황적 다자주의(case-by-case multilateralism), 선택적 다자주의(selective multilateralism), 동심원적 다자주의(concentric

---

5) Ruggie(1993), p. 12.

6) David M. Malone & Yuen Foong Khong, "Unilateralism and US Foreign Policy: International Perspectives", in Malone, M. David & Yuen Foong Khong(ed.), *Unilateralism and US Foreign Policy*, Boulder: Lynne Rienner Publishers, 2003, p. 2.

7) 다키다 겐찌, "다자주의의 재정의와 미국외교", 『민주주의와 인권』, 제5권 1호, 2005, p. 324.

8) 협조주의는 양자 간 및 다자 간에 공통으로 존재할 수 있는데, 러기는 "양자 간 협조주의는 호혜성이라는 특징이 있기 때문에 제3국이 배제된다는 점에서 다자간 협조주의와 다르다"는 점을 지적하였다. John G. Ruggie, *Winning the Peace: America and World Order in the New Era*, New York: Columbia University Press, 1996, pp. 20–21.

multilateralism), 위장 다자주의(psedo-multilateralism) 등 다양한 다자주의 개념들을 제기하여 왔다.[9] 또한 말론(David M. Malone)과 콩(Yuen Foong Khong)은 다자주의와 일방주의를 대립개념으로부터 생기는 개념적 혼란을 피하기 위해서 이 두 가지 지향성 사이에는 많은 단계적 변화가 있을 뿐만 아니라 일방주의적 요소와 다자주의적 요소가 공존하는 복합적인 상황이 존재할 가능성이 있음을 지적하고 있다. 양자를 반드시 대립개념으로 파악하지 않고 양자 간에는 여러 가지 단계 또는 강약이 있고, 그렇기 때문에 양자의 중간단계에는 두 가지 요소가 혼재한다는 것이다.[10] 따라서 다자주의와 일방주의는 대립 개념이 아니라는 것을 분명히 인식하면서 외교게임에 참여하는 행위자의 수를 말하는 경우인가 아니면 국가 간 협조여부를 기준으로 하는 외교방법론상의 문제인가를 구분해야 할 것이며, 이 두 가지 요소가 혼합되어 있을 때에는 제3의 조합된 개념으로 설명하는 것이 더욱 타당한 경우도 있을 수 있다는 점에 유의해야 할 것이다.

3. 동아시아 안보전략의 기반: 양자주의

제2차 세계대전이 종전되면서 형성된 범세계적인 냉전체제에서 미국은 유럽의 평화와 안정을 위해서 NATO나 'CSCE'[11]가 상징하는

---

9) 이러한 개념들에 대한 구체적 논의는 다키다 겐찌(2005), pp. 318 – 319. 참조.

10) Malone & Khong(2003), p. 3.

11) 1975년 이른바 헬싱키체제로 출발한 다자간 안보협의체인 CSCE는 지속적으로 발전하여 20년 후인 1995년에는 안보기구인 OSCE가 되었다. 구체적인 논의는 Davi Galbreath, *The Organization for Security and Cooperation in Europe*, London:

것처럼 다자주의로 대응해 왔으나, 동아시아지역에 있어서는 이른바 '중심 - 위성' 관계라고 하는 미국 중심의 양자주의에 입각한 동맹체제로 대응해 왔다. 미국은 공산주의 세력의 확대를 저지하기 위하여 이른바 '봉쇄정책(containment policy)'을 추진하면서 동아시아지역에도 자국이 중심이 되는 반공동맹체제를 구축하기 시작하였는데, 그 대표적인 것들이 한국 - 미국, 미국 - 일본, 미국 - 대만, 미국 - 필리핀, 미국 - 태국 간의 양자주의에 입각한 동맹이었다. 미국은 이러한 양자 간 동맹체제를 통하여 자신의 군사력을 동아시아지역에 전개하여 투사할 수 있었는데, 그 결과 1989년 베를린장벽의 붕괴와 1991년 소련의 붕괴에서 알 수 있듯이 공산주의 세력의 팽창에 대응하는 봉쇄의 역할을 효과적으로 수행하였다고 하겠다.

이처럼 미국이 동아시아 안보전략으로서 양자주의에 중점을 두고 있는 근본적 이유는 물론 "강대국의 강제력(coercive power)을 최소화시키는 다자주의"[12]보다는 양자적 관계를 통해서 미국의 이익이 보다 잘 확보될 수 있다고 생각하였기 때문이다. 그리고 이러한 판단을 하게 된 배경에는 동아시아지역이 유럽과는 다른 지역적 특수성을 고려해야 한다는 점도 크게 작용하였다. 즉, 유럽에서 NATO나 CSCE와 같은 다자주의적 제도를 통해서 유럽의 평화와 안정을 추구할 수 있었던 것은 비교적 동질적 국가들로 구성되어 있고 안보에 대한 동일한 인식이 수렴될 수 있어서 다자주의의 성공적 운영에 필요한 이른바 '집단적 안보 정체성(collective security identity)'이 있었는 데 반해,

---

Routledge, 2007. 참조.

12) Evelyn Goh, "The ASEAN Regional Forum in the United States East Asia Strategy", *Pacific Review*, Vol. 17, No. 1, 2004, p. 49.

미국과 아시아 국가들 사이에는 그것이 부재하였기 때문에 양자주의적 틀을 선호하였던 것이라고 볼 수 있다.[13]

그런데 이러한 양자 간 동맹체제는 동아시아지역에도 냉전종식과 함께 과도기를 맞게 된다. 소련의 몰락과 중국의 개혁·개방으로 인하여 이제 더 이상 공산 강대국의 위협은 해소되었지만 북한의 존재와 한반도의 냉전 지속은 여전히 한국과 일본 방위라는 양자동맹의 목적이 존속하고 있다. 특히 북한 핵문제와 미사일 개발 등 안보불안이 한-미, 미-일 양자동맹을 지속시키는 요인으로 작용하고 있다. 이러한 이유로 동아시아지역의 양자동맹체제는 근본적 변화를 보이지는 않았지만, 전략환경의 변화와 새로운 안보이슈의 등장에 따라 아시아에서의 미군의 주둔이나 동맹의 역할에 대해서는 재검토의 필요성이 제기되었다. 실제로 소련이 후퇴함으로써 미국은 필리핀의 공군 및 해군 기지를 철수하고 한국과 일본에 주둔하고 있던 10만 명이 넘는 미군의 점진적인 감축이 추진되는 등 양자동맹에서 다소 변화가 일어났다. 또한 환경문제나 테러리즘과 같이 국경을 초월하는 새로운 안보이슈들이 잠재적 위협으로 부상하면서 안보의 성격도 전통적인 군사안보(military security)로부터 포괄적 안보(comprehensive security)로 변화하면서 이에 따른 대응전략을 모색하였다. 이 과도기의 동아시아 안보전략의 중심은 여전히 양자주의에 있었으며, 이를 보완하는 수단으로서 다자주의를 검토하는 정도였다.

---

13) Christopher Hemmer & Peter J. Kazenstein, "Why is There No NATO in Asia? Collective Identity, Regionalism and the Origins of Multilateralism", *International Organization*, Vol. 56, No. 3, 2002, pp. 575 - 607. 유럽에서는 미국과 소련이 1972년 5월 모스크바 정상회담을 계기로 CSCE를 통한 NATO와 WTO(Warsaw Treaty Organization) 간의 안보협력논의가 급진전을 이룸으로써 유럽에서 집합적 안보정체성이 형성되게 되었다.

이처럼 전통적으로 아시아·태평양지역에서 전략적 우위를 누려왔던 미국은 한국·일본·필리핀·호주 등 이 지역 동맹국가들과의 양자안보관계를 중시해 왔으며, 냉전기와 탈냉전 초반까지만 해도 이 지역의 다자주의에 부정적 입장을 확고히 해왔다. 1980년대 후반부터 러시아·호주·캐나다·한국·몽골 등에 의해 제안된 다양한 다자안보 구상에 대해서 미국은 자신의 전통적인 양자안보동맹의 약화를 초래하여 미국의 영향력을 축소시킬 우려가 있다는 이유로 단호히 거부하였다. 특히 1991년 동맹국인 일본이 ASEAN-PMC를 역내 다자안보대화체로 활용하자는 제안에 대해서도 냉담한 반응을 보였었다.

그런데 중국의 급속한 경제성장에 따른 군사대국화의 우려 및 2001년 9·11테러는 미국의 대외정책에 커다란 변화를 가져왔으며, 기존의 냉전동맹도 새로운 동맹으로 변화를 모색하기 시작하였다. 이 지역의 양자동맹은 부상하는 중국의 위협에 대처하고 중국을 국제사회의 평화와 번영에 기여할 수 있는 방향으로 유도하는 동맹이 되어야 하며, 특히 당면과제인 대테러전의 수행에 효율적으로 활용할 수 있는 동맹체제로 변환되어야 한다는 것이다. 이러한 인식하에 부시 행정부에서 추진한 이른바 '변환동맹'14)의 특징은 기존의 고정적인 동맹보다 기능 및 지역범위에 있어서 유연성과 비공식성이 강조되는 파트너십과 네트워크가 강조된다는 점이다. 그리고 동맹의 유연화에 따라 파트너십의 법적·제도적 기반이 약화되는 것을 해결하기 위하여 공동의 가치와 문화를 중시한다. 이러한 부시 행정부에서의 변환동맹의 추구는 테러리즘에 대응이라는 점에서 오바마 정부에서도 지속될 가능

---

14) 부시 행정부의 동아시아 동맹정책과 변환동맹에 대해서는 Mark Beeson, *Bush and Asia: America's Evolving Relations with East Asia*, London: Routledge, 2007. 참조.

성이 높은데, 다만 변환동맹의 활용방식에 있어서는 오바마 정부가 추구하는 안보전략의 기조에 부합하는 방향으로 조정될 수 있을 것이다. 실제로 오바마 정부는 2009년 6월 17일 한미정상회담의 결과를 발표한 '한미동맹을 위한 공동비전(Joint Vision for U.S.-South Korea Alliance)'이라는 성명을 통하여 한미동맹의 지리적 범위가 동북아시아 지역은 물론 범세계적 차원으로 확대하고 협력의 내용도 군사뿐만 아니라 비군사적 분야까지 포함하는 진정한 21세기형 '포괄적 전략동맹(comprehensive strategic alliance)'으로 변환하기로 하였다.15)

이와 같이 미국의 전통적인 동아시아 안보전략의 기반은 양자주의에 의한 동맹체제였으며, 탈냉전과 전략환경의 변화에 따라 동맹은 그 성격에 있어서 다소 변화를 모색하기는 하였지만 양자주의에 기초한 동맹 자체가 다자주의로 대체되지는 않았다. 이는 미국의 입장에서 볼 때 동아시아 안보전략은 여전히 양자주의가 국익에 유리할 뿐만 아니라, 이 지역의 다자체제들은 아직 구체적 안보도전들을 효과적으로 해결하지 못하고 있다고 보기 때문이다. 사실상 ARF는 이미 출범한 지 15년이 되었지만 여전히 초기 신뢰구축 단계에서 대화체 수준에 머물러 있으며, 6자회담 역시 아직도 북한 핵문제를 해결하지 못하고 있다. ASEAN-PMC나 EAS도 안보대화의 수준에 그치고 있다는 점에서 미국의 이익을 확실하게 지켜 줄 수 있는 현실적 대안은 미국이 중심이 되는 동맹체제밖에 없다는 것이다. 미국이 최근 동아시아 다자주의에 대해서 수용적 입장을 가지고 참여하고 있기는 하지만, 이는 어디까지나 자신을 중심으로 한 양자동맹체제를 대체하거나 자신의 국익

---

15) *Korea Herald*, 17 June 2009.

을 침해하지 않아야 한다는 점을 분명히 하고 있다는 점에서 여전히
양자주의가 동아시아 안보전략의 기반이 되고 있음을 알 수 있다.

4. 전략환경의 변화와 다자주의의 모색

1) 다자주의 수용의 배경요인

일반적으로 강대국이 다자주의를 수용하거나 선호하는 이유는 다자
주의가 강대국의 부담을 덜어줄 수 있고, 다른 국가들의 반발이 적은
상태에서 국제적 문제를 관리할 수 있기 때문이다. 따라서 강대국의
다자주의 선호는 철저히 국가이익이 부합될 때만 성립되는데, 미국의
다자주의에 대한 입장도 바로 이러한 범주에 해당한다고 볼 수 있
다.[16] 즉, 양자 간 동맹체제를 기반으로 동아시아 안보전략을 전개해
왔던 미국이 탈냉전으로 인한 전략환경의 변화에 따른 국가이익을 확
보하기 위해 다자주의를 재검토, 수용하는 방향으로 안보전략의 변화
를 모색하게 되었는데, 다자주의는 구체적으로 다음과 같은 점에서 그
효용성이 있다고 판단하였다.

무엇보다도 다자주의는 미국의 군비축소에 따른 비용과 부담을 최소
화하는 동시에 양자주의를 보완하는 수단으로서 가치가 있었다는 사실
이다. 미국의 대외안보정책에 있어서 군비축소 경향은 1990년과 1992
년에 발표된 '동아시아전략구상(EASI: East Asia Strategic Initiative)'

---

16) 이러한 점에 대한 구체적인 논의는 Charles Maynes, "America's Fading Commitment",
    World Policy Journal, Vol. 16, No .2, 1999. 참조.

으로 가시화되기 시작하였다. 이에 따라 미국은 3단계에 걸쳐 재래식 전력을 감축하였으며, 1991년 6월 필리핀의 클라크(Clark) 공군기지를, 그리고 1992년에는 베트남의 캄란 만(Cam Ranh Bay) 해군기지를 철수하였다. 이러한 미군 감축으로 인한 힘의 공백은 결과적으로 동아시아 국가들로 하여금 자신의 안보를 위하여 군비증강 및 경쟁을 촉발시켰으며, 그 결과 '안보딜레마(security dilemma)'를 초래함으로써 동아시아지역의 안보상황을 불안하게 만드는 요인으로 작용할 수 있었다.17) 이처럼 탈냉전 초기 동아시아지역에서 불안정한 안보상황이 지속됨에 따라 미국은 이 지역 국가들의 안보불안을 해소하는 동시에 자신의 군사비 부담을 최소화하기 위한 방안의 하나로서 다자주의적 접근법을 모색하게 되었다. 즉, 미국은 세계적 차원의 안보 유지에 소요되는 재정적 부담을 줄이면서 기존의 쌍무적 안보동맹관계를 보완하기 위하여 다자안보협력체 구상을 추진하게 되었는데, 1994년 ASEAN의 주도로 ARF가 발족할 수 있었던 것도 바로 미국의 이러한 인식에 힘입은 바가 컸다. 또한 북한 핵문제를 해결하기 위하여 북미 양자 간 직접협상의 방식이 아니라 6자회담이라는 다자주의 방식을 채택한 배경 역시 안보비용을 최소화하면서 그 효과를 최대화하기 위한 것이다. 만약 미국이 양자 간 혹은 일방주의적으로 해결하고자 할 경우 많은 정치적 · 경제적 비용을 미국이 모두 부담해야 하며 그 효과도 미지수이지만, 6자회담과 같은 다자주의적 틀을 활용할 경우 미국의 부담을 줄일 수 있을 뿐만 아니라 북한의 약속 이행에 대한 보장도 확실히 할 수 있기 때문이다.

---

17) 이인배, "미국의 다자주의 안보전략: 북핵 문제 해결의 함의", 『통일문제연구』, 제41호, 2004, pp. 36 - 37.

다음으로 중국의 부상과 공세적 다자주의 및 지역주의 외교에 대한 대응 필요성이 있었다. 냉전종식과 소련 연방의 해체에 따라 미국은 라이벌이었던 초강대국 소련의 세력 팽창에 대한 봉쇄에 목적을 두었던 과거의 동아시아 전략으로부터 수정이 필요하였으며, 반면에 잠재적 강대국으로서 새로이 부상하는 중국을 다룰 수 있는 양자관계 이외의 또 다른 정책수단이 필요하였던 것이다. 중국은 1990년대 중반까지만 해도 다자주의는 자국을 포위하기 위한 전략으로 인식하여 부정적 입장을 취해 왔으나, 1990년대 중반 이후부터는 다자안보협력에 적극적으로 참여하는 입장을 취하기 시작하였으며, 2000년대에 들어와서는 한 걸음 더 나아가 직접 주도하는 입장으로 전환하고 있음을 보여 주었다. 중국은 자신이 배제된 상태에서 중국과 관련된 문제를 논의하는 것을 예방하고 지속적인 성장과 발전에 필요한 우호적인 외부 환경을 조성하는 한편, 미국 중심의 동아시아 지역구도 및 부상하는 일본에 대한 견제의 필요성 등으로 다자주의적 접근에 의한 안보협력이라는 새로운 방식을 추구하게 되었다. 따라서 중국은 ARF에 적극적으로 참여하는 동시에 테러리즘에 대응한다는 목표로 자신이 주도하여 2001년 '상하이협력기구(SCO: Shanghai Cooperation Organization)'를 발족시켰으며, 북한 핵문제를 해결하기 위하여 6자회담 의장국으로서 적극적인 역할을 해 오고 있다. 중국은 그동안 동아시아 지역의 다자간 협의체들, 즉 ASEAN · ARF · SCO · EAS 등에 적극적으로 참여하여 미국의 영향력을 견제하는 동시에 이들과의 관계강화를 통한 영향력 확대에 노력해 왔다. 따라서 미국은 동아시아지역에 있어서 중국의 새로운 공세적인 다자주의 외교를 통한 영향력 확대를 차단하고 자신이 계속 주도권을 유지, 확대하기 위해서는 보다 전향적인 다자주의 정책이 필요하였다.

이뿐만 아니라 역내 다자주의 및 다자간 협력에 대한 관심이 크게 증대되고 있는 가운데 계속 소극적 입장을 취할 경우 미국의 지도력에 손상을 주고 미국이 배제된 다자안보체제가 등장할 가능성이 있었다는 사실이다. 실제로 동아시아지역에 존재하는 다자협력체 가운데 안보의제를 직접적으로 다루는 것으로는 정부차원(Track I)에서 ASEAN‒PMC · ARF · EAS · SCO가 있고 민간차원(Track Ⅱ)에서는 NEACD · CSCAP 등이 활동하고 있다. 더욱이 동아시아 지역에서 APT가 미국을 제외한 가운데 협력을 강화해 왔고, EAS도 미국이 제외된 채 2005년 출범하였으며, SCO는 아시아지역에서 군사협력기구로 발전하고 있다. 이처럼 미국은 태평양 국가로서 자신이 배제된 채 동아시아 지역에서 다자안보체제가 구축, 작동될 경우 미국의 국익을 해치지 않도록 하기 위하여 다자주의에 수용적 입장을 취하게 되었던 것이다. 구체적으로 미국은 NEACD와 같이 다자안보협력을 직접 주도하거나 ARF와 같이 설립초기부터 참여하는 동시에, 이 지역에서 미국이 배제된 채 이루어지고 있는 EAS는 중국의 영향력 아래로 떨어질 것을 우려하여 일본과 인도네시아를 통해서 인도 · 오스트레일리아 · 뉴질랜드를 가입시킴으로써 '지역적 정체성(regional identity)'이 모호한 회의체로 변질시켰으며, SOC에 대해서는 태평양 국가로서 미국의 참여가 필수적이라는 주장과 함께 그 추이를 예의 주시하고 있다.

그 밖에도 세계화에 따른 국가 간 상호의존의 심화, 새로운 초국가적 안보이슈의 등장 및 이에 대한 대응의 필요성이 있었다는 점을 지적할 수 있다. 세계화가 급속히 진전되면서 국가 간의 상호의존이 심화되는 동시에 국가 간 갈등을 증대시킴으로써 그 조정을 위한 국제협력방식으로서 다자주의가 유용한 수단이 될 수 있었다. 또한 초국가적 안보이슈들, 예를 들어 이 지역의 경제 · 환경 · 인권 · 마약 · 테러 등의 안보현안들이 포괄적 성격을 지니게 됨에 따라 기존의 미국 일방주의 또는 쌍무주의 동맹체제만으로는 현안 해결에 한계가 있다는 점을 인식하게 되었다. 반면에 다자안보협력체에서는 양자 간 전략적 이익의 교환이 어려운 경우에도 행위자의 수가 증대됨으로써 포괄적 호혜성이 기대될 수 있다는 점이다. 즉, 특정 사안에 대한 직접적인 이익의 교환차원에서 이루어지는 구체적 호혜성이 아니라 다양한 사안에 대한 장기적이고 간접적인 이익의 교환이 가능하기 때문이다.[18] 특히 다자주의의 장점으로 지적되고 있는 포괄적 호혜성은 오늘날의 안보 개념이 전통적인 군사안보만이 아니라 포괄적 안보의 성격을 가지고 있다는 점에서 더욱 그 의의가 크다. 왜냐하면 하스(Ernst B. Haas)가 지적한 것처럼 "포괄적 안보개념은 다양한 이슈들을 연계함으로써 국제협력의 가능성을 높이는 역할을 담당"[19]할 수 있기 때문이다. 이와 같이 다자안보협의체는 포괄적 안보 이슈들을 다루는 국제협력 메커니즘으로서 미국의 안보비용을 줄여 줄 수 있다고 판단하였던 것이다.

2) 다자주의 전략의 전개과정

다자안보에 부정적이었던 미국은 부시(George H. Bush) 행정부 말

---

18) Keohane(1986), pp. 16 - 17.

19) Ernst B. Haas, "Why Collaborate? Issue-Linkage and International Regime", *World Politics*, Vol. 32, No. 3, 1980, pp. 362 - 374. 하스는 이슈 연계의 종류로서 전술적 연계(tactical linkage), 파편적 연계(fragmented linkage) 및 실질적 연계(substantive linkage) 등을 제시하였다.

기부터 입장을 점차 변화시켜 왔는데, 그 이유는 1990년에 발표된 EASI에 의한 신고립주의 노선이 초래한 영향력 상실의 교훈 때문이 었다. EASI에 따른 동아시아 주둔 미군의 부분적 철수 및 재래식 전력 감축이 이루어짐으로써 역내 국가들은 자국의 방위와 생존전략의 차원에서 군비를 증강하게 되었다. 이러한 동아시아 국가들의 경쟁적인 군비증강은 안보딜레마를 초래함으로써 이 지역의 안보상황을 더욱 불안정하게 만드는 요인으로 작용하였고 미국의 영향력도 상대적으로 감소하였다. 또한 미군의 군사적 존재 약화는 북한의 핵개발이라는 또 하나의 중대한 사건을 초래함으로써 한반도를 중심으로 하는 동북아지역의 불안정을 고조시켰다. 이처럼 1990년 초반 부시 행정부의 국방비 감축을 통한 국내문제 우선 해결정책은 결과적으로 이 지역 안보의 불안정성을 증대시켰을 뿐만 아니라 미국의 영향력을 감소시켰다. 그럼에도 불구하고 미국은 국방비 증액을 통한 동아시아 전략을 추진하기에는 어려운 상황이었다. 따라서 동아시아 안보전략에 있어서 비용을 최소화하면서도 미국의 안보 공약을 지킬 수 있는 방안들이 모색되었는데, 그 일환으로 제기된 것이 바로 다자주의 안보협력체 구상이었다.[20]

이러한 인식을 바탕으로 1993년에 새롭게 취임한 클린턴(B. Clinton) 행정부에 들어와서는 더욱 전향적인 태도를 보여 주었는데, 그것은 기존의 양자 간 안보장치를 통한 안보이익 유지의 능력감소를 인식하게 되었고, 전략환경의 변화와 관련하여 쌍무적 동맹관계를 보완하기 위하여 다자주의를 지지하게 되었다.[21] 즉, 냉전의 종식으로 소련의 직

---

20) 길정우(외),『미국 클린턴 행정부의 동북아정책과 동북아질서 변화』, 서울: 민족통일연구원, 1993, p. 19.

접적 위협이 사라졌을 뿐만 아니라 경제력이 쇠퇴함에 따라 미국은 더이상 아·태 지역에서 지도자 역할을 계속하는 데 능력의 한계를 느끼기 시작하였고, 기존의 양자동맹관계만으로는 장차 전개될지도 모를 이 지역의 불확실한 상황을 통제하기에 충분하지 못하다고 판단하였던 것이다.

미국의 다자안보에 대한 입장표명은 먼저 1993년 3월 미국무부 동아시아·태평양 담당 차관보인 윈스턴 로드(Winston Lord)가 안보협의를 위한 다자간 포럼의 필요성을 제기함으로써 나타났고, 동년 7월 크리스토퍼(Warren Chirstopher) 국무장관은 ASEAN-PMC에서 아·태 지역에도 유럽의 CSCE형태의 다자안보회의가 바람직하다는 입장을 피력한 바 있다. 또한 클린턴 대통령도 1993년 7월 방한 시 국회연설을 통하여 '신태평양공동체(New Pacific Community)' 실현을 위한 '4대 과제'[22]를 제시하면서, 그 제3항에서 '역내 공동안보 도전에 대한 다자안보대화'의 필요성을 지적했다.[23] 이와 같이 클린턴 행정부는 정부차원의 다자안보대화를 지지함은 물론, 1993년 10월에 NEACD에서 알 수 있는 바와 같이 때로는 Track II 수준에서의 다자안보대화체 구성에 이니셔티브를 취하기도 하는 적극성을 보여 주었다.

클린턴 행정부의 대외안보정책의 핵심은 1994년 7월에 발표한 '개입과 확대의 국가안보전략(National Security Strategy of Engagement

---

21) Michael Yahuda, *The International Politics of the Asia-Pacific, 1945~1995*, London: Routledge, 1996, p. 144

22) 4대 과제는 첫째, 동아시아 지역 국가들과 기존의 쌍무적인 군사동맹 관계를 공고히 지키며 둘째, 대량살상무기 확산을 억제하며 셋째, 역내 안보질서를 파괴하는 도전에 대한 다자안보대화를 추진하고 넷째, 역내에서 민주주의 확산 노력을 한다는 것 등이었다

23) Bill Cliton, "U.S. President Bill Clinton's Assemble Speech, 10 July 1993," *The Korean Journal of International Studies*, Vol. 24, No. 3, 1993, p. 390.

and Enlargement)'에 잘 나타나 있는데, 이 전략은 미국의 안보능력 제고, 국내경제의 번영 그리고 민주주의의 확산에 목표를 두고 있다. 이 보고서의 동아시아 · 태평양 지역 정책에서는 이 지역의 다양한 위협과 기회에 대처하기 위하여 기존 쌍무관계를 바탕으로 한 다자간 안보협력의 추진을 명시하고 있다.24) 이러한 대외안보정책의 기본전략을 바탕으로 하여 그 연장선에서 동아시아 · 태평양지역에 초점을 맞춘 것이 1995년 2월과 1998년에 발간된 제2차 및 제3차 '동아시아전략보고(EASR: East Asia Strategic Report)'이다. 이 보고서가 나오게 된 배경은 미국이 동아시아의 경제적 역동성에 주목하여 이 지역의 성장과 번영의 혜택을 누리고, 동북아지역의 안정을 위해 중국과 일본 간의 패권경쟁을 방지하며 북한의 핵의혹 · 화학무기 · 미사일 등 재래식 군사위협을 관리하고자 하는 데 있었다. 따라서 미국은 향후 동아 · 태 안보전략의 기조로서 기존의 전진배치(forward deployment) 전략과 양자동맹을 보완하는 차원에서 다자안보대화와 다자간 협력과정을 함께 적극적으로 모색해 나갈 것임을 천명하였던 것이다.25) 이와 같이 클린턴 행정부의 다자안보대화에 대한 공식적 입장은 1998년에 발간된 국무부 문서에서 "아시아에서의 상호협력과 신뢰를 제고하기 위한 다양한 공식적 및 비공식적 다자안보대화에 참여하고 있으며, (……) 장차 모든 형태의 다자주의가 미국의 지역 참여에 있어 중요한 요소가 될 것"26)이라고 밝히고 있는 데서 잘 알 수 있다.

24) *The National Security Strategy of Engagement and Enlargement*, July 1994.

25) *United States Security Strategy for the East Asia-Pacific Region*, Washington D.C.: Department of Defense Office of International Security Affairs, February 1995, pp. 12~14.

26) *The United States Security Strategy for the East Asia-Pacific Region*, November 23, 1998, pp. 43 - 44.

이러한 클린턴 행정부의 동아시아 다자안보전략의 기조는 부시 (George W. Bush) 행정부에 들어와서도 대체로 유지되었지만, 2001년 9·11테러사건을 겪으면서 미국의 다자주의는 부시 행정부의 신보수주의적 일방주의와 결합하면서 그 성격에 있어서 상당한 변화를 보인다. 9·11 이후 테러와의 전쟁을 치르면서 더욱 분명해진 부시 행정부 안보전략의 특징은 미국은 타국과 다르고 우월하며 미국적 가치와 다른 가치를 인정하지 않는 성향, 이른바 '미국 예외주의(American exceptionalism)'[27]에 기반을 둔 일방주의와 선제공격이었다. 이러한 부시 행정부의 일방주의를 집대성한 정책이 바로 2002년 9월에 발표된 '미국의 국가안보전략(National Security Strategy of the United States of America)'이었으며, 그것을 실제로 행동에 옮긴 단적인 예가 유엔의 반대에도 불구하고 2003년 3월 20일 이라크를 침공한 것이었다. 이처럼 테러와의 전쟁을 시작한 부시 행정부의 출범 초기 미국은 국제기구나 다자간 협정 등이 미국의 국익과 정책목표를 달성하기 위한 수단에 불과하기 때문에 일방적으로 무시할 수 있다는 이른바 '미국식 국제주의(American internationalism)'를 표명하고 다자주의보다는 양자주의, 양자주의보다는 일방주의를 선호하는 입장을 보여주었다.

미국은 전통적으로 국제문제에 있어서 '행동의 자유'를 강조해 왔으며, 이러한 일방주의적 성향은 9·11테러 이후 더욱 심화되었다. 그

---

27) 미국의 예외주의에 대한 구체적인 논의는 Michael Ignatieff(ed.), *American Exceptionalism and Human Right,* Princeton: Princeton University Press, 2005; Seymour M. Lipset, *American Exceptionalism: A Double Edged Sword,* New York: W. W. Norton & Co., 1997. 등을 참조할 것. 특히 부시 행정부에서는 미국의 일방주의 경향이 강하게 나타났는데, 그 대표적인 사례가 이라크 사담 후세인 정권의 축출을 위하여 유엔의 동의 없이 이라크를 공격한 것이었다.

결과 부시 행정부 2기에는 일방주의 외교에 대한 비판과 반성의 목소리가 힘을 얻기 시작하였다. 스마트 파워(smart power)의 중요성을 강조하는 사람들은 미국이 하드 파워(hard power)만으로 안보이익을 추구하는 것은 국가의 신뢰와 지도력을 훼손하고 오히려 지위를 약화시키기 때문에 미국 고유의 제도와 가치 및 문화에 기반을 둔 소프트 파워(soft power)를 배양, 양자를 조합함으로써 장기적으로는 지속가능한 패권을 유지할 수 있다고 주장한다.[28] 이와 같이 부시 행정부 2기의 동아시아 정책은 라이스(Condoleezza Rice) 국무장관이 '동맹과 다자제도(multilateral institution)는 자유를 사랑하는 나라들의 힘을 강화시킬 것'이라고 한 말에서 알 수 있듯이 동맹이라는 현실주의적 · 보수주의적 요소와 다자제도라는 자유주의적 · 진보주의적 요소를 결합한 '실용적 보수주의(pragmatic conservatism)' 외교를 전개하였다고 볼 수 있다.[29] 결국 부시 행정부는 테러와의 전쟁이라는 엄청난 도전을 극복하기 위하여 미국의 힘과 함께 다자주의적 노력을 더욱 요구받게 되었는데, 테러와의 전쟁에서는 정보, 제재의 이행, 테러조직의 자금 차단 등 국제사회의 협력이 필요하기 때문이다. 이처럼 미국은 새로운 도전에 대처하기 위해서는 다자주의적 협력에 의존하는 이외의 선택의 여지가 없었으며, 바로 이러한 딜레마적 상황에서 미국은 기존의 전통적 다자주의와는 다른 새로운 형태의 다자주의를 모색하게 되었던 것이다. 부시 행정부는 이 새로운 다자주의 전략을 통해서

---

28) Richard L. Armitage & Joseph S. Nye, *CSIS Commission on Smart Power: A Smarter, more Secure America,* Washington D.C.: Center for Strategic and International Studies, 2007, pp. 5 – 14.

29) 김성한, "신보수주의 미국외교의 현황과 전망", 『주요 국제문제분석』, 서울: 외교안보연구원, 2007, pp. 6 – 13.

다른 국가들과 '불평등한 파트너십(unequal partnership)' 속에서 미국의 목표를 성취하는 제도와 협력을 구상했던 것이다.

오바마 행정부의 동아시아 정책은 지난 공화당 정부의 정책에 대한 반성에서부터 출발하고 있다. 즉, 부시 행정부에서는 중동지역의 대테러전 감행 등 다른 지역문제에 치중한 나머지 미래의 핵심지역인 동아시아지역에 대해 적절한 정책과 개입을 하지 못했으며, 그 결과 이 지역 국가들의 미국에 대한 신뢰가 감소되었고 미국의 영향력도 약화되었다고 본다. 특히 오바마는 부시 행정부의 대외정책이 가진 가장 큰 문제점은 대화를 통한 외교적 접근을 거부한 것이라고 비판하면서 이는 결국 미국이 일방주의적이고 오만한 모습으로 보이게 하였을 뿐만 아니라 미국의 리더십을 발전시키는 데 장애가 되었다고 지적하였다. 테러나 핵확산과 같은 오늘날의 주요 안보이슈들을 해결하기 위해서는 강력한 국제공조가 필요하다는 점에서 오바마 정부의 안보외교정책의 기조는 대화와 협력, 다자안보체제와 파트너십을 통한 안보현안의 해결을 강조하고 있다.

오바마 정부의 동아시아정책은 민주당이 전통적으로 강조해 온 국제주의적 자유주의를 이념적 기초로 하면서도 현실적인 국가이익의 추구도 중시하는 현실주의와의 '균형전략(balanced strategy)'30)을 추구하고 있다. 또한 외교안보정책의 이행 수단에 있어서도 균형전략을 강조하고 있는데, 하드파워를 기반으로 하여 소프트 파워 중심의 범세

---

30) 오바마 정부의 동아시아 균형전략에 대한 구체적인 내용은 Robert M. Gates, "A Balanced Strategy: Reprogramming The Pentagon For A New Age, *Foreign Affairs*", January/February 2009; Kurt M. Campbell, Nirav Patel & Vikram J. Singh, *The Power of Balance: America in Asia,* Washington D.C.: Center for a New American Security, June 11, 2008. pp. 59 - 92. 참조.

계적 협력외교의 추구를 주장한다. 다시 말해 전통적인 '세력균형 (balance of power)'이 아니라 '균형의 힘(power of balance)'을 통해서 이 지역에 대한 개입과 영향력을 유지해야 한다는 것이다. 세력균형은 주로 군사력에 입각한 국가 간 관계의 제로－섬(zero-sum) 측면을 강조하는 데 반해, 균형의 힘은 국가가 국제체제의 다양한 행위자 가운데 하나일 뿐이라는 인식하에 외교와 무역을 통해서 상호 윈－윈 (win-win)할 수 있는 상황을 창출할 수 있다고 본다. 또한 균형의 힘은 하드파워와 소프트 파워의 균형, 전통적 안보와 비전통적 안보의 균형, 동맹과 일방주의의 균형, 군사와 외교의 균형 등 다양한 분야와 수단 및 행위자 간의 입체적인 균형을 동시에 추구하는 것이다.31) 이러한 균형에 대한 인식은 부시 행정부의 일방주의와 편향된 외교전략에 대한 비판과 반성에서 비롯된 것이다.

오바마 정부는 균형전략에 입각하여 기존의 동맹관계 외에도 지역 다자주의를 강화함으로써 동아시아 지역에서 미국이 지속적인 개입을 추구하고자 한다. 캠벨(Kurt M. Campbell)은 이 지역에 있어서 포괄적 개입정책을 주장하면서 이를 위해 지역 다자주의를 강조하고 있다.32) 그는 중국이 개방적인 시장과 안정적인 규범을 준수하는 국가로 거듭나도록 노력을 경주하는 동시에 한국과 일본 등 기존의 동맹국들과의 협력체제를 강화하여 이들이 중국으로부터의 위협감을 느끼지 않도록 노력하여야 한다고 하면서, 이를 위해서 미국·중국·일본 3자회담, 6자회담, ARF, EAS 등 다자간 지역협력체를 통해서 에너지

---

31) 구체적인 내용은 Kurt M. Cambell & Michael E. O'Hanlon, *Hard Power: The New Politics of National Security*, New York: Basic Books, 2006. 참조.

32) Kurt M. Campbell(et al), *Strategic Leadership: Framework for a 21st Century National Security Strategy*, Washington D.C.: Center for a New American Security, July 24, 2008.

안보 · 기후변화 · 핵확산금지와 같은 문제들의 해결에 노력해야 한다는 것이다. 특히 국가안보회의(NSC: National Security Council) 아시아담당 선임보좌관인 베이더(Jeffrey A. Bader)는 미국 · 중국 · 일본 3국 포럼과 같은 소다자주의(minilateralism)를 통해서 이 지역의 안정을 달성해야 한다고 주장한 바 있다.[33] 또한 오바마 정부의 안보외교전략을 뒷받침하고 있는 사람들은 동아시아 전략의 목표는 이 지역에 대한 '전략적 관여(strategic presence)'를 분명히 하는 것이라고 하였다. 이를 위하여 한국 및 일본과의 양자동맹을 견고히 유지하는 가운데 부상하는 중국을 다룰 수 있는 현실적인 정책을 수립할 필요가 있다는 것이다. 이 지역 주둔 미군의 군사교류 및 전진배치와 함께 지역다자안보체제에도 적극 참여하고 핵 비확산 활동을 강화하는 등 비전통적 안보분야에서의 협력에도 유의해야 한다는 점을 지적하고 있다.[34] 요컨대 오바마 행정부에서 강조하고 있는 균형전략의 관점에서 볼 때 다자주의 안보전략은 양자 간 동맹과 함께 중요하고도 유용한 국가안보전략으로서 지속적으로 활용될 것으로 보인다.

5. 동아시아 다자주의 안보전략의 특성

미국의 동아시아 안보전략은 양자주의를 기반으로 하면서 다자주의

---

33) Jeffrey A. Bader, "The Dynamics of Change among China, Japan and the United States," *Brooking Council Speech*, 3 October 2007.

34) Ralph A. Cossa, Brad Glosserman, Michael A. McDevitt, Nirav Patel, James Przystup, Brad Robert, *The United States and the Asia-Pacific Region: Security Strategy for the Obama Administration*, Washington D.C.: Center for a New American Security, 2009.

와 일방주의가 혼합되어 있으며, 다자주의는 자신의 국가이익에 도움이 되는 경우에 한하여 선택적으로 채택되어 왔다. 이러한 점에서 메인(Charles Maynes)은 "미국은 자신의 부담을 줄이고 정통성 기능을 위하여 다자주의적 제도에 가치를 부여해 왔는데, 이것은 어디까지나 자신의 전략을 유지하고, 주권을 보장하며, 성공의 가능성을 증대시키는 경우에만 그러했다."35)고 지적하였다. 그리고 이러한 미국의 동아시아 안보전략으로서의 다자주의는 시간의 경과 및 각 정권에 따라 그 성격도 다소 차이를 보여 주었지만, 그 특성은 대체로 다음과 같은 몇 가지로 요약될 수 있다.

우선 무엇보다 먼저 지적해야 할 특성은 동아시아에 있어서 양자 간 안보동맹체제의 한계를 보완하기 위한 '보완적 다자주의(complementary multilateralism)'라는 성격이다. 미국이 점차 동아시아의 다자주의를 용인하고 지지하여 왔지만, 여기에는 한 가지 분명한 전제가 있다는 사실에 유의하여야 한다. 즉, 미국이 추구하는 다자주의는 자신을 중심으로 이미 이 지역에 존재하는 양자 간 동맹체제를 대체하는 것이 아니라 오히려 그것을 보완하는 것이라는 점이다. 미국이 이 지역의 양자 간 동맹체제를 유지하는 데 소요되는 막대한 비용과 부담을 감소시키면서도 자신의 영향력을 계속 유지, 확대해 나갈 수 있는 유용한 보조적 수단이 바로 다자주의였던 것이다.

이뿐만 아니라 다자주의적 제도는 중국에 대응하는 제2의 전략을 지원하는 보조적 수단으로 다루어져 왔다. 특히 ARF는 이 지역의 핵심적인 지역안보이슈들을 다룰 수 없었기 때문에 미국은 낮은 이해관

---

35) Maynes(1999), pp. 88 – 89.

계 영역으로 간주되고 있다. 그럼에도 불구하고 ARF에 대한 미국의 참여는 동아시아 지역에 있어서 중국을 견제하는 동시에 미국의 안보 이익의 정당성을 제고하는 데 있어서 매우 중요하다.36) 또한 대테러전 의 수행과 같이 미국의 안전을 위해서는 힘에 바탕을 둔 현실주의적 외교가 필요하며 일방주의적 정책이 불가피할 경우도 있지만, 이러한 정책에 대한 국제적 비판을 극복하고 자신의 행위를 정당화하는 유용 한 채널로서 다자주의는 매우 유용하다. 이처럼 미국의 다자주의는 외 교환경과 행정부의 성격에 따라 그 강조점이 다소 차이가 나기는 하지 만 기본적으로는 양자동맹체제가 지니는 여러 가지 한계점을 보완하 기 위한 다자주의라고 볼 수 있다. 이러한 점에서 마스탄두노(Michael Mastanduno)는 "미국이 동아시아지역에서 다자안보협력체를 취급하 는 방식은 그의 패권전략을 더욱 명확하게 해 주고 있는데, 그 이유는 미국 정부가 이 지역의 다자안보협의체를 미국 중심의 양자안보동맹 의 대체물이 아니라 보완물로 파악하고 있기 때문"37)이라고 하였다.

다음으로 현재까지 미국이 추구해 온 다자주의는 다분히 일방주의 적이며 선택적이었다는 사실이다. 해머(Christopher Hemmer)와 카첸 스틴(Peter J. Karzenstein)은 "미국은 다자주의를 세계의 다른 지역에 다른 방법으로 적용해 왔다. (……) 다자주의 원칙은 미국의 패권을 감추기 위한 좋은 가면이었다."38)고 비판한 바 있는데, 이는 보편적이 어야 할 다자주의가 미국의 경우에는 '선택적 다자주의' 내지 '상황에 따라 다른 다자주의'로 나타났기 때문이다. 미국은 9ㆍ11테러 이후

---

36) Goh(2004), p. 47.

37) Michael Mastanduno, "Incomplete Hegemony", in Muthiah Alagappa(ed), *Asian Security Order*, Stanford: stanford University Press, 2003.

38) Hemmer & Karzenstein(2002), pp. 575 - 576.

지역안보를 위한 대테러 다자안보협력의 필요성을 재인식하였다. 그러나 테러 근절을 위한 다자간 대화와 협력이 미국의 대테러전 노력에 불필요한 제약을 가하는 상황이 전개되기를 원하지 않기 때문에 다자안보대화를 원칙적으로 수용한다고 하더라도 미국의 행동과 선택에 제약이 될 수 있는 다자안보대화에 대해서는 소극적 태도를 취하는 선택적 다자주의 입장을 보여 주었다.

또한 미국은 다자주의를 표방하면서도 많은 경우에 일방주의적 정책을 선택해 왔다. 다자주의를 채택할 경우 한편으로는 국가 간 규칙과 제도가 만들어졌다면 평화롭고 안정된 관계가 확보되고 정부는 더욱 예상 가능하고 협력적인 환경에서 행동할 수 있지만, 다른 한편으로는 규칙과 제도는 주권국가의 주권을 제약하게 된다. 따라서 미국이 필요성을 인정하는 다자포럼에 있어서는 미국이 주도력을 강하게 행사하는 경향을 띠게 될 가능성이 크므로 상황에 따라서는 미국의 일방주의를 보완하는 차원에서 다자포럼을 활용한다는 의미로서 '일방적 다자주의(unilateral multilateralism)'라고 할 수 있다.[39] 특히 부시 행정부에서 극명하게 드러났던 신보수주의자들에게 있어서 다자주의란 유럽식의 원칙적 다자주의가 아니라 손익계산에 근거한 실용적 다자주의일 뿐이다. 바로 이러한 성격을 카건(Robert Kagan)은 "다자주의 융단 장갑 속의 일방주의 철권"[40]이라고 표현하였는데, 우리는 이것을 '다자적 일방주의(multilateral unilateralism)'라고 할 수 있다. 주지하는 바와 같이 "미국 예외주의와 일방주의는 미국 외교의 중요한

---

39) 이서항, "역내 다자안보 논의 동향 평가와 우리 외교정책에 대한 함의", 외교안보연구원(편), 『신안보환경과 한국외교』, 서울: 외교안보연구원. 2006, p. 223.

40) Robert Kagan, "Multilateralism, American Style", *Washington Post*, 13 September 2002.

특징"41)이기 때문에 오늘날과 같이 유일 초강대국으로서 국력에 자신감을 가지고 있을 경우에는 나사산 협력에서 이탈하여 일방주의, 내지 일방주의적 다자주의를 보여 주었다. 이처럼 미국의 동아시아 다자주의 안보전략은 일반적인 다자주의와는 달리 미국의 일방주의 및 미국 중심의 중추−위성이라는 양자주의를 전술적으로 수정한 다자주의라는 점에서 일방적 다자주의라고 할 수 있다. 크라우트해머(Charles Krauthammer)는 이를 다자주의로 가장한 일방주의라고 하여 '위장 다자주의(pseudo-multilateralism)'42)라고 규정하였으며, 어떤 학자는 최근 미국이 추구하는 다자주의가 미국 예외주의 내지 일방주의에 뿌리를 두고 있어서 전통적 다자주의와는 그 성격이 다르다는 점에서 '신다자주의(new multilateralism)'43)라고 하였다.

이와 함께 미국의 동아시아 안보전략으로서의 다자주의는 중국의 점증하는 공세적 다자주의 정책에 대한 대응이라는 점에서 방어적 성격을 가지고 있다. 이미 앞에서 지적한 바와 같이 중국은 초기의 다자 안보협의체에 대한 소극적 입장을 바꾸어서 미국을 견제하고 자신의

---

41) David L. Boren & Edward J. Perkins(ed.), *Democracy, Morality, and the Search for Peace in America's Foreign Policy*, Norman: University of Oklahoma Press, 2002, p. 168.

42) Charles Krauthammer, "The Unipolar Moment", *Foreign Affairs*, Vol. 70, No. 1, 1990/1991, p. 53. 그는 여기에서 '위장 다자주의'의 대표적 사례가 1991년의 걸프전이라고 하면서 미국은 자국의 일방주의에 다자주의적 색채를 나타내기 위해서 다국적군을 결성하고 동원했지만 실제로는 단독으로 행동했었다는 사실을 강조하였다.

43) 미국이 추구하고 있는 신다자주의의 특징으로서는 첫째, 미국에 의해서 고안·조직·실행되고 있다. 둘째, 전략적 이익과 관련된 목적을 추구하고 있다. 셋째, 참가국을 제한하고 있는 기존의 다자주의에 대해서 불만을 나타내고 있다. 넷째, 핵심적 개념인 유연성(flexibility)에서 알 수 있듯이 행동의 자유를 강조하고 있다. 다섯째, 확고한 법적 기반이나 정통성을 결여하고 있다. 여섯째, 유엔의 역할을 강조한다는 점 등이다. 신다자주의에 대한 구체적 논의는 Hyun-Seok Yu, "The Emergence of a New U.S. Multilateralism: The Case of PSI", *OUGHTOPIA: The Journal of Social Paradigm Studies*, Vol. 23, No. 1, 2008, pp. 51−56. 참조.

영향력을 확대하기 위한 정책의 일환으로 다자주의에 적극 참여하고 있다. 따라서 미국은 중국이 주도하는 동아시아 지역의 다자체제가 궁극적으로 미국의 영향력과 그 동맹국인 일본의 영향력을 약화시킬 수 있다는 점을 고려하여 이를 방어하기 위한 목적을 가지고 참여하고 있다는 측면에서 '방어적 다자주의(defensive multilateralism)'라는 성격도 가지고 있다고 하겠다.

6. 결 론

이상의 논의에서 알 수 있듯이 오늘날 미국이 추구하고 있는 동아시아 안보전략은 단순히 양자동맹체제에만 의존하고 있는 것은 아니며, 그렇다고 진정한 의미의 다자주의 안보전략을 채택하고 있다고 보기도 어렵다. 미국의 동아시아 전략은 양자주의를 기반으로 하고 있지만 국가이익과 미국 예외주의 내지 일방주의라는 외교적 전통이 반영된 상당히 복잡하고도 독특한 성격의 다자주의가 적용되고 있기 때문에 단순한 이분법적 사고로서는 그 실체적 진실에 접근하기 어렵다.

미국의 동아시아 안보전략을 다자주의적 관점에서 본다면 냉전 및 탈냉전 초기까지의 부정적, 소극적이었던 태도가 클린턴 행정부에서는 '적극적 다자주의'를 모색하기 시작하였고, 9·11테러를 겪게 된 부시 행정부에서는 '일방적 다자주의'로 그 성격이 변하였으며, 현재 오바마 정부에서는 '균형전략에 입각한 다자주의적 접근'을 시도하고 있다. 이러한 다자주의 성격의 변화는 전략환경의 변화에 기인한 것이기도 하지만, 민주당과 공화당의 외교정책 성향의 차이, 최고정책결정자의 이미지와 가치의 차이 등에도 중요한 영향을 받은 결과였다. 따라서 향후 미국의 동아시아 안보전략으로서 다자주의의 성격과 그 향방을 전망한다는 것은 매우 어려운 일이기는 하지만 지금까지의 논의를 토대로 할 때 대체로 다음과 같은 전망을 할 수 있겠다.

미국의 입장에서 볼 때 동아시아 안보전략으로서의 다자주의는 단점보다는 장점이 많은 정책 수단이기 때문에 그 성격의 변화는 다소 있을 수 있겠으나 용도 폐기하는 일이 일어날 가능성은 없을 것이다. 물론 러기가 적절히 지적한 바와 같이 "다자주의 제도는 발전할수록 여기에 참여하는 국가의 외교정책적 자율성을 훼손하게 됨은 물론 장기적 이익을 확보하기 위해서 단기적 이익을 포기하여야 하는 상황을 수용"44)할 수밖에 없다. 또한 다자주의는 미국의 사활적 이익이 걸려 있는 문제에 대해서 해결방안을 제시하고 그것이 실행에 옮겨지기를 기대하기 어려운 경우가 있으며, 오히려 양자동맹체제 내지 독자적인 일방주의에 의해 문제해결을 하는 것이 더욱 효과적일 경우도 있다.

그럼에도 불구하고 미국의 입장에서 다자주의는 동아시아 안보전략 수단으로서 커다란 가치와 의미를 가지고 있다. 아이켄베리(G. John Ikenberry)는 미국이 유일초강대국의 지위에 있음에도 불구하고 일방적인 힘을 행사하기보다는 다자기구를 통해서 권력을 행사하는 이유는 예측하기 어려운 급격한 세력 재편의 상황에서 모든 개별 국가들을 대상으로 힘을 행사하는 것보다 다자기구를 활용할 경우 적은 비용으로 주도권을 확보할 수 있다는 계산 때문이라고 했다. 또한 다자기구

---

44) Ruggie(1993), p. 3.

를 통해서 권력을 행사함으로써 보다 많은 정당성을 인정받을 수 있을 뿐만 아니라, 단기적으로는 권력의 행사에 제약을 받겠지만 장기적 이익, 특히 패권적 지위가 약화될 때 이를 상쇄할 수 있다는 계산 때문에 다자주의를 활용하는 것이다.[45] 실제로 미국의 다자간 협의체 참여는 미국의 일방주의적 외교에 대한 비판을 약화시키면서 대외적 이미지를 개선하는 효과를 가져왔다. 이처럼 다자주의는 미국이 유일 초강대국으로서 국제문제를 다루는 데 있어서 안보적 비용과 부담을 감소시키면서도 미국의 일방주의적 행동이 불가피하였다는 정당성의 문제를 해결해 주었던 것이다.

이러한 가치와 유용성 때문에 다자주의는 향후에도 지속될 것이지만, 문제는 그것이 어떠한 형태로 동아시아 안보전략으로서 기능하게 될 것인가이다. 결론부터 말한다면 향후 미국의 다자안보전략은 양자주의 내지 일방주의와의 관계에서 단일한 전략 선택의 문제가 아니라 주어진 환경과 현실을 반영하면서 그들과의 다양한 조합 속에서 나타나게 될 것이라는 점이다. 이는 지금까지의 논의에서 알 수 있었던 것처럼 미국의 각 행정부가 동아시아 안보전략의 목표를 달성하기 위해 필요한 최선의 수단을 강구함에 있어서 양자주의와 다자주의를 적절히 조합하여 활용하여 왔듯이 앞으로도 이 두 개의 극단에 존재하는 다양한 스펙트럼의 조합 가운데 가장 실효성 있는 전략을 모색하게 될 것이다. 물론 이러한 스펙트럼들 가운데는 경우에 따라서 다자주의적 틀 안에서 일방주의적 행동을 취하는 '일방주의적 다자주의' 또는 '선

---

45) G. John Ikenberry, "State Power and the Institutional Bargain: America's Ambivalent Economic and Security Multilateralism", in Rosemary Foot, S. Neil MacFarlane & Michael Mastanduno(ed.), *US Hegemony and International Organization,* Oxford: Oxford University Press, 2003, pp. 51 – 52.

택적 다자주의'가 재연될 가능성도 충분히 예상해 볼 수 있으며 다자
주의와 일방주의가 공존, 병행할 수노 있을 섯이다. 특히 오바마 정부
에서는 '균형의 힘'을 강조하고 있다는 점에서 기본적으로는 같은 민
주당이었던 클린턴 정부의 다자안보전략을 대체로 계승하면서도 과거
와는 다른 상대적 국력의 저하 및 금융위기에 따른 경제적 어려움 등
으로 인하여 양자동맹체제와 함께 다자주의를 통한 안보현안의 해결
에 더 큰 비중을 둘 것으로 보인다.

제5장

중국의 동아시아 전략과
동아시아공동체 구상

1. 서 론

오늘날의 중국은 세계를 움직이는 G2의 한 축을 형성하면서 국제정치·경제 관계에 있어서 커다란 영향력을 행사하고 있으며, 장차 세계대국(global power)으로서 원대한 꿈을 그려 가고 있다. 중국은 이러한 이상을 실현하기 위해서는 자신이 위치하고 있는 동아시아지역에 있어서 확고한 위상 정립이 무엇보다도 중요하다는 점을 잘 알고 있으며, 이러한 인식을 바탕으로 동아시아지역에 대해 보다 적극적이고 공세적인 전략을 전개하고 있다. 특히 최근 이 지역 국가들 간에 논의가 활성화되고 있는 동아시아공동체(East Asian Community) 담론(dicourse)의 제도화문제에 대해서 중국이 비상한 관심을 보여 주고 있는 것도 이러한 전략과 무관하지 않다.

이처럼 중국의 동아시아 전략은 그들의 글로벌 전략(global strategy)의 중요한 기반이 되며, 동아시아공동체 구상은 그 상위 개념이라고 할 수 있는 동아시아 전략을 바탕으로 하여 이루어진다고 보아야 할 것이다. 따라서 중국의 동아시아공동체 구상에 대한 연구는 반드시 이러한 양사의 연계성에 주목하면서 이루어져야 한다. 그럼에도 불구하고 중국의 동아시아공동체 문제를 다룬 대부분의 기존 연구들은 이러한 점을 간과하거나 소홀히 다루면서 지역주의(regionalism) 내지 다자주의(multilateralism) 정책의 일환으로서 중국의 동아시아공동체 문제를 보거나, 현재 진행되고 있는 APT나 EAS에서 나타나고 있는 중국의 입장과 행태를 중심으로 논의하고 있다. 이러한 연구들은 동아시아 전략을 전제로 하여 그 연계관계 속에서 이루어지는 하위개념으로서 동아시아공동체 문제를 논의하지 않고 독립적으로 다루고 있다는 점에서 연구의 결과가 말해주는 의미에는 한계가 있을 수밖에 없다. 왜냐하면 중국의 동아시아 지역주의와 동아시아공동체 추진은 그들이 추구하는 동아시아 전략의 목표가 무엇인가에 따라서 크게 달라질 것이기 때문이다.

이 글의 목적은 중국의 동아시아전략 속에서 동아시아공동체 구상이 어떻게 나타나고 있는가를 규명하는 데에 있다. 이를 좀 더 상세하게 설명한다면 다음과 같은 세 가지의 의문에 대한 답을 얻고자 하는 것이 구체적인 연구 목적이다.

첫째, 중국은 글로벌전략 속에서 동아시아지역을 어떻게 인식하고 있으며 실제로 어떠한 전략을 구사하고 있는가? 비록 중국이 공식적으로는 동아시아전략을 공표한 적이 없다는 점에서 그것을 밝혀내는 데에 어려움이 있다고 할지라도 이 문제에 대한 답은 동아시아 공동체 구상의 전제가 되고 있다는 점에서 여기에서 반드시 규명되지 않으면 안 된다.

둘째, 동아시아 전략의 하위 개념으로서 동아시아 지역주의와 공동체 형성에 대해서 중국은 어떻게 인식하고 있는가? 과거에 부정적이던 다자주의와 지역주의에 대한 인식의 변화는 무엇 때문이며, 공동체의 추진에는 진정성을 가지고 있는가 아니면 하나의 외교적 수사에 불과한 것인가를 파악하는 것이 중요하다.

셋째, 중국이 구상하고 있는 동아시아공동체는 어떠한 것인가? 구체적으로 중국은 공동체의 성격, 참가국의 범위, 논의할 의제(agenda), 제도화(institutionalization)의 수준 등에 대해서 어떠한 생각을 가지고 있는가? 여기에 대한 연구는 실제로 동아시아공동체의 초기 제도화 과정이라고 볼 수 있는 APT와 EAS에서 나타나고 있는 중국의 입장과 행태를 중심으로 논의하는 것이 현실에 부합할 것으로 판단된다.

이상과 같은 연구 목적을 달성하게 되면 결과적으로 동아시아공동체 형성과 관련한 중국의 이해관계가 어디에 있는지를 알게 될 것이며, 향후 동아시아공동체 담론의 제도화 향방을 어느 정도 가늠할 수 있게 될 것이다. 왜냐하면 동아시아공동체의 형성에 있어서 외관상으로는 현재 ASEAN이 '1차적 추진력(primary driving force)'을 발휘하고 있지만, 실제로는 중국의 인식과 역할이 미래의 향방에 가장 큰 비중을 차지하고 있기 때문이다.

2. 중국의 동아시아 인식과 전략의 기조

중국에게 있어서 동아시아는 역사적 · 문화적으로 중요한 의미를 갖는 지역일 뿐만 아니라 정치 · 안보 및 경제적 측면에서도 국가이익과 밀접한 관련을 지니는 지역이다. 정치 · 안보적 측면에서 볼 때 중국은 동아시아·남아시아·중앙아시아의 15개 국가와 접경하고 있는 아시아 국가로서 이 지역은 중국의 안전에 핵심이며, 동아시아지역의 평화와 안정은 중국의 지속적인 경제발전에 필수불가결의 조건이 된다고 인식하고 있다. 또한 경제적 측면에서도 동아시아국가들과의 교역 및 투자의 급속한 증대로 중국 경제의 발전에 커다란 비중을 차지하고 있다. 2007년 현재 중국의 전체 무역액 2조 1,738억 달러 가운데 동아시아지역이 차지하는 비중은 9,202억 달러로서 42.4%를 차지하고 있으며, 중국 내 투자비율은 동아시아 국가들이 52.5%를 차지하고 있다.[1] 이처럼 중국은 동아시아지역을 '국가안보'와 '경제발전'에 직결되어 있는 핵심 지역으로 인식하고 있으며, 동아시아 전략은 바로 이러한 인식을 토대로 하여 수립, 추진되고 있다.

중국의 동아시아 전략은 이러한 국가이익에 대한 중요성 인식과 함께 이 지역의 정치경제질서에 가장 큰 영향을 미치고 있는 미국과 일본에 대한 인식 여하에 따라서 상당히 변화하여 왔다. 중국은 냉전기를 통하여 미국이 자신을 봉쇄하는 전략을 추구하는 것으로 인식하고 이에 대응하는 차원에서 동아시아 전략을 강구하였으나, 냉전이 종식되고 '경제적 부상'[2]과 함께 자신감이 회복되고 미국으로부터의 위협인식이 다소 약화됨으로써 전략적 변화를 모색하기 시작하였다. 또한 일본에 대한 인식도 중국의 동아시아 전략에 커다란 영향을 미치고 있는데, 일본을 중시하는 이유는 물론 지역 강대국으로서 일본 자체의

---

1) 한석희·강택구, "동아시아공동체 형성과 중국의 인식: EAS에 대한 정책적 함의", 『한국정치학회보』, 제43집 1호, 2009, p. 287.

2) 경제력을 보면 중국은 GDP(국내총생산) 기준으로 세계 2위이며 외환보유액도 2조 6,000억 달러로 세계 1위이다. ≪한국일보≫, 2010년 12월 15일. 미국의 피터슨 국제경제연구소에 따르면, 중국의 2010년 구매력(PPP) 기준 GDP 규모는 14조 8,000억 달러로 미국(14조 6,000억 달러)보다 앞섰다. ≪한겨레신문≫, 2011년 1월 19일.

대중전략도 문제이지만 더욱 중요한 것은 글로벌 차원에서 미·일 동맹체제를 기반으로 하여 동아시아 지역질서의 형성에 주도적 역할을 하는 전략을 구사하고 있다고 판단하기 때문이다. 특히 중국의 전문가들은 "일본이 지역적 정체성(regional identity) 형성에 있어서 중요하며 양국이 공동의 이익을 위해 협력할 수 없다면 동아시아지역의 정체성 확립은 불가능하다."[3])고 보고 있다.

이러한 인식을 토대로 하여 중국은 동아시아 전략을 모색하여 왔는데, 중국이 스스로를 아시아의 일원으로 간주하고 보다 구체적으로 동아시아의 일원으로 인식하면서 역내 국가로서 정체성을 확립하고 지역전략을 구체화하기 시작한 것은 비교적 최근의 현상이다.[4]) 이는 중국의 경제적·정치적·외교적 부상과 함께 제기되고 있는 이른바 '중국위협론(China threat theory)'[5])과 같은 자신에 대한 우려를 해소하고 경쟁 강대국의 견제를 극복하면서 국가이익을 더욱 확대해 나갈 필요가 있었기 때문이다. 즉, 중국은 성장한 국력을 바탕으로 동아시아 지역에 있어서 자신의 위상을 확고히 하는 동시에 지속적인 경제발전을 통하여 세계대국으로 나아가는 발판을 구축하기 위한 구체적 전략을 모색하고 있다고 하겠다.

따라서 현재 중국이 추진하고 있는 동아시아 전략의 기조를 한마디

---

3) Zhang Yunling, "New Regionalism and East Asian Community Building", in Zhang Yunling(ed.), *Emerging East Asian Regionalism: Trend and Response*, Beijing: World Affair Press, 2005, p. 8.

4) 서정경·원동욱, "동아시아 지역주의와 중국의 대응전략", 『한국정치학회보』, 제43집 2호, 2009, p. 264; 박병광, "중국의 동아시아 전략: 인식, 내용, 전략을 중심으로", 『국가전략』, 제16권 2호, 2010, p. 43.

5) 중국위협론에 대해서는 박홍서, "중국의 부상과 국제관계이론: 중국 위협에 대한 이론적 시각", 김태호(외), 『중국외교연구의 새로운 영역』, 서울: 나남출판, 2008, pp. 23–60. 참조.

로 말한다면 대미관계의 정상화를 견지하면서 미·일 동맹체제 속에서 일본의 안보 억할 확대를 견제하는 동시에 러시아와는 군사적 협력을 확대하는 비대칭적인 균형과 협력이라고 말할 수 있으며, 중국은 이러한 전략으로 중국위협론을 불식시키는 동시에 중국의 영향력을 확대하면서 지역 강대국이 되는 목표를 달성하고자 한다.[6] 미국과는 비대칭적인 힘의 균형을 유지하면서 동시에 실리를 취해 전략적 입지를 점차 넓혀가고자 하는데, 이러한 차원에서 2006년 12월 제1차 '미·중 전략경제대화(US-China Strategic Economic Dialogue)'를 시작한 이래 경제협력을 증대시키고 있으며 정치안보분야에 있어서 양국 간 협력도 확대시켜 왔다. 물론 중국은 대만문제·국내인권문제 및 미국의 동아시아 동맹관계의 강화 등으로 여전히 갈등을 겪고 있기 때문에 미국을 완전히 신뢰하지는 않고 있다. 또한 일본과의 관계에 있어서도 중국은 야스쿠니 신사참배문제, 역사문제, 영유권분쟁 등으로 갈등을 빚어왔으며, 2007년 4월 원자바오(溫家寶) 총리의 일본 방문을 계기로 양국은 '전략적 호혜관계'로 발전시켜 나가는 데 합의하였다. 이처럼 중국의 경제발전과 관련하여 양국 간 경제협력은 지속적으로 증대되어 왔지만, 동아시아지역에 있어서 미·일 동맹의 강화와 일본의 역할 확대는 중국의 우려를 불러일으켰다. 따라서 중국은 일본의 세력 확대를 견제하는 동시에 공동이익을 위한 경제협력의 확대 전략을 구사하고 있다고 하겠다.

한편 중국은 강대국으로서 확고한 위상 정립이라는 동아시아 전략의 목표를 실현하기 위하여 한편으로는 동아시아 국가들에 대한 접근

---

6) 이태환, "동아시아공동체와 중국", 하영선(편), 『동아시아공동체: 신화와 현실』, 서울: 동아시아연구원, 2008, p. 133.

정책을 더욱 강화하면서 다른 한편으로는 미국과의 차별화 전략을 구사하고 있다. 중국은 동아시아 주변국들과의 개별적 협력관계를 강화하는 동시에 집단적 차원에서 이루어지는 다자간 협력체제에도 적극적으로 참여하여 왔다. 이는 미국과의 비대칭적 역학관계를 보완하는 동시에 중국위협론을 불식하고 자신의 입지를 확대하기 위해서이다. 특히 9·11테러 이후 미국이 대테러전의 일환으로 추진하고 있는 아시아 국가들과의 동맹 강화는 중국의 영향력을 약화시킴으로써 전략적 입지가 약화될 수 있다는 점에서 다자주의를 통한 동아시아 국가들과의 협력은 이를 극복하는 데 매우 유용한 메커니즘이 될 수 있다고 판단하였기 때문이다.

중국의 지도자들은 '다자주의와 새로운 국제 정치·경제 질서의 구축을 옹호'[7]하고 있다. 최근 다자주의에 대한 중국의 입장은 2005년 9월 후진타오(胡錦濤) 주석의 UN 연설에 잘 나타나고 있는데, 여기에서 그는 "국가들은 다자주의를 견지해야 하며 국제안보 위협에 함께 대처하여 공동안보를 달성해야 한다."[8]고 주장하였으며, 나아가 2006년 새해 연설에서 "중국은 세계 인민들과 함께 다자주의를 진작시키겠다."[9]는 점을 거듭 천명하였다. 이처럼 중국의 다자주의에 의한 동아시아협력은 ASEAN이 주도하고 있는 APT, EAS 및 ARF 등에 적극 참여하는 것은 물론이고, 한 걸음 더 나아가 자신이 직접 주도하여 창설한 정부차원의 '상하이협력기구(SCO: Shanghai Cooperation Organization)'[10]와 6자

---

7) *Xinhua*, 30 December 2005.

8) Chen Xulong, "Building a Harmonious World: Chinese President Hu Jintao Spells Out China's Views at the UN Summit", *Beijing Review*, 29 September 2005, p. 14.

9) *Xinhua*, 31 December 2005.

10) SCO는 중국·러시아·우즈베키스탄·카자흐스탄·키르기스스탄·타지키스탄 6개국

회담 등의 다자안보협의체를 이끌어가고 있으며, 비정부차원의 '샹그리라 대화(Shangri-La Dialogue)'[11]에도 적극 참여하고 있다. 특히 최근 북한의 도발에 의한 '천안함 사건'[12]과 '연평도 사건'[13]에 대해서 중국이 적극적으로 북한을 옹호하고 6자회담의 재개를 요청하는 등 한반도문제에 대한 발언권을 강화하고 있는 것도 바로 이 지역에 대한 영향력 증대를 위한 주도권 확보라는 맥락에서 이해할 수 있다.

또한 중국은 '평화로운 발전'과 '조화로운 세계'를 강조하면서 힘에 기초하여 일방주의(unilateralism)를 추구해왔던 미국과는 다르다는 점을 부각시키는 데 치중하고 있다. 이는 동아시아 각국이 기꺼이 수용할 수 있는 새로운 국제질서의 규범을 주장함으로써 미국과의 차별성을 드러내고 이를 통해 중국위협론을 극복하는 것은 물론, 중국의 강대국화에 대한 역내 국가들의 자발적 동의와 지지를 이끌어내고자 하는 데에 그 목적이 있다고 하겠다.[14] 이처럼 중국은 동아시아의 패권 추구라는 전략 목표를 노골적으로 내세우기보다는 평화·조화·번영 등 동아시아 공동의 이익과 이상을 강조함으로써 이 지역 국가들의 자신에 대한 우려를 완화하고 수용 가능성을 제고시키는 데 커다란 노력을 기울이고 있다.

정상들이 2001년 7월 14일에 만든 다자협력기구이다. 우즈베키스탄을 제외한 나머지 5개 국가는 원래 '상하이 5(Shanghai Five)'의 회원국이었으며 우즈베키스탄이 2001년에 합류하면서 SCO로 개명되었다.

11) 이 대화는 영국의 국제전략문제연구소(ⅡSS)의 제의로 시작된 아시아의 국방장관회의체이다.

12) 이 사건은 2010년 3월 26일 북한의 어뢰 공격을 받아 해군 초계함 천안함이 침몰되면서 46명의 병사가 희생된 사건이다. ≪국민일보≫, 2010년 4월 5일.

13) 이 사건은 2010년 11월 23일 북한이 우리의 일상적인 해군 훈련을 핑계로 연평도에 170여 발의 무차별 포격을 가함으로써 해병 2명과 민간인 2명이 사망하고 엄청난 재산 피해를 초래한 사건이다. ≪동아일보≫, 2010년 11월 26일.

14) 박병광(2010), p. 49.

그런데 최근 중국은 이러한 동아시아 협력정책을 추진하는 데 있어서 그 수단으로서 경제적 · 외교적 · 문화적 수단을 활용하는 이른바 '소프트 파워(soft power) 전략'15)을 구사하고 있다는 점에 주목할 필요가 있다. 중국은 자신과 국경을 접하고 있을 뿐만 아니라 많은 화인들이 살고 있는 동남아시아 지역에 대해 지속적으로 선린우호정책을 추진하면서 영향력 확대를 도모하고 있는데 그 중요한 수단이 바로 소프트 파워이다. 중국은 전통적으로 이 지역에 막대한 영향력을 행사하면서 자신을 견제하고 있는 미국의 영향력을 약화시키고 이미 시작되고 있는 미국과의 지역패권 경쟁에서 승리하기 위한 수단으로서 소프트 파워를 적극 활용하고 있다. 특히 중국은 이 소프트 파워 전략을 통해서 낡은 사회주의 국가 이미지를 청산하고 역동적으로 발전하고 있는 국가이자 찬란한 문화유산을 가지고 있는 대국으로서의 새로운 이미지를 창출하고자 한다. 바로 이러한 목적에서 중국은 '공자학원(孔子學院)'을 2004년 서울에 처음 세운 이후 2010년 10월 현재 전 세계 91개국에 322개를 설립, 운영하고 있으며, 공자학원보다 규모가 작고 어린 학생을 주로 교육하는 공자교실도 34개국에서 369개가 운영 중이다.16) 이처럼 최근 후진타오 주석과 원자바오 총리 등 중국의 지도자들은 '롼스리(軟實力)', 즉 소프트 파워의 중요성을 거듭 강조하고 있으며, 실제로 이러한 수단을 중국의 이미지 개선과 영향력 확

---

15) 중국의 동아시아지역에 대한 소프트 파워 전략에 대한 자세한 논의는 Rommel C. Banlaoni, "Southeast Asian Regionalism and China's Soft Power Strategy in a Global Age", *Malaysian Journal of History, Politics, & Strategic Studies,* Vol. 37, 2010; Thomas Lum, W. M. Morrison & Bruce Vaughn, " China's Soft Power in Southeast Asia", *CRS Report for Congress,* 4 January 2008; Tyler Marshall, "How China is Winning the Soft Power Battle across East Asia", *The National Interest,* No. 85, 2006. 등을 참조할 것.

16) 《동아일보》, 2011년 1월 22일.

대를 위하여 적극 활용하고 있다.

3. 중국의 동아시아 지역주의와 공동체 인식

동아시아 '지역주의'17)와 동아시아 공동체 형성에 대한 중국의 인식은 그들이 추구하는 동아시아 전략과 연계되어 있으며, 이 지역에 대한 전략적 목표를 달성하기 위한 수단의 일환이라고 할 수 있다. 더욱이 "동아시아 지역주의의 발전은 중국의 부상이 직면하고 있는 특정한 국제적 환경"18)이라고 볼 수 있듯이 지역주의와 공동체 담론은 중국의 부상과 직접적인 관련을 가지면서 그 논의가 활성화되어 왔다. 중국이 동아시아 지역주의에 관심을 갖게 된 것은 EU · NAFTA 등 더욱 심화되어가는 세계적인 지역주의 추세를 외면할 수 없을 뿐만 아니라, 미국 중심의 일방주의에 대응하기 위한 국제질서의 다극화 형성에 도움이 될 수 있다고 판단하였기 때문이다. 또한 동아시아의 주변 국가들이 우려하고 있는 중국위협론을 불식시키고 책임 있는 강대국의 모습을 보여 주는 동시에 경제발전에 필요한 평화적 환경을 조성하는 데에도 지역주의의 참여가 유리하다는 판단을 하게 되었던 것이다.

---

17) 지역주의가 무엇인가에 대해서 나이(Joseph Nye)는 "지역에 기초한 국가들 간의 연합 또는 집단의 구축(Joseph Nye, *International Regionalism*, Boston: Little Brown & Co., 1968, p. 5)"이라고 정의한 반면에, 아라가파(Multhiah Alagappa)는 "공동의 이익을 위해 지리적으로 근접한 국가, 비정부기구 혹은 민간단체들이 지속적으로 진행하는 공식적 및 비공식적 협력(Multhiah Alagappa, "Regionalism and Security: A Conceptual Investigation" in A. Mark & J. Ravenhill(ed.), *Pacific Cooperation: Building Economic and Security Regimes in the Asia-Pacific Region*, Boulder: Westview Press, 1995, p. 158)"이라고 정의하고 있다.

18) 서정경 · 원동욱(2009), p. 274.

더욱이 중국의 동아시아 전략 목표라고 할 수 있는 강대국으로서의 국제적 위상을 확고히 하기 위해서는 동아시아 지역공동체 구축 논의에서 적극적으로 참여하고 리더십을 발휘할 필요가 있었기 때문이다.

이론적 관점에서 볼 때 중국의 동아시아 지역주의는 미국이 주도하는 세계전략에 대응하기 위한 전략적 필요성 때문에 현실주의(realism)에 토대를 두면서도 '지역통합의 제도화를 통한 상호이익의 추구'라는 자유주의(liberalism)적 관점을 보여주는 동시에 구성주의(constructivism)적 시각에서 접근하려는 경향이 강하다.[19] 특히 중국은 구성주의적 입장에서 동아시아라는 이미지(image), 지역적 정체성(regional identity) 등 지역의식을 형성함으로써 지역 국가들 간의 이해의 정도를 높여서 갈등의 가능성과 비용을 낮추고자 한다. 이러한 점에서 수하오(Su Hao)는 "지리적 인접성, 문화적 연계, 경제적 연계 등에 의해서 만들어진 지역은 자연적 지역이며, 이와 달리 광의의 지역통합은 역내 국가나 개인·단체 등에 의해 의식적 조정·협력·융합에 의해 만들어지는 것"[20]이라고 보았다. 따라서 구성주의적 관점에서 볼 때 중국이 동아시아공동체를 추진하는 목적은 미국 중심의 동아시아질서를 와해시키고 중국 중심의 새로운 동아시아질서를 구축하고자 하는 것이라고 볼 수 있다.

이러한 필요성과 인식을 바탕으로 중국은 동아시아 지역주의와 지역협력에 적극적으로 참여하거나 심지어 주도하기까지 하고 있는데, 그 직접적 계기가 된 것은 1997년 7월 태국의 바트(Baht)화 폭락으로

---

19) Zhang Xiaoming, "The Rise of China and Community Building in East Asia", in Margaret McCown(et. al.), *Political Economy of Northeast Asian Regionalism*, Seoul: Korean Institute of National Unification, 2006, p. 81.

20) Su Hao, "The Nature of East Asian Regionalism: A Chinese Perspective", Zhang Yunling(ed.), *Emerging East Asian Regionalism: Trend and Response,* Beijing: World Affairs Press, 2005, p. 40.

시작된 금융위기가 인도네시아 · 말레이시아 · 필리핀 등 동남아시아는 물론이고 동북아지역의 한국과 일본 등 동아시아 전역으로 확산된 경제위기였다. 중국은 금융위기로 인한 위안화 평가 절하의 필요성에도 불구하고 이를 실행하지 않음으로써 수출에 있어서 경쟁관계에 있는 인접국들의 경제위기 극복에 적지 않은 도움을 주었으며, 이로 인하여 중국에 대한 신뢰와 긍정적 이미지가 증대되었다. 특히 중국은 국경을 접하고 있는 동남아시아 국가들과의 관계 개선 및 유대강화에 적극적인 정책을 추진해 왔는데, 1979년 국경충돌 이후 한동안 교착상태에 빠져 있던 베트남과의 약 1,400km에 달하는 국경선에 대한 합의를 2008년 12월 31일 이루어냈으며, 중국 남부 광시(廣西)좡족자치구 및 윈난(雲南)성이 ASEAN 국가들과의 무역거래 대금 결제에 위안화를 사용할 수 있도록 하였다. 또한 중국은 'ASEAN과의 전략적 동반자 관계의 발전과 교류, 협력을 강화하기 위하여 ASEAN 주재 대사직을 신설'[21]하였으며, 2005년 7월 1일 '중국－ASEAN 자유무역협정(CAFTA: China－ASEAN Free Trade Agreement)'[22]을 체결하여 2010년 1월 1일에 CAFTA가 발효되는 등 매우 적극적이고 공세적인 정책을 지속적으로 추진하여 왔다.

나아가 중국은 2001년 자신이 직접 주도하여 '보아오 포럼(BFA: Boao Forum for Asia)'을 창설하였는데, 이는 세계화와 동시에 지역화(regionalization) 추세가 가속화되는 상황에서 유럽과 미주의 지역주의를 견제하는 아시아 국가들 간의 지역협력을 모색하였다는 데에 그 의미가 있다. 아시아판 '다보스 포럼(Davos Forum)'[23]을 내세우

---

21) 《중앙일보》, 2008년 12월 31일.
22) CAFTA의 발효로 중국과 ASEAN 10개 회원국의 총 7,445개 품목이 자유롭게 교역된다.

며 출범한 BFA는 2001년 2월 아시아 26개국 지도자들이 참석한 가운데 중국의 하이난다오(海南島) 보아오(博鰲)에서 출범식이 열렸으며 2010년 4월 9일 현재 제9차 연차총회가 개최되었다. 경제적 지역주의의 한 유형으로서 BAF는 서구 중심의 다보스포럼에 버금가는 아시아 지역의 가장 중요한 국제경제포럼으로 성장하고 있다. 또한 2007년 미국에서 발생한 금융위기의 여파에 흔들리고 있는 동아시아 국가들과 '통화스와프협정(currency swap agreement)'[24]을 체결함으로써 경제안정에 적지 않은 기여를 하였다. 이러한 중국의 조치들은 동아시아 국가들과 우호협력관계를 통한 영향력 확대를 위한 지역주의 전략의 일환으로 이루지고 있음은 물론이다.

한편 중국의 동아시아공동체 건설에 대한 입장 역시 이러한 지역주의 전략과 연계되어 있는데, 최근 중국이 동아시아공동체 형성에 관심을 보이고 있는 구체적인 이유는 다음과 같은 몇 가지를 지적할 수 있다. 그것은 첫째, 동아시아공동체의 건설과정에서 중국의 리더십과 입지를 강화할 수 있다고 본다. 즉, 중국은 경제·외교·문화적 활동의 여지를 확보하여 이 지역에서 자신의 역량을 제고하는 기회를 가질 수 있다는 것이다.[25] 둘째, 중국은 동아시아공동체 논의에 적극 참여함으로써 이 지역 국가들이 우려하는 중국위협론을 극복하면서 '중국기회론'을 전파할 수 있다는 점이다. 주변 국가들의 중국의 부상에 대한

---

23) 다보스 포럼은 1971년 1월 독일 태생의 유대인으로 하버드대학교 클라우스 슈바브(Klaus Schwab) 교수에 의해 비영리 재단으로 창설되었다. 회의가 매년 스위스의 다보스에서 열리기 때문에 붙여진 이름이며, 정식명칭은 세계경제포럼(World Economic Forum)이며 본부는 제네바(Geneva)에 두고 있다.

24) 중국은 미국발 금융위기를 맞아 어려움을 겪고 있는 동아시아지역의 한국·일본·태국·필리핀·말레이시아·인도네시아 등 6개국과 상호 화폐를 교환할 수 있도록 총 235억 달러 규모의 통화스와프협정을 체결했다. ≪연합뉴스≫, 2009년 10월 22일.

25) Mark Leonard, *What Does China Think?*, New York: Public Affairs, 2008, pp.102－103.

우려와 의구심을 알고 있는 중국은 기회가 있을 때마다 동아시아의 평화와 인정 및 공동번영을 위한 지역협력의 필요성을 강조해 왔으며, 바로 그 연장선에서 동아시아공동체의 건설을 보고 있는 것이다. 셋째, 동아시아공동체의 구축은 "경제적 측면에서 볼 때 주변 환경을 안정적으로 관리함으로써 투자와 교역에 유리한 환경을 조성하고 나아가 공동시장을 형성함으로써 지속적인 경제발전을 이룩하는 데 유리하다."[26]는 점이다. 요컨대 중국이 동아시아공동체 구축에 긍정적인 입장을 보이고 있는 이유는 "지속적인 경제발전에 필요한 안정적인 국제질서를 유지해야 할 뿐만 아니라 국력의 성장에 걸맞은 지구적 및 지역적 책임을 더욱 의식하고 있기 때문"[27]이다. 따라서 중국은 ASEAN이 주도하고 있는 APT와 EAS를 중심으로 한 동아시아공동체 논의에 적극적으로 참여하는 동시에 2003년 9월에는 '동아시아 싱크탱크 네트워크(NEAT: Network of East Asia Think-tanks)'[28] 제1차 회의를 베이징에서 개최하는 등 동아시아공동체의 형성과정에서 주도권을 확보하려는 노력도 병행하고 있다. 결국 이러한 중국의 긍정적인 인식과 적극적인 노력은 동아시아공동체 구축과정에서 자신이 주도권을 확보함으로써 동아시아전략의 목표를 성취하는 데 도움이 된다고 판단하고 있기 때문이다.

---

26) Zhang Yunling, "East Asian Community Building and China", *Waseda University's 125th Anniversary Commemorative International Symposium*, 15 – 16 October 2007, p. 7.

27) Zhang Xiaoming(2006), p. 80.

28) NEAT는 2003년 중국과 태국의 주도로 설립하여 동아시아공동체 건설을 위한 가이드라인과 공동체 구조 건설에 아이디어를 제공한 바 있는데, NEAT의 홈페이지에는 34개의 아시아 싱크탱크들이 연결되어 있으며, 실제 회의에 참석하는 사람들은 개별 싱크탱크의 대표가 아니라 정부대표의 성격을 띠고 있다. 자세한 내용은 NEAT의 홈페이지(http://www.neat.org.cn/english/index.php, 검색일: 2011. 2. 12)를 참조할 것.

4. APT와 EAS를 통해서 본 동아시아공동체 구상

중국의 동아시아공동체 구상을 이해하기 위해서는 현재까지 진행되고 있는 APT와 EAS과정을 통해서 나타나고 있는 중국의 인식과 행태를 분석하는 것이 가장 현실적이고 의미 있는 접근법이라고 할 수 있다. APT는 1997년 태국에서 촉발된 동남아 금융위기가 동아시아 전역의 경제위기로 확산된 직후에 ASEAN이 동북아지역의 한국·중국·일본 등 3국 정상들을 초청하여 이루어진 회의로서 모든 동아시아 정상들이 한자리에 모여서 지역 현안들을 논의하기 시작한 최초의 비공식 정상회담이었다. 이후 APT는 1999년부터 '동아시아비전그룹 (EAVG: East Asia Vision Group)'[29]을 결성하고 활동한 결과 2001년에는 '동아시아공동체를 향하여: 평화·번영·진보의 지역(Toward an East Asian Community: Region of Peace, Prosperity and Progress)' 이라는 이름의 보고서를 통하여 동아시아자유무역지대(EAFTA: East Asian Free Trade Area)를 창설하고, APT를 EAS로 격상시키며 궁극적으로는 동아시아공동체를 건설한다는 야심찬 목표가 제시되었다.[30]

이러한 목표 설정은 중국의 커다란 관심을 불러일으켰는데, 중국의 입장에서 볼 때 APT는 참여국과 토론하는 주제의 범위 및 실질적인 산출 결과물의 관점에서 볼 때 핵심적인 지역경제구조와 공동체를 구

---

29) EAVG는 1998년 12월 하노이에서 개최된 제2차 APT 정상회의에서 김대중 대통령이 제안하여 참가국의 동의를 얻어 1999년부터 활동을 시작하였다. 또한 1999년에 김대중 대통령에 의해 제안된 EASG는 2000년부터 활동하였으며, 그 보고서는 2002년에 채택되었다.

30) EAVG의 결과보고서에 대한 구체적 내용은 East Asian Vision Group Report, *Toward an East Asian Community: Region of Peace, Prosperity and Progress*, 2001. 참조

축하는 데 있어서 다른 어떤 다자적 메커니즘보다 낫다고 판단하였다.[31] 따라서 중국은 APT를 기반으로 하여 동아시아공동체를 구축하는 데 관심을 가지게 되었고, 그 연장선에서 2005년 APT 회의를 주최하게 된 말레이시아와의 협조 속에서 EAS의 조기 개최를 주장하였는데, 특히 중국은 동아시아지역의 정체성 확보를 명분으로 이미 EAVG 보고서에서 명시한 대로 APT 참여국을 중심으로 한 EAS를 주장하였다.

그러나 EAS의 개최 문제는 중국의 의도대로 되지 않았다. 일본을 비롯한 ASEAN 일부 회원국은 중국의 조기 개최 주장이 자신의 영향력 확대와 미국의 견제라는 목적을 가지고 있다고 보고 EAS의 참가국 확대라는 카드를 사용하여 중국을 견제하고자 하였다. 즉, 일본은 오스트레일리아·뉴질랜드·인도·미국·러시아·EU의 참여를 주장하였으며, 인도네시아는 오스트레일리아·뉴질랜드·인도를, 그리고 싱가포르는 인도의 참여 필요성을 각각 주장하였던 것이다.[32] 이처럼 APT 국가들 간의 EAS 개최를 둘러싼 논쟁은 결국 2005년 4월 필리핀의 세부(Cebu)에서 개최된 ASEAN 비공식외상회의에서 정리되었다. 즉, 이 회의에서는 EAS의 신규 참여국 기준으로서 첫째, ASEAN의 대화파트너 국가이고, 둘째, ASEAN과 실질적인 협력관계를 맺고 있어야 하며, 셋째, 동남아우호협력조약(TAC: Treaty of Amity and Cooperation in Southeast Asia)에 가입한 국가 등으로 제한하였다.[33]

31) Chu Shulong, "The East Asia Summit: Looking for an Identity", *Brookings Northeast Asia Commentary*, No. 6, 2007, p. 3.

32) Maicolm Cook, "The United States and the East Asia Summit: Finding the Proper Home", *Contemporary Southeast Asia*, Vol. 30, No. 2, 2008, pp. 301–305.

33) 자세한 내용은 *Joint Communique of the 38th ASEAN Ministerial Meeting*, Cebu, the Philippines. 11 April 2005. 참조

이러한 기준에 따라 제1차 EAS 회의에는 APT 참여국 외에 오스트레일리아 · 뉴질랜드 · 인도의 참여를 허용하고, 러시아를 게스트로 참여시키기로 결정되었으며, 동아시아공동체 형성과 관련하여 APT와 EAS의 역할에 대해서 'APT가 주된 수단(main vehicle)이며 EAS는 보조적 수단으로서 중요한 역할(a significant role)'[34]을 하는 것으로 정리되었다. 결국 EAS 참여국 문제가 일본의 의도대로 결정되자 중국은 2005년 12월 인민일보를 통하여 '동아시아 정상회의: 날카로운 분단의 그림자'라는 제목의 사설에서 일본의 의도를 강하게 비판하였다.[35] 중국은 특히 인도의 참여를 우려하였는데, 그 이유는 인도가 강대국으로 부상하면서 그 세력을 중국의 영향권까지 확대시키려 하고 있을 뿐만 아니라, 인도의 '동방정책(Look East policy)'이 '워싱턴 – 도쿄 – 뉴델리' 축을 통하여 중국을 봉쇄하고 개입하는 전략의 일환으로 추진되고 있다고 보았기 때문이다.[36] 따라서 중국은 회원국의 확대로 인하여 지역적 정체성이 약화되었을 뿐만 아니라 당초 자신의 주도권 확보의 목적을 달성하기 어렵게 되자, 러시아나 EU 등의 참여도 허용되어야 한다고 주장하면서 지역적 정체성을 더욱 약화시켜 EAS가 갖는 의미를 축소시키고 동아시아 지역통합의 중심적 역할은 APT가 담당하도록 전략적 수정을 하고 있다.

그렇다면 중국의 동아시아공동체에 대한 구체적인 구상은 무엇인가? 현재 중국이 구상하고 있는 동아시아공동체 구상의 대체적인 윤

---

34) *Chairman's Statements of the First East Asia Summit*, Kuala Lumpur, Malaysia, 14 December 2005.

35) *People's Daily*, 7 December 2005.

36) Mohan Malik, "The East Asia Summit", *Australian Journal of International Affairs*, Vol. 60, No. 2, 2006, p. 209.

곽은 나타나고 있지만 그 구체적인 성격과 내용은 아직도 명확하지 않다. 그것은 동아시아공동체의 구축 자체기 긴급한 현안과제가 아니기 때문이기도 하지만, 보다 중요한 이유는 공동체 논의가 아직 담론의 수준에서 부분적으로 제도화를 모색하는 단계에 있을 뿐만 아니라, 매우 유동적이며 급변하는 동아시아의 전략환경에 대한 중국의 대응전략도 그만큼 단순하지 않기 때문이다. 그러나 적어도 지금까지 APT와 EAS에서의 논의과정을 통해서 나타나고 있는 중국의 동아시아 공동체 구상은 대체로 다음과 같은 몇 가지로 정리해 볼 수 있다.

첫째, 동아시아공동체에 참여하는 회원국의 범위이다. 동아시아의 지역적 범위에 대한 중국의 인식과 정의는 학자들에 따라 다양한 견해를 보이고 있지만, 이들이 공통적으로 지적하고 있는 것은 대체로 ASEAN 10개 회원국과 동북아시아 국가들 중에서 한국·중국·일본 등 3개국을 포함시키는 수준에서 설정하고 있는데, 다만 동북아 국가들 가운데 북한과 몽골을 포함할 것인지의 여부에 대해서는 여전히 이견이 있다.[37] 이러한 범위를 넘어서 미국이나 러시아를 포함하는 동아시아의 개념과 범위가 확장되는 것을 경계하고 있는데, 그것은 중국의 국익 및 동아시아 전략과 밀접한 관련이 있기 때문이다. 그렇지만 미국을 비롯한 일부 국가들의 폐쇄적 지역주의에 대한 강한 비판을 의식하여 원칙적으로는 '개방적 지역주의(open regionalism)'를 표방하는 외교적 수사를 구사하고 있으며, 미국의 참여에 대해서는 부정도 긍정

---

[37] 한석희·강택구(2009), pp. 285-286. 그런데 중국의 동아시아 전문가 장윤링(Zhang Yunling)은 동아시아공동체 구성국으로서 'ASEAN+3'이 아니라 '10+3'이라고 표현하여 ASEAN을 하나의 단위로 보지 않고 개별 국가의 집합으로 간주하려는 의도를 보이고 있으며, 대만은 독립국가로 인정하지 않고 있기 때문에 회원국으로는 전혀 고려하지 않고 있다. Zhang Yunling, "Emerging New East Asian Regionalism", *Asia-Pacific Review*, Vol. 12, No. 1, 2005, pp. 57-59.

도 하지 않고 있다. 이러한 양면성을 고려할 때 현재 동아시아공동체의 회원국에 대한 중국의 입장은 일단 APT 참여국들로 제한하여 출범시킨 후 이 지역에 이해관계를 가지고 있는 EAS의 역외 국가들과는 적절한 참여의 방법을 모색해 나가고자 하는 것이라고 볼 수 있다. 왜냐하면 APT 참여국을 중심으로 동아시아공동체를 구성하는 것이 중국의 이익에 부합되는 것이 틀림없지만, 회원국 문제로 인하여 미국이나 일본과 충돌하게 되면 이들의 경계가 더욱 강화될 수도 있고 중국의 경제발전과 평화 이미지의 구축에 상당히 손상을 입을 수도 있기 때문이다.

둘째, 동아시아공동체의 제도화 수준의 문제이다. 중국이 구상하고 있는 공동체는 "동아시아 지역을 관리하는 '초급적 지역 권위체(super regional authority)' 내지 제도화된 지역조직이 아닌 일종의 협상·협조·대화를 통하여 협력적이고 조화로운 지역질서를 구축할 수 있는 협조적 구조"[38]라고 할 수 있다. 중국은 동아시아공동체의 높은 수준의 제도화에는 부정적 입장인데, 그 이유는 현실적으로 동아시아지역의 다양성과 이질성을 고려할 때 공동체의 제도화는 점진적으로 이루어질 수밖에 없을 뿐만 아니라 고도로 제도화된 공동체 메커니즘은 중국의 행위를 구속할 수도 있기 때문이다. 이러한 이유로 중국은 주권을 제약하지 않는 'ASEAN 방식(ASEAN way)'의 지역통합을 선호하며, 지역협력이 비교적 용이한 경제협력의 제도화, 예를 들어 동아시아 FTA나 경제공동체(economic community)를 건설한 후에 점진적으로 정치·안보공동체(politico-security community)로 확대해 나가고자

---

38) 한석희·강택구(2009), p. 291.

한다. 그리고 정치·안보공동체의 경우에도 높은 수준의 제도화를 추구하기보다는 "역내 구성원의 조화와 협력을 이끄는 것을 수요 목표로 하는 유연한 지역조직의 구축"39)에 더욱 큰 관심을 가지고 있다.

셋째, 동아시아공동체이 건설과정에 있어서 누가 주도적 리더십을 가지느냐의 문제이다. 현재까지는 APT와 EAS를 이끌어오고 있는 ASEAN이 일차적 추진력을 담당하는 것에 동의하고 있으나 장기적으로는 책임 있는 강대국으로서 공동체의 추진에 리더십을 확보하려는 의지도 보여 주고 있다.40) 다만 현실적으로 이러한 중국의 의욕은 경쟁관계에 있는 일본의 견제와 지역 국가들의 영향력 확대 우려 때문에 조기에 실현될 가능성이 적기 때문에 중국은 차선책으로서 ASEAN의 주도적 역할에 대한 지지를 계속할 수밖에 없는 입장이다. 중국의 ASEAN에 대한 지지는 동아시아공동체에 접근해 나가는 ASEAN 방식이 주권 존중과 내정불간섭 원칙을 강조하고 있어서 중국의 지역주의 전략과 일치하고 있을 뿐만 아니라, 국경을 접하고 있는 동남아국가들과의 우호관계가 미국과 일본을 견제하는 동아시아전략의 추진에 있어서 매우 중요한 비중을 차지하고 있기 때문이다.

마지막으로 동아시아공동체에서 논의할 의제(agenda) 문제이다. 중국은 비정치적 분야를 시작으로 점진적 제도화를 구상하고 있기 때문에 당연히 공동체에서 다루어야 할 의제도 민감한 전통적인 안보이슈보다는 비교적 협력이 용이한 경제·환경·에너지·테러·마약 등 비전통적 안보이슈에 일차적 관심을 두고 있다. 중국은 동아시아공동

---

39) Zhang Yuling(2007), p. 4.

40) Pan Zhenqiang, *China and East Asia Regional Cooperation and Community Building*, Beijing: The Konrad Adenauer Foundation, 2006, p. 34

체가 기능적 차원에서 실용적인 협력을 확대해 나가는 데에 관심을 가지고 있기 때문에 이해관계의 상충으로 인하여 심각한 갈등을 야기할 수 있는 이슈들은 처음부터 의제로 상정되는 데에 반대하고 있다.

5. 결 론

이상의 논의를 통해서 알 수 있는 바와 같이 동아시아 지역은 중국의 국가안보와 경제발전, 그리고 세계대국으로의 도약에 매우 중요한 토대가 되고 있다는 점에서 향후 중국의 동아시아 전략은 더욱 적극적이고 공세적으로 나타날 가능성이 높다. 그러나 동시에 그러한 적극적 공세가 중국위협론을 다시 불러일으키거나 미국·일본 등 경쟁 상대국의 불필요한 견제를 받지 않도록 이 지역 국가들의 우려를 불식시키기 위한 노력을 지속적으로 전개하는 한편, 장기적으로는 '책임대국'으로서 실질적인 강대국이 되기 위한 전략을 점진적으로 추구해 나갈 것으로 보인다.

그렇다면 향후 중국의 동아시아공동체 구상은 어떠한 접근방식으로 나타날 것인가? 이는 이미 지적한 바와 같이 동아시아전략 목표를 달성하기 위한 수단의 일환이라는 점에서 중국은 동아시아공동체의 건설 자체를 서두르기보다는 자신의 구상을 실현시킬 수 있는 여건의 조성, 즉 평화적 부상과 책임대국의 이미지 구축을 위하여 지역 국가들과의 협력을 강화해 나가면서 장기적 관점에서 점진적으로 공동체 건설을 모색할 것으로 보인다. 왜냐하면 급속한 경제발전을 바탕으로 한 중국의 강대국으로의 부상은 그동안 책임대국의 이미지 구축 노력에도 불구하고 주변국의 우려를 완전히 불식시키지 못하고 있기 때문이다. 특히 동북공정(東北工程)이니 고구려사 왜곡과 같은 정책들은 한국에서도 중화주의(中華主義)나 패권주의에 대한 우려를 증대시키고 있다.41) 따라서 향후 중국이 동아시아공동체 담론을 주도적으로 이끌어가기 위해서는 이러한 주변국들의 우려를 어떻게 불식시킬 것인가에 대해서 더욱 고민하지 않을 수 없다. 또한 현재 중국이 구상하고 있는 동아시아공동체는 참여국의 범위, 공동체의 성격, 제도화의 방법 등에 있어서 미국이나 일본 및 ASEAN의 일부 회원국들의 입장과 적지 않은 차이가 있을 뿐만 아니라, 동아시아공동체 형성에 있어서 공동의 리더십을 발휘해야 할 일본과의 관계에 있어서 과거사문제 · 도서영유권분쟁 등의 현안문제들이 전혀 진전을 보이지 않고 있어서 이해 당사국들과의 실익이 없는 불필요한 갈등은 결코 도움이 되지 않기 때문이다.

따라서 중국은 동아시아 국가들과의 실질적인 협력의 증대를 통한 위협인식의 해소와 책임대국의 이미지 구축에 더욱 노력할 것으로 보인다. 이미 중국은 1997년 동아시아 경제위기에서 위안화 평가절하를 유보하고 위기에 처한 동아시아 국가들을 지원함으로써 중국의 동아시아 정체성과 책임감이 더욱 강화되었는데, 특히 미국을 중심으로 한 IMF가 가혹한 조건부 구제금융을 요구함으로써 동아시아 국가들에게 여러 가지 부가적인 어려움을 가중시킨 데 반해서 중국은 조건 없이 우호적인 지원을 함으로써 동아시아 국가들로부터 상당한 신뢰를 얻을 수 있었다. 나아가 2008년 미국발 금융위기의 여파로 어려움을 겪

---

41) 조영남, 『후진타오시대의 중국정치』, 서울: 나남출판, 2006, p. 207.

고 있던 동아시아국가들과의 통화스와프협정 체결 등 우호적인 정책 지원은 책임대국으로서의 긍정적 이미지 구축에 적지 않은 도움을 주었다. 이러한 경험에서 볼 때 중국은 국가안보에 대한 도전과 같은 치명적인 국익이 걸려 있지 않는 한 전통적인 '하드 파워'를 사용하기보다는 최근 그 가치가 크게 증대되고 있는 '소프트 파워'를 활용하여 보다 적극적으로 동아시아 국가들과의 협력관계를 강화해 나갈 것으로 보인다. 중국의 이러한 노력은 결과적으로 장기적 관점에서 볼 때 동아시아전략 목표의 달성 및 그들이 구상하고 있는 동아시아공동체 구축의 기반조성에 기여하게 될 것이다.

제6장

일본의 동아시아
다자안보외교

1. 서 론

   탈냉전과 더불어 재편과정을 겪고 있던 국제질서가 2001년에 발생한 9·11테러 사건을 계기로 급속하게 변화하여 새로운 안보환경을 조성하고 있다. 특히 강대국들의 세력 각축장이 되고 있는 동아시아지역에서는 기존의 국제질서를 유지하면서, 그동안 미·일 동맹을 근간으로 하여 동북아지역에 집중되어 있던 일본의 안보전략에 커다란 변화를 야기했으며, 9·11사건으로 더욱 분명해진 것은 국가가 아닌 어떠한 조직이라도 국민과 국가에 대해 커다란 피해를 초래할 수 있다는 사실을 보여줌으로써 군사력 위주의 전통적인 안보전략 외에도 다양한 방면에서의 안보협력이 모색되고 있다.

   특히 동아시아지역은 세계적 군축현상의 일반적 추세에 역행하는 지역 국가들 간의 방위비 및 군사력 경쟁이 우려되고 있을 뿐만 아니라, 미국과 러시아의 후퇴에 따른 힘의 공백은 중국과 일본 등 역사적으로 뿌리 깊은 상호불신관계를 형성하고 있는 지역 강대국들 간의 패권추구경쟁으로 치달을 가능성을 내포하고 있어서 중장기적으로 볼 때 지역안보의 최대 불확실요인으로 등장하고 있다. 따라서 동아시아 지역 국가들은 이러한 '안보딜레마(security dilemma)'를 극복하는 동시에 불안정하고 불확실한 지역정세를 안정적으로 관리하기 위하여 신뢰구축에 바탕을 둔 다자간 안보대화를 적극적으로 모색하게 되었던 것이다.

더욱이 동아시아지역은 한반도의 불안정에서 보듯이 냉전의 잔재가 아직도 남아 있을 뿐만 아니라, 냉전시대에 잠재되어 있던 '다양한 분쟁요인들'[1]이 현실화할 가능성이 있다는 점에서 다자안보대화의 필요성을 제기하고 있다. 따라서 이 지역 국가들은 신뢰구축과 갈등회피를 위해서는 안보문제에 대해서 좀 더 지역적이고 다자적인 접근이 필요함을 인식하게 되었던 것이다.

동아시아 국가들이 다자간 안보협력에 관심을 갖게 된 것은 무엇보다도 세계적인 탈냉전으로 인하여 이 지역의 전략 환경이 크게 변화하였고, 그에 따라 기존의 양자 간 안보장치를 수정 내지 보완할 필요성이 증대되었기 때문이다. 이러한 변화로서는 무엇보다 먼저 동아시아 지역의 국제관계에 있어서 구조적 변화가 일어났으며, 이러한 관계구조의 변화로 인하여 국제체제가 양극체제에서 다극체제로의 전환가능

---

1) 현재 이 지역에는 중·러 간의 영토문제를 비롯하여 중·일 간의 조어도(釣魚島)분쟁, 일·러 간의 북방 4개 도서문제, 한·일 간의 독도문제, 중·ASEAN 간의 남중국해 도서영유권문제 등 많은 영토분쟁이 존재하고 있을 뿐만 아니라, 지역국가들의 배타적 경제수역(EEZ: Exclusive Economic Zone)의 확대선언에 따른 충돌가능성도 배제할 수 없는 상황이다. 특히 남중국해의 파라셀(Paracel), 스프라틀리(Spratly) 군도의 영유권 분쟁에는 중국·베트남·필리핀·대만·말레이시아·브루나이 등 많은 국가가 자국소유를 주장하고 있는 상황에서 중국의 팽창주의적 해양정책으로 인한 군사적 충돌은 이 지역 안보의 최대 시험대가 되고 있다.

성이 높아짐에 따라 이 지역의 국가들도 기존의 양자주의(bilateralism)를 보완하기 위해서 다자주의(multilateralism)에 대한 관심이 증대하게 되었던 것이다.

특히 일본의 입장에서 볼 때 냉전종식 이후 동아시아지역의 세력균형에 지대한 영향을 미치게 될 주요 행위자로 급속히 부상하고 있는 중국을 견제 또는 포용하기 위한 방안의 하나로서 다자안보대화의 유용성이 제기되었던 것이다.[2] 1991년 이후 일본은 다양한 역내 문제에 대처하는 방안으로 기존의 미·일 동맹관계를 강화해 나가는 가운데, 이를 보완할 수 있도록 다자안보대화와 협력에 적극적인 입장을 보여 왔다. 일본은 역내 안보환경이 급격하게 변화함에 따라 기존의 미·일 양자안보관계를 보완할 필요가 있었을 뿐만 아니라 미국이 장차 아시아에서 철수하거나 중국이 군사대국으로 성장할 가능성, 그리고 북한의 핵위협이나 역내 군비경쟁으로 인한 돌발사태 방지 등을 위해 다자간 안보대화가 필요하다고 인식하게 되었던 것이다. 또한 다자간 안보대화를 통해 일본의 '군사대국화'와 '보통국가론'에 대해 여타 아시아 국가들의 우려를 해소함과 동시에 정치·외교적 영향력 제고를 모색하고 있는 중이다.

이처럼 이 글은 탈냉전과 더불어 동아시아지역에서 본격화되고 있는 일본의 다자안보외교를 평가하고 앞으로의 향방을 전망하는 데 그 목적이 있다. 이를 위하여 먼저 전략환경의 변화와 연계하여 일본의 다자안보외교의 추진 필요성과 의의를 규명하는 동시에, 실제로 일본 정부차원에서 추진되어 온 다자안보외교를 동북아지역과 동남아지역

---

2) Paul Evans, "Reinventing East Asia: Multilateral Cooperation and Regional Order", *Harvard International Review*, Vol. ⅩⅧ, No .2, 1996, pp. 17‐18.

으로 나누어 살펴보고 그 성과를 평가하고 난 다음, 향후 일본이 추진하게 될 다자안보외교의 향방을 전망해 보고자 한다.

2. 다자주의와 다자안보협력

1) 다자주의의 개념

양자주의와 다자주의는 모두 국제사회에서 국가 간 문제를 해결하거나 조정(coordinate)해 나가는 방식을 의미하는데, 양자는 공통적으로 국가 간 협력과 조정을 전제로 하지만 여러 가지 측면에서 대조적이다. 양자주의는 다자주의와 달리 일반적으로 차별적(discriminative)이거나 배타적이며, 한시적인 경우가 많고, '구체적 호혜성(specific reciprocity)'에 기초를 두고 있다는 특징을 가지고 있다.[3]

이에 반해 다자주의는 일반적으로 두 가지 의미로 사용되고 있는데, 그 하나는 "3개 이상의 국가들이 집단적으로 국가 정책을 조정해 나가는 것"[4]으로서 이를 흔히 명목적 의미의 다자주의라고 한다. 다자주의를 이러한 측면에서 정의하는 경우 외교나 국가 간 협력의 형태에만 치중하게 됨으로써 다자주의가 가지고 있는 질적인 측면을 간과하게 된다. 따라서 다자주의를 "3개 이상의 국가들이 어떤 원칙, 규범

---

[3] 김용호, "양자주의와 다자주의: 동아시아의 현황과 전망", 『환동해권 협력의 국제정치경제 세미나보고서』, 서울: 외교안보연구원, 1998, pp. 9 - 10.

[4] Robert O. Keohane, "Multilateralism: An Agenda for Research", *International Journal*, Vol. 45, No. 4, 1990, p. 731.

또는 국제적인 기준을 만들어 나가면서, 이에 따라 국가정책을 상호 조정하는 것"이라고 정의하는 것이 바림직하다. 이를 흔히 실질적 의미의 다자주의라고 한다.5) 이러한 점에서 다자주의는 '일반화된 비차별성 행위원칙(generalized non-discriminatory codes of conduct)', 관련된 '가치의 불가분성(indivisibility of values)', '포괄적 호혜성(diffuse reciprocity)' 등이 그 특징이라고 할 수 있다. 특히 강조해야 할 사항은 포괄적 호혜성으로서 흔히 양자주의의 특징인 구체적 호혜성과 구분되며, 포괄적 호혜성에 대한 기대가 관련 국가 간에 공유될 때 협력의 가능성은 크게 높아진다. 다자간 협력은 바로 이러한 포괄적 호혜성에 대한 기대에 기초를 두고 있으므로 다자간의 틀 속에서 여러 가지 의제에 관하여 포괄적 해결이 가능해진다.

일반적으로 '다자간(multilateral)'이라는 용어는 국제체제 내에서 다수국가로 하여금 특정문제에 대해 상호협의 또는 공동행동을 취하도록 권유, 규율하는 공식 또는 비공식적인 약속과 협정의 총체를 뜻한다. 다자주의 실현이란 불가분성, 일반화된 행위원칙, 그리고 포괄적 호혜성이라는 속성이 세계적 또는 지역적으로 공유되고 제도화되는 것을 뜻하게 된다.6) 이처럼 다자주의란 일방주의(unilateralism)와

---

5) James A. Caporaso, "International Relations Theory and Multilateralism: The Search for Foundations", in John Ruggie(ed.), *Multilateralism Matters,* New York: Columbia University Press, 1993, p. 53.

6) 다자간(multilateral)과 다자주의(multilateralism)의 개념적 차이에 대해서는 Lee Seo-hang, "Security Cooperation in East Asia: Multilateralism vs Bilateralism", *IFANS Review*, Vol. 7, No. 1, 1999; Brian Job, "Matters of Multilateralism: Implications for Regional Conflict Management" In David A. Lake and Patrick M. Morgan, eds., *Regional Orders: Building Security in New World,* University Park, PA: Pennsylvania State University Press, 1997, pp. 165 – 191; John G. Ruggie, "Multilateralism: The Autonomy of an Institution,: *International Organizations,* Vol. 46, No. 11, 1992, p. 574. 등을 참조할 것.

양자주의(bilateralism)와 대비되어 단순하게 행위자의 수적인 차이를 나타내는 것을 넘어서서 국제정치에 있어서 일정한 이론적 입장을 대변한다고 볼 수 있다.

다자주의의 현실적 형태와 이상적 형태의 논의에 있어 주목해야 할 또 하나는 그것이 갖는 패권적 측면이라고 할 수 있다. 다자주의적 질서가 그 정의와는 달리 특정한 패권국가의 존재에 의해 규정된다고 보는 입장과 해당 국가들의 직접적인 참여와 이해관계의 다원적인 조정의 결과로 질서가 형성되어야 한다고 보는 입장이 대별되는 것이다. 그러나 국가 간 체제의 구성형태나 한 국가의 정책적 목표로서의 다자주의가 얼마만큼의 보편성을 가지고 추진되었는가 하는 점에 대해서도 많은 이견이 대두될 수 있다. 예를 들어 냉전기의 '팍스 아메리카나(Pax-Americana)'에 있어서도 대서양은 다자적 방식으로, 그리고 태평양은 양자적 방식으로 협력형태가 각기 다르게 구성되었고, 탈냉전기 다자주의의 세계적 적용에 있어서도 각각의 지역적 수준과 쌍무적 수준의 역동성은 아직까지 차별적으로 병존하고 있다. 또한 미국의 대외정책의 전개도 일방주의 · 양자주의 · 지역주의 · 보편적인 다자주의를 전략적으로 혼용하고 있는 모습을 여전히 보여 주고 있다.

2) 다자안보협력의 의의와 기능

'다자안보협력(multilateral security cooperation)'의 일반적 의미는 지역 내 다수국가 간 정치 · 외교 · 군사 · 경제 · 사회 · 문화 등 제 분야의 현안들을 협의하여 분쟁요인을 사전에 제거하고 나아가 분쟁예방과 분쟁의 평화적 해결을 도모하는 '협력안보(cooperative security)'

논리를 말한다. 다자안보협력의 의미는 다양한 분야를 대상으로 협력을 강조함으로써 기존의 '집단안보(collective security)'나 '집단방위(collective defence)'의 개념과는 차이가 있다.

집단안보는 참여국의 자격과 범위에 제한이 없고, 기존질서의 고정화·제도화를 목적으로 하는 현상유지적 성격이 강하며 조직 내 구성원들의 위계질서 또한 수평적인 성격을 띠고 있다는 점에서 지역차원에서 필요로 하는 실질적인 집단안보기구로서 그 효용성에 한계가 있다. 또한 다자안보협력은 외부로부터의 무력공격에 대항하기 위하여 개별적 차원을 넘어 집단적 차원에서 방어동맹을 구성하고자 하는 집단방위 개념과도 구별된다.

다자안보협력의 군사분야인 '군비통제(arms control)'와 정치분야인 '평화적 해결(peaceful settlement)'은 개념상 집단 방위로부터 집단안보, 협력안보 전반에 걸쳐 가능하나, 군비통제는 대결영역이 협력영역보다 클 때부터 중요시되며, 평화적 해결은 협력영역이 대결영역보다 우세할 때 비로소 가능해진다. 아울러 군비통제는 군사적 안정분야에, 분쟁의 평화적 해결은 정치적 안정분야에 기여한다.[7]

다자간 안보대화 및 협력안보의 가장 중요한 목표는 역내국가들이 주요 관심사들에 대해 의견을 교환할 수 있는 채널을 확보하는 것이며 '상호안심(mutual reassurance)'의 정도를 증대시켜 나가는 것이다. 각국 대표들이 모여 안보대화체제를 통해 정보교환 및 상대방의 의도를 명확하게 파악할 수 있다면 국가활동의 투명성 증대와 분쟁발생을 사전에 방지하는 예방외교의 차원에서도 매우 중요한 의미를 갖는 것이

---

7) 이원우, 『지역다자안보협력 현황과 우리의 대응방향』, 서울: 국방부, 1998, pp. 161 - 162.

다. 다자안보는 분쟁발발 후의 대처보다는 예방외교에 중점을 두며 침략행위를 규제할 법적 구속력이 없고 군사적 강제력이 원칙적으로 배제된다는 점에서 집단안보와 성격을 달리한다.[8)]

협력안보라는 개념을 근거로 하는 다자안보대화 또는 다자안보협력은 개별 국가가 동등한 권리를 갖고 모여 상호이익의 차원에서 공동으로 적용되는 규칙 및 제도를 창출하는 과정의 출발체로 대화의 습관화에 우선적 목표를 두고 있다. 결국 다자안보협력은 일단 제도적 장치로 형성되면 그 제도적 관성 때문에 보다 안정적으로 유지되고, 일반화된 원칙에 근거하기 때문에 특정한 이해관계나 상황적 고려에 근거한 제도보다 탄력적으로 상황변화에 상응할 수 있으며, 국제관계를 규율하는 장치이자 국가 간 갈등이 표출되고 조정되는 '투쟁과 설득과 조정의 장(場)'으로서 기능하여 그 자체의 안정성을 유지하는 장점을 가지는 것으로 평가되고 있다.[9)] 다자안보협력이란 관련국가 간 이해상충의 소극적인 조정을 넘어 공동이익의 실현을 위한 적극적인 협동이 이루어질 때 보다 실효성이 제고될 수 있다. 지역안보를 위한 다자안보협력이 제도화되기 위해서는 관련국이 제도에서 요구하는 정책조정의 결과로 얻는 이득이 그렇지 않은 경우보다 유리하다고 믿어야 하며, 그러한 믿음이 관련국 모두에 의해 공유되어야 한다.

3) 다자안보레짐의 역할

협력안보의 개념을 근간으로 하는 '다자안보레짐(multilateral security

---

8) Andrew Mack, "Security Cooperation in Northeast Asia: Problems and Prospects", *Journal of Northeast Asian Studies*, Vol. XI, No. 2, 1992, pp. 31 - 32.

9) 김태현, "동북아 다자간 안보협력체의 구상", 『지역연구논총』, 제6집, 1994, pp. 37 - 38.

regime)'은 참여국의 공동관심사를 개발하고 이에 대한 논의를 통하여 역내 국가 간의 '대화의 습관(habit of dialogue)'을 도모하고, 공통 규범의 공유를 추구하며, 국가 행동양식의 예측 가능성을 제고시킴으로써 분쟁을 사전에 예방하는 데 그 목적이 있다. 이러한 다자안보레짐은 대체로 다음과 같은 역할 및 기능을 수행한다.[10)

첫째, 역내 안정과 평화를 유지하고 분쟁의 사전예방을 위하여 지역 분쟁의 원인이 될 수 있는 다양한 안보영역 즉 군사적 위협뿐만 아니라, 정치 · 경제 · 환경 · 테러 · 마약 등 다양한 안보영역에 대해 협의가 이루어지도록 한다. 둘째, 포괄적 협의를 통하여 역내 안보의 불확실성을 감소시키고, 역내 국가 간 안보협력을 촉진시킬 수 있는 공동의 안보정책과제를 개발하며, 공동의 안보영역이 확대되도록 한다. 셋째, 안보의 상호의존 및 상호신뢰의 증대를 통하여 경제 · 문화 등 여러 분야에서 국가 간 상호의존과 통합이 촉진, 강화되도록 한다. 넷째, 역내 국가들의 군사력 및 국방정책에 대한 '토론의 장'을 제공하고 정기적인 군사정보의 교환 및 군 인사교류를 주선함으로써 역내 국가들의 군사력 및 국방정책의 투명성을 제고시키고 군사적 신뢰가 축적되도록 한다. 다섯째, 운용적인 면에서의 신뢰구축과 더불어 구조적 군비통제의 실현이 추구되도록 한다. 여섯째, 분쟁방지를 위한 예방외교의 수행을 위하여 '사실 조사활동(fact finding)'이 시행되도록 한다.

요컨대 국제레짐(international regime)은 국가 간 협력을 촉진시키는 매개변수(intervening variable)의 기능을 하므로, 다자안보레짐은 참가국들이 주어진 안보영역에서 기대하는 효과를 달성할 수 있도록

---

10) 배정호, 『 21세기 한국의 국가전략과 안보전략』, 서울: 통일연구원, 2000.

조정하는 역할을 하는 것이다. 즉, 다자안보레짐은 참가국들의 기대를 조정함으로써 다자간 안보협력을 제도화시키는 데 일조하는 역할을 하게 된다. 이처럼 다자안보협력은 역내 국가들 간의 분쟁방지 · 예방외교 · 위기관리 · 분쟁의 평화적 해결에 기여함으로써 화해와 협력의 순리를 보편화시키는 중요한 기능으로 정착되어 가고 있다.

한편 다자간 안보대화와 협력은 전통적인 군사안보분야에서뿐만 아니라 새로운 형태로 다양하게 전개되는 비재래식 안보위협에 대처하는 효과적 방안으로 그 효능이 기대되고 있다. 탈냉전 이후 등장한 다양한 안보위협 요인들은 이른바 지역적 평화체제 수립의 필요성을 더욱 강조하는 계기가 되었다. 즉, 밀수 · 마약 · 환경오염 · 대량파괴무기 확산 · 영토분쟁 · 종교갈등 등 국제적인 안보 불확실성이 증가하는 한편, 중국과 일본의 패권경쟁 추세가 당사국의 부인에도 불구하고 주변국의 불안을 야기하고 있고, 북한의 경우 핵과 생화학무기 등 대량파괴무기의 개발 및 수출, 갑작스러운 체제붕괴 혹은 경제난을 타개하기 위한 모험적 행위의 가능성 등에 대한 주변국의 우려가 점증하고 있어 다자간 안보대화와 협력에 기초하여 이러한 문제들을 평화적으로 예방 또는 해결해야 할 당위성과 필요성은 더욱 높아가고 있는 것이다.

3. 일본의 동아시아 다자안보외교

1) 동북아 다자안보외교의 추진

일본은 전통적으로 미 · 일 안보체제를 국가안보의 최대 지주로 간

주해 왔으며 다자안보협력은 비현실적인 것으로 보았다. 왜냐하면 아
·태 지역은 공동의 안보관심사를 발견하기 어려운 지정학적 이질성
이 있을 뿐만 아니라, 미·일 안보체제가 자신의 안전을 확실히 보장
하였기 때문에 이를 대체할 다른 형태의 안보체제 구축에 필요성을 느
끼지 않았기 때문이다. 또한 북방 4개 도서 반환문제와 같은 영토분쟁
은 양자 간 협상을 통해 해결하는 것이 바람직하다고 판단하였던 것이
다. 이처럼 1990년대 이전 일본은 지역질서 내 다자간 안보협력 구상
이나 제도에 대해 소극적인 입장을 취해 왔다. 구소련에 의해 동북아
지역의 안보협력체 구상이 몇 차례 제기된 바 있으나, 일본은 지역질
서 내 다자간 안보협력보다는 기존의 미·일 동맹을 기조로 하여 자
국의 안전을 보장받으려 하였다.

그러나 냉전종식과 더불어 소련이 붕괴함으로써 위협은 크게 감소
되었으나, 이 지역의 다양한 잠재적 분쟁요인들이 현재화(顯在化)된
한편, 미국도 새로운 동북아전략을 추진하게 됨으로써 기존의 안보전
략을 재검토하지 않을 수 없게 되었다. 이뿐만 아니라 냉전 이후 일본
은 보다 역동적인 대외정책을 추진하고 있으나 과거 행태 때문에 주변
국들의 불신과 불안이 크다는 점을 인식하고 이를 해소할 수 있는 제
도적 방안을 강구할 필요가 있었다.

이와 같은 인식과 필요에 따라 일본은 다자안보협력에 대해서 적극
적인 정책으로 전환하게 되었는데, 1991년 6월 ASEAN 5개 회원국
전략문제연구소 소장들이 참가한 회의에 사토 유키오(佐藤行雄) 외무
성 정보조사국장을 파견했던 일본은 이 회의를 전후하여 지역 내 다국
간 협의에 참가하는 것이 국익에 합치된다고 생각하기 시작하였다.11)
이어서 1991년 7월 ASEAN – AMM에서 나카야마(中山太郎) 일본외

상은 ASEAN-PMC가 "우리들 사이에 안보에 대한 감각을 증진시키기 위해 고안된 정치적 토론의 과정으로 이용될 수 있다."[12]고 함으로써 최초의 다자안보협력을 제의하였던 것이다. 이후 일본정부는 ASEAN을 중심으로 한 다자간 협력대화 참가를 위한 토대 정비에 적극적으로 임하기 시작하였다. 1992년 1월 9일 조지 부시 미국 대통령과 미야자와 기이치(宮澤喜一) 수상 간에 개최된 미·일 정상회담에서 발표된 영국 간의 글로벌 파트너십 행동계획에서는 미·일 양국이 ASEAN-PMC를 통해 역내 정치대화를 재개한다는 방침에 합의하였다. 이어 1992년 7월 2일 미야자와 수상은 워싱턴의 내셔널프레스클럽 연설을 통해 일본이 아태지역의 안전보장에 기여하는 길은 미·일 동맹의 유지·강화와 지역 내 안보협력기구에의 참가라는 두 가지 길이 있다고 전제하면서, 특히 아·태 지역의 신뢰구축을 위해 일본으로서는 ASEAN 확대외상회의 등 기존제도를 활용한 다자간 안보협력을 긴밀화시킬 필요가 있고, 장래에는 중국 및 러시아를 포함하는 지역 내 안전보장을 위한 정치적 대화의 틀을 만들자고 제안하였다.[13]

나아가 나카야마 제안의 연장선에서 1993년 1월 미야자와 총리는 ASEAN 순방을 계기로 태국의 방콕에서 소위 '미야자와 독트린'을 발표하고, 아·태 지역국가들 간의 다자안보대화의 촉진을 제창하였다. 이 같은 일본의 정책전환 배경에는 냉전체제의 종전에 따라 미군철수의 가능성이 대두된 점, 중국의 군사대국화 가능성, 그리고 북한의 핵위협의 가능성 등이 복합적으로 작용하였던 것이다.[14] 이와 같이 1990

---

11) 西原正, "アジア・太平洋地域と多國間安全保障脇力の枠組み: ASEAN 地域フォーラムを中心に", 『國際問題』第415号, 1994, p. 64.

12) *Far Eastern Economic Review,* 1 August 1991, p. 11.

13) 박영준, "일본의 입장", 『동아시아 안보공동체』, 서울: 나남출판사, 2005, pp. 143-145.

년대를 경과하면서 일본의 입장은 변화되기 시작하였다. 일본은 동북아지역 내 다자간 안보협력구상에 깊은 관심을 보이고, 그 제도들에 적극적으로 잠가하기 시작하였다.[15] 이러한 일본의 적극적 입장은 1994년 7월에 창설된 ARF의 과정에 상당한 기여를 하였으며, 동북아 소지역차원의 다자안보협력논의 활성화에도 적지 않은 영향을 미치고 있다.

일본의 다자안보정책은 1994년 8월 수상직속의 자문회의인 방위문제간담회가 '일본의 안전보장과 방위력 향상: 21세기를 향한 전망'이라는 보고서를 통해 일본의 안보정책과 방위력에 대한 기본입장을 제시한 데서도 잘 나타나 있다. 즉, 이 보고서에서 그들은 탈냉전시대의 불확실한 안보환경에 대처하기 위해서는 능동적이고 건설적인 안보정책이 필요함을 강조하면서, 그 구체적 내용으로서 미·일 동맹과 자신의 방위력 향상뿐만 아니라 세계적·지역적 차원에서의 다각적 안보협력을 촉진시킬 것을 제안하였다. 특히 지역적 차원에서는 협력적 안보정책의 중요성을 역설하면서 아·태 지역에서 진행되고 있는 ARF·CSCAP·NEACD의 역할을 높이 평가하고 지역국가들 간의 안보협력 기반확대에 노력할 것을 제안하였다.[16]

이러한 일본의 다자안보정책은 최근에 보다 적극성을 보여 주고 있는데, 1996년 7월 24일 ARF에 참여하고 있던 이케다(池田行彦) 외상은 현재 한국·미국·일본·중국·러시아 간에 민간차원에서 이루어지고 있는 NEACD를 정부차원의 다자안보대화기구로 격상시킬 것을 제안하였던 것이다. 또한 1997년 4월 11일 일본 자민당은 미국·중국

---

14) 홍규덕, 『동북아 다자간 안보협력: 관련국들의 전략과 대응책』, 서울: 한국전략문제연구소, 1994, p. 69.

15) 박영준(2005), pp. 143 - 148.

16) 권호연, 『일본 신방위정책의 분석 및 자료』, 서울: 세종연구소, 1996, pp. 63~69.

· 일본 등 3국을 핵으로 하는 동북아안보기구의 설치와 정기정상회담의 개최를 제창한 외교정책지침을 마련한 것으로 보도되고 있는데, 여기에서는 현재의 미 · 일 양자 간 안보대화에 덧붙여 다자안보체제를 육성하기 위해 3자 정상회담 및 국방장관회담, 그리고 한반도에 초점을 둔 동북아다자안보기구의 구축이 필요함을 강조하고 있다.[17]

이와 같이 냉전 이후 시대에 일본이 역내 다자간 안보대화를 적극 추진하고 있는 것은 첫째, 중국의 군사력 증강, 대러시아 북방영토 문제, 남중국해의 영토분쟁 등 동아시아 안보불안요인에 대응하고, 둘째, 유럽과 달리 동아시아지역 각국이 처한 안보환경이 다양하여 CSCE와 같은 안보협력기구 설치가 용이하지 않은 현실에 비추어 우선 역내국가 간 군사정책 등에 대한 실무자 수준의 대화 분위기를 조성하는 한편, 셋째, 이를 통해 중국 러시아의 국방정책 투명성을 유도하면서 역내 영향력 증대를 위한 군사분야 대화의 주도권을 확보해 나가려는 의도인 것으로 평가될 수 있다.[18] 그러나 이러한 일본의 다자안보협력에 대한 적극적인 입장은 미 · 일 동맹관계의 폐기나 약화를 의미하지 않는 것은 물론이다. 일본은 오늘날에도 여전히 "미 · 일 동맹이 동북아 지역의 필수적인 안정요소로서 기여하고 있을 뿐만 아니라 '건전한 다자주의(sound multilateralism)'를 위한 기초를 제공한다."[19]고 인식하고 있기 때문이다.

이상의 논의를 토대로 하여 일본의 동북아 다자안보협력에 대한 입장을 정리한다면 대체로 다음과 같은 몇 가지로 요약될 수 있다.[20]

---

17) ≪讀賣新聞≫, 1997년 4월 11일.

18) 이서항, "동북아 평화와 안정", 『국방논집』, 제27집, 1994, p. 20.

19) Masashi Nishihara, "The Role of the Japan-U.S. Alliance for Northeast Asian Security", *Japan Close-up*, September 1996, p. 7.

첫째, 대표적인 동북아다자안보협력체인 ARF에 대한 일본의 관심과 노력은 매우 크다는 것이다. 이는 다양한 아이디어 제공 등의 노력에서 그 예를 찾을 수 있다.

둘째, 그럼에도 다자안보협력체에 대한 일본의 시도는 기본적으로 안전보장을 위한 환경의 조성이라는 성격을 가진다고 하겠다. 이는 ARF는 물론이고, 방위청 등이 시도하는 다양한 다자안보협력대화의 채널들이 의견을 교환하는 가운데 신뢰육성을 주목적으로 하고 있다는 것에서도 알 수 있다. 이는 또한 단순하지만 방위백서에 있어서 이들에 대한 언급이 안보의 환경조성이라는 제하에서 제시되는 것에서도 알 수 있다.

셋째, 결국 일본의 안보에 있어서 다자안보협력체는 부수적인 것이며, 이는 달리 말하면, 미·일 안보동맹 및 전수방위의 능력제고가 일본 방위 및 안보에 가장 기본적인 틀을 형성하고 있다는 것을 재삼 확인시켜주는 것이라고 하겠다.

넷째, 이러한 가운데 일본이 추구하는 유엔상임이사국에의 진출노력이나 유엔평화유지활동에의 적극적인 참가, 그리고 최근 인간안보에 대한 급증하는 관심표현은 이후 정치대국으로서의 이미지를 제고하고 실현하고자 하는 의도라고 하겠다.

2) 동남아 다자안보외교의 추진

일본과 동남아지역 국가들과의 관계는 오랜 역사를 갖고 있으나, 그

---

20) 세종연구소(편), "동북아 다자안보협력에 대한 일본의 입장", 『정책보고서』, 제68호, 서울: 세종연구소, 2006, pp. 21 - 22.

것이 현대적 의미를 갖게 된 것은 제2차 세계대전을 거치면서 일본이 이 지역에 대한 지배·점령 및 일본의 패전과 냉전시대의 전개 등과 연관되어 있다. 특히 냉전시대의 일본과 ASEAN 관계는 동남아지역에 있어서 평화와 안정을 유지하고 경제발전을 이룩하기 위한 공동의 노력에 역점이 두어졌다. 특히 1975년 베트남의 공산화와 1978년 베트남의 캄보디아 침공으로 야기된 위협에 직면하여 일본과 ASEAN은 정치·외교적 협력을 가속화하는 한편, ASEAN 국가들의 탄력성(resilience)을 강화하기 위한 일본의 경제협력과 지원이 크게 증대되었다. 이뿐만 아니라 일본은 교착상태에 빠진 캄보디아 내전을 종식시키기 위하여 국제 외교무대에서 ASEAN과 협력하는 한편, 캄보디아의 평화정착을 위하여 적극적인 평화유지활동(PKO: Peace Keeping Operation)을 전개함으로써 동남아지역에 있어서 일본의 부정적 이미지를 크게 완화시켰다.

그런데 세계적인 냉전종식은 동남아지역의 전략환경에도 커다란 변화를 불러일으킴으로써 일본과 ASEAN은 기존의 관계를 재평가하고 변화된 환경에 적실성 있는 새로운 정책을 모색하지 않을 수 없게 되었다. 이 지역 최대의 불안정요인이었던 캄보디아사태가 평화적으로 해결되고, 베트남을 비롯한 인도차이나 국가들이 ASEAN의 회원국으로 가입하는 등 동남아국가들 간의 관계는 전반적으로 화해와 협력의 시대를 맞이하고 있는 한편, 미국과 러시아의 후퇴에 따른 중국의 남진정책과 남중국해분쟁은 이 지역의 새로운 불안정요인으로 대두하고 있는 것이다.

이러한 이유로 탈냉전시대 일본과 ASEAN의 관계는 냉전시대와는 상당히 다른 모습을 보여 주고 있는데, 특히 전략환경의 변화에 따라 이들 간에 모색되고 있는 안보협력문제는 향후 동남아지역의 질서 형성과 관련하여 주변국가들의 비상한 관심을 모으고 있다. 우선 일본과 ASEAN은 탈냉전이라는 전략환경의 변화로 새로운 시각에서 안보협력을 모색하게 되었는데, 이러한 변화 가운데 가장 주목할 만한 것은 적극적으로 다자안보협력을 모색하고 있다는 사실이다.

우선 일본은 다양한 공식메커니즘, 예를 들면 ASEAN-PMC나 ARF 등과 같은 채널을 활용하여 다자간 안보협력을 추진하고 있다. 이미 앞에서 지적한 바와 같이 일본은 ASEAN이 1991년 7월 ASEAN-AMM을 통하여 ASEAN-PMC가 지역안보문제를 논의하기 위한 포럼 (forum)으로 활용하는 가능성을 타진해 온 데 대해 지지를 표명하였으며, 1994년 ASEAN의 ARF의 창설과정에 있어서도 일본의 적극적인 협력이 있었던 것은 물론이다. 따라서 일본과 ASEAN은 ASEAN-PMC와 ARF회의를 통하여 아·태 지역의 평화와 안정에 관련되는 제반 문제들, 특히 남중국해에서의 도서분쟁, 해로의 안전보장, 동남아지역에서의 일본의 역할 등 양측의 공동관심사에 있어서 협력을 강화해 왔으며, 양측은 ASEAN-일본 포럼을 통해서도 대화와 협력을 지속해 왔다. 또한 양측은 '말라카 해협(Malacca Straits)'에서의 항해안전과 해양오염 방지를 위한 공동노력에 합의하는 한편, 남중국해분쟁과 관련하여 일본은 ASEAN이 1992년에 분쟁해결의 기본원칙으로 제시한 '남중국해에 대한 ASEAN선언'[21]을 전폭적으로 지지하였다.

또한 경제안보적 차원에서 볼 때 탈냉전시대의 안보는 전통적인 군사안보뿐만 아니라 경제·테러·환경·마약 등 비군사적 안보의제의 중요성이 증대됨으로써 안보개념이 광역화되었는데, 이러한 상황은 일

---

21) 이 선언의 구체적 내용에 대해서는 *ASEAN Declaration on the South China Sea*, Manila, Philippine, July 22, 1992. 참조.

본으로 하여금 자국의 기본정책과 국가정체성을 재검토하도록 하였다.22) 더욱이 일본의 입장에서는 냉전종식으로 인한 유동적인 지역정세 속에서 일본의 경제안보를 위하여 남중국해상의 해로안전을 확보해야 하는 필요성이 증대됨으로써 ASEAN에 대한 경제지원과 협력을 더욱 강화하지 않을 수 없었다. 이는 일본이 이 지역 국가들과 우호적인 관계를 유지하고 그들의 경제적 탄력성이 증진될 수 있도록 지원하는 것이 일본의 국익에도 부합되기 때문이다.23) 이러한 배경 속에서 일본의 ASEAN 국가들에 대한 지원은 해외직접투자(FDI: Foreign Direct Investment), 공적개발원조(ODA: Official Development Assistance) 및 엔 차관 등의 형태로 이루어지고 있는데, 이 가운데 FDI는 1985년 '플라자협정'을 계기로 급속도로 증가하였다.24)

군사안보적 차원에서 보면 역사적 경험이나 현실적 여건을 감안할 때, 일본과 ASEAN 간의 군사적 협력에는 적지 않은 제약요인이 존재하고 있는 것이 사실이다. 그럼에도 불구하고 탈냉전과 더불어 미국의 일본에 대한 방위비분담 요구 증대, '중국의 군사력 증강과 남진정책이 보다 노골화'25)되는 상황에서 ASEAN과 일본은 동남아지역의 평화와 안정을 확보함으로써 공동의 이익을 증진시키기 위하여 군사적 협력을 모색하고 있는데, 그것은 일본 자위대의 PKO파병을 통한

---

22) Paridah Abdul Samad & Mokhtar Muhammad, "Japan in Southeast Asia: Its Diplomatic, Economic and Military Commitment", *Indonesian Quarterly*, Vol. XXII, No. 3, 1994, p. 266.

23) Mohamed Jawhar bin Hassan, "Southeast Asia and the Major Powers", *Pacific Review*, Vol. 8, No. 3, 1995, p. 515.

24) *Japan-ASEAN Relations*(http://www.mofa.go.jp/region/asia-paci/ asean/relation.html)

25) 탈냉전과 더불어 중국이 추진하고 있는 팽창주의적 남진정책의 배경과 수단 및 그 실상에 대한 구체적 분석은 변창구, 『21세기 동아시아 안보와 한국』, 서울: 대왕사, 2000, pp. 230-265를 참조할 것.

캄보디아사태의 평화적 해결에 대한 기여에서 잘 나타나고 있다.26)

이와 함께 남중국해분쟁과 권련하여 모색되고 있는 일본과 ASEAN
간의 군사협력을 지적할 수 있다. 중국의 압도적인 힘의 우위 속에서
남중국해에서의 영유권분쟁을 전개하고 있는 ASEAN의 입장에서는
이 지역 분쟁과 직접적으로는 관계가 없는 역외 강대국들의 참여를 통
해서 대중국관계에 있어서 힘의 균형을 이루려고 하고 있으며, 남중국
해문제 해결을 위한 재정적·기술적 측면의 지원을 기대하고 있다고
하겠다.27) 반면에 일본의 입장에서는 남중국해의 도서영유권문제를
둘러싸고 군사적 갈등이 빚어진다면 일본은 '항해의 자유', 즉 자국의
상선대 및 원유수송선단의 안전한 운항을 위협받게 될 것이다. 이러한
배경에서 일본과 ASEAN은 미국이 후퇴하고 있는 상황에서 다자안보
대화를 통해서 이 지역의 평화와 안정을 도모하는 데 유익하다고 판단
하고 남중국해분쟁의 평화적 해결과 이 해역의 안정을 위해 협력해 오
고 있는 것이다. 따라서 ASEAN은 한편으로는 1996년의 '미·일 신
안보공동선언'28)과 1997년의 신방위가이드라인에 따른 일본의 방위
선 확대와 군사적 역할 강화가 중국을 자극하여 군사대국화를 가속화
할 것을 우려하면서도, 다른 한편으로는 남중국해분쟁과 관련하여 미
국과의 협력 속에서 일정한 범위 내에서의 일본의 군사적 역할 확대는
ASEAN에게 위협이 되지 않으며 오히려 중국을 견제하는 데 도움이

---

26) 1992년 6월 일본에서 'PKO법안이 성립'됨으로써 가능하였는데, 일본은 17억 달러의
   평화유지 예산 중 12.5%를 부담하였고 아카시 야스시(明石)가 UN대표로 활약하는 등
   적극적인 역할로 캄보디아 사태가 해결됨으로써 일본 자위대의 이미지가 크게 개선되
   고 국위를 선양하는 효과를 거두었다. *Asianweek*, 17 March 1993, p. 43. 참조.

27) Lam Peng Er, "Japan and the Spratly Dispute: Aspiration and Limitation", *Asian
   Survey*, Vol. XXXⅥ, No. 10, 1996, p. 1007.

28) 구체적인 내용은 *U.S.-Japan Joint Declaration on Security: Alliance for the 21st
   Century*, Tokyo, Japan, 17 April 1996. 참조.

될 수 있다고 보는 것이다.[29]

4. 일본의 다자안보외교에 대한 평가

이상의 논의를 통하여 우리는 탈냉전과 더불어 전략환경의 변화에 따른 일본의 다자안보외교에 대한 구체적 필요성과 추진과정을 살펴보았다. 그렇다면 이러한 일본의 다자안보외교는 어떠한 요인들에 의해서 촉진 또는 제약되고 있는가? 그리고 그 성과와 한계는 무엇인가를 평가해 볼 필요가 있는데, 그 이유는 향후 일본의 다자안보외교의 향방을 가늠하기 위해서는 이러한 작업이 선행되어야 하기 때문이다.

먼저 다자안보외교를 촉진시키는 요인으로서는 국제적 요인과 일본 자체의 국내적 요인으로 나누어 볼 수 있다. 국제적 요인으로는 우선 국제정치적 측면에서 볼 때 냉전체제가 해체되면서 소련에 대응이라는 목적이 주어졌던 미·일 동맹이 새로운 역할을 모색하지 않으면 안 되었다는 사실이다. 미·소 대결구조의 한 축이 사라진 마당에 전통적인 양자 안보동맹은 그 효용성이 크게 감소되었기 때문이다. 동아시아지역의 새로운 질서구축의 측면에서도 냉전 이후 시대의 새로운 위협요인, 즉 중국의 정치·경제적 성장이나 북한의 군사적 위협이 보다 뚜렷해지기 시작했을 뿐만 아니라, 그동안 잠재되어 있던 여러 분쟁요인들이 현재화함으로써 지역의 평화와 안정이 크게 위협받게 됨으로써 다자간 안보협력을 강력하게 요구하고 있기 때문이다. 더욱이

---

29) *Straits Times*, 28 August 1997; *International Herald Tribune*, 2 September 1997.

군사안보로 대변되는 전통적 안보요인보다는 경제 · 환경 · 인권 · 마약 · 테러 등 비군사적 안보위협이 증대됨으로써 안보의 개념이 크게 광역화되었고, 이에 따른 평화와 안정의 유지는 양자주의 방식이 아니라 다자주의 접근법으로서만이 그 해결책을 찾을 수 있기 때문이다.

다른 한편에서 볼 때 일본의 국내요인들도 동아시아지역에서의 다자안보협력을 촉진시켜 왔다. 경제적으로는 패전 직후의 국가주도적 중상주의 경제체제의 운용방식을 보완하여 세계화의 흐름에 부응하여 경제적 지역주의가 강화되고 있으며, 사상과 이념 면에서는 전후 일본의 민주주의를 발전시켰던 진보세력들이 내셔널리즘 및 현실주의에 대한 대안으로 자유주의나 열린 민족주의를 강조하면서 경제와 안보 분야에 관한 지역주의적 협력을 강조하고 있다는 점이다. 역내국가 간의 경제교류와 인적교류의 증대는 국가 간 상호의존 관계를 심화시키면서 신뢰관계를 구축시키는 좋은 계기가 되고 있다. 그리고 이를 제도적으로 뒷받침하려는 자유경제권 등장의 전망이 다자간 안보협력을 촉진하는 국내적 요인으로 작용하고 있는 것이다.[30]

이러한 국내적 요인을 기반으로, 안보정책에 관여하는 행위자 차원에서도 다자간 안보협력에 대해 적극적인 입장의 개진이 나타나고 있다. 예컨대 2002년 당시의 나카타니 겐(中谷元) 방위청장관은 '아시아판 NATO구상을 제창'[31]하고 있는 실정이다. 그런데 이러한 방위청장관의 발언은 안보정책에 관여하는 일본 국내의 다른 행위자, 즉 지식인그룹이나 언론기관, 그리고 정당 등의 행위자들에 의해서 전폭적으로 지지되거나 촉진되고 있다. 이와 같이 일본의 안보정책 결정에

---

30) 박영준(2005), pp. 163 - 175.
31) http://wwwjda.go.jp/j/news/kisha/2002/02/19a.htm(검색일: 2009. 3. 10)

관여하는 방위청의 자문기구, 여당의 국방부회, 유력경제인단체, 그리고 언론기관들이 동아시아지역 내 다자간 안보협력기구 결성을 지지하고 촉진하는 요인이 되고 있다. 이러한 환경적·행위자적 요인이 기반으로 작용하고 있기 때문에 일본방위정책의 책임자들이 다자간 안보협력에 대해 적극적으로 정책을 펼칠 수 있도록 하는 여러 가지 촉진요인들이 될 수 있다.

이러한 국제적·국내적 촉진요인들의 복합적 상호작용으로 인해 그동안 일본 정부가 추진해 온 다자안보협력은 나름대로 성과를 거두어왔는데, 그 대표적인 것이 일본의 이니셔티브에 의해서 ASEAN-PMC에서의 동아시아지역 현안에 대한 다자안보 논의가 가능하게 되었을 뿐만 아니라, ARF의 창설과정에 있어서도 일본은 ASEAN과 함께 결정적인 역할을 함으로써 지역 국가들 간의 신뢰구축과 예방외교의 실현에 크게 기여하고 있다.

한편 일본의 다자안보협력 외교를 제약하는 요인들도 적지 않다. 국제적으로 볼 때 다자안보협력의 필요성이 증대하고 있음에도 불구하고 일본의 보수적인 안보정책결정의 가장 중요한 요인이 되고 있는 외부위협의 발생 가능성이 상존하고 있다는 사실이다. 예를 들어 중국의 군사력 증강이나 북한 핵실험과 같은 사태가 지속적으로 발생하는 한, 일본은 다자안보협력을 통하여 자신의 안전을 모색하기보다는 군사력 증강이나 양자주의에 기초한 미·일 동맹의 틀을 더욱 선호하게 될 것이기 때문이다. 또한 현재 일본이 러시아·한국·중국과 북방 4개 도서, 독도, 조어도 등의 영토를 둘러싸고 분쟁상황에 처해 있는데, 이 경우 잠재적 분재요인이 현재화할 경우 배타적 국가주의자들의 주장이 득세하게 됨으로써 지역의 다자안보협력 분위기는 손상될 가능성이 크다.

이러한 외적 위협요인과 관련하여 일본 국내에서도 폐쇄적 민족주의니 현실주의의 흐름으로 회귀하는 경향이 강해진다면 다자간 안보협력에의 진전은 방해를 받게 될 것이다. 또한 일본사회 내에서 현실주의의 강화나 폐쇄적 민족주의로의 복귀를 주장하는 세력이 그 힘을 아주 상실한 것은 아니다. 특히 이들 세력들은 일본의 식민지지배나 태평양전쟁에 관한 역사문제에 대해 재해석을 주장하기도 하고, 지역질서와 관련해서는 중국위협론을 강하게 내세우며, 그 연장선상에서 지역질서 내의 협력적 안보보다는 일본의 일국적 안보를 위한 군비강화를 주장하는 경향이 있다. 바로 이러한 흐름들은 다자간 안보협력을 저해하는 요인이 될 가능성이 충분히 존재한다는 것이다.

다시 말해 일본의 폐쇄적 민족주의 세력이 일본사회 및 동아시아지역에 큰 영향을 가했던 사건이 이른바 중등학교 역사교과서 파동이다. 만일 다시 일본 내에서 폐쇄적 민족주의 세력에 의해서 역사교과서 파문과 같은 사태가 재발되게 된다면, 일본이 의욕적으로 추진하는 다자간 안보협력의 신뢰성은 불가피하게 손상을 받게 될 것이다. 또한 현실주의 관점에서 일본의 우적(友敵)개념을 극히 배타적인 형태로 재정의하려는 시도가 일부 일본지식인들 사이에서 행해지고 있는데, 이른바 '중국위협론'이 그러한 시도 중의 하나이다. 즉, 냉전체제하에서 가상의 적이었던 소련이 해체되자 그를 대체하는 적 개념으로 중국을 부각시키려고 하는 것이다. 그러나 일본의 정치세력 및 지식인들 가운데에는 일본의 주체적 외교론을 주장하면서 대중국 강경론을 제기하는 세력이 엄연히 존재하고 있다.32) 이러한 대중국 강경론이 내외 정세의 변화에 따라 강화되는 사태가 전개된다면 다자간 안보협력론은 약화될 수밖에 없다. 더욱이 일본의 여·야당 국회의원들로 구성된 '신세기 일본의 안전보장체제를 확립하려는 소장의원들의 모임' 및 그 회원인 이시바 시게루(石破茂) 전 방위청장관은 '북한의 미사일 및 핵에 대한 견제수단으로 선제공격을 가능하게 하는 방위체제로의 전환을 주장'[33]하고 있는데, 이렇게 전수방위의 영역을 넘어서는 안보정책의 추구는 다자간 안보협력의 구축과정에 부정적인 영향을 미칠 수 있다.

5. 결론: 일본의 다자안보외교의 향방

이상의 논의를 통하여 우리는 1990년대 이후 일본 정부가 추진하고 있는 동아시아지역에 대한 다자안보외교를 살펴보았다. 사실 일본은 전통적으로 미·일 동맹이라는 양자주의를 국가안보의 중심축으로 삼아왔기 때문에 역내 다자안보협력에 대해서는 소극적인 입장을 보여왔었다. 그러나 이 지역에서 일어나고 있는 전략환경의 급격한 변화와 새로운 안보이슈의 등장으로 인하여 일본은 기존의 안보전략을 재검토하지 않을 수 없었고, 그 결과 기존의 양자안보동맹을 보완한다는 차원에서 다자간 안보협력을 적극적으로 모색해 왔던 것이다. 물론 이러한 안보외교의 변화에는 일본 국내의 요인도 작용한 것이 사실이다. 현실주의나 폐쇄적 민족주의를 대체한 열린 민족주의와 자유주의 경향의 대두, 그리고 일본의 동아시아적 정체성 강화 등의 요인도 다자

---

32) 게이오대학의 소에야 요시히데(添谷芳秀) 교수는 이러한 대중국 강경론을 비판하면서 이러한 외교론이 오히려 일본의 외교반경을 제약한다고 비판하고 있다. ≪朝日新聞≫, 2003년 7월 13일.

33) ≪朝日新聞≫, 2003년 10월 7일.

안보협력을 촉진시키는 데 긍정적 역할을 하였다.

그러나 다른 한편에서 볼 때 대외직으로는 중국의 경제적 부상과 군사력 증강, 북한 핵실험에 따른 위협 증대, 이 지역에 여전히 존재하고 있는 다양한 영유권분쟁, 그리고 아직도 실질적 진전을 보지 못하고 대화체 수준에 머물고 있는 다자안보협력의 현실 등은 일본의 다자안보전략 채택에 있어서 제약요인이 되고 있다. 더욱이 일본 국내의 일국주의적인 역사해석과 군사력강화를 주장하고 있는 폐쇄적 민족주의와 배타적 국가주의가 여전히 위력을 발휘하고 있다는 점은 협력안보에 기반을 둔 다자간 안보협력을 증대시키는 데 장애가 되고 있다.

이러한 점에서 향후 일본의 다자안보외교의 향방은 다자안보협력을 촉진하는 요인들과 이를 제약하고 있는 요인들이 어떻게 상호작용하는가에 달려 있다고 볼 수 있다. 현재의 동아시아 전략환경은 여전히 불안정하고 일본에 대한 외적 위협이 상존한다고 인식하고 있기 때문에 미·일 동맹체제는 무엇보다도 긴요하다. 특히 최근 북한의 핵실험은 그 중요성을 더욱 증대시키고 있으며 미국과의 미사일방위(MD: Missile Defence)체제 구축을 강화해 나가고 있다. 또한 장기적으로는 일본의 경제력에 걸맞은 지역 강대국으로서의 역할을 수행해야 한다는 극우 보수주의자들의 주장도 다자안보협력보다는 양자동맹 내지 자체 안보능력 강화에 역점을 두고 있다.

그러나 다른 한편에서 볼 때 군국주의의 역사를 갖고 있는 일본으로서는 동아시아 지역 국가들과 다자간 안보협력에 적극적으로 참가하여 군사적 투명성을 높이고 역내 국가들과 신뢰구축에 노력하는 것은 평화지향적인 일본의 이미지 구축에 도움이 될 뿐만 아니라, 다자안보협력을 통하여 지역의 평화와 안정을 유지함으로써 일본의 경제발전에도 도움을 주고 있기 때문에 당분간은 다자안보협력에 지속적인 노력을 기울일 것으로 보인다. 따라서 현재 이 지역에서 이루어지고 있는 공식적 차원의 ARF, 비공식적 차원의 NEACD와 CSCAP 등과 같은 동아시아 다자안보협력에 대한 일본의 적극적인 참여는 현재와 같은 안보환경이 급격하게 변화하지 않는 한 크게 변화할 가능성이 없다고 하겠다.

결론적으로 향후 일본의 안보전략은 기본적으로 미·일 동맹에 의존하면서 안보현안별로 다자안보협력에 대해서 적극 참여할 것으로 보인다. 이는 현실주의적 시각에서 볼 때 앞으로도 당분간은 미국과의 동맹이 일본의 국가안보를 가장 확실하게 보증한다고 생각하기 때문이며, 동시에 미·일 동맹이 해결하기 어려운 안보현안들에 대해서는 보조적인 장치로서 다자안보레짐의 구축이 필요하기 때문이다.

제7장

동아시아 지역통합과 중·일 관계의 양면성

1. 서 론

동아시아 지역통합에 대한 담론은 1990년 12월 말레이시아의 전 수상 마하티르(Mahathir Mohamad)가 제안한 EAEG와 이를 수정한 EAEC 구상에서 시작되어 1997년 7월 태국의 바트(Baht)화 폭락으로 촉발된 금융위기가 동아시아 전역의 경제위기로 확산되면서 본격적으로 논의되었다. ASEAN은 동년 11월 창립 30주년을 기념하여 동북아지역의 한국·중국·일본 등을 초청함으로써 최초의 공식적 동아시아 협력체인 APT라는 제도적 틀이 마련되었고, APT에서 논의를 거쳐 2005년 12월 부터는 또 하나의 협의체인 EAS가 가동되기 시작하였으며, 나아가 최근 에는 동아시아공동체 구축을 위한 다양한 담론들이 제안되고 있다.

이러한 동아시아 지역통합의 제도화 과정에서 주도적 역할을 해 온 것은 중국이나 일본과 같은 지역 강대국이 아니라 개발도상국의 연합 체인 ASEAN이었으며, 그 결과 지역통합의 속도는 지체되고 제도화의 수준이 매우 낮은 단계에 머물러 있다. 유럽통합의 과정을 통해서 알 수 있듯이 EU의 성공적 제도화에는 지역 강대국으로서 프랑스와 독일의 적극적인 역할이 있었기 때문에 가능하였듯이, 동아시아 지역 통합에 있어서는 중국과 일본의 협력적 리더십이 매우 중요함에도 불구하고 과거사 청산문제, 신민족주의의 확대, 양국의 지역패권경쟁 등이 커다란 장애요인으로 작용하고 있다. 물론 동아시아 지역통합에 직접적으로 참여하고 있는 ASEAN과 한국뿐만 아니라 간접적으로 영향을 미치고 있는 미국까지도 중요한 행위자임에는 틀림없지만, 중국과 일본은 지역 강대국으로서 지역통합의 성패를 좌우할 수 있을 정도로 그 비중이 가장 크다. 특히 동아시아 지역통합과 관련하여 중·일 관계가 '파트너(partner)'인가 아니면 '경쟁자(rival)'인가에 따라서 통합의 속도와 그 향방이 달라질 것이라는 점에서 양국의 지역통합에 대한 인식과 전략의 중요성은 아무리 강조해도 지나치지 않는다.

일반적으로 국가 간의 관계는 협력과 갈등의 양면성을 지니고 있듯이 동아시아 지역통합을 둘러싸고 전개되고 있는 중·일 관계 역시 마찬가지이다. 다만 중·일 관계의 양면성은 이른바 '경열정랭(經熱政冷)'이라는 표현에서 알 수 있듯이 경제적 측면에서의 협력과 정치적 측면에서의 갈등이라는 점에 그 특징을 보여 주고 있다. 이러한 특징은 동아시아 지역통합에 있어서 중·일 양국 관계에서도 대체로 유사한 양상을 나타내고 있지만, 지역통합을 둘러싼 '주도권 경쟁'이라는 또 하나의 중요한 변수가 개입됨으로써 보다 복잡한 관계를 보여 주고 있다. 현재까지의 동아시아 지역통합은 동남아지역의 ASEAN이 주도하여 왔기 때문에 동북아지역의 한국·중국·일본은 표면상으로는 ASEAN의 주도권을 인정하고 있지만, 이 지역 국가들은 향후 통합의 향방과 관련하여 실질적인 주도권을 확보하고 자국에 유리한 방향으로 지역통합을 제도화하기 위하여 직극적인 성책을 전개하고 있다.

특히 중국과 일본은 ASEAN을 자신의 편에 끌어들여 지역통합을 주도하기 위하여 경쟁적으로 접근정책을 추진하고 있으며, 이는 향후 동아시아 지역통합의 향방에 중대한 영향을 미치게 된다는 점에서 동아시아 국가의 일원으로서 우리는 비상한 관심을 갖지 않을 수 없다. 따라서 현재 담론의 수준에서 논의가 진행되고 있는 EAC를 구체적으로 제도화하기 위한 중국과 일본 전략 및 그들의 주도권 경쟁의 요체가 무엇인지를 정확히 인식하고 건설적인 대안을 제시함으로써 우리의 역할 공간을 확보하는 것이 매우 중요한 시점에 있다.

이 글의 목적은 동아시아 지역통합에 있어서 가장 중요한 행위자인 중국과 일본이 어떠한 관계 속에서 긍정적 혹은 부정적 영향을 미치고 있는가를 분석하고, 향후 그 관계의 변화에 따른 동아시아 지역통합의 향방을 전망해 보는 데 있다. 이를 위하여 중·일 양자관계에 관한 구체적 논의는 현재까지 지역통합과정에 있어서 가장 중요한 관심사가 되어 온 APT·EAS·EAC 등 통합 추진체의 제도화(institutionalization) 문제와 AMF나 FTA와 같은 경제통합문제 등 두 가지 영역의 이슈들을 중심으로 분석하고자 하며, 이러한 분석은 결과적으로 향후 지역통합에 미치는 양국관계의 영향에 대한 전망을 가능하게 해 줄 것이다.

2. 동아시아 지역통합에 대한 중·일의 이론적 시각

'지역주의(regionalism)'란 포셋(L. Fawcett)이 정의한 바와 같이

'주어진 지역 안에서 국가들과 비국가행위자들이 전략을 협력하고 조정하는 정책과 프로젝트(project)'[1]라고 할 수 있으며, 이러한 지역주의가 추동하게 되는 원인에는 '국가의 논리(logic of state)'와 '시장의 논리(logic of market)'가 작용하기 때문이다. 즉, 전자는 국가의 이익에 가장 부합하는 곳에 경제활동이 일어난다는 것이고, 후자는 경제적 활동이 가장 효율적인 곳에 경제활동이 발생한다는 것이다.[2] 또한 유사한 견해를 보이고 있는 모라프칙(Andrew Moravcsik)은 국가가 지역통합을 통하여 추구하는 이익의 내용이 무엇인가라는 관점에서 '정치적 이익(political interest)'과 '상업적 이익(commercial interest)'을 제시하였다.[3] 따라서 지역통합에 참여하는 국가들은 경제적 이익과 함께 정치적 이익도 고려하고 있음을 알 수 있는데, NAFTA의 경우 미국·캐나다·멕시코 간의 경제통합뿐만 아니라, 멕시코에 대한 민주주의의 확산 및 미국과 멕시코 간의 정치적 관계 증진도 중요한 목적이었다.[4]

이와 같이 지역통합의 배경 및 그 추동요인으로서는 경제적 요인과 함께 정치적 요인이 작용하고 있음을 알 수 있으며, 동아시아 지역통합에 대한 중국과 일본의 정책 역시 근본적으로는 마찬가지라고 할 수 있다. 다만 그러한 이익을 성취하기 위하여 중국과 일본은 자신의 정

---

1) Louise Fawcett, "Regionalism from an Historical Perspective", in Mary Farrell, Bjorn Hettne & Luk Van Langenhove, *Global Politics of Regionalism: Theory and Practice*, London: Pluto Press, 2005, p. 24.

2) Robert Gilpin, *The Political Economy of International Relations*, New Jersey: Princeton University, 1987, p. 11.

3) 이에 대한 자세한 논의는 Andrew Moravcsik, *The Choice for Europe*, Ithaca: Cornell University Press, 1998, 참조.

4) David N. Balaam & Michael Veseth, *Introduction to International Political Economy*, New Jersey: Pearson Education Inc., 2005, p. 246.

책을 어떻게 포장하고 정당화시킬 것인가에 대한 전략적 차원의 고려가 있을 뿐이다. 그렇다면 동아시아 지역통합의 제도화를 둘러싸고 벌어지고 있는 중·일 간의 협력과 갈등의 관계를 어떻게 이해할 것인가? 그에 대한 설명은 우선 협력의 필요성을 강조하는 자유주의(liberalism) 관점과 갈등의 원인을 세력의 확장으로 설명하는 현실주의(realism) 시각에서 찾을 수 있다. 실제로 동아시아 지역통합을 국가의 필요성과 역할이라는 관점에서 설명하는 자유주의적 관점으로서는 중국의 '책임대국론'[5])이나 일본의 '적극참여론'[6])을 지적할 수 있으며, 국가의 영향력을 확대하려는 능력(capability)이나 의지(will)를 중점적으로 파악하는 현실주의적 시각으로서는 '중국위협론(China threat theory)'[7])이나 '일본팽창론'[8])을 들 수 있다.

이와 같이 자유주의적 제도주의자들은 국가들이 공통의 이익을 추구하기 위하여 그 가능성을 높여 주는 제도나 규칙을 만드는 방향으로

---

5) 책임대국론은 서구에서 제기된 중국위협론에 대한 대응논리로서 중국이 주장하고 있는 것인데, 1999년 주룽지(朱鎔基) 총리의 뉴욕연설에서 처음으로 제기되었다. *People's Daily*, 15 April 1999. 책임대국론에 관한 구체적 논의는 한석희, "중국의 부상과 책임대국론: 서구와 중국의 인식적 차이를 중심으로", 『국제정치논총』, 제44집 1호, 2004, pp. 191 - 210. 참조.

6) 적극참여론은 일본이 국제제도의 개혁을 위하여 자신의 역할 확대를 통하여 국제사회에 적극 참여해야 한다는 주장으로서, 일본의 이니셔티브에 의해 추진된 AMF나 CMI는 그 대표적인 사례라고 할 수 있다. 자세한 논의는 김성철, 『미중일 관계와 동북아질서』, 성남: 세종연구소, 2003, pp. 97 - 131. 참조

7) 중국위협론은 미국을 중심으로 한 서구에서 제기된 것으로서 중국의 급속한 경제적 부상이 필연적으로 군사대국화의 길로 나아갈 것이기 때문에 지역안정에 커다란 위협이 될 것이라는 주장이다. 물론 중국은 이러한 주장이 자신을 견제하기 위한 서구의 전략으로 보고 있다. 이를 둘러싼 논쟁의 구체적 실상에 대해서는 변창구, "중국의 부상에 대한 아세안의 인식과 전략", 『한국동북아논총』, 제14권 4호, 2009, pp. 5 - 11.을 참조할 것.

8) 일본팽창론은 일본이 과거 침략전쟁을 반성하는 '자학사관'에서 벗어나야 한다는 자유주의 사관의 명분을 내걸고 국제사회의 중요한 행위자로서 자국의 목소리를 분명하게 내어야 한다는 것을 강조하고 있다. 자세한 내용은 한상일, "일본사회의 우경화: 역사수정주의를 중심으로", 김호섭(외 공편), 『일본우익연구』, 서울: 중심, 2000, pp. 214 - 236. 참조.

협력해 나갈 것으로 본다. 즉, 국가들이 자국 중심주의로 이기적인 국가이익을 추구할 경우에는 협력할 경우보다 나쁜 결과를 초래하게 된다는 사실을 인식하게 됨으로써 협력의 제도화를 모색하게 된다는 것이다. 국가들은 자신의 정책을 상호 조정해 나감으로써 협력이 이루어지게 되며, 이러한 상호 정책 조정은 지도력을 가진 세력의 활약을 통해서 달성된다고 본다.[9] 자유주의적 제도주의 시각에서 본다면 동아시아 국가 간의 역내 교역의 증대는 경제적 상호의존을 심화시키고 상호이익을 증대시켜 줌으로써 유럽의 경우와 같이 지역통합의 수준을 지속적으로 향상시켜 줄 것으로 기대되고 있다. 반면에 현실주의적 관점에서 본다면 이 지역 국가들, 특히 중국과 일본 간에 존재하고 있는 역사적·현실적 갈등과 분쟁은 민족국가의 최고이익이라고 할 수 있는 국가안보와 직결됨으로써 지역통합의 제도화를 지체시키는 요인으로 작용하게 되는 것이다. 현실주의자들은 지역통합을 둘러싼 세력 확대의 경쟁으로 인하여 결국 지역 강대국 간의 갈등이 심화되고 지역 안정이 저해될 수 있음을 지적한다.

그렇다면 동아시아 지역통합에 대한 중국과 일본의 시각은 어떠한가? 중국은 미국이 주도하는 세계전략에 대응한다는 전략상 필요에서 현실주의에 기반하면서도 지역통합의 제도화를 통한 상호이익의 추구라는 관점에서 자유주의적 시각을 보여 주기도 하며, 동시에 지역주의를 구성주의(constructivism) 시각에서 접근하려는 경향이 강하다.[10]

---

9) Robert O. Keohane, *After Hegemony: Cooperation and Discord in the World Political Economy,* Princeton: Princeton University Press, 1984, p. 243.

10) Zhang Xiaoming, "The Rise of China and Community Building in East Asia", in Margaret McCown(et. al.), *Political Economy of Northeast Asian Regionalism,* Seoul: Korean Institute of National Unification, 2006, p. 81.

특히 구성주의적 입장에서 동아시아라는 이미지(image), 지역적 정체성(regional identity) 등 지역의식을 형성함으로써 지역 국가들 간의 이해의 정도를 높여서 갈등의 가능성과 비용을 낮추자는 것이다. 이러한 점에서 수하오(Su Hao)는 "지리적 인접성·문화적 연계·경제적 연계 등에 의해서 만들어진 지역은 자연적 지역이며, 이와 달리 광의의 지역통합은 역내 국가나 개인·단체 등에 의해 의식적 조정·협력·융합에 의해 만들어지는 것"[11])이라고 보았다.

구성주의자들에 의하면 제도란 '정체성과 이익의 구조로서 근본적으로 행위주체가 실제 세계에 대해 가지는 관념을 떠나서는 존재하지 않은 인지적 실체'로 보는데, 국가와 제도는 상호 구성인자로서 작용한다고 본다. 즉, 국가는 제도 속에 들어가 제도를 만들고 변형하며, 제도 역시 국가에 영향을 미친다는 것이다. 따라서 국가와 제도는 상호주관적(intersubjective)이고 상호작용(interacting)하며 서로를 구성한다고 본다.[12]) 이러한 관점에서 본다면 최근 동아시아 지역주의의 제도화 과정에서 나타나고 있는 중국의 전략은 미국 중심의 동아시아질서를 와해시키고 구성주의에 입각하여 지역통합을 추진함으로써 APT와 같은 제도적 틀을 통하여 중국 중심의 새로운 동아시아질서를 구축하고자 하는 것이라고 볼 수 있다.

이에 반해서 일본의 논자들은 대체로 현실주의 및 자유주의적 시각을 함께 보여 주고 있는데, 기본적으로 중국의 급격한 부상으로 인해

---

11) Su Hao, "The Nature of East Asian Regionalism: A Chinese Perspective", Zhang Yunling(ed.), *Emerging East Asian Regionalism: Trend and Response*, Beijing: World Affairs Press, 2005, p. 40.

12) Alexander Wendt, "Collective Identity Formation and the International State", *American Political Science Review*, Vol. 88, No. 2, 1994, p. 385.

서 동맹국인 미국과 협력하지 않을 경우에는 동아시아 지역에서 세력 균형이 깨어질 우려가 있고 그 결과 중국의 패권이 우려된다는 입장을 보여 주고 있다. 따라서 동아시아 지역통합의 과정에서 미국의 간여 내지 참여가 매우 중요하다고 본다. 동시에 중국의 세력팽창을 저지하고 역내 국가 간의 협력을 유도하기 위해서는 지역협력과 통합의 제도화를 이룩함으로써 상호이익과 안정된 지역질서를 유지할 수 있다는 자유주의적 제도주의 시각도 함께 보여 주고 있다. 이와 같이 중국과 일본의 동아시아 지역통합에 대한 이론적 관점은 협력을 강조하는 자유주의 및 구성주의적 인식과 함께 경쟁과 갈등을 초래하는 현실주의적 관점도 가지고 있으며, 이는 결과적으로 동아시아 지역통합의 제도화를 둘러싼 양자관계가 실제로 파트너인 동시에 경쟁자라는 양면성을 보여 주게 되는 것이다.

3. 동아시아 지역통합의 파트너로서 중 · 일 관계

일반적으로 지역통합은 참여국들에게 개별 국가의 한계성을 극복하고 집단적 힘과 협상력을 제고시켜줌으로써 역외로부터의 압력에 대처하는 동시에, 역내 국가들 간의 공동체의식과 자유화의 이익을 향유하게 한다. 이러한 점에서 홀스티(K. J. Holsti)는 국가 간의 협력과 통합은 외부로부터의 공통된 위협, 개별적으로 대처하기 힘든 이슈의 발생 등에 의해 촉발되고 활성화된다고 하였다.[13] 1990년 마하티르가

---

13) K. J. Holsti, *International politics: A Framework for Analysis*, Englewood Cliffs: Prentice Hall, 1995, p. 362.

동아시아 경제협력체로서 EAEG를 제안하였던 이유도 역시 당시 EC
와 NAFTA의 추진에 대항하기 위한 목적이었다. 더욱이 1993년 EU
의 출범과 1994년 NAFTA의 발효 이후 범세계적으로 지역주의가 더
욱 심화되었는데, 유로(Euro)화의 출범이 보여 주듯이 EU의 경제통합
의 가속화는 동아시아 지역통합의 외부적 압력요인으로 작용하였다.
특히 1997년 태국에서 시작된 동남아 금융위기가 동북아지역으로 확
산되면서 동아시아 전역의 경제위기로 비화되자 이 지역 국가들은 지
역적 차원에서의 대응과 협력의 필요성을 절실하게 느끼게 되었다. 여
기에다가 2001년 중국이 WTO에 가입한 이후 FTA 친화적 정책 추
진으로 지역경제협력의 가능성과 효과가 크게 증대됨으로써 이 지역
국가들의 경제통합에 대한 담론이 보다 활성화되었다. 왜냐하면 이제
동아시아 경제협력의 중심에 급부상하고 있는 중국이 위치하게 됨으
로써 그 파급효과가 매우 커졌기 때문이다. 이러한 상황에서 지역 강
대국으로서 중국과 일본은 동아시아 지역통합에 참여함으로써 얻게
될 이익과 영향력 제고를 고려하여 전향적인 자세를 보여 주었으며,
그 결과 마하티르가 제안한 EAEG의 연장선에서 APT가 형성되고,
이를 바탕으로 EAS가 진행되는 등 동아시아공동체 형성을 위한 담론
이 활성화되기에 이르렀던 것이다.

　동아시아 지역통합의 파트너로서 중·일 관계의 특징은 무엇보다도
경제적 차원에서 그 이해관계가 수렴되고 있다는 점이다. 최근 중국과
일본의 경제교류는 비약적으로 증가하여 양국 간에는 높은 상호의존
관계를 형성하고 있다. 일본에 있어서 중국은 미국 다음으로 제2의 교
역국으로서 제1의 수입대상국이며 제2의 수출상대국이다. 일본으로서
는 중국이 최대의 투자처이자 상품시장이라는 점에서 양국 관계의 악

화는 경제적 손실을 초래할 수도 있기 때문에 바라지 않는다고 볼 수 있으며, 이는 결과적으로 역내 잠재적인 패권세력인 두 국가 모두가 상호이익을 인식하게 됨으로써 협력관계의 제도화를 위한 공동의 노력을 촉진시키는 요인으로 작용하고 있다.14) 특히 일본의 입장에서 볼 때 미국과 유럽의 경제적 비중은 점차 감소하고 있는 반면에 중국을 비롯한 동아시아 국가들의 경제적 비중은 급속하게 증가되어 왔다는 점에서 최근 일본 정부가 추구하고 있는 이른바 '친미입아(親美入亞)' 정책은 당연한 것이라고 하겠다. 이는 결국 일본이 '아시아로 다시 돌아오지 않으면 미래가 없다'는 절실한 인식의 반영이라는 점에서 중국과의 경제적 협력관계는 매우 중요하다. 바로 이러한 인식을 바탕으로 54년 만에 정권교체에 성공한 민주당의 하토야마(鳩山) 정부의 출범 이후 중·일 관계에는 순풍이 불고 있다. 2009년 3월 20일 량광례(梁光烈) 중국 국방부장과 하마다 야스카즈(濱田靖一) 일본 방위상이 북한의 인공위성 발사문제 등 안보현안을 협의한 바 있으며, 2009년 12월 10일에는 이른바 '장성계획(長城計劃)'이라는 민간외교의 일환으로 민주당의 최고 실력자 오자와 이치로(小澤一郎) 간사장을 위원장으로 한 143명의 일본 국회의원을 포함하여 600명의 민간외교관들이 대거 중국을 방문, 후진타오(胡錦濤) 국가주석을 면담하였다. 나아가 2009년 12월 14일 중국의 차기 국가주석으로 유력한 시진핑(習近平) 부주석이 일본을 방문, 하토야마 총리와 회담을 열고 양국의 전략적 호혜관계를 발전시켜 나가기로 합의하였으며, 이튿날에는 일반적인

---

14) Feggy F. Meyer, "Sino-Japanese Relations: The Economic Security Nexus", in Tsuneo Akaha(ed.), *Politics and Economics in Northeast Asia*, New York: St. Martin's Press, 1999, p. 153.

관례를 깨고 전격적으로 아키히토(明仁) 국왕 면담을 주선하였다. 이러한 일본의 조치들은 양국 간의 경제협력을 바탕으로 전반적인 관계 개선을 통하여 다시 아시아로 돌아오고자 하는 의지의 표명이라고 볼 수 있다.

한편 중국에 있어서 일본은 최대의 무역대상국으로서 지속적인 경제발전을 위해서는 일본과의 협력이 필요하며, 따라서 평화적이고 안정적인 국제환경을 조성하는 것이 무엇보다도 중요한 사안이라는 점을 잘 인식하고 있다. 지역 국가 간 갈등이 증폭되면 군비경쟁으로 인하여 안보비용이 증가될 뿐만 아니라 지속적인 경제성장에도 방해가 된다. 따라서 중국은 기본적으로 주변환경을 안정적으로 관리함으로써 자국에 대한 투자와 주변국과의 무역에 유리한 환경을 조성함으로써 지속적인 경제발전을 이루고자 하는 입장을 견지하고 있다. 이처럼 중국은 자신의 급속한 부상과 관련한 중국위협론을 완화시키는 한편, 인접 국가와 선린 및 동반자관계를 구축하려는 외교정책을 추진하고 있다는 점에서 동아시아 지역통합문제를 둘러싼 일본과의 관계 인식도 기본적으로는 유사한 것이라고 할 수 있다.

중·일 양국 간의 경제파트너십 협의는 2002년 4월 보아오 포럼(Boao Forum)에서 고이즈미(小泉) 총리와 주룽지(朱鎔基) 총리에 의해 제기된 '상호협력의 강화에 의한 경제협력의 진전'이라는 공동 인식으로부터 그 출발점을 찾을 수 있는데, 동년 10월 15일 1차 협의가 이루어진 이후 정기적인 회동을 하여 왔다. 특히 2005년 12월 1일 도쿄에서 개최된 제4차 중·일 경제파트너십 협의는 야스쿠니(靖國)신사 문제로 양국 간 정치적 관계가 최악의 상태였지만, 정치적 갈등이 세계경제의 안정과 발전에 부정적 요인이 될 수 있음을 인식하고 경제협력과 상호의존의 필요성을 재확인하였다.[15] 또한 2006년 아베(阿部) 전 총리는 "공통의 전략적 이익에 입각한 호혜관계를 기반으로 양국 관계를 발전시켜 나아갈 것"[16]이라고 밝힌 바와 같이 '정경분리(政經分離)'의 원칙 아래 중·일 관계의 정상화를 강력히 희망하였다. 이 지역 전문가들이 지적하고 있는 바와 같이 '중국과 일본은 서로 협력하는 것이 양국 모두에게 이익을 가져다 줄 것이며, 만약 서로 대치하게 된다면 양국 모두 적지 않은 손해를 입게 될 것'[17]이기 때문이다.

이와 함께 중국과 일본은 상호 불신과 지역 패권경쟁으로 인하여 엄청난 안보비용을 부담하지 않을 수 없다는 점에서 양국 모두 안보협력을 통한 비용 감소의 필요성을 느끼고 있다. 지역통합을 통한 안보협력의 제도화, 예를 들어 동아시아공동체와 같은 제도적 틀이 마련된다면 지역의 평화정착과 함께 안보비용은 크게 감축할 수 있기 때문이다. 현재 이 지역에서 ASEAN의 주도적 역할에 의해 가동되고 있는 ARF나 APT와 같은 협의체가 없었다면 중국과 일본 간의 충돌 위협을 제어할 아무런 제도적 장치가 존재하지 않는 현실을 감안한다면 안보적 차원에서도 지역통합의 필요성은 크게 요구되고 있는 것이다. 북한 핵 문제를 해결하기 위해서 이루어지고 있는 6자회담은 이 지역 국가들의 안보협력의 필요성을 말해주는 좋은 사례이다. 바로 이러한 점을 잘 인식하고 있는 중국과 일본은 동아시아공동체를 구축하여 이 지역의 평화와 안정을 도모함으로써 자신의 지속적인 경제발전이 가능한 국제환경을 조성하는 동시에 안보비용을 감소시키는 이중적 효과

---

15) *People's Daily*, 31 December 2005.
16) ≪중앙일보≫, 2006년 11월 17일
17) *People's Daily*, 27 November 2006.

를 성취하고자 하는 것이다.

4. 동아시아 지역패권의 경쟁자로서 중·일 관계

이상에서 알 수 있는 바와 같이 한편으로는 동아시아 지역통합을 위한 파트너로서 중·일 관계에는 협력적 요인들이 존재하고 있지만, 다른 한편으로는 지역패권을 장악하기 위하여 통합의 주도권 다툼을 벌이는 경쟁자로서 갈등적 요인 또한 적지 않다. 중국과 일본의 동아시아 지역주의 정책은 진정한 의미에서 동아시아 지역통합을 통한 공동번영을 목표로 하기보다는 상대방을 견제하고 자신의 입지를 강화시키고자 한다는 점에서 전략적 측면이 매우 강하다. 그리고 이러한 전략에 기초한 양국의 패권경쟁은 지금까지 동아시아 지역통합과정에서 제기되어 온 대표적인 이슈들, 즉 APT·EAS·EAC 등 지역통합의 제도화문제와 AMF·CMI·FTA 등 금융경제통합의 문제에서 극명하게 나타나고 있다.

먼저 동아시아 지역통합의 제도화를 둘러싼 양국의 주도권 경쟁은 1997년 ASEAN 창설 30주년을 기념하여 개최된 비공식 ASEAN정상회의에 동북아지역의 한국·중국·일본 등 3국이 초청됨으로써 APT가 출범함과 동시에 시작되었다. APT 출범을 계기로 당시 한국의 김대중 대통령은 EAVG를 제안함으로써 2001년부터 정상회의 산하에 민간차원으로 두게 되었고, 2002년에는 EASG도 신설됨으로써 본격적으로 동아시아 지역통합 문제를 논의하게 되었다. 그 결과 EAVG는 2001년 제5차 APT정상회의에 동아시아 지역통합의 구체적

청사진을 담은 연구보고서를 제출하였는데, 여기에 의하면 EAFTA를 창설하고, APT를 EAS로 격상시키며 궁극적으로는 EAC를 건설한다는 야심찬 목표가 제시되었다.[18] 물론 당시 EAVG와 EASG에서는 EAS를 중장기적 과제로 설정하고, EAC의 설립은 장기적 목표로 제시되었을 뿐이며 단기적 목표는 아니었다.

그럼에도 불구하고 2005년 12월 갑자기 EAS회의를 개최하게 된 것은 동아시아 지역통합에 대한 중·일 간의 주도권 경쟁이 전개되면서 2005년 APT 회의를 주최하게 된 말레이시아가 중국과의 협조 속에서 일부 회원국의 반대에도 불구하고 이를 성사시켰기 때문이다. ASEAN회원국들은 EAS가 출범할 경우 ASEAN의 전략적 위상이 약화될 것을 우려함으로써 일부 회원국은 유보적 태도를 보였으며, 중국과 일본은 EAS를 자신의 영향력 확대 내지 상대방 견제의 수단으로 활용하고자 하는 의도를 드러내었다. 중국은 동아시아지역의 정체성 확보를 명분으로 이미 EAVG 보고서에서 명시한 대로 APT 참여국을 중심으로 한 EAS를 주장하였는데, 그 배경에는 이 지역에 있어서 미국의 영향력을 배제하고 자신의 리더십을 확보하고자 하는 정치적 의도를 담고 있었다. 반면에 일본은 중국이 말레이시아와 공동보조를 취하면서 EAS의 조기개최를 공식화하자 강한 거부감을 보였지만 EAVG의 보고서에서 합의한 EAS 출범 자체를 거부할 수 없음을 인식하고 중국의 영향력 확대를 견제할 수 있는 전략으로 그 방향을 바꾸었다. 즉, 일본은 역사적 갈등으로 중국에 거부감을 가지고 있는 베트남, 강대국 간의 세력균형을 강조해 온 싱가포르, 전통적으로 중국의 영향력

---

18) East Asian Vision Group, *Toward an East Asian Community: Region of Peace, Prospect and Progress,* East Asian Vision Group Report, 2001.

확대를 우려해 온 인도네시아 등과 제휴하여 중국을 견제할 목적으로 '개방적 지역주의(open regionalism)'를 명분으로 역외의 인도 · 오스트레일리아 · 뉴질랜드 등을 가입시키고 장기적으로는 미국의 가입 가능성도 열어두고자 하였다.

이러한 양국의 전략적 경쟁은 'EAS의 참여국 기준'19)이 결정된 이후에도 지속되었는데, 중국은 EAS 참여국이 일본의 의도대로 결정되자 2005년 12월 인민일보를 통하여 「동아시아 정상회의: 날카로운 분단의 그림자」라는 제목의 사설에서 일본의 의도를 강하게 비판하였다.20) 중국은 특히 인도의 참여를 우려하였는데, 그 이유는 인도가 강대국으로 부상하면서 자신의 세력을 중국의 영향권까지 확대시키려 하고 있을 뿐만 아니라, 인도의 '동방정책(look East policy)'이 '워싱턴 - 도쿄 - 뉴델리' 축을 통하여 중국을 봉쇄하고 개입하는 전략의 일환으로 추진되고 있다고 보았기 때문이다.21) 따라서 중국은 회원국의 확대로 인하여 지역적 정체성이 약화되었을 뿐만 아니라 당초 자신의 주도권 확보의 목적을 달성하기 어렵게 되자, 러시아나 EU 등의 참여도 허용되어야 한다고 주장하면서 지역적 정체성을 더욱 약화시켜 EAS를 무력화시키고 지역통합의 중심적 역할은 APT가 담당하도록 전략적 수정을 하였다. 이에 대해서 일본은 개방적 지역주의를 명분으로 역외 국가의 가입을 주장하였음에도 불구하고 중국이 주장하는 러시아와 EU

---

19) EAS의 참가국 기준은 2005년 4월 ASEAN 비공식 외상회의에서 결정되었는데, 그것은 첫째, ASEAN의 대화파트너 국가일 것, 둘째, ASEAN과 실질적인 협력관계를 맺고 있을 것, 셋째, 동남아우호협력조약에 가입한 국가일 것 등이다. 자세한 내용은 *ASEAN Ministerial Meeting*, Cebu, Philippines, 11 April 2005. 참조.

20) *People's Daily*, 7 December 2005.

21) Mohan Malik, "The East Asia Summit", *Australian Journal of International Affairs*, Vol. 60, No. 2, 2006, p. 209.

의 가입에 대해서는 EAS의 무력화를 우려하여 현재로서는 유보적 태도를 보여 주고 있다.22) 이와 같이 동아시아 지역통합의 제도화를 둘러싸고 지속적으로 전개되어 온 중국과 일본의 전략적 경쟁은 지역적 정체성을 오히려 약화시키는 결과를 초래하였으며, 양국이 공동의 리더십을 발휘할 수 없었기 때문에 ASEAN이 그 경제적 규모와 정치적 영향력의 한계에도 불구하고 더욱 큰 역할을 담당하였던 것이다.

다음으로는 금융통화제도의 설립을 둘러싼 중·일 간의 전략적 경쟁이다. 일본은 동아시아 통화위기가 발생한 직후인 1997년 9월 21일 IMF와 세계은행(World Bank) 연차총회에서 비공개 재무차관회의를 요청하여 AMF 설립 구상을 설명하였는데, 이 구상의 골자는 동아시아 국가들을 중심으로 약 1,000억 달러 규모의 기금을 조성하여 통화위기에 대비하자는 것으로서 기본적으로는 IMF와 협조하면서 IMF를 보완하자는 것이었다. 그러나 이 제안에 대해서 미국은 IMF를 약화시킬 수 있는 '국제통화체제의 분열'이라는 이유로 IMF의 주도권 상실을 우려하여 강력히 반대하였고, WTO의 가입을 앞둔 중국 역시 미국과의 원활한 협상을 위해서는 미국의 의견을 수렴할 필요가 있었다.23) 특히 중국은 AMF를 일본이 동아시아지역에서 '엔 헤게모니'를 강제화하기 위한 시도로 간주하면서 경제력을 바탕으로 지역통합에 대한 주도권 장악을 우려하여 이 안에 대해서 소극적 입장을 취함으로써 결국 AMF 구상은 실현되지 못하였다.

---

22) APT와 EAS를 둘러싼 중국과 일본의 전략적 경쟁에 관한 구체적 내용에 대해서는 Takashi Terada, "The Origines of ASEAN+6 and Japan's Initiatives: China's Rise and the Agent-Structure Analysis", *Pacific Review,* Vol. 23, No. 1, 2010, pp. 82–86. 참조.

23) Kristen Nordhaug, "The United States and East Asia in an Age of Financialization", *Critical Asian Studies,* Vol. 37, No. 1, 2005, p. 111.

그러나 일본의 동아시아 금융통화협력에 대한 이니셔티브는 '통화 스와프협정(currency swap agreement)'의 체결로 이어졌는데, 그것은 바로 2000년 5월 6일 제2차 APT 재무장관회의에서 제안된 '치앙마이 이니셔티브(CMI: Chiang Mai Initiative)'이다. 이에 대해서 중국은 AMF의 경우와는 달리 CMI에 적극 참여하기로 결정하였는데, 그 이유는 "자체의 재정 건전성에 대한 대내외적 관심이 점증하는 가운데서 일본의 주도권이 아닌 대등한 위치에서 아시아 통화협력 대열에 참여할 수 있을 것으로 판단하였기 때문"[24]이다. 당초 CMI에서 역내 금융위기에 대처하기 위하여 조성하기로 한 다자화기금의 규모는 총 395억 달러였는데, 2008년 말 800억 달러로 확충되었으며, 2009년 2월에 다시 1,200억 달러로 확대되었다. 이후 중국과 일본이 동아시아 경제통합과정에서 주도권을 잡기 위해 서로 더 많은 분담금을 내겠다고 주장해서 갈등을 빚어오다 2009년 5월 한·중·일 재무장관회담에서 분담금이 최종 타결되었다. 이에 따라 중국과 일본은 똑같이 32%인 384억 달러씩 내고, 한국은 16%인 192억 달러를 부담하기로 하였으며, 나머지 20%인 240억 달러는 ASEAN 10개 회원국이 분담하기로 하였다. 이처럼 중국과 일본은 지역금융제도의 설립과정에서도 주도권을 장악하여 경제적 영향력을 확대하기 위하여 치열한 경쟁을 벌였으나 결국 무승부로 끝나고 말았다.

한편 동아시아 FTA 설립을 둘러싼 중국과 일본의 경쟁도 치열하게 전개되었는데, 한 가지 특이한 점은 금융통화협력체제의 구축과 관련해서 적극적인 이니셔티브를 취하였던 일본이 FTA 추진과 관련해서

---

24) Saori N. Katada, "Japan and Asian Monetary Regionalism: Cultivating a New Regional Leadership after the Asian Financial Crisis", *Geopolitics*, Vol. 7, No. 1, 2002, p. 104.

는 중국에 밀려서 방어적 입장이 되었다는 점이다. 중국은 2001년 11월 제5차 중국-ASEAN 정상회담에서 주룽지 총리가 '중국-ASEAN FTA(CAFTA: China-ASEAN Free Trade Area)'를 공식 제안하면서 본격적인 협상을 시작하여 2002년 11월 4일에는 2010년 발효를 목적으로 한 CAFTA 기본협정이 체결되었는데, 협정의 내용이 너무나 파격적이어서 경제적 동기보다는 오히려 미국과 일본을 견제하려는 전략적·정치적 동기가 컸다고 볼 수 있다.[25] 나아가 중국은 2003년 11월 역외 국가로서는 처음으로 TAC에 서명하고, ASEAN과의 관계를 '전략적 동반자 관계'로 격상시키는 등 관계를 강화하였다. 또한 중국은 APT와 EAS의 제도화 과정에서 ASEAN의 주도적인 역할을 공개적으로 지지하는 등 공식적·집단적 차원에서의 접근정책을 적극적으로 추진해 왔을 뿐만 아니라, 미얀마·캄보디아·라오스 등 ASEAN의 후발개도국들에 대한 원조를 더욱 강화함으로써 친중국화를 유도하고 있다.

이러한 중국의 적극적인 동남아시아 접근정책에 대해서 견제의 필요성을 느낀 일본은 CAFTA 교섭이 시작된 2개월 후인 2002년 1월 일본의 고이즈미(小泉) 수상은 싱가포르와 경제연대협정(EPA: Economic Partnership Agreement)에 서명하고 '일본-ASEAN 포괄적 경제연대 협정'과 '동아시아공동체' 구상을 제안함으로써 ASEAN과의 긴밀한 관계 구축과 함께 동아시아 지역통합에 있어서 주도권 확보를 시도하였다. 특히 일본은 경제협력전략에 있어서 중국과 차별화를 통하여

---

25) Markus Hund, "ASEAN Plus Three: Towards a New Age of Pan-East Asian Regionalism? A Skeptic's Appraisal", *Pacific Review*, Vol. 16, No. 3, 2003, pp. 403 -404. 구체적인 CAFTA의 체결과정 및 그 효과에 대해서는 유현정, "중국-아세안 FTA 전면 발효와 우리의 대응방안", 『정세와 정책』, 2010년 2월호, pp. 12-15. 참조.

ASEAN에 대한 영향력을 확대하고자 하였는데, 중국이 ASEAN과의 관계에서 상품무역에 초점을 맞추고 있고 제조 거점으로서 경합관계를 전제로 1차 산품이나 최종제품 등에 관심을 가진 반면에, 일본은 FTA보다 포괄적인 EPA 전략을 사용하여 직접투자에 견인된 상호의존적인 경제실태를 전제로 과세 · 외자규제 등의 국경조치뿐만 아니라 투자 · 인재육성 등 포괄적인 내용을 다루고 있다. 이는 EPA 협상을 통해 일본의 기업진출을 위한 환경정비와 민감한 산업인 농업부문의 협상을 유리하게 유도하여 국내의 불만을 최소화하여 협상의 주도권을 가지려는 전략이라고 해석할 수 있다.26) 일본은 ASEAN과 2007년 5월 '포괄적 경제연대협정'의 기본 합의에 도달함으로써 주도권 경쟁의 토대를 구축하였으며, 나아가 현재 EAS에 참여하고 있는 오스트레일리아 및 인도와도 EPA 교섭을 동시에 진행시켜 왔다. 이와 같이 일본은 EPA 전략을 통해서 ASEAN과의 관계 강화뿐만 아니라 지역통합과정에서 중추적 역할을 함으로써 EAC 형성을 둘러싼 주도권 경쟁에서 우위를 차지하려는 전략을 구사하고 있다.

5. 결 론

이상의 논의에서 알 수 있듯이 중국과 일본의 관계는 한편에서는 깊은 불신이 존재하고 다른 한편에서는 중요한 이익이 공존하는 서로 상반되는 특징을 가지고 있으며, "중국과 일본의 상호의존성은 경제적으

---

26) 김용민, "일본의 동아시아공동체 구축과 CEPEA 전략", 『아시아연구』, 제10권 2호, 2007, pp. 172 – 173.

로는 깊지만, 새로운 관계를 정립하기 위하여 화해하고 협력할 심리적·정서적 준비가 여전히 부족한 실정"[27]이라고 하겠다. 흔히 중·일 관계를 '정랭경열'이라고 표현하고 있듯이 영토분쟁·신사참배문제·대만문제·미일동맹 등의 정치적 이슈에서는 냉랭한 관계이지만, 인적·문화적 교류를 통해 경제적 측면에서는 상호의존적 관계를 발전시키고 있다. 이러한 점에서 이오키베 마코토(五白旗頭眞)가 동아시아 지역주의에 있어서 중·일 관계의 특징을 '협조적 경쟁'[28]이라고 설명한 것처럼, 앞으로도 양국관계는 기본적으로 동아시아지역에서의 패권을 차지하기 위하여 치열하게 경쟁을 계속하는 동시에, 경쟁으로 인해 상호손실이 심화되지 않도록 공존과 협력을 모색할 가능성이 크기 때문에 갈등과 협력의 변증법적 변화의 과정 속에서 복합적으로 전개될 것이다. 다만 이 변증법적 통합의 과정에서 예상할 수 있는 한 가지 분명한 사실은 양국의 이해득실에 따라서 동아시아 지역통합의 제도화 수준과 속도가 달라질 것이라는 점이다. 왜냐하면 동아시아 지역협력의 결과가 양국 모두에게 일정한 이익을 가져다준다면 제도화의 노력은 가속화될 것이지만, 어느 한 국가에게 오히려 정치적·경제적 부담을 증대시키거나 장기적으로는 손실의 위험을 초래할 가능성이 있다면 제도화는 지체되거나 중단될 수 있기 때문이다. 이러한 기본적 인식을 토대로 하여 향후 중·일 관계의 변화에 따른 동아시아 지역통합의 향방

---

27) Paul J Smith, "China-Japan Relations and the Future Geopolitics of East Asia", *Asian Affairs: An American Review,* Vol. 35, No. 4, 2009, p. 251.

28) 중·일 관계에 있어서 협조적 경쟁이란 상호의존의 틀을 기반으로 이슈와 영역의 형태에 따라 선택적인 협조와 경쟁을 통해서 동아시아 지역주의를 발전시키는 구심적 역할을 제공하고 있음을 의미한다. 그는 이러한 협조적 경쟁의 속성으로서 상호의존의 지향, 제도적 협상의 촉진, 문제에 대한 유연한 대처 등을 지적하였다. 자세한 내용은 五白旗頭眞, "冷戰後の日本外交とリ一ダ一ツップ", 『國際問題』, 1999, 3月号, pp. 32 - 34. 참조.

은 대체로 다음과 같은 몇 가지의 전망이 가능할 것 같다.

먼저 동아시아 지역통합의 제도적 구심점 문제인데 당분간은 기존의 APT와 EAS를 중심으로 이원적인 접근이 이루어질 것이지만, EAS는 현재 오스트레일리아 · 뉴질랜드 · 인도 등 비동아시아 국가까지 확대됨으로써 지역적 정체성이 크게 약화 되었기 때문에 단지 대화의 장으로서 기능할 가능성이 높다.[29] 그리고 보다 높은 수준의 제도화를 지향하는 EAC 구축은 상당한 기간 동안 담론의 수준을 벗어나기 어려울 것으로 보인다. 중 · 일 양국은 EAC의 제도화 형태에 대해서도 견해의 차이를 보이고 있는데, 일본은 경제공동체의 실현에 관심이 집중되어 있는 반면에 중국은 경제공동체를 기반으로 하여 장차 안보공동체의 건설에도 관심을 보여 주고 있다. 이처럼 안보공동체로의 발전에 대한 담론은 아직 상당한 견해 차이를 보이고 있을 뿐만 아니라, 양국 간의 주도권 경쟁과 상호불신은 보다 높은 수준의 지역통합의 제도화를 저해하는 요인으로 남아 있다.

이러한 점에서 동아시아공동체 구축은 현실적 접근이 필요하다는 점을 강조하고 있는 다니구치 마코토(谷口誠)는 "동아시아는 그에 맞는 지역통합을 지향해야 하며, 이는 EU보다 완만한 형태의 공동체 구축을 의미하는데, 이를 위해서는 FTA를 비롯한 폭넓은 경제제휴를 중심으로 '동아시아 경제공동체'를 설립한 후, 최종적으로 정치 · 안보가 포함된 동아시아공동체 구축을 목표로 삼아야 한다."[30]고 제언한 바

---

29) 2005년 12월 EAS정상회의는 의장성명을 통하여 APT는 동아시아공동체 추진의 '주된 수단(a main vehicle)'이라고 규정한 반면에, EAS는 '중요한 역할(a significant role)'을 하는 것으로 공식 규정됨으로써 APT의 주도적 기능과 EAS의 보조적 역할로 양자의 관계는 일단 정리되었다. *Chairman's Statements of the First East Asia Summit,* Kuala Lumpur, Malaysia, 14 December 2005.

30) 谷口 誠, 『東アジア共同體』, 김종걸 · 김문정(역), 『동아시아공동체』, 서울: 울력,

있다. 게다가 ASEAN은 동아시아 지역통합에 있어서 자신의 주도권을 빼앗기지 않기 위해서 당초 계획보다 5년 앞당겨 2015년까지 ASEAN공동체(AC: ASEAN Community)를 완성하고, 이를 바탕으로 EAC를 건설하겠다는 의지를 천명하는 등 EAC 건설을 둘러싼 중국·일본·ASEAN 간의 주도권 경쟁이 치열한 실정이기 때문이다. 따라서 당분간은 동아시아 지역통합의 제도화가 빠른 속도로 진전되기를 기대하기는 어려울 것으로 보이며, 제도화의 속도와 그 수준은 중국과 일본의 경제통합에 따른 이해득실과 신뢰구축 여하에 따라서 상당히 달라질 것이다.

그렇다면 양국의 지역경제통합에 있어서 이해득실에 따른 지역통합의 향방은 어떠한가? 유럽공동체의 형성과정에서 보여준 독일과 프랑스의 협력적 리더십은 경제통합체에서 정치통합체로 발전시키는 데 있어서 중요한 역할을 하였으나 동아시아 지역통합을 주도해야 할 중국과 일본은 전혀 다른 상황에 처해 있다. 중국은 경제통합으로 인하여 경제적 의존도가 높아지면 높아질수록 인권문제·대만문제 등 자국의 중요한 정치적 이익의 확보에 있어서 자율성을 침해받을 수 있고, 일본은 경제통합도가 높으면 높을수록 중·일 양자관계 및 동아시아 다자관계 등의 다양한 경로를 통해 중국의 기술이전과 기술획득은 보다 용이해질 것이라고 우려한다. 중국의 기술확보는 궁극적으로 중국경제가 현재의 '비교우위'에서 '경쟁우위'로의 전환을 가능하게 하며, 중국이 안보뿐만 아니라 경제적 영역에서도 일본의 경쟁상대가 될 수 있음을 의미한다.[31] 이처럼 중·일 양국의 경제통합의 결과에 대

2007, p. 91.

31) 김상준, "동아시아 지역공동체에서 중국과 일본", 『21세기정치학회보』, 제17집 3호,

한 부정적 효과와 불확실성의 증대가 동아시아 지역통합을 더욱 심화시켜 나가는 것을 주저하게 만드는 중요한 요인의 하나로 작용하고 있다. 따라서 향후 동아시아 지역통합은 양국이 경제통합 진전에 수반하고 있는 우려와 부정적 효과를 얼마나 잘 해소해 나가느냐에 달려 있다고 하겠다.

이와 함께 지금까지의 논의에서 밝혀지고 있는 바와 같이 EAS의 출범과정에서 보여준 중·일 간의 이견과 갈등은 동아시아의 지역적 정체성과 연계되어 있다는 점에서 지역통합의 수준을 제고하기 위해서 반드시 해결되어야 할 과제이다. 중국과 일본이 주도권 경쟁을 벌이고 있는 상황에서는 앞으로도 당분간은 ASEAN이 주도적 역할을 수행하는 APT와 EAS를 통한 동아시아 지역통합의 제도화 논의가 계속될 것이다. 그러나 그 제도화의 수준을 실질적으로 증대시켜 나가기 위해서는 양국의 신뢰구축을 통한 협력적 리더십의 제공이 매우 중요하다.

그럼에도 불구하고 일본의 EAC 구축 제안은 과거 '대동아공영권(大東亞共榮圈)'의 기억을 떠올리게 하는 데다가 야스쿠니신사 참배를 비롯한 잘못된 역사 인식과 불신을 증대시키는 행위들은 그 실현에 커다란 장애가 되고 있다. 중국의 역대 국가지도자들은 일본의 진정한 과거사 청산 없이는 실질적인 미래지향적인 관계의 구축이 어렵다는 점을 일관되게 강조하여 왔다는 점에서 일본의 전향적인 과거사 청산 의지가 EAC 구축의 전제조건이라는 점을 분명히 인식해야 한다. EU가 성공적인 유럽통합을 진전시킬 수 있었던 것은 독일의 과거사에 대

2007, pp. 440 - 441.

한 진실한 사과가 있었고, 독일과 프랑스 간의 화해와 협력이 있었기 때문이었다. 독일은 과거사의 잘못을 깨끗하게 인정하고 사과하면서 상응하는 보상을 지속적으로 해 왔으며, 이를 바탕으로 프랑스와의 관계를 개선하고 지역협력에 공동의 리더십을 발휘하였던 것이다. 그러나 일본의 사과는 여전히 미흡하고 진실성이 부족하며 보상에도 소극적이다. 이처럼 동아시아 국가들 간에 신뢰를 구축하지 못한 상태에서 단지 경제적 필요에 의해 이루어지고 있는 지역경제협력은 어느 한순간의 갈등으로 물거품이 될 수도 있다. 따라서 현재 '다시 아시아로'라는 슬로건 아래 아시아 중시정책을 천명하고 있는 하토야마 정권에서는 보다 전향적인 정책을 통해서 과거사문제를 제도적으로 해결하여 일본의 진정성을 보여줌으로써 동아시아공동체 구축에 있어서 최대의 걸림돌을 제거해야 할 것이다.

동아시아 지역질서와 ASEAN

제8장

중국의 부상과
ASEAN의 대응

1. 서 론

2009년 10월 1일 건국 60주년을 맞은 중국은 세계정치경제의 중심으로 급부상하였다. 1978년 덩샤오핑(鄧小平)의 개혁·개방정책을 시작한 지 30여 년이 지난 2010년에 드디어 미국 다음으로 세계 2위의 경제대국으로 성장한 중국은 국제정치경제관계에 있어서 막강한 영향력을 행사하고 있다. 2009년 7월 28일 워싱턴(Washington)에서 열린 제1차 '미·중 전략 및 경제대화'는 미국과 중국이 지배하는 'G2' 내지 '차이메리카(Chimerica)' 시대의 도래를 알리는 상징적인 행사였다. 중국의 성장과 세력팽창은 앞으로도 계속될 것이라는 점에서 향후 20~30년 후에는 미국을 능가할 수도 있다는 미래학자들의 예상이 나오고 있으며, 중국은 이를 바탕으로 '팍스 시니카(Pax-Sinica)' 시대를 꿈꾸고 있다.

이러한 중국의 부상을 둘러싸고 이해관계 당사국들, 특히 기득권을 유지하려는 미국이나 일본과 같은 강대국들은 이른바 '중국위협론'을 제기하면서 견제를 모색하고 있지만, 중국 자신은 이러한 주장은 서구의 음모일 뿐이며 오히려 경제협력을 통하여 상호이익을 창출하게 될 것이라는 '중국기회론'을 강조하면서 강대국에 걸맞은 책임과 역할을 다할 것이라는 '책임대국론'으로 맞서고 있다. 이처럼 상반된 입장은 국제정치연구의 방법론으로서 현실주의(realism)와 자유주의(liberalism)가 기초하고 있는 논리적 귀결이며, 각 접근법의 타당성을 둘러싸고 정치지도자 및 학자들 간에는 다양한 논쟁이 여전히 계속되고 있다.

이와 관련하여 우리의 관심사는 지정학적으로 중국과 인접하고 있어서 역사적으로 적지 않은 영향을 받아왔을 뿐만 아니라, 중국도 역시 강대국화의 과정에서 '전략적 파트너(strategic partner)'로서 가장 중요시하고 있는 동남아지역의 ASEAN 회원국들은 중국의 부상을 어떻게 인식하고 있으며, 어떠한 대응전략을 강구하고 있는가 하는 것이다. 전통적으로 미국과의 우호관계를 유지해 온 선발도상국으로서 ASEAN 창립회원국들의 중국의 부상에 대한 입장과 후발도상국으로서 뒤늦게 ASEAN 회원국이 된 인도차이나 국가들의 인식은 반드시 동일하지는 않다는 점에서 ASEAN 차원의 대응전략 모색은 적지 않은 어려움과 일정한 한계를 가지고 있다. 따라서 ASEAN은 중국의 부상으로 인하여 예상되는 경제적·정치적·안보적 도전과 미·중 및 중·일 간의 세력확대경쟁 속에서 공동의 활로를 찾아야 하는 쉽지 않은 과제를 안고 있다고 하겠으며, ASEAN의 전략은 유사한 입장에 있는 우리의 중국에 대한 외교전략 모색에도 적지 않은 함의(implication)를 던져 주고 있다.

이 글의 목적은 ASEAN이 중국의 부상에 대해 어떻게 인식하고,

그에 따른 대응전략을 어떻게 강구하고 있는가를 규명하는 데 있다. 이를 위하여 먼저 중국의 부상을 이해하기 위한 기존의 이론들을 살펴보면서 유용성이 있는 이론적 관점이 무엇인지를 찾아보고자 한다. 다음으로는 이렇게 선택한 이론적 접근법에 의거하여 ASEAN은 중국의 부상에 대해서 실제로 어떻게 인식하고 있는지를 분석하고자 하는데, 여기에서는 여론조사와 같은 경험적 선행연구의 결과 및 ASEAN 정치지도자들의 발언이나 성명 그리고 관련 통계자료들을 활용하고자 한다. 특히 중국의 부상과 ASEAN의 인식을 논의함에 있어서 군사력이나 경제력과 같은 '하드 파워(hard power)'의 증대뿐만 아니라 외교·해외원조·무역·투자 등 이른바 '소프트 파워(soft power)'의 사용도 크게 확대되고 있다는 점에 주목하고자 한다. 또한 본 연구의 분석수준(analysis level)은 원칙적으로 집단적 차원에서 ASEAN이라는 행위자(actor)의 인식과 행동이다. 다만 회원국들의 다양한 입장이나 견해 차이가 ASEAN이라는 집단적 차원에서의 전략에 영향을 미치는 경우에는 필요에 따라 개별 회원국에 대한 논의도 함께 이루어질 것임을 밝혀 둔다.

2. 중국의 부상을 보는 이론적 관점

중국의 부상은 경제·군사·외교의 영역에서 다각도로 나타나고 있는데, 무엇보다도 중국의 급속한 부상은 화려한 경제적 지표가 잘 말해주고 있다. 중국은 GDP 기준으로 1978년 세계 27위에서 2010년 현재 2위로 급부상했고, 수출액 기준으로는 세계 1위의 경제대국이 되

었다. 특히 최근 수년간 높은 경제성장률을 보여 주고 있으며, 현재 1
조 8,000억 달러에 달하는 세계 1위의 외환보유국으로서 세계경제에
막대한 영향력을 행사하고 있다. 중국이 현재와 같이 고속 성장을 지
속한다면 멀지 않은 장래에 미국을 능가할 수도 있을 것이라는 일부
전문가들의 예측도 무리가 아니라고 할 수 있다.

이뿐만 아니라 군사적 영역의 경우 스웨덴 스톡홀름국제평화연구소
(SIPRI: Stockholm International Peace Research Institute)의 연례보
고서에 따르면 중국의 국방비는 2008년 현재 849억 달러로 공식 발표
되었는데, 이는 지출규모 면에서 볼 때 미국에 이어 세계 2위로서 3위
인 프랑스(657억 달러)와 4위인 영국(653억 달러)보다도 많은 액수이
며, 2006년에 처음으로 세계 4위에 오른 이후 매년 한 단계씩 급격히
상승한 결과이다.[1] 서방의 군사전문가들은 중국이 이러한 대규모 군
사비 지출을 통해 인민해방군의 현대화와 무기 첨단화, 해군력과 공군
력의 강화를 추진하고 있다고 지적한다.[2] 특히 중국은 2008년에 시작
된 미국발 글로벌 금융위기의 영향을 받지 않고 경제성장을 바탕으로
군현대화를 계속 추진하고 있다는 점에서 미국이 누려온 아시아·태
평양지역에서의 군사적 우위가 사라져 가고 있다. 이처럼 중국은 세계
2위의 막강한 경제력을 바탕으로 해군력과 공군력의 강화에 중점을
두면서 전반적인 군현대화를 추진함으로써 '대국굴기(大國崛起)'를 가
속화하고 있다.

나아가 중국의 부상은 외교적 영역에서도 괄목할 만한데, 경제력과

---

1) *SIPRI Yearbook 2009*, Stockholm: Stockholm International Peace Research Institute, 2009.

2) US Department of Defense, *Annual Report to Congress: Military Power of the People's Republic of China 2008*, Washington D.C.: Office of the Secretary of Defense, 2009.

군사력을 바탕으로 정치외교 역량을 강화함으로써 국제적 위상을 더욱 제고시키고 있다. 특히 후진타오(胡錦濤) 정권 출범 이후 과거 '자신의 역량을 숨기고 때를 기나리는' 도광양회(韜光養晦)식의 소극적인 외교에서 탈피하여 '화평발전론(和平發展論)'3)을 기치로 내걸면서 자신의 역량을 충분히 활용하여 현안해결에 적극적으로 참여함으로써 국제적 위상을 견고히 하고 있다.4) 실제로 중국은 1990년대 후반의 동남아 금융위기 때는 위안화 평가절하를 유보함으로써 리더십을 발휘하였고, 1994년에 출범한 아시아·태평양지역 최초의 공식적인 다자안보협의체인 ARF에는 처음부터 참여하였으며, 최근에는 북한 핵 문제를 해결하기 위한 6자회담의 의장국으로서 적극적인 역할을 수행하고 있다. 또한 중국은 SCO의 설립을 주도하고 APT와 EAS에도 적극 참여하면서 외교력을 발휘하고 있다.

이상과 같은 중국의 급속한 경제적·군사적·외교적 부상을 어떠한 이론적 틀로서 설명하는 것이 타당할 것인가? 우리는 현상 설명의 수단으로서 어떠한 이론을 사용하여 분석하는가에 따라서 그 결과는 상이하게 도출될 수밖에 없다는 점에서 '이론'과 '사실'의 상호관계가 가지는 의미를 분명히 인식할 필요가 있다. 왜냐하면 중국의 부상이라는 현상을 관찰하고자 할 때 연구자는 이미 의식적이건 무의식적이건

---

3) 화평발전론은 기존의 화평굴기론(和平崛起論)을 수정한 것인데, 중국의 부상에 대한 외부의 인식이 '화평'보다는 '굴기'를 강조하고 있음을 고려하여 최근에는 '화평발전'이라는 용어를 사용함으로써 평화에 대한 의지를 더욱 강조하고 있다. 이에 대한 구체적 논의는 김애경, "중국의 화평굴기론 연구: 논쟁과 함의를 중심으로", 『국제정치논총』, 제45집 4호, 2005, pp. 215–233; 전성흥, "중국의 부상, 그 배경과 함의에 대한 재평가", 전성흥·이종화(편), 『중국의 부상: 동아시아 및 한중관계에의 함의』, 서울: 오름, 2008, pp. 17–22. 등을 참조.

4) Zheng Bijian, "China's Peaceful Rise to Great Power Status", *Foreign Affairs*, Vol. 84, No. 5, 2005, pp. 18–24.

어떤 이론이나 가치관을 가지고 보게 된다는 이른바 '관찰의 이론 의 존성(observation impregnated with theory)'을 부정할 수 없기 때문이다.[5] 이러한 점에서 중국의 부상을 연구해 온 대표적인 이론적 관점들이 가지고 있는 특성을 비교해 봄으로써 보다 객관적 시각에서 중국의 부상을 논의하기 위한 기초로 삼고자 한다.

현재까지 중국의 부상과 그에 따른 결과를 분석, 예측해 온 학자들의 이론적 접근법들은 대체로 현실주의·자유주의·구성주의·세계체제론 등을 지적할 수 있다. 현실주의는 힘의 변화와 세력균형의 불안정에 주목하고 있으며, 자유주의는 연성권력과 행위자 간의 상호의존 가능성에 더 큰 관심을 갖는다. 또한 구성주의는 규범과 같은 관념적인 요소와 연계시키고 있으며, 마르크스주의적 관점인 세계체제론은 중국의 부상을 자본주의 세계체제 속의 종속으로 본다는 점에서 각 이론적 관점의 특징이 있다.[6]

그런데 이러한 접근법 가운데 본 연구의 관심사인 중국의 부상이 ASEAN에게 위협인가 기회인가, 아니면 이 두 가지의 속성을 모두 가지고 있는가 하는 의문과 관련하여 우리가 관심을 갖는 이론은 현실주의와 자유주의 및 이 두 가지를 혼합하는 절충주의이다. 먼저 현실주의자들이 주장하는 '세력균형이론(balance of power theory)'에 의하면 중국의 급속한 부상은 동아시아지역에 있어서 강대국 간 또는 역내 세력균형을 붕괴시키게 되므로 국제질서의 불안정을 초래하여 위

---

5) Donald Gillies, *Philosophy of Science in the Twentieth Century: Four Central Themes*, Oxford: Blackwell, 1993, pp. 141 - 142.

6) 이러한 관점들에 대한 구체적 논의는 박홍서, "중국의 부상과 국제관계이론: 중국 위협에 대한 이론적 시각", 김태호(외),『중국외교연구의 새로운 영역』, 서울: 나남출판, 2008, pp. 23 - 60 참조.

험하다는 것이다.[7] 또한 국가의 최고목표를 권력의 추구라고 보는 '공세적 현실주의(offensive realism)' 이론은 중국의 부상이 필연적으로 미국과의 경쟁과 갈등을 가져오게 될 것이라는 점에서 세력균형이론보다 더욱 부정적으로 본다. 역시 유사한 관점에 있는 '세력전이이론(power transition theory)'은 중국의 부상으로 인하여 지배국인 미국과 도전국인 중국 간에 존재하는 격차가 좁아지고 있다는 점에서 갈등은 불가피하다고 보면서 전쟁의 가능성까지 거론하고 있다.[8] 이처럼 현실주의자들은 대체로 중국의 부상을 경제적 성장이 군사적 팽창으로 이어질 것이라는 경성권력의 관점에서 파악하고, 그러한 권력의 전이 내지 격차가 축소됨으로써 기존의 질서에 대한 도전으로 인한 불안정, 강대국 간의 갈등과 경쟁으로 인한 불안정 등 부정적이고 위협적인 측면을 부각시키는 경향이 있다.

반면에 자유주의자들은 중국의 부상을 보다 긍정적으로 보면서 상호의존을 통한 기회적 측면에 주목한다. 자유주의자들은 중국의 '능력(capacity)'이 증대되었다는 사실만으로 미래의 위협을 추론하는 것은 불완전하며, 중국의 '의도(intention)'를 파악하는 것이 더욱 중요하다고 본다. 중국은 강대국과의 상호작용과정을 통해서 얼마든지 그 인식이 변화할 수 있기 때문에 능력과 의도는 구분되어야 한다는 것이다.[9] 이들은 중국이 개혁 · 개방정책을 추진하면서 타국과의 경제적 상호의

---

7) 이러한 견해에 대해서는 Richard Bernstein and Ross H. Munro, "The Coming Conflict with China", *Foreign Affairs*, Vol. 76, No. 2, 1997, pp. 18 – 32; Steven H. Mosher, *Hegemone: China's Plan to Dominate Asia and the World*, San Francisco: Encounter Books, 2000. 등을 참조.

8) 김우상, "세력전이와 동아시아 안보질서에 관한 경험적 연구", 『한국정치학회보』, 제35집 1호, 2001, pp. 388 – 389.

9) Fei-Ling Wang, "To Incorporate China: A New Policy for a New Era", *The Washington Quarterly*, Vol. 21, No. 1, 1998, p. 69.

존이 심화되고 있을 뿐만 아니라 WTO나 NPT 및 ARF와 같은 국제기구나 국제제도에 적극적으로 참여함으로써 국제적 책임을 강화하고 있다고 본다.[10) 이는 서구에서 제기된 중국위협론에 대한 대응으로서 중국에서 주장하는 '중국기회론'[11)이나 '책임대국론'[12)과 유사한 입장에 있다고 하겠다.

이와 같이 '현실주의자와 자유주의자는 대체로 중국위협론과 중국기회론을 강조하는 이분법적 논쟁'[13)을 전개해 왔다. 그러나 최근에는 이러한 이분법적 논쟁이 가지는 한계와 문제점을 지적하면서 중국의 부상과 관련한 국제관계를 갈등과 협력의 복합적인 관계로 보고자하는 제3의 절충적 접근법이 확산되고 있다. '절충주의자들'[14)은 중국의 부상이 국제정치경제관계에 있어서 위기와 기회를 동시에 제공하고 있다고 본다. 그동안 '중국의 부상이 위협인가, 기회인가'라는 이분법적 논쟁은 중국의 부상을 둘러싼 논의의 스펙트럼을 단순화시켰고, 중국의 부상에 있어서 특정 영역만을 강조하거나 긍정적 혹은 부정적 영

---

10) 이러한 자유주의적 견해에 대해서는 David Sambaugh, "China Engages Asia: Reshaping the Regional Order", *International Security,* Vol. 29, No. 3, 2005, pp. 64‒99; Michael O'Hanlon, "Damn the Torpedoes: Debating Possible U. S. Navy Loses in a Taiwan Scenario", *International Security,* Vol. 29, No. 2, 2004, pp. 202‒206. 등을 참조.

11) 중국기회론은 1999년 주룽지(朱鎔基) 총리의 뉴욕 연설에서 처음으로 제기되었던 주장으로 중국의 경제발전이 세계경제에 상당한 기여를 하고 있다는 점을 주요 내용으로 하고 있다. *People's Daily*, 15 April 1999.

12) 책임대국론의 구체적 내용 및 그 가능성에 대해서는 한석희, "중국의 부상과 책임대국론", 『국제정치논총』, 제44집 1호, 2004, pp. 191‒209. 참조.

13) 물론 현실주의적 시각에서도 중국위협론을 부정하는 주장이 있고, 자유주의적 견해들에도 중국의 부상을 우려하는 시각이 존재한다는 점을 간과해서는 안 된다.

14) 절충주의자들의 견해에 대해서는 서진영, 『21세기 중국외교정책‒부강한 중국과 한반도』, 서울: 폴리테이아, 2006; Thomas J. Christensen, "Fostering Stability or Creating a Monster?", *International Security*, Vol. 31, No. 1, 2006, pp. 81‒126; Robert G. Sutter, *China's Rise in Asia: Promises and Peril,* Roman & Littlefield Publishers, Inc., 2005. 등을 참조할 것.

향의 한쪽 측면만을 지나치게 확대해석하는 경향을 보였다. 중국의 부상은 경제·군사·외교의 영역에서 다각적으로 대누되고 있으며, 이에 내한 인식은 각 영역별로 상이할 수 있고, 한 영역에서의 긍정적 평가와 다른 영역에서의 부정적 평가도 공존할 수 있는 것이다. 특히 중국의 부상이 어떠한 조건하에서 위협으로 인식되는지를 밝히기 위해서는 중국의 '능력'과 '의지'라는 변수와 함께 타국의 '인식(perception)'이라는 또 하나의 변수에 주목하여야 한다. 중국이 패권 추구의 의지와 능력을 가지고 있다 해도 타국이 그러한 중국의 능력과 의지를 바라보는 관점에 따라 위협인식은 상이하게 나타날 수 있기 때문이다.15) 이러한 점에서 중국의 부상이라는 객관적 사실을 바라보는 이해관계 당사국으로서 ASEAN의 인식이 어떠한가에 따라 양자 간에는 협력할 수도 있고 갈등이 일어날 수도 있는데, ASEAN 정치지도자들의 발언이나 성명서, 전문가들의 견해 및 여론조사의 결과를 종합해서 볼 때 ASEAN은 기본적으로 중국의 부상에 따른 위협적 요인과 기회적 요인을 동시에 주목하고 있다는 사실을 알 수 있다. 따라서 여기에서는 중국과 ASEAN의 관계를 갈등과 협력의 복합적인 관계로 파악하면서 현실주의적 시각과 자유주의적 관점을 함께 활용하는 절충주의적 입장에서 논의하고자 한다.

---

15) 서진영·강수정, "중국의 부상을 바라보는 국제사회의 인식에 대한 실증적 연구", 『국제정치논총』, 제48집 1호, 2008, pp. 70–71.

3. 중국의 부상에 대한 ASEAN의 위협 인식

ASEAN의 중국에 대한 위협 인식은 오랜 역사적 배경을 가지고 있는데, 오늘날의 위협인식은 이러한 역사적 요인이 최근 중국의 부상이라는 변수와 접목되어 나타나고 있다는 데에 그 특징이 있다. 중국은 역사적으로 동남아 국가들과 조공(朝貢)관계를 형성해 왔으며, 19세기에는 서구 식민지세력의 간접통치(indirect rule) 전략과 결탁하여 토착민을 착취하는 중간계층을 형성하였을 뿐만 아니라, 제2차 세계대전 이후 형성된 냉전기를 통하여 동남아지역에 반정부운동과 '친중국 공산게릴라운동'16)을 이념적·군사적으로 지원함으로써 ASEAN 국가들의 위협인식은 더욱 증대되어 왔다. 물론 최근 중국이 '평화적 부상(peaceful rise)'17)에 대한 지속적인 외교적 노력을 기울인 결과 상당히 긍정적인 분위기가 조성되고 있는 것은 사실이지만, 역사적 피해의식을 가지고 있는 동남아국가들은 중국의 부상과 함께 현실적으로 나타나고 있는 다양한 위협요인들로 인하여 완전히 신뢰하지는 못하고 있다.

우선 경제적 측면에서 볼 때 중국의 급속한 경제성장은 경쟁관계에 있는 ASEAN 경제에 커다란 도전이 되고 있다. 중국은 ASEAN과 같은 개발도상국이며 유사한 산업구조와 동일한 대외지향적 성장전략을

---

16) 중국은 당시 비공산국가들의 반정부 공산게릴라들을 지원하였는데, 필리핀의 CPP (Communist Party of Philippine), 태국의 CPT(Communist Party of Thailand), 말레이시아와 싱가포르의 CPM(Communist Party of Malaya) 등이 그 대표적인 사례이다. 자세한 내용은 변창구, 『ASEAN 안보론』, 서울: 형설출판사, 1987, pp. 59 – 62. 참조.

17) 평화적 부상에 대한 중국의 구체적 입장과 정책은 쩡삐젠(저), 이희옥 (역),『중국 평화부상의 새로운 길』, 오산: 한신대학교 출판부, 2007. 참조.

가지고 있다는 점에서 경제적 경쟁관계로 인한 위협과 압력을 우려하지 않을 수 없다. IMF가 발표한 것처럼 요소의 자질이 중국과 비슷하거나 세계시장에서 중국과 경쟁하고 있는 국가들은 과감한 구조조정과 생산 및 노동시장에서의 유연성을 가지고 경쟁할 수밖에 없게 된 것이다.[18] 수출의 경우, ASEAN은 중국과 세계시장에서 경쟁하고 있으며, 중국과의 교역에서 현재까지는 흑자를 기록하고 있지만, 중국의 급속한 경제성장이 앞으로도 지속될 경우에는 멀지 않은 장래에 무역구조에 역전현상이 일어날 수 있다는 점을 우려하고 있다. ASEAN은 노동집약적 상품의 세계수출시장에서의 경쟁에서 중국에 밀리고 있는데, 미국시장에서는 1990년대 중반에 최대 점유율을 차지하였고 세계시장에서는 2000년을 분수령으로 점차 감소하고 있다. 과거에는 중국에서 생산되는 제품이 주로 신발·복장·완구 등 단순 임가공제품이었으나, 이제는 첨단산업으로까지 확대되었다. 휴대전화·컴퓨터 등 IT 제품에서 자동차·선박에 이르기까지 첨단기술제품 생산단지가 중국으로 빨려들고 있다. 중국은 현재 컬러TV·자동차 등 210개 내구소비재 품목에서 세계 1위의 생산국으로 발전하였다.[19]

특히 2010년에 발효한 ACFTA는 ASEAN의 수출경쟁력을 더욱 약화시킬 수 있다는 우려가 증대되어 왔다. 필리핀의 경우, ACFTA는 제조업 부문을 공동화(空洞化)시키고 농업부문에 심각한 타격을 미치게 될 것을 우려하고 있다. 경제연구단체인 '이본 파운데이션(Ibon Foundation)'은 ACFTA의 결과 중국산 값싼 수입품의 범람으로 필리

---

18) International Monetary Fund, *The Global Implications of the US Fiscal Deficit and of China's Growth*, Washington D.C.: International Monetary Fund, 2003, p. 63.
19) ≪중앙일보≫, 2009년 9월 14일.

핀의 농업과 산업에 강력한 재난이 올 것을 우려하면서 정부에 ACFTA 의 재고를 요청한 바 있다.[20] 또한 인도네시아는 정부의 ACFTA에 대한 적극적인 대응에도 불구하고 노동집약적 · 수출지향적 제조업자 들은 국내 및 해외시장에서 중국 상품과 어려운 경쟁을 할 수밖에 없 었으며, 노동 비용의 상승으로 섬유 · 신발 · 장난감 등 많은 경공업 산업의 공장들이 다른 국가로 생산시설을 이전할 수밖에 없었다.[21] 이 처럼 ASEAN 기업인들은 현재까지의 무역 흑자에도 불구하고 장차 중국으로부터 무차별하게 흘러들어오는 수입상품의 위험을 크게 우려 하고 있다.

이뿐만 아니라 ASEAN은 선진국으로부터의 FDI 유치경쟁에서도 중국에 점차 밀리고 있다. 1998년 이후 중국의 경제적 부상 및 그에 따른 중국의 매력은 낮은 기술의 제조업이 FDI에 의존하고 있던 동남 아지역의 경제성장에 부정적인 영향을 미쳤다. 즉, FDI가 ASEAN보 다는 중국에 집중되었는데, 2003년 기준으로 볼 때 전체 아시아지역 의 FDI 가운데 중국은 66%를 차지하였으나 ASEAN은 단지 16%에 불과하였다. 이는 1990년 당시 중국과 ASEAN의 FDI의 비중에서 완 전히 역전되었음을 보여 주는 것이다.[22] 한 연구에 의하면 FDI는 ASEAN으로부터 중국으로의 이전이 점차 두드러지게 나타나고 있는 데, 최근 수년간 FDI의 70% 이상이 동남아시아로부터 중국으로 전환 된 것으로 밝혀지고 있다.[23] 이처럼 ASEAN은 중국의 경제적 도전에

---

20) "Sino-Asean free trade pact a bane to RP, says Ibon", *Mindanews*, 13 November 2004. http://www.bilaterals.org/article.php3?id_article=1036(검색일: 2010. 9. 26)

21) Smith Kipp Rita, "Indonesia in 2003: Terror's Aftermath", *Asian Survey*, Vol. 44, No. 1, 2004, p. 64.

22) Roqan Callick, "China's Rise", *Australian Financial Review 26*, 2004.

직면하여 FDI 유치를 위해서도 매우 힘겨운 경쟁을 벌이고 있는 것이다.

한편 안보적 측면에서 볼 때 중국의 급속한 경제발전을 토대로 이루어지고 있는 군사력 강화, 특히 해군력과 공군력의 증가는 '남중국해 도서영유권 분쟁'[24]을 겪고 있는 ASEAN 회원국들에게는 직접적인 위협이 되고 있다. 중국의 국방비 지출은 급격히 상승하여 지출규모 면에서 볼 때 2008년 현재 미국 다음으로 2위를 차지하고 있다. 더욱이 최근에는 미국발 금융위기로 인하여 미국은 불가피하게 '군비축소정책'[25]을 모색하고 있으나 중국은 경제성장을 바탕으로 군사력 팽창정책을 가속화하고 있다. 2009년 10월 1일 건국 60주년을 기념하여 개최된 대열병식에는 전략미사일을 담당하고 있는 제2포병사령부의 최신형 대륙간탄도미사일(ICBM)인 사정거리 12,000㎞의 '둥펑(東風) 31A' 등 미사일 108기와 첨단무기들이 공개되었으며, 전차 · 장갑차 등 52개 종류의 주요 장비는 100% 중국 기술로 제작되었고, 90% 이상이 처음으로 선보였다. 특히 중국이 독자 개발한 3세대 전투기 '젠(殲) - 10'과 공중경보기 '공경(空警) - 2000'을 비롯한 항공기 151대는 강력한 중국을 과시하였다.[26] 이처럼 군사력 증강에 있어서 중국과 미국의 명암(明暗)은

---

23) Yunhua, Liu & NG Beoy Kui, "Impact of a Rising Chinese Economy and ASEAN's Responses", *Working Paper No: 2007/03*, Singapore: Economic Growing Center, 2007, pp. 4－9.

24) 남중국해(South China Sea) 상에는 스프라틀리(Spratly, 중국명 南沙), 프라타스(Pratas, 중국명 東沙), 파라셀(Paracel, 중국명 西沙), 마크레스필드(Macclesfield, 중국명, 中沙) 등 4개의 군도가 있으며, 그 영유권을 둘러싸고 중국 · 대만 · 베트남 · 필리핀 · 말레이시아 · 브루나이 · 인도네시아 등 7개국이 분쟁을 벌이고 있다.

25) 중국의 해방군보(解放軍報)는 "중국 군사전문가들은 미국의 군사역량이 냉전 이후 처음으로 수축되고 있다고 분석한다. 미국의 대외 군사확장정책은 조지 부시 정부가 아프간과 이라크에서 전쟁을 일으키며 최고봉에 이른 뒤 100년 만에 터진 금융위기를 맞아 수축되고 있다. 세계 지도국으로서의 미국의 지위도 흔들리고 있다. 이 같은 상황에서 나온 버락 오바마 정부의 군사정책은 상대적인 수축의 특성을 지니고 있다."고 분석했다. ≪세계일보≫, 2009년 5월 5일자에서 재인용.

한동안 수면 아래로 내려가 있던 '중국위협론'을 다시 불러일으키면서 중국에 대한 경계를 강조하는 경향을 보여 주고 있다.

특히 ASEAN의 입장에서 중국에 대한 안보위협 인식은 무엇보다도 남중국해 영유권 분쟁과 관련하여 이루어지고 있는 중국의 팽창주의적 남진정책 및 이를 뒷받침하기 위해 이루어지고 있는 해·공군력의 강화이다. 중국은 '남중국해의 전략적·경제적 가치'27)를 인식하고 남진정책을 적극적으로 추진해 왔는데, 이미 1980년대 후반부터 아세안 국가들이 자신의 영토라고 주장하고 있는 남중국해상의 도서들에 대해서 무력으로 점령하는가 하면, 여기에다가 활주로나 군사통신시설을 건설하고 해병대를 주둔시킴으로써 실효적으로 지배하여 왔다. 최근 중국은 베트남에 인접한 파라셀(Paracel, 중국명 西沙) 군도의 융싱 섬(永興島)에 최신예 전투기인 '젠-10'을 배치할 수 있도록 비행장 활주로를 2.5㎞로 확장하는 공사에 들어갔다. 중국은 이를 통해 이 섬에 대한 실효적 지배를 더욱 강화하고 있는데, 이미 지난해에는 이곳에 신병훈련소를 설치한 바 있다.28) 또한 후진타오 주석은 중국 해군의 창군 60주년 기념식 축사를 통해 "중국해군은 대양해군의 길로 나아가겠지만 군사력은 평화적이고 방어적으로 사용하겠다."29)고 대양해군 전략을 노골적으로 천명하였다. 이와 같이 중국은 전통적 해군전략인 연안방어전략이 근해방어전략으로 확대하고, 이것을 다시 원

---

26) ≪세계일보≫, 2009년 10월 1일.
27) 중국의 입장에서 볼 때 남중국해의 가치는 전략적 측면에서 도서영유권 확보, 해상수송로 보호뿐만 아니라 석유·천연자원·EEZ 등 경제적 측면에서도 매우 크다. 자세한 내용은 변창구,『아세안과 동남아국제정치』, 서울: 대왕사, 1999, pp. 186-187. 참조.
28) ≪한겨레≫, 2008년 9월 16일.
29) ≪한국일보≫, 2009년 4월 24일.

양해군전략으로 변경하면서 ASEAN 국가들에게 상당한 군사적 위협을 주고 있다.

4. 중국의 부상에 대한 ASEAN의 기회 인식

ASEAN의 중국에 대한 인식은 1990년대 초반까지는 대체로 부정적인 측면이 강하였으나 시간의 경과에 따라 점차 긍정적으로 변화하고 있다. 중국은 1994년 ASEAN이 주도한 ARF 참여를 시작으로 동남아국가들에게 선린우호정책을 시행함으로써 중국위협론을 해소하는데 커다란 진전을 가져왔다. 특히 1997년에 태국에서 촉발된 외환위기가 이 지역의 전반적 금융위기로 확산되자 중국은 동남아지역의 경제안정을 위하여 위안화의 평가절하를 유보하는 한편, 미국이나 IMF가 요구한 경제개혁 압력과는 달리 조건 없는 지원정책을 전개함으로써 ASEAN 회원국들에게 책임 있는 강대국으로서의 긍정적인 이미지를 심어 주었다. 나아가 중국은 ASEAN 회원국들과 양자 간 및 다자 간 외교차원에서 실질적인 경제지원과 신뢰구축조치들을 통하여 자신에 대한 위협인식을 점차 해소하면서 동남아지역의 평화와 경제발전에 건설적인 파트너임을 인식시켜왔다. 이와 같이 중국의 부상에 대한 ASEAN의 인식 변화는 그동안 중국이 추구해 온 이른바 '화평발전론'으로 대변되는 평화전략에 힘입은 바가 크다. 중국의 평화정책에 대한 입장은 최근 후진타오나 원자바오 등 중국 최고지도자들이 여러 차례 공식적으로 언급한 바 있기 때문에 학계의 논의를 넘어 국가정책적 차원의 의미를 지니게 되었다. 중국의 입장에서 가장 좋은 전략은 역내 국가들의 시장과 투자 및 기술의 제공자가 됨으로써 중국이 지역경제 성장의 견인차라는 사실을 인식하도록 하는 것이다. 이런 점에서 중국은 ASEAN과 협력하여 ASEAN 주도의 '동아시아 공동체(EAC: East Asia Community)'를 적극 추진하는 한편 동아시아지역의 제도 건설에도 노력하고 있지만, 자신이 동아시아 협력의 주도권을 추구하는 것으로 비치는 것은 피하고자 한다.[30] 바로 이러한 중국의 적극적인 외교적 노력이 있었기 때문에 ASEAN의 인식을 점차 긍정적이고 우호적인 것으로 변화시킬 수 있었다.

특히 중국은 ASEAN 회원국 가운데 상대적으로 낙후한 인도차이나 국가들, 즉 미얀마·라오스·캄보디아·베트남 등에게 부채를 탕감해 주는 한편, 이들의 수출상품에 대해서는 관세 면제의 특권을 부여하는 등 매우 우호적인 경제지원정책을 전개함으로써 좋은 반응을 불러일으켰다. 중국은 이처럼 작지만 전략적으로 중요한 이 국가들에게 '가장 중요한 경제적 후원자(primary economic patron)'로 간주되어 왔으며, 인도네시아와 필리핀에도 상당한 경제적 원조를 제공하고 있다. 특히 중국의 지원은 흔히 다른 국가들이 지원의 조건으로 제시하고 있는 민주적 개혁·시장개방·환경보호 등을 요구하지 않는 무조건적인 것이라는 점에서 더욱 매력적인 것이었다.[31] 미얀마나 캄보디아, 라오스의 경우에서 보듯이 인권이나 민주주의와 같은 정치적 문제를 안고 있는 국가들의 입장에서는 서구의 압력에 대항하여 자신의 권위주의적 독재체제를 유지하는 유력한 외부 후원자로서 중국의 가치를 고려

---

30) 전성흥(2008), p. 26.

31) Thomas Lum, Wayne M. Morrison & Bruce Vaughn, "China's Soft Power in Southeast Asia", *CRS Report for Congress*, 4 January 2008, pp. 1~4.

하지 않을 수 없다. 중국 역시 ASEAN과의 우호관계를 강화함으로써 미국의 패권주의를 견제할 수 있음은 물론이다. 따라서 중국이 ASEAN 과의 교역에서 현재 적자를 기록하고 있을 뿐만 아니라 ACFTA가 발효될 경우 적자폭이 더욱 늘어날 수 있음에도 불구하고 'ASEAN에게 유리한 조건으로 자유무역협정을 체결한 것은 동남아국가들에게 확실한 경제적 인센티브(incentive)를 제공함으로써 정치적으로 ASEAN 의 친중국화를 유도하기 위한 것'[32])이라고 볼 수 있다.

ASEAN은 이러한 중국의 우호적 외교정책이 가져다주는 이점과 함께 중국의 부상으로부터 실제로 얻을 수 있는 기회요인도 적지 않다고 본다. 무엇보다도 거대한 국내시장을 가지고 있는 중국은 ASEAN에 게 수출을 위한 기회를 제공해주고 있다는 사실이다. 중국과 ASEAN 의 교역은 개혁·개방정책 이후 약 30여 년 동안 급속히 증가되어 왔는데, 드디어 2005년에는 처음으로 중국의 ASEAN에 대한 수출이 미국의 ASEAN에 대한 수출을 초과하였다.[33]) ASEAN에게 있어서 중국은 중요한 무역파트너로서 2008년 현재 4위의 수출시장이자 3위의 수입시장이다. ASEAN의 중국에 대한 수출은 후발도상국인 베트남·라오스·미얀마·캄보디아를 제외한 선발 6개국(태국·말레이시아·인도네시아·싱가포르·필리핀·브루나이)의 경우 총수출에서 차지하는 비중은 1990년의 1.8%에서 2000년 3.9%, 2007년 9.3%로 급격히 증가하였다. 이처럼 ASEAN에 있어서 중국의 중요성을 2006년 당시

---

32) 배긍찬, "중국의 부상과 동아시아 전략환경의 변화", 『주요 국제문제분석』, 서울: 외교 안보연구원, 2007, p. 8.

33) Donald Weatherbee, "Strategic Dimensions of Economic Interdependence in Southeast Asia", in Ashley Tellis & Michael Wills(ed.), *Strategic Asia 2006－2007*, Seattle: National Bureau of Asian Research, 2006, p. 6.

제3부 동아시아 지역질서와 ASEAN   221

ASEAN 사무총장이었던 옹캥용(Ong Keng Yong)은 다음과 같이 적절하게 지적한 바 있다.

"ASEAN은 중국을 커다란 잠재력을 가지고 제공할 수 있는 가까운 이웃이자 중요한 대화파트너로 본다. 급속한 경제성장과 13억의 인구를 가지고 있는 중국은 ASEAN 상품의 거대한 시장인 동시에 이 지역의 미래 FDI 투자의 원천이다. 그뿐만 아니라 ASEAN은 엄청난 수의 중국인들이 동남아지역을 여행함으로써 커다란 이익을 얻고 있다."[34]

이러한 인식은 대체로 ASEAN 지도자들에게 공유되고 있다고 하겠는데, 싱가포르의 고촉통(吳作棟) 전 수상은 "중국의 활발한 경제성장과 WTO 가입은 ASEAN 상품을 위해 거대한 잠재력 있는 시장이 되었다."[35]고 하였으며, 말레이시아의 바다위(Abdullah Ahmad Badawi) 전 수상은 2003년 중국 방문 시 '중국은 기회의 땅'이라고 하면서, 경제발전소로서 중국의 출현은 말레이시아에게 좋은 시장이 될 수 있다고 보았다.[36] 이처럼 중국과 ASEAN 간의 무역액은 중국과 일본의 무역액을 추월할 전망이며, ACFTA가 정식으로 발효될 경우 ASEAN은 중국의 3대 무역파트너로 부상하는 동시에, 교역상품의 90% 이상이 무관세로 거래되어 '범북부만경제협력지대'[37]가 중국과 ASEAN

34) Ong Keng Yong, "ASEAN-China Relations: Harmony and Development", *in A Speech at a Commemrative Symposium to Mark the 15th Anniversary of China's Dialogue with ASEAN*, 8 December 2006.

35) *The China Times 26*, 2000.

36) N. Gansen, "Malaysia in 2003: Lidership Transition with a Tall Shadow", *Asian Survey*, Vol. 44, No. 1, 2004, p. 76.

37) 범북부만경제협력지대는 중국과 ASEAN 6개국 회원국(베트남 · 말레이시아 · 싱가포르 · 인도네시아 · 브루나이 · 필리핀)으로 구성되어 있으며 2006년에 제1차 범북부만경제협력포럼을 개최하였다.

간의 경제 및 무역협력의 중심지로 부상하게 되면서 인구 19억의 GDP 6조 달러라는 기대힌 자유무역시대가 출범함으로써 상호 경제적 일체화가 더욱 가속화될 것으로 예상되고 있다.

한편 중국의 경제적 부상은 금융 · 통화위기의 해소라는 차원에서도 ASEAN에게 또 다른 기회를 제공하고 있다. 이미 1990년대 후반 태국발 금융위기를 경험한 ASEAN 국가들은 또 다시 작년 미국발 금융위기가 전 세계적으로 확산됨에 따라 그 대책을 강구할 필요성을 느꼈다. 이러한 시점에서 중국은 2009년 7월 2일 중앙은행인 인민은행 등 6개 부처가 '대외무역 위안화 결제 관리방법'을 발표, 상하이(上海) · 광저우(廣州) · 선전(深圳) · 주하이(珠海) · 둥관(東莞) 등 5개 도시와 ASEAN 간의 대외무역에 있어서 위안화 결제 제도를 시범 실시한다고 밝혔는데, 이로써 ASEAN 국가들은 미국 달러화에 대한 부담을 덜게 되었다.[38] 물론 이러한 조치는 중국이 장기적으로 위안화를 미국 달러나 유로 달러와 함께 '기축통화화'하는 동시에 동남아지역을 포함하는 '위안화경제권'을 형성하기 위한 전략의 일환으로 볼 수 있지만, ASEAN의 입장에서는 달러화 부족으로 인한 외환위기의 가능성을 다소나마 줄일 수 있다는 점에서 그 의미가 있는 것이다. 이와 함께 그동안 ASEAN과 중국이 공동으로 노력해 온 역내 금융위기 예방시스템인 '치앙마이 이니셔티브(CMI: Chiang Mai Initiative)'의 다자화기금 1,200억 달러에 대한 배분이 2009년 5월 마침내 결정됨으로써 역내 외환위기 방지를 위한 안전판이 확보되었다. 이러한 ASEAN과 중국의 금융협력은 향후 아시아판 IMF인 AMF의 설립 논의에도 긍정

---

38) ≪세계일보≫, 2009년 7월 2일

적인 영향을 미치게 될 것이다.

이상에서 논의한 바와 같이 ASEAN의 현실적 이익과 중국의 적극적인 우호외교 전개로 인하여 ASEAN 회원국들의 인식은 상당히 긍정적으로 변화해왔다. 그 결과 부상하는 중국의 역할에 대한 경험적 연구들에 의하면 조사대상국에 포함된 ASEAN 회원국인 인도네시아와 필리핀 등은 이슈영역별로는 다소 편차를 보이지만 미국이나 유럽의 대다수 국가와는 달리 상당히 우호적인 것으로 나타나고 있다. 즉 '중국이 현재보다 경제적으로 매우 강해지는 상황을 어떻게 생각하는가' 하는 질문에서 '대체로 긍정적으로 생각한다'는 대답이 미국(46%)이나 일본(35%)보다 인도네시아(65%)와 필리핀(63%)이 훨씬 많았다. 또한 '중국이 현재보다 군사적으로 매우 강해지는 상황에 대해서 어떻게 생각하는가'에 대한 질문 역시 '대체로 긍정적'이라는 대답이 인도네시아 27%, 필리핀 45%로서 미국(19%)이나 일본(3%)보다 높게 나타나고 있다.[39] 이러한 여론조사 결과는 지역적 · 세계적 패권경쟁관계에서 중국위협론을 부각시키고 있는 미국과 일본의 중국의 부상에 대한 인식과 ASEAN 회원국들의 인식 사이에는 상당한 격차가 있음을 말해주는 것으로서, ASEAN은 중국의 부상을 반드시 위협으로만 보지 않는다는 것을 의미한다.

---

39) 이내영 · 정한울, 『중국의 부상, 위협인가 기회인가: 세계여론을 통해 본 중국의 현재와 미래』, 서울: 동아시아연구원, 2007, p. 20; 서진영 · 강수정(2008), pp. 75 – 76.

5. ASEAN의 대응 전략

ASEAN은 중국의 부상으로 인한 도전과 기회의 양면적 가능성을 인식하고 있기 때문에 그 대응전략을 모색, 추진함에 있어서도 이 점을 항상 고려하고 있다. 물론 이러한 ASEAN 회원국들의 인식과 대응 태도는 중국과의 역사적 경험 및 현실적 여건에 따라서 편차가 있기 때문에 ASEAN이라는 집단적 차원에서의 대응전략을 마련한다는 것이 결코 쉬운 일은 아니다. 그러나 중국에 비해 약자의 입장에 있는 ASEAN 회원국들이 개별적으로 정책을 추진하기보다는 힘을 모아 집단적 차원에서 공동으로 대응전략을 모색하는 것이 더욱 효과적이라는 데에는 모두 인식을 같이하고 있다.

이러한 인식에 기초하여 ASEAN이 추구하고 있는 전략은 기본적으로 중국의 부상에 따르는 '위험의 최소화와 기회의 최대화'에 역점을 두고 있으며, 그것은 역내적 차원과 역외적 차원에서 동시에 강구되고 있다. 먼저 역내적 차원에서 볼 때 중국의 경제적·군사적 부상에 대응하기 위해서는 무엇보다도 자신의 역량을 강화하는 것, 즉 국가적·지역적 '탄력성(resilience)'[40]을 강화하는 것이 중요하다고 판단하고 있다. ASEAN은 집단적 탄력성을 강화하여 중국에 대한 견제력을 제고하기 위한 노력의 일환으로 회원국 확대정책을 추진하였는데, 1995년 베트남 가입을 시작으로 1997년에는 라오스·미얀마·캄보디아 등

---

40) 인도네시아의 수하르토 대통령에 의하면 "탄력성은 대내적으로는 자국의 주체성을 유지하면서 필요한 사회변화를 보장하는 능력이며, 대외적으로는 모든 외부적 위협에 대처하는 능력"이라고 하였는데, 이는 다시 국가적 탄력성(national resilience)과 지역적 탄력성(regional resilience)으로 나누어진다. Suharto, "Address by the President of the Republic of Indonesia", in CSIS(ed.), *Regionalism in Southeast Asia,* Jakarta: Center for Strategic and International Studies, 1975, p. 8.

이 차례로 가입함으로써 마침내 'ASEAN – 10'을 실현하였다. 특히 미얀마나 라오스와 같은 친중국적 성향을 가지고 있는 인도차이나 국가들을 조기에 가입시켜 동남아지역 전체를 결속시킴으로써 중국의 ASEAN에 대한 '분할지배(divide and rule)' 전략을 차단하고자 하였다.

또한 ASEAN은 중국의 급속한 경제성장으로 인한 도전에 대응하는 전략의 일환으로 먼저 역내경제협력을 강화하기 위하여 1992년 싱가포르에서 개최된 제4차 ASEAN정상회담을 통하여 'AFTA'[41]를 설립하기로 결정하였다. 이 AFTA는 당초 1993년을 기점으로 15년에 걸쳐서 완성하기로 하였으나, 중국의 급속한 경제적 부상을 비롯한 국제경제환경의 변화로 인하여 1994년 9월 ASEAN 경제각료회의를 통하여 5년을 단축하여 2003년까지 완료하기로 하였는데, 1998년 12월 제6차 ASEAN정상회담에서는 이것을 다시 1년 단축하여 2002년에 완료함으로써 역내경제통합을 가속화하였다. 이처럼 ASEAN이 AFTA의 추진 기간을 단축시킨 또 하나의 중요한 이유는 2010년부터 발효되는 ACFTA 이전에 완료함으로써 중국과의 자유무역으로부터 야기될 수 있는 어려움을 최소화시킬 필요가 있었기 때문이다.

이뿐만 아니라 ASEAN은 지역적 결속과 탄력성을 더욱 강화하기 위하여 1997년 제2차 ASEAN 비공식정상회의를 통하여 'ASEAN 비전 2020'을 채택함으로써 AC를 형성하기로 하였다. 이어서 1998년 하노이에서 개최된 제6차 ASEAN정상회의에서는 ASEAN 비전 2020

---

41) ASEAN의 선발도상국 6개국(태국 · 말레이시아 · 인도네시아 · 필리핀 · 싱가포르 · 브루나이)은 1992년 1월 싱가포르에서 정상회담을 갖고 모든 역내 공산품의 관세를 5% 이내로 인하하는 것을 내용으로 하는 자유무역지대를 설치하기로 하였다. 단, 이후에 가입한 인도차이나의 후발도상국들(캄보디아 · 라오스 · 미얀마 · 베트남)은 AFTA 적응을 위하여 가입일로부터 각각 5년간 유예기간을 주었다.

의 구체적 실천을 위하여 '하노이 행동계획(Hanoi Plan of Action)'을 채택히고, 향후 6년간(1999~2004) 지역안보 · 거시경제 · 무역 및 투자자유화 · ASEAN 조직운영 등 4개 분야의 구체적인 협력이행 방안을 제시하고 매년 정상회의에서 이를 점검하기로 하였다.[42] 이러한 AC 설립을 위한 일련의 노력은 결국 2003년 10월 발리에서 개최된 제9차 ASEAN정상회담을 통하여 ASEAN화합선언 II 를 채택함으로써 공식화되었는데, 이 선언에서 ASEAN은 2020년까지 AC를 건설하기로 하였다. 나아가 AC 설립을 위한 구체적인 후속조치로서 2004년 제10차 ASEAN 정상회의에서는 '비엔티엔 행동계획(Vientiane Action Programme)'을 채택하였으며, 여기에서는 향후 6년간(2005~2010) AC의 3대 축(pillar)인 ASC · AEC · ASCC의 통합을 가속화하기 위한 구체적 이행방안과 실행메커니즘을 제시하였다.[43] 또한 2007년 1월 ASEAN은 제12차 정상회담을 통하여 당초 2020년까지 건설하기로 약속한 AC를 5년 앞당겨 2015년까지 완료하겠다는 '세부선언'을 채택함으로써 공동체 형성에 더욱 박차를 가하게 되었다.[44] 이러한 ASEAN의 공동체 구축 전략은 중국으로부터 예상되는 도전과 위협에 대처하기 위해서는 무엇보다도 ASEAN 자체의 결속과 역량을 강화함으로써 대외적 협상력을 제고시켜야 한다는 인식에 기초하고 있다.

한편 역외적 차원에서 ASEAN은 위험의 축소와 기회의 확대를 위한 경제 및 안보외교전략을 추진하고 있는데, 그 전략적 특성은 '헤징(hedging)'과 '균형(balance)'에 있다. ASEAN이 이러한 헤징전략을

---

42) *Hanoi Plan of Action*, Hanoi, Vietnam, 16 December 1998.

43) *Vientiane Action Programme*, Vientiane, Laos, 29 November 2004.

44) *Cebu Declaration on the Acceleration of the Establishment of an ASEAN Community by 2015*, Cebu, Philippine, 13 January 2007.

추구하는 데에는 충분한 이유가 있다. 중국의 부상에 대한 ASEAN 국가들의 인식은 이미 지적한 바와 같이 중국위협론으로부터 중국기회론 및 중국책임론으로 변화하고, 중국의 역할을 반대하던 것으로부터 중국의 건설적인 역할을 인정하는 것으로 점차 전환해가고 있다. 그럼에도 불구하고 ASEAN은 중국을 완전히 신뢰하지 못하고 있는데, 그 이유는 중국의 군사력 강화와 팽창주의적 남진정책, 경제적 긴장과 경쟁관계 등 지속적인 우려가 여전히 존재하고 있기 때문이다. ASEAN은 동남아지역의 안보와 경제발전을 위하여 중국과의 협조적인 관계가 절실히 필요하지만, 동시에 지역패권을 추구하는 중국에 대한 경계심도 버리지 않고 있는 것이다. 이러한 시각에서 아차리아 (Amitav Acharya)는 중국의 위협이 완전히 해소된 것이 아니기 때문에 중국의 ASEAN에 대한 '매력 공세(charm offensive)'에 대해서 신중하고도 장기적인 평가가 필요하다고 하면서, ASEAN은 중국에 대해서 '헤징전략(hedging strategy)'을 취하는 것이 타당하다고 하였다.[45] 중국의 부상에 따른 위험과 기회를 함께 인식하고 있는 ASEAN으로서는 헤징전략을 통하여 중국에 '깊은 개입(deep engagement)' 전략을 취하면서 다른 한편으로는 잠재적인 중국의 공격과 현상유지를 깨는 행위에 대한 '유연한 균형(soft balancing)' 전략을 취하는 이중전략(twin strategy)을 구사할 필요가 있기 때문이다.[46]

이러한 헤징전략의 실제를 경제적 측면에서 보면 ASEAN은 ACFTA를 체결함으로써 중국을 경제성장의 또 하나의 엔진으로서 활용하고

---

45) Amitav Acharya, "Asia-Pacific: China's Charm Offensive in Southeast Asia", *International Herald Tribune*, 8 November 2003.

46) Evelyn Goh, *Meeting the China Challenge: The U.S. in Southeast Asian Regional Security Strategies*, Washington: East-West Center, 2005.

자 하였다. 그러나 동시에 중국의 경제적 영향력 확대로 인한 화교경제권의 종속과 같은 부작용을 최소화하고 중국을 견제하기 위하여 미국·EU·일본·호주·인도·한국 등 주요 경제대국과도 적극적으로 FTA를 추진하는 전략을 구사하고 있다. 또한 APT 참여국들만으로 EAS를 출범시켜서 동아시아지역협력을 주도하고자 하는 중국의 의도를 잘 알고 있는 ASEAN은 회원국 간의 입장 차이를 조율하여 2005년 EAS의 출범 시에는 중국의 반대에도 불구하고 인도·오스트레일리아·뉴질랜드 등 역외 국가들까지 가입시킴으로써 중국의 영향력 확대를 견제, 상쇄시키고자 하였다.

이와 같이 ASEAN은 중국이냐 미국이냐의 제로섬(zero-sum) 게임적 선택을 피하고자 한다. ASEAN은 부상하는 중국으로부터 이익을 추구하는 동시에 미국과도 계속 좋은 관계를 유지하기를 희망하고 있다.[47] 중국은 동남아를 비롯한 동아시아지역에서 미국에 대항할 수 있는 유일한 강대국이라는 점에서 ASEAN이 추진하고 있는 균형외교전략에 있어서 매우 유용한 행위자라고 할 수 있다. 중국의 부상은 전략적 측면에서 볼 때 ASEAN에게 유리한 기회를 제공할 수 있는데, 그 이유는 강해진 중국을 통해서 미국이라는 유일 패권국의 강압적 외교에 상당한 견제를 할 수 있어서 동남아지역의 세력균형에 도움이 되기 때문이다. 바로 이러한 점에서 중국은 ASEAN의 전략적 파트너라고 할 수 있으며, 이에 따라 ASEAN은 2003년 중국과 '평화와 번영을 위한 전략적 파트너십'에 서명하였던 것이다. 그러나 동시에 ASEAN은 2004년에는 한국과 '포괄적 협력 파트너십' 및 인도와는 '평화·진

---

47) David C. Kang, *China Rising: Peace, Power, and Order in East Asia*, New York: Columbia University Press, 2007, p. 126.

보·공동번영을 위한 파트너십'에 서명하였고, 2005년에는 일본과도
'전략적 파트너십'에 서명하였다. 이와 같이 ASEAN은 전략적 파트너
로서 중국만이 아니라 아시아 전역에 걸쳐 주요 국가들과 광범한 협력
메커니즘을 구축함으로써 균형을 잃지 않는 헤징전략을 구사하고 있
다. 요컨대 ASEAN은 기본적으로 균형외교라는 큰 틀 속에서 안보환
경의 변화와 강대국 간의 세력경쟁 여하에 따라서 헤징전략과 비동맹
중립주의전략을 구사하면서 자신의 안전과 국익을 추구하고 있다고
볼 수 있다. 태국의 실용주의적 중립외교가 19세기 서구 열강의 식민
지배를 피할 수 있었던 것처럼, ASEAN의 역사적 경험과 교훈은 역
외 강대국과의 관계에 있어서 어느 일방에 치우치지 않는 헤징전략이
바람직한 선택이라는 것이었다. 중국의 부상에 대한 ASEAN의 선택
과 전략도 역시 이러한 인식의 연장선에서 이루어지고 있다.

6. 결 론

  이상의 논의에서 알 수 있는 바와 같이 중국의 부상에 대한 ASEAN
의 전략은 미국을 비롯한 서방세계가 주장하는 중국위협론이나 중국
자신이 주장하는 중국기회론의 흑백논리 차원에서 벗어나 이 두 가지
의 가능성을 함께 고려한 기초 위에서 강구되었으며, 그 특성은 헤징
전략을 중심으로 한 '힘의 균형' 내지 '힘의 상쇄'를 통한 안전보장 및
ASEAN과 중국 모두에게 경제적·정치적 이익을 가져다주는 윈윈
(win-win)전략에 있었다. 이러한 전략은 한편으로 중국의 급속한 부상
에 따르는 불확실한 국제환경의 변화와 위험에 대처하는 동시에, 다른

한편으로는 중국이 책임 있는 강대국으로서 동남아지역의 평화와 번영에 기여함으로써 ASEAN과 중국 모두가 원원할 수 있도록 유도하는 데 그 목적을 두고 추진되어 왔으며, 그 결과 적지 않은 성과를 거두었다고 평가할 수 있다.

물론 이러한 성과에는 그동안 중국의 적극적이고 지속적인 협력외교가 있었기 때문에 가능한 것이었다. 중국이 그동안 전개해 온 기민한 외교, 성공적인 동남아지역 안보전략, 힘의 사용 자제 등으로 최근에 ASEAN의 중국에 대한 위협인식은 크게 감소되었으며, 중국과 ASEAN의 관계는 호혜적 기초 위에서 성숙되고 절제되면서 발전하여 왔다.[48] 중국은 ASEAN 회원국들에 대해서 다양한 경제적 인센티브를 제공하는 동시에 ASEAN과의 정기적인 회담을 통하여 역사적 불신과 안보현안 해결을 위한 신뢰구축에 노력함으로써 우호관계를 증진시켜 왔다. 특히 중국은 동남아지역에 있어서 문화·외교·해외원조·무역·투자 등을 포함하는 비군사적 유인책들(inducements), 즉 이른바 '소프트 파워'를 사용함으로써 ASEAN과의 관계를 강화해 왔다. 이러한 정책의 배경에는 중국의 입장에서 볼 때 동남아지역은 국경을 접하고 있는 중화경제권 형성의 핵심지역으로서 중국의 국가이익에 결정적 중요성을 갖고 있기 때문이다. 따라서 앞으로도 중국의 입장에서는 ASEAN과의 협력관계가 동아시아 지역패권뿐만 아니라 나아가 세계적 차원에서 미·중 패권경쟁에 대비한다는 차원에서도 매우 중요하다.

이러한 점을 잘 인식하고 있는 ASEAN은 부상하는 중국으로부터의 도전을 최소화하고 이익을 최대화하기 위한 전략으로서 그 성과를 보

---

48) Quansheng Zhao & Guoli Liu, "The Challenge of a Rising China", *The Journal of Strategic Studies*, Vol. 30, No. 4, 2007, p. 603.

여 주고 있는 '헤징'과 '균형' 전략의 개념을 특별한 환경변화가 없는 한 앞으로도 계속 활용할 것으로 보인다. 중국이 강조하고 있는 '평화적 발전'이 지난 30년 동안 중국과 ASEAN 모두에게 윈윈 상황을 만들어 주었다는 점에서 ASEAN은 중국이 이러한 정책을 지속할 수 있도록 하는 것이 현재로서는 최선의 전략이라고 할 수 있다. 다만 여기에서 ASEAN 회원국들이 명심해야 할 것은 중국의 평화적 협력외교를 지속시킬 수 있는 중요한 변수 가운데 하나가 ASEAN의 집단적 결속력이라는 사실이다. ASEAN 회원국들의 일체성과 결속력은 중국과의 협상에 있어서 협상력을 제고시킬 수 있을 뿐만 아니라, 중국이 ASEAN 회원국들의 이해관계와 입장의 차이를 이용하여 분할지배하려는 기도를 차단할 수 있기 때문이다. 결국 ASEAN이 선택한 헤징 및 윈윈전략의 효율성과 그 성공 여부는 무엇보다도 모든 회원국들의 강력한 정치적 연대와 협력 여하에 달려 있다고 하겠다. 따라서 ASEAN은 현재 야심차게 추진하고 있는 AC의 구축을 통해서 역내적 통합을 더욱 강화해야 한다. ASEAN의 역내적 차원에서 이루어지고 있는 지역적 탄력성 강화전략이 역외적 차원의 헤징전략의 성과를 제고시켜 줄 수 있는 첩경이 되기 때문이다.

제9장

동아시아공동체 담론의
제도화와 ASEAN

1. 서 론

최근 동아시아지역에는 지역통합을 위한 다양한 제안이나 정책 선언이 나오면서 공동체 구축에 관한 관심이 크게 증대되고 있다. 일본의 하토야마(鳩山 由紀夫) 전 총리는 '동아시아공동체(EAC: East Asian Community)' 건설을 제안하였으며, 오스트레일리아의 러드(Kevin Rudd) 전 총리는 '아시아·태평양공동체(APC: Asia Pacific Community)'를 제안하는 등 경쟁적으로 지역통합의 필요성과 비전을 제시하고 있다. 이에 따라 중국이나 한국과 같은 동아시아 국가들은 물론이고 미국과 같이 이 지역에 직접적 이해관계를 가지고 있는 역외 국가들도 각자의 관점에서 지지 또는 반대의 입장을 보이고 있다.

그러나 이러한 제안이나 관계국의 입장과는 별개로 현재까지의 동아시아공동체에 관한 담론(discourse)과 그 제도화의 진전은 사실상 ASEAN의 이니셔티브(initiative)에 의해서 이루어지고 있다는 점에 주목하지 않으면 안 된다. ASEAN은 이미 1990년 말레이시아의 마하티르(Mahathir Mohamad) 전 총리가 EAEG를 제안한 이래, 동아시아 지역협력과 관련하여 취해 온 다양한 이니셔티브들, 즉 ASEAN-PMC · ARF · APT · EAS 등은 이 지역의 통합논의와 그 제도화의 과정에 있어서 매우 의미 있는 역할을 수행하고 있을 뿐만 아니라, 앞으로의 향방에도 중대한 영향을 미치게 된다는 점에서 우리는 비상한 관심을 가지지 않을 수 없다.

이와 같이 사실상 동아시아공동체 담론의 제도화 논의에 있어서 실질적으로 가장 중요한 추동력(driving force)을 발휘하고 있는 것은 이 지역의 강대국인 중국이나 일본이 아니라 약소국의 연합체인 ASEAN이며, 양국의 패권경쟁이 치열하고 갈등이 클수록 ASEAN의 역할 공간은 그만큼 더 커진다는 점에서 지역통합에 대한 ASEAN의 '중추성(centrality)'에 유의할 필요가 있다. 더욱이 현재 신아시아외교를 천명하고 이 지역에서 새로운 도약의 계기를 마련하고자 하는 우리 정부의 입장에서는 동아시아공동체의 제도화 과정에서 여러 가지 면에서 ASEAN과 공동보조를 취할 수 있다는 점에서 지역통합에 대한 ASEAN의 인식과 전략에 대한 정확한 이해는 아무리 강조해도 지나치지 않을 것이다.

이 글은 이와 같은 문제의식에서 출발하고 있기 때문에 그 목적은 동아시아공동체 담론의 제도화에 대한 ASEAN의 인식과 전략이 무엇인지 밝히는 데 있다. 이를 위해서 필자는 그동안 ASEAN의 입장에서 제기되어 온 동아시아공동체 담론의 배경과 내용이 무엇인지를 살펴보면서, 그 제도화의 진전과정에서 나타나고 있는 공동체 구축에 대한 ASEAN의 인식과 입장을 분석하고 그들의 전략이 무엇인지를 규명해 보고자 한다. 그리고 이 글은 동아시아공동체 담론의 제도화에 대한 집단적 차원에서의 ASEAN의 인식과 전략을 분석하는 것이기 때문에 미시적 차원에서 개별 회원국들의 구체적인 입장은 일단 논외로 하고 있다는 점을 미리 밝혀 둔다. 다만 집단적 차원에서의 ASEAN의 공동 입장을 설정하는 과정에서 나타나고 있는 개별 회원국들의 견해 차이는 필요한 경우에 한하여 논의에 포함시키고자 한다.

2. ASEAN의 동아시아공동체 담론의 발전

ASEAN의 동아시아공동체 구상은 이미 오래전부터 제기되어 왔는데, 그 연원은 1990년 말레이시아의 마하티르 전 수상이 제안하였던 EAEG라고 할 수 있다. 그는 당시 EU · NAFTA 등에서 더욱 심화되기 시작한 범세계적 지역주의 추세와 국제통상시장의 압력에 대처하기 위하여 ASEAN을 중심으로 하여 동아시아 경제공동체를 구축하고자 하였다.

그러나 동아시아지역의 경제블록화에 강력히 반대하는 '미국의 비판과 압력'[1)]으로 일본과 한국은 난색을 표명하였을 뿐만 아니라, ASEAN 회원국 내부에서조차도 견해 차이로 합의가 이루어지지 못하여 1991년 10월 ASEAN 경제각료회의에서는 당초보다 느슨한 자문기구적 성격의 EAEC라는 이름으로 변경하였다. EAEC의 핵심적 내용은 동

---

1) 미국은 마하티르의 EAEG 구상에 자신이 제외되어 있었기 때문에 배타적 경제블록화를 결성하려는 것이라고 강력히 비판하였는데, 1991년 11월 당시 베이커(J. Baker) 국무장관을 통해 한국과 일본의 통상장관들에게 EAEG의 불참을 요청한 바 있으며, 1992년 1월 부시(G. Bush) 대통령은 싱가포르 및 일본 방문을 통하여 EAEG를 무역장벽으로 간주한다고 경고하였고, 클린턴(Bill Clinton) 행정부에서도 APEC의 진전에 방해가 될 수 있다는 이유로 반대하였다.

아시아지역에서 미국과 같은 역외 국가를 제외한 순수한 동아시아 국가들 간의 다자간 경제협력을 추진하자는 것이었다. 또한 EAEC의 운영과 관련하여 말레이시아는 독자적 운영을 주장하였으나, 인도네시아는 한국과 일본을 끌어들이기 위하여 당시 미국의 후원하에 활발한 활동을 하고 있던 APEC의 틀 내에서의 운영을 주장함으로써 ASEAN 내부에서도 견해 차이가 있었으나, 1993년 양국의 정상회담을 통하여 'EAEC를 APEC의 틀 안의 협의체'로 추진해 나가기로 합의함으로써 공식적으로 정리되었다. 그럼에도 불구하고 반서방적 성향이 강한 마하티르가 주도한 EAEC는 미국의 참여를 허용하지 않았던 관계로 미국의 반대와 일본 및 한국의 소극적인 태도로 유명무실한 상태가 되고 말았다.

이러한 EAEC의 개점휴업상태에 새로운 활력을 불어 넣은 하나의 전환점(turning point)이 있었는데, 그것은 바로 1997년 7월 태국의 바트(Bhat) 폭락으로 시작되어 동아시아 전역으로 확산된 동아시아경제위기였다. 당시 동아시아 국가들은 경제위기의 대응과정에서 기술·자본·정보의 세계화라는 신자유주의적 경제질서의 특징이 되고 있는 상호의존과 협력의 필요성을 절실하게 인식하게 되었다. 특히 ASEAN이 동북아국가들과의 경제협력에 관심을 갖게 된 것은 이미 1992년부터 자체적으로 추진하고 있는 'AFTA'[2]가 개발도상국 간의 수평적 통합의 성격을 띠고 있기 때문에 역내기술 및 자본 부족에 따라 통합

---

[2] AFTA는 당초 1993년 1월 공통유효특혜관세(CEPT: Common Effective Preferential Tariff)가 발효된 15년 후인 2008년에 완성하기로 하였으나 1998년 12월 ASEAN 경제각료회의에서 5년을 단축하여 2003년까지 완성하기로 하였으며, 1998년 하노이에서 개최된 ASEAN 정상회의에서는 또 다시 1년을 단축하여 2002년까지 완료하기로 결정하였다.

체 내의 경제적 자립이나 내부결속력이 아직 낮은 단계에 머물고 있었을 뿐만 아니라, 지역통합체를 이끄는 중심국가로서 역할을 수행할 만한 나라가 없어 AFTA의 진로와 향후 추진력에 있어서 많은 문제점을 갖고 있었기 때문이었다.3)

더욱이 당시 ASEAN 회원국들은 미국이 동아시아 경제위기를 소홀히 생각하는 믿을 수 없는 국가일 뿐만 아니라 이 지역의 새로운 경제적 역동성에 관심을 갖지 않고 있다고 생각하였다. 미국은 경제위기를 겪고 있는 몇몇 국가에서 사태를 더욱 악화시킨 IMF의 정책을 지지하였을 뿐만 아니라, 경제위기 극복을 지원하기 위한 '일본의 AMF 설립안'4)에 대해서도 국제금융체제의 분열과 혼란을 이유로 강력히 반대하여 무산시켰다.5) 특히 ASEAN은 미국을 중심으로 개방적 지역주의(open regionalism)를 표방한 느슨한 경제협력체인 APEC이 자신의 경제위기 극복에 아무런 도움이 되지 못하였다는 사실에 실망하고 보다 직접적 이해관계를 공유하고 있는 동아시아국가들 간의 협력체를 더욱 적극적으로 모색하게 되었던 것이다. 그 결과 ASEAN은 경제위기를 다룰 '아시아 메커니즘(Asian mechanism)'을 개발하였는데, 이것이 바로 자신의 역내 결집력을 바탕으로 1997년 12월 쿠알라룸푸르에서 개최된 ASEAN 창립 30주년을 기념하는 특별정상회의에 동

---

3) 권율, "동아시아 지역주의: ASEAN의 시각과 전략", 『동남아시아연구』, 제14권 1호, 2004, p. 18.

4) 동남아금융위기가 발생한 직후인 1997년 8월 일본은 위기극복과 재발방지 방안의 일환으로 AMF 설립을 제안하였다. 물론 제안의 이면에는 일본이 동아시아 통화블록을 통해 엔화의 영향력을 높이고 아시아경제의 주도권을 잡고자 하는 의도가 있었다. 당시 이 제안은 미국의 반대와 중국의 견제로 실현되지 못했는데, 특히 미국은 자신이 주도하는 IMF 중심의 국제통화체제에 대한 도전으로 인식하고 강력히 반대하였다.

5) Pasuk Phongpaichit, "Who wants an East Asia Community? and Who doesn't?", *CREP Seminar*, No. 16, 2006, p. 2.

북아지역의 3개국, 즉 한국 · 중국 · 일본을 초청함으로써 공식 출범하게 된 APT였다. 이러한 APT의 출범에 대해서 말레이시아의 마하티르는 자신이 1990년 제안하였던 EAEG의 사실상의 부활이라고 주장하였는데, 그것은 양자 간에는 비록 제도적 연속성은 없으나 동일한 지역 범주의 참여대상국을 상정하고 있었기 때문이었다.

APT는 동아시아공동체의 담론을 제도화해 나가는 과정에서 매우 의미 있는 역할을 수행해 왔는데, 그것은 먼저 1998년 12월 제2차 APT 정상회의에서 한국의 김대중 대통령의 제안으로 1999년부터 활동을 시작한 EAVG를 지적할 수 있다. EAVG 회의는 동아시아 경제 위기 극복을 목적으로 민간차원(Track Ⅱ)에서 이루어졌는데, 특히 EAVG는 2001년 제5차 APT정상회의에 그 활동 결과보고서인 '동아시아공동체를 향하여 – 평화 · 번영 · 진보의 지역(Toward an East Asian Community – Region of Peace, Prosperity and Progress)'이라는 이름의 보고서를 통하여 동아시아공동체 구축을 선언함으로써 공동체의 추진 논의를 본격적으로 시작하는 계기를 마련하는 중요한 역할을 하였다. 나아가 2000년 제4차 APT 정상회의에서 김대중 대통령은 민간 차원의 EAVG와 함께 정부차원(Track Ⅰ)에서 동아시아협력방안을 연구하기 위하여 EASG의 설립을 제안하여 2001년 EASG가 발족하였으며, 2002년 프놈펜 정상회의에서는 그 최종보고서가 승인되었다. 이 보고서의 핵심 내용은 17개의 단기협력사업과 9개의 중장기사업으로 구성되어 있는데, 특히 동아시아공동체 담론과 관련하여 중요한 의미를 가지는 것은 중장기적 차원에서 EAFTA의 설립과 APT를 EAS로 전환함으로써 새로운 동아시아협력구도를 모색하고 있다는 점이다.6) 특히 이 가운데 EASG의 최종보고서에서 제시한 정치안보분야의 대표적인 사업인 NEAT는 실무그룹(working group)의 활동을 통하여 동아시아공동체 형성의 기본원칙과 형태를 비롯한 각종 정책제안을 하고 있다는 점에서 주목된다.

이러한 APT의 중장기 사업의 하나로서 채택되었던 EAS가 드디어 2005년에 출범하게 된 것은 동아시아공동체 제도화 과정의 진전이라고 할 수 있다. 물론 EAS의 출범으로 기존 APT와의 중복 내지 혼란의 문제가 없는 것은 아니지만, 이 지역에 직접적 이해관계를 가지고 있는 역외 국가들과 동아시아 지역문제를 함께 논의할 수 있는 또 하나의 포럼(forum)을 가지게 되었다는 점에서 반드시 부정적인 측면만 있는 것은 아니다.

그런데 제1차 EAS회의는 당초 EASG에서 제안하였던 APT의 EAS로의 전환과는 다르게 출범되었다. 그 이유는 APT를 EAS로 그대로 전환하자는 중국과 말레이시아의 주장대로 할 경우 중국의 영향력이 지나치게 확대될 것을 우려한 일본·인도네시아·싱가포르 등이 역외의 인도·오스트레일리아·뉴질랜드·러시아·미국 등의 참여를 주장하였기 때문이다. 결국 이러한 ASEAN 회원국 간의 견해 차이는 2005년 4월 필리핀 세부에서 열린 ASEAN 비공식외상회의에서 정리되었는데, 그 핵심내용은 EAS의 신규 참여국 기준으로서 첫째, ASEAN의 대화파트너 국가이고, 둘째, ASEAN과 실질적인 협력관계를 맺고 있어야 하며, 셋째, TAC에 가입한 국가 등으로 제한하였다.[7] 이러한 기준에 따라 기존의 APT 참여국 외에 인도·오스트레일리아·뉴질랜드가 추가로 가입하여 제1차 EAS회의가 개최되었는데, 이 회의에

---

6) *Final Report of East Asia Study Group,* Phnom Penh, Cambodia, 4 November 2002.
7) 자세한 내용은 *ASEAN Ministerial Meeting,* Cebu, the Philippines. 11 April 2005. 참조

서는 ASEAN · APT · EAS의 역할분담에 관한 중요한 운영원칙이 결정되었다. 그것은 향후 EAC 형성에 있어서 ASEAN이 주도적 역할을 담당하고, 기존의 APT는 앞으로도 동아시아공동체 형성에 있어서 '주된 수단(a main vehicle)'이 될 것이며, EAS는 보완적 장치로서 이 지역의 공동체 형성에 있어서 '의미 있는 역할(a significant role)'을 담당한다는 것이었다.[8]

이와 같이 APT와 EAS의 역할 관계를 일단 정리하기는 하였지만 두 회의체에서 논의되는 의제가 중복됨으로써 향후 동아시아공동체의 구축과정에서 적지 않은 논란이 예상된다. 더욱이 최근 미국은 동아시아지역에 대한 중국의 급속한 영향력 확대를 견제하기 위하여 '적극적인 동아시아 개입정책을 추진'[9]하면서 그 일환으로 EAS의 참가를 공식적으로 요청하였는데, 2010년 7월 21일 하노이에서 개최된 EAS 비공식외상회의에서는 '2011년부터 미국과 러시아의 참가를 결정'[10]함으로써 향후 동아시아공동체의 제도화는 그 구체적 향방을 가늠하기 쉽지 않게 되었다. 미국 등 역외 국가들을 배제하고 이 지역 국가들로서 동아시아공동체를 구축함으로써 영향력 확대를 용이하게 하려는 중국의 전략과 이를 견제하려는 미국과 일본의 전략이 충돌하고 있는 가운데 ASEAN 내부에서도 회원국의 이해관계에 따른 인식과 대응전략의 차이가 존재하고 있기 때문이다. 지금까지 ASEAN이 동아시아

---

8) *Chairman's Statement of the First East Asia Summit*, Kuala Lumpur, 14 December 2005.

9) 미국의 클린턴(Hillary Clinton) 국무장관은 금년 10월 30일 EAS 정상회의 기조연설을 통해 고조되고 있는 중국과 주변국들 간의 영토분쟁에 미국도 '중요한 국익'이 걸려 있다고 강조한 뒤, 미국은 아시아·태평양지역에서 '중요한 세력'으로 계속 존재할 것임을 분명히 밝혔다. ≪연합뉴스≫, 2010년 10월 30일.

10) *Chairman's Statement of the East Asia Summit Foreign Ministers Informal Consultations*, Ha Noi, 21 July 2010.

공동체 담론의 초기단계의 제도화를 비교적 무난하게 주도해 왔다고 하다면 이제부터는 이해관계기 충돌하는 강내국들이 참여하는 가운데 세노화를 진전시켜 나가야 한다는 점에서 ASEAN 내부의 결속력이 더욱 강조뇌는 시기에 진입하고 있다고 하겠다.

3. 동아시아공동체에 대한 ASEAN의 인식과 입장

동아시아공동체에 대한 ASEAN의 인식과 입장이 어떠한가에 따라 향후 이 지역의 통합과정에서 커다란 영향을 미치게 될 것은 분명한 사실인데, ASEAN의 기본적 인식은 동남아시아 지역통합의 강화를 바탕으로 한 동아시아 지역통합의 추진이라고 볼 수 있다. ASEAN은 1990년대 후반 경제위기를 겪으면서 역외적 차원에서는 동북아국가들과의 지역통합을 모색하는 한편, 역내적 차원에서는 지역적 정체성과 공동체의식의 제고를 통하여 내적 통합을 더욱 강화하는 이중적 지역통합정책을 동시에 추진해 왔다.

그러나 이러한 양면적 지역통합정책의 역점은 물론 역내적 차원에 있었으며, 그 대표적인 것이 바로 'ASEAN 공동체(AC: ASEAN Community)'[11]의 건설이다. ASEAN은 1997년 'ASEAN 비전 2020 (ASEAN Vision 2020)'을 채택함으로써 AC를 형성하기로 결정한 이후, 1998년 제6차 ASEAN정상회의에서는 그 구체적 실천방안을 마련하기 위하여 '하노이 행동계획(Hanoi Plan of Action)'을 채택하고,

---

11) 이에 대한 구체적인 내용은 *Declaration of ASEAN Concord II*, Bali, Indonesia, 7 October 2003. 참조.

향후 6년간(1999~2004) 지역안보, 거시경제, 무역 및 투자자유화, ASEAN 조직운영 등 4개 분야의 구체적인 협력이행 방안을 제시하면서 매년 정상회의에서 이를 점검하기로 하였다.[12] 이러한 AC 설립을 위한 일련의 노력은 결국 2003년 10월 발리에서 개최된 제9차 ASEAN정상회담을 통하여 'ASEAN 화합선언Ⅱ(ASEAN Concord Ⅱ)'를 채택함으로써 공식화되었는데, 이 선언에서 ASEAN은 2020년까지 AC를 건설하기로 결정하였다. 나아가 AC 구축을 위한 후속조치로서 2004년 정상회의에서는 '비엔티엔 행동계획(Vientiane Action Programme)'을 채택하였으며, 여기에서는 향후 6년간(2005~2010) AC의 3대 축(pillar)인 ASC · AEC · ASCC의 통합을 가속화하기 위한 구체적 이행방안과 실행메커니즘을 제시하였다.[13]

그런데 이러한 AC의 추진과정에서 역외적 차원에서 동아시아공동체에 관한 담론이 활성화되고 초보적인 제도화가 이루어지기 시작하자 ASEAN은 자신의 결속력을 강화하기 위하여 2007년 11월 싱가포르에서 개최된 제13차 ASEAN정상회담을 통하여 당초 2020년까지 건설하기로 계획한 AC를 5년 앞당겨 2015년까지 완료하겠다는 '세부선언'을 채택함으로써 공동체 형성에 더욱 박차를 가하였다.[14] 또한 같은 맥락에서 ASEAN은 동아시아 경제공동체보다는 AEC가 먼저 완성되어야 한다는 인식을 하고 있는데, 특히 경제력이 뒤떨어진 베트남 · 라오스 · 캄보디아 · 미얀마 등 ASEAN의 후발도상국들은 AFTA를 중심으로 한 ASEAN의 역내경제통합을 선행시킨 후에 이를 바탕

---

12) *Hanoi Plan of Action,* Hanoi, Vietnam, 16 December 1998.

13) *Vientiane Action Programme*, Vientiane, Laos, 29 November 2004.

14) 구체적인 내용은 *Cebu Declaration on the Acceleration of the Establishment of an ASEAN Community by 2015*, Cebu, Philippine, 13 January 2007. 참조.

으로 보다 광역의 동아시아 경제협력에 나서야 한다는 입장이다. 따라서 ASEAN은 경제력에 있어서 격자가 큰 동북아국가들과의 대등한 위치에서 실질적인 경제통합문제를 논의하기보다는 자신의 주도하에 무역과 투자활성화에 초점을 맞추면서 동아시아지역의 균형발전을 위한 개발협력과 지원문제의 논의에 역점을 두고 있다.

이와 같이 ASEAN의 지역주의는 AC의 구축으로 대변되는 '대내적 심화'와 동아시아공동체 담론의 제도화로 나타나는 '대외적 확산'이 이중적으로 동시에 이루어지는 양상을 보이고 있지만, 그 무게 중심은 어디까지나 자신들의 역량 강화를 통한 대외적 협상력의 제고를 목표로 하는 AC의 구축에 있다. 왜냐하면 ASEAN의 입장에서 가장 중요한 것은 역내적 결속을 강화할 수 있는 AC이며, 이것을 전제로 하여 동아시아공동체의 구축을 생각하고 있기 때문이다. 즉 ASEAN은 APT나 EAS 그리고 동아시아공동체의 제도화 등 그 어느 것이라도 자신이 추진하는 AC에 장애가 되지 않아야 하며, 지역협력의 중심이 동남아지역에서부터 동북아지역으로 옮겨지는 것을 우려하고 있다. 바로 이러한 인식에서 EAS를 단순히 역내 대화의 장이라는 낮은 단계의 협력체제로 유지하는 것에 동의하면서도 APT가 보다 심화된 단계의 지역협력체제로 전환하는 것에는 유보적 입장을 보이고 있는 것이다.[15] ASEAN은 동북아 3국의 영향력이 상대적으로 강화되면서 ASEAN의 주도권이 상실되거나 자신의 정체성이 약화될 것을 우려하고 있으며, 따라서 AC를 먼저 완료하여 ASEAN의 정체성과 결속력을 더욱 강화함으로써 동아시아공동체의 제도화 과정에서 대외적 협

---

15) 황인원, "확대 지향의 동아시아 지역주의와 아세안의 인식과 대응", 『동아연구』, 제54집, 2008, p. 67.

상력을 제고시켜야 한다는 인식을 하고 있는 것이다. 이러한 이유로 ASEAN은 APT와 EAS는 물론이고 동아시아공동체의 제도화 과정도 점진적으로 적응의 과정을 거치면서 진전시켜 나가야 한다는 인식을 하고 있다.

이와 함께 ASEAN이 인식하는 동아시아공동체는 자신들의 성공적인 지역통합경험으로부터 도출된 참여국의 주권과 자율성이 존중되는 가운데 강대국의 패권적 지배가 없어야 한다는 것이라고 볼 수 있다. 현재 APT에 참여하고 있는 동북아 3국은 모두 ASEAN 회원국에 비해서 국력이 강하며, 특히 그동안 보여준 중국과 일본의 지역패권 야욕은 동아시아공동체가 특정 세력의 지배하에 들어갈 수도 있다는 우려를 갖게 하고 있기 때문이다.

이러한 우려는 ASEAN의 전통적인 외교정책 성향과 연계되면서 동아시아공동체 형성의 기본 인식의 하나로 자리 잡아가고 있다. ASEAN의 전통적인 외교정책은 비동맹중립주의에 토대를 두고 있는데, 10개 회원국은 모두가 비동맹운동(non-aligned movement)에 참여하는 회원국들이며, 특히 인도네시아는 비동맹운동의 창립 주도국이고 태국은 실용적인 중립외교로서 탁월한 역량을 발휘하여 왔다. 이러한 ASEAN 회원국들의 공통된 외교적 성향이 1971년 '동남아시아 자유 · 평화 · 중립지대(ZOPFAN: Zone of Peace, Freedom and Neutrality)'를 선언하게 되었으며, 나아가 1995년에는 동남아지역이 강대국의 핵 인질이 되지 않기 위하여 '동남아시아 비핵지대(SEANWFZ: Southeast Asia Nuclear Weapon Free Zone)' 조약을 체결하였던 것이다. 그리고 ASEAN과의 관계를 심화, 발전시키기 위해서는 강대국으로 하여금 이 조약에 서명하도록 강제함으로써 실효성을 보증받을 수 있도록 하고 있다.

더욱이 ASEAN이 EAS에 가입하는 선제조건으로서 제시하고 있는 TAC는 국가주권의 존중, 내정불간섭원칙 등을 강조함으로써 향후 동 아시아공동체와 같은 지역통합체에 강대국의 참여에 따른 패권적 역 할이나 지배를 강력히 배제하고자 한다. ASEAN의 성공적 지역통합 경험은 흔히 패권안정이론(hegemonic stability theory)이 주장하듯이 패권국의 존재가 국제레짐(international regime)의 안정과 발전을 가 져다 준 것이 아니었다. 오히려 ASEAN은 회원국 간에 '균형된 불균 등(balanced disparity)'[16]을 이루고 있었기 때문에 패권국이 존재하 지 않았을 뿐만 아니라, 서구 식민지배의 영향으로 주권의식과 민족주 의 의식이 강했기 때문에 패권국의 역할을 인정하지도 않았다. 이러한 ASEAN의 인식은 EAS 참여국을 결정하는 과정에서도 잘 나타나고 있다. 당초 EASG보고서에서는 APT를 EAS로 전환하는 것이었지만 중국의 패권적 지배가 우려되면서 ASEAN 회원국 간에도 견해 차이 가 있었다. 즉, EAS를 주도하였던 말레이시아를 비롯하여 캄보디아 · 라 오스 · 미얀마 등은 역외 국가의 개입에 반대하는 중국과 같은 입장에 서 오스트레일리아 · 뉴질랜드 · 인도 등은 동아시아 국가가 아니라는 이유에서 반대하였던 반면에, 인도네시아 · 싱가포르 · 베트남 등은 일 본과 함께 중국의 영향력 확대를 우려하면서 동아시아지역과 긴밀한 정치 · 경제 · 사회 · 문화적 관계를 형성하고 있는 이들의 참여를 허 용할 수 있다는 입장을 보여 주었던 것이다. 그렇지만 적어도 EAS에

---

16) ASEAN 회원국 간의 '균형된 불균등'에 대한 구체적 내용은 Donald K Emmerson, "ASEAN as an International Regime", *Journal of International Affairs*, Vol. 41, No. 1, 1987, pp. 5 - 8. 참조.

있어서 중국과 일본 등 어느 강대국도 EAS를 지배해서는 안 된다는 점에 있어서는 ASEAN 회원국들 간에 합의가 형성되어 있었기 때문에 현실적인 중국의 영향력 확대를 견제하기 위하여 일본의 손을 들어주었던 것이다. ASEAN이 내년부터 EAS 정상회의에 미국과 러시아의 참가를 허락하기로 결정한 것도 역시 같은 맥락에서 이해할 수 있다.

4. 동아시아공동체의 제도화에 대한 ASEAN의 전략

동아시아공동체의 제도화와 관련하여 ASEAN은 이미 앞에서 살펴본 바와 같은 기본인식과 입장에 입각하여 몇 가지의 전략을 구사하고 있는데, 그것은 먼저 자신이 공동체 추진에 있어서 '1차적 추진력(primary driving force)'을 확보하고자 하는 전략이다. "EU에 있어서 프랑스－독일의 축(axis)이 추진력이었다면, 동아시아지역에 있어서 바로 그러한 역할을 하고 있는 것은 ASEAN"[17]이라고 할 수 있는데, 지금까지 APT와 EAS에서 ASEAN이 주도권을 행사하였던 것처럼 향후 동아시아공동체의 구축과정에 있어서도 자신이 주도하겠다는 전략이다.

APT회의는 ASEAN 회원국들이 정한 회의 개최의 '순회규칙'[18]에 따라 동남아지역에서만 열리고 있을 뿐만 아니라, 당해 연도 ASEAN

---

17) Ito Kenichi, "State of East Asian Community Concept and ASEAN Integration", *CGJ Commentary*, 21 February 2007, p. 2.
18) 순회규칙이란 ASEAN정상회의를 비롯해서 각종 각료회의는 회원국 영어 국명의 알파벳 순서로 개최되는 것을 말한다. 따라서 APT나 EAS 회의도 역시 이러한 순회규칙에 의해서 ASEAN 회원국에서만 열린다.

의장국이 APT의장을 맡아 회의를 주재하고 그 결과를 의장 성명의 형식으로 발표하고 있다. 또한 APT의 연장선에서 2005년에 시작된 EAS 역시 중국은 첫 회의를 자국에서 개최할 것을 제안하였으나, ASEAN은 그 모태가 APT라는 점을 들어서 반대하였는데, 특히 말레이시아는 EAS는 자신이 제안하였던 EAEC에서 비롯된 것이었다는 점을 들어서 반대하였다. 당시 EAS 개최를 논의하기 위해서 열린 ASEAN 고위관료회의(ASEAN - SOM: ASEAN Senior Official Meeting)에서 인도네시아 외교부의 위비소노(Makarim Wibisono)가 "ASEAN이 운전석을 지키지 못한다면 ASEAN 회원국들은 강대국의 의제(agenda)를 달성하기 위한 도구가 될 것"[19]이라고 경고한 바와 같이, ASEAN은 동아시아공동체의 초기 제도화과정에서 주도권을 잃지 않으려 노력해 왔다. 그 결과 2005년 12월 12일 EAS회의에 앞서 개최된 제9차 APT정상회의에서는 "APT과정이 ASEAN의 추진력으로서 공동체의 목적을 달성하는 주된 수단이 될 것"[20]임을 천명하였으며, 이어서 12월 14일에 개최된 EAS정상회의 공동선언을 통해서도 "우리는 ASEAN의 추진력으로서 지구적 규범과 보편적으로 인정된 가치들을 강화하는 데 노력할 것"[21]임을 거듭 확인하였다. 즉, EAS의 운영방안(modality)으로서 ASEAN 의장국 주도하에 매년 개최하기로 하고, 그 장소와 시기는 ASEAN 의장국에서 ASEAN정상회의에 이어서 APT와 병행하여 개최하기로 결정됨으로써 ASEAN은 APT와

---

19) Wibisono, Makarim, *ASEAN Should Be in 'Driver's Seat' in Any East Asian Summit,* http://www.aseansec.org/afp/56.htm(검색일: 2010. 10. 5)

20) *Chairman's Statement of the Ninth ASEAN Plus Three Summit*, Kuala Lumpur, 12 December 2005.

21) *Chairman's Statement of the First East Asia Summit*, Kuala Lumpur, 14 December 2005.

EAS과정에 있어서 확실하게 주도권을 장악하게 되었다.

이와 같이 ASEAN의 기본 전략은 ASEAN 회의체를 바탕으로 한 그 외연적 확대가 ARF · APT · EAS 등이기 때문에 당연히 ASEAN 이 주도권을 가지고 있으며, 따라서 회의 일시나 의제 설정 및 참여국 문제 등에 있어서 ASEAN 회원국들과 사전에 협의를 거쳐야 한다는 입장이다. 이러한 ASEAN의 주도권 확보전략은 기본적으로 동북아국 가들에 비해서 자신이 약자의 입장에 있기 때문에 불이익을 당할 수 있을 뿐만 아니라, 동아시아라는 광역의 지역통합체 속에서 ASEAN 의 정체성 자체가 약화되거나 상실될 수 있기 때문에 자신이 주도권을 행사함으로써 그러한 우려를 불식시키겠다는 것이다. 따라서 ASEAN 은 자신이 주도할 수 없는 동아시아공동체 건설에 대해서는 기본적으 로 반대하고 있는데, 예를 들어 2008년 6월 오스트레일리아의 '러드 총리가 제안한 APC'22)에 대해서도 부정적 입장을 보여 주었다. 그 이유는 APC가 자신의 이니셔티브에 의한 것이 아니고 참여국들이 많 기 때문에 ASEAN이 주도하기 어렵고 EAS와 중복될 수 있기 때문이 었다. 이러한 ASEAN의 일관된 전략은 2010년 4월 9일 하노이에서 개최된 제16차 ASEAN정상회담의 결과 발표된 의장성명에서도 잘 나타나고 있는데, 여기에서 ASEAN은 기존의 지역메커니즘은 물론이

---

22) 러드 총리는 지역 공동의 안보와 번영을 꾀하자며 2020년까지 EU와 같은 APC를 창 설하자고 제안하였는데, 그는 이 공동체가 중국 · 인도 · 미국 · 일본 · 한국 · 대만 · 홍 콩 · 싱가포르 등을 포함하여 잠재적 경제 발전소의 역할을 하는 동시에, 이 지역의 정 치 · 안보문제에 대한 대응도 함께 제안하고 있다. 이에 대한 구체적인 내용은 Kevin Rudd, *Building on ASEAN's Success: Towards an Asia Pacific Community*, Singapore: Institute of Southeast Asian Nations, 2008. 및 Carlyle A. Thayer, *Kevin Rudd's Asia-Pacific Community Initiative: Suggestions and Insights for the Future Process of East Asian Regional Cooperation*, A Presentation to International Conference on East Asia and South Pacific in Regional Cooperation, Shanghai, China, September 9 - 10, 2009. 참조.

고 새로운 지역협력구조를 만들어 나가는 데 있어서도 'ASEAN의 중심적 역할 원칙(the principle of ASEAN's centrality)'이 반드시 지켜져야 함을 거듭 천명하고 있다.23)

　　최근 동아시아 지역주의의 발전이 중국과 일본의 경쟁으로 인해 가속화되는 것처럼 보이지만 그 과정은 동남아 10개국을 아우르는 ASEAN의 실질적 동의를 바탕으로 하여, 중국과 일본 간의 경쟁이 치열할수록 동아시아 지역협력의 '전환 축 역할(pivotal role)'은 동남아국가들에게 부여되어 있음에 주목할 필요가 있다.24) 현실적으로 볼 때에도 동아시아 지역통합을 ASEAN이 주도할 수밖에 없는 이유는 무엇보다도 중국·일본·미국·인도 등의 강대국들이 자국 이외의 어느 강대국도 지역통합을 주도하는 것을 반대하고 있으며, 유일하게 가능한 대안은 오직 ASEAN밖에 없기 때문이다. 더욱이 ASEAN은 주요 강대국들과는 달리 군사적으로 약하고 중립적이며 객관적일 뿐만 아니라 전략적인 위치에서 어느 누구에게도 위협이 되지 않고 있기 때문이다.25) 사실상 ASEAN의 주도권은 중국과 일본의 지나친 경쟁과 대립으로 인하여 상대적으로 ASEAN의 역할이 증대됨으로써 이루어진 것이며, ASEAN의 주도적 역할이 없었다면 이 지역에 있어서 공동체 논의는 강대국의 패권전략의 일환으로 간주되어 진전이 불가능하게 되었을 가능성이 크다. ASEAN은 바로 이러한 현실적 역학관계와 지역적 정서를 잘 활용함으로써 자신의 주도권을 계속 유지해 나

---

23) *Chairman's Statement of the 16th ASEAN Summit "Towards the ASEAN Community: from Vision to Action", Ha Noi*, Vietnam, 9 April 2010.

24) 황인원(2008), p. 59.

25) K. Kesavapany, *Special Lecture on 'ASEAN Centrality in Regional Integration'*, The Siam City Hotel, Bangkok, 26 February 2010, p. 6.

가려는 전략을 구사하고 있는 것이다.

　다음으로 ASEAN이 동아시아공동체의 제도화 과정에서 추구하고 있는 전략으로 지적할 수 있는 것은 '강대국 간의 균형전략 및 실리추구전략'이다. ASEAN은 중국과 일본 및 미국의 지역패권경쟁을 활용하여 어느 한 국가의 배타적 영향력 행사를 어렵도록 견제함과 동시에 그들로부터 최대한 실리를 확보하려는 전략을 구사하고 있다. 이는 ASEAN이 EAS 참여국 결정과정과 동아시아 FTA의 추진과정에 있어서 강대국들에 대해서 어떠한 전략적 선택을 하였는가를 보면 잘 알 수 있다. 먼저 EAS의 참가국 결정과정에서 ASEAN은 APT의 참가국들만으로 EAS를 개최하자는 중국의 제안을 받아들이지 않고 일본이 주장한 역외의 오스트레일리아·뉴질랜드·인도 등을 참가시킴으로써 강대국 간의 전략적 균형을 도모하고 있다. 중국은 미국의 압력과 영향을 벗어나 동아시아지역의 자율성을 확보하기 위해서는 역외 강대국이 배제된 APT 국가들 중심의 동아시아공동체가 이루어져야 한다는 점을 강력히 주장하였으나, ASEAN은 중국의 급증하는 영향력 확대를 견제하기 위하여 말레이시아를 비롯한 일부 회원국들의 반대를 설득, 합의를 도출함으로써 이들을 가입시켰던 것이다.

　특히 최근에 이루어진 미국의 EAS가입결정 배경도 역시 같은 맥락에서 이해할 수 있다. 브랜슨(J. Brandson)은 동아시아지역에 있어서 미국의 중요성을 결코 간과해서는 안 된다는 점을 강조하고 있는데, 북한의 핵개발을 둘러싼 이 지역의 점증하는 긴장, 중국의 지역적 리더십 부상, 일본의 점증하는 민족주의 및 아직도 미해결로 남아 있는 역사적 분쟁들은 동아시아공동체가 회원국 및 인접국 간에 보다 높은 수준의 신뢰와 안정을 가질 때까지 미국의 개입이 특히 중요하다는 것이다.26) 이러한 이유로 싱가포르의 리콴유(李光耀) 전 총리는 "동아시아공동체에서 미국을 제외하는 것은 중대한 착오가 될 것"27)이라고 하면서 미국은 동아시아지역에서 중국의 군사경제적 팽창에 대해 균형자로서 중요한 역할을 해야 한다는 점을 지적한 바 있다. 최근 오바마 행정부는 "아시아지역에서의 중국의 영향력 확대를 견제하고 이 지역에 대한 수출을 증대시키기 위해서 아시아 중시행보를 계속"28)하고 있는데, 그 대표적인 사례가 EAS에 참여하기로 결정한 것이다. 이러한 미국의 정책은 이 지역에서 점증하는 중국의 정치적 · 경제적 · 군사적 영향력 확대에 적극적으로 대응할 필요성을 느끼고 있기 때문이며, ASEAN의 입장에서도 중국의 급격한 영향력 확대로 인한 지배 우려를 미국의 참가로 상쇄시킬 필요가 있다는 균형전략의 이해관계가 맞아떨어지고 있기 때문에 내년부터 미국의 참여를 허용하였던 것이다. 따라서 EAS의 경험에 비추어 볼 때 현재 중국과 일본 간에 상당한 견해 차이를 보이고 있는 향후 동아시아공동체의 회원국 문제에 있어서도 ASEAN은 유사한 전략을 추진하게 될 것으로 예상된다.

이뿐만 아니라 ASEAN은 FTA추진과정에 있어서도 역시 균형전략과 실리추구전략을 구사해 왔다. ASEAN은 중국과 ACFTA을 체결함으로써 중국을 경제성장의 또 하나의 엔진으로서 활용하고자 하였다. ACFTA는 2001년 11월 제5차 ASEAN-중국 정상회담에서 중국의 주룽지(朱鎔基) 총리가 공식 제안하면서 본격적인 협상을 시작하여 2002년 11월 4일에 2010년 발효를 목적으로 한 기본협정이 체결되었

---

26) John Brandson, "United States and an East Asian Community", *Weekly Insight and Features from Asia*, 30 May 2007.

27) ≪동아일보≫, 2010년 7월 15일.

28) *Wall Street Journal*, 15 August 2010.

는데, 당시 그 협정의 내용이 너무나 파격적이었다는 점에서 훈트(M. Hund)는 경제적 동기보다는 오히려 중국이 미국과 일본을 견제하려는 전략적 · 정치적 동기가 컸다고 지적한 바 있다.29) 이러한 중국의 의도를 잘 알고 있는 ASEAN은 중국의 일방적 영향력을 배제하기 위하여 일본과는 이듬해인 2003년 10월 발리에서 개최된 APT정상회담을 이용하여 '포괄적 경제연대협정(Framework for Comprehensive Economic Partnership)'에 서명하였다. ASEAN은 더 나아가 이미 대화파트너로서 지속적인 유대관계를 갖고 있는 인도의 경제적 발전에 주목하여 FTA 추진을 본격화하고 있다. ASEAN은 중국의 정치적 · 경제적 영향력 확대로 인한 화교경제권의 종속과 같은 부작용을 최소화하고 중국을 견제하기 위하여 미국 · EU · 일본 · 오스트레일리아 · 인도 · 한국 등 주요 경제대국과도 적극적으로 FTA를 추진하는 전략을 구사하고 있는 것이다. 이와 같이 ASEAN의 전략은 특정 경제대국의 독점적인 경제적 지배나 영향력 확대를 배제하는 것이며, FTA의 협력대상국 범위를 확대시킴으로써 그 실리를 최대화하겠다는 것이라고 볼 수 있다.

마지막으로 ASEAN의 동아시아공동체의 제도화에 대한 또 하나의 전략은 'ASEAN 방식(ASEAN way)'30)에 의한 추진이다. 현재까지 동아시아공동체로 나아가는 초기 제도화 과정이라고 할 수 있는 APT와 EAS는 ASEAN이 주도해 왔기 때문에 통합전략도 그들의 성공적

---

29) Markus Hund, "ASEAN Plus Three: Towards a New Age of Pan-East Asian Regionalism? A Skeptic's Appraisal", *Pacific Review*, Vol. 16, No. 3, 2003, pp. 403－404.

30) ASEAN 방식의 핵심적 내용 및 그 성격에 대한 구체적 논의는 변창구,『아세안 운영체제론: 동남아통합과 ASEAN way의 향방』, 서울: 대왕사, 2002. 참조.

인 지역통합경험인 ASEAN 방식을 채택하고 있다. 이는 동남아시아 지역에 있어서 ASEAN의 성험을 보다 광역의 동아시아 지역통합과정에서도 적용하고자 한다는 의미이다. ASEAN 방식이 무엇인가에 대해서 정치엘리트나 학자들 간에 일치된 견해가 존재하는 것은 아니지만, 그것은 대체로 지역협력에 있어서 주권존중 · 내정불간섭 · 비공식적 외교 · 점진주의 · 합의(consensus)에 의한 정책결정 등을 특징으로 하고 있다.

이러한 ASEAN 방식의 전략은 동아시아공동체의 추진방법에도 그대로 나타나고 있는데, EASG의 최종보고서에 표현되어 있는 동아시아공동체의 영문 표기인 'East Asian community'를 통해서도 알 수 있다. 즉 공동체의 영문표기를 대문자 'C'가 아니라 소문자 'c'로 쓴 것은 현재 추진하고 있는 동아시아공동체가 EU와 같은 높은 수준의 제도화를 지향하는 것이 아니라 ASEAN과 같은 느슨한 연합체를 추구하고 있다는 것을 의미한다. 이는 ASEAN이 추구해 온 지역통합의 방식, 즉 가능한 최소공통분모를 토대로 시작하여 점차 통합의 영역과 강도를 높여나가는 증가주의(incrementalism) 방식을 채택하고 있기 때문이다. 더욱이 ASEAN의 정책결정방식은 '공동협의에 의한 합의제'로서 강제가 아니라 자발적 이행을 강조하고 있기 때문에 동아시아공동체의 제도화에 적용될 경우 빠른 시일 내에 높은 수준의 제도화가 이루어지기는 어려울 것이라는 점을 예상할 수 있다. 혹자는 ASEAN 방식이 '아시아적 가치(Asian value)'나 '아시아적 비합리성'을 내포하고 있다고 비판하는데, 이는 편향된 것이며 ASEAN 방식은 궁극적으로 대화와 협력을 유도하는 접근방식의 한 유형으로 보아야 한다.[31] ASEAN은 어려운 통합여건에도 불구하고 '다양성 속에서 통일성

(unity in diversity)'을 성공적으로 제도화시켜 왔다는 점에서 ASEAN 방식은 유사한 환경 속에서 시도되고 있는 동아시아공동체의 구축과 정에 적지 않은 함의를 던져 주고 있다.

5. 결 론

지금까지의 논의를 통해서 알 수 있는 바와 같이 ASEAN은 동아시아공동체의 초기 제도화 과정을 주도해 왔으며, 그들이 구사하고 있는 전략은 강대국 간의 균형전략과 ASEAN 방식에 입각한 점진적 접근 전략이었다. EAEC에서부터 APT와 EAS로 이어지는 일련의 동아시아 지역협력의 과정은 ASEAN의 확실한 이니셔티브와 리더십에 의해서 그들의 성공적인 지역통합의 경험에 입각하여 추진되고 있는 것이다.

이러한 점에서 이토(Kenichi Ito)는 "ASEAN이 동아시아공동체 형성을 위한 촉매제 역할을 하는 동시에 하나의 모델"[32]이라고 높이 평가한 바 있는데, 실제로 ASEAN이 추진해 온 동남아시아 지역통합의 성공적 경험은 보다 광역의 동아시아공동체의 제도화 과정에 있어서도 하나의 가능성을 보여 주고 있다. ASEAN은 유럽에 비해서 매우 불리한 통합조건에도 불구하고 ASEAN 방식이라는 독특한 지역협력의 방식을 통하여 '우리'라는 공동체의식과 지역적 정체성을 형성함으로써 AC를 구축해가고 있는 것이다. 따라서 동아시아공동체에 대한

---

31) Mark Beeson, "ASEAN: The Challenges of Organizational Reinvention", in Mark Beeson(ed.), *Reconfiguring East Asia: Regional Institutions and Organizations After Crisis*, London: Routledge, 2002, p. 188.

32) Ito(2007), p. 3.

ASEAN 방식의 가능성은 무엇보다도 공동체에 필요한 '우리 의식'과 '집단적 정체성(collective identity)'의 형성은 특정한 조건 속에서만 가능한 것이 아니라 '사회적으로 구성될 수 있다'는 믿음에 기초하는 구성주의(constructivism) 접근법을 채택하여 왔다는 데 있다.[33] 동아시아공동체의 구축 역시 현실적으로 볼 때 유사한 어려움을 극복하면서 접근해 나가지 않을 수 없다는 점에서 '동아시아의 축소판(an epitome of East Asia)'이라고 할 수 있는 ASEAN의 성공적 경험은 시사하는 바가 크다. 따라서 현실주의자들이 말하는 힘의 지배와 이해관계 갈등의 부정적 측면보다는 '공동의 선(common good)'을 만들어 나가는 구성원들의 선의와 노력이라는 긍정적 측면의 부각이 동아시아공동체를 건설하는 데 있어서 더욱 요구되고 있다. 역사적 갈등과 불신이라는 어려운 통합여건 속에서 추진되고 있는 동아시아공동체 건설은 ASEAN 방식의 느슨한 연계와 점진적 제도화가 지역 국가들 간의 신뢰를 구축하고 공동운명체 의식을 증진시켜 나아가는 데 매우 유용한 접근법이 될 수 있기 때문이다.

물론 동남아시아에서 성공한 ASEAN 방식의 통합전략이 그대로 참여국 간에 국력의 격차가 큰 동아시아 지역통합을 위한 '동아시아 방식(East Asian way)'으로서도 적실성을 가질 수 있을 것인가에 대해서는 의문의 여지가 있다. 한국·중국·일본의 정치경제적 비중은 ASEAN에 비해서 엄청나게 크다는 점에서 동아시아공동체 구축에 있어서 동북아 3국의 역할은 매우 중요하다. 이뿐만 아니라 2008년 12월에 출범한 동북아 3국 간의 연례정상회담이 최근 고위급회의를 통

---

33) ASEAN의 구성주의적 접근법에 의한 집단적 정체성의 형성과 동남아지역통합에 대한 구체적인 논의에 대해서는 이 책의 <제2장>을 참조할 것.

하여 그 상설사무국을 2011년 서울에 설치하기로 합의함으로써 향후 동아시아공동체의 제도화 과정에서 기존의 ASEAN과 제도적인 양대 축을 형성하여 실질적인 영향력을 행사할 수도 있음을 예고하고 있다. 따라서 앞으로 동아시아공동체를 본격적으로 추진하기 위해서는 ASEAN이 한국·중국·일본 등 동북아 3국과의 유기적 협력관계 속에서 역할 분담이나 전략의 수정이 필요할 것으로 보인다.

　이러한 점에서 ASEAN은 향후 동아시아공동체의 추진에 있어서 정치·경제적 우위에 있는 동북아 국가들과의 '공동리더십(joint leadership)'의 창출을 전향적으로 모색할 필요가 있다. ASEAN이 추구하는 AC의 건설에 방해가 되지 않고 ASEAN의 정체성에도 손상을 받지 않는다면 굳이 자신의 주도권만을 고집할 이유는 없다고 본다. ASEAN이 우려하는 강대국의 패권적 지배, ASEAN의 주도권과 기득권의 상실, ASEAN의 정체성 약화 등의 문제는 동북아 국가들과의 공동리더십 창출이나 동아시아공동체의 발전 때문에 야기되는 것이 아니라 기본적으로 ASEAN 회원국 간에 존재하는 이해관계의 차이와 갈등에서 비롯되는 것이기 때문이다. 따라서 ASEAN이 보다 전향적인 인식하에 동아시아공동체의 제도화를 과감하게 추진할 수 있기 위해서는 무엇보다도 회원국 간의 결속을 바탕으로 내적 통합을 강화하고, 동아시아공동체의 제도화와 관련하여 나타나고 있는 견해 차이를 조율하는 것이 선행되어야 한다. 이러한 점에서 현재 ASEAN이 2015년 완성을 목표로 야심차게 추진하고 있는 AC의 성패 여부는 향후 동아시아공동체의 본격적인 제도화 과정에 상당한 영향을 미치게 될 것으로 보인다.

제10장

미 · 중 패권경쟁과
ASEAN의 선택

1. 서 론

　중국의 급속한 경제적 · 정치적 · 외교적 · 군사적 부상은 미국과 함께 세계정치경제를 움직이는 가장 강력한 두 강대국으로서 'G2' 또는 '차이메리카(Chimerica)' 시대를 열어가고 있다. 더욱이 최근 미국과 중국에서 발표되고 있는 미래 전망에 관한 다양한 연구보고서들은 중국이 현재와 같이 빠른 속도로 국력을 증강시키게 된다면 늦어도 21세기 중반에는 미국을 추월하여 가장 강력한 강대국이 될 것이라는 점을 공통적으로 지적하고 있다. 말하자면 '팍스 아메리카나(Pax-Americana)' 시대에서 '팍스 시니카(Pax-Sinica)' 시대로의 변화를 예고하고 있는 것이다.

　물론 현재 미국은 여전히 세계 유일의 초강대국이기 때문에 중국이 아직은 세계적 차원에서 미국과 패권경쟁을 벌일 수 있는 국력을 갖고 있지는 않다. 그러나 중국과 접경하고 있는 동남아시아 지역에 있어서는 중국의 부상으로 인한 영향력 확대가 이미 현실로 나타나고 있고, 이는 결과적으로 이 지역에서 그동안 패권적 지위를 누려 왔던 미국을 긴장시키면서 중국의 세력 확대에 대한 억지정책(deterrence policy)을 추진하게 함으로써 양 강대국 간에는 대립과 갈등이 빈번하게 일어나고 있으며, 정치·경제·외교·안보 등 거의 모든 영역에 걸쳐서 이미 보이지 않는 패권경쟁이 치열하게 전개되고 있다.

이처럼 중국의 급속한 부상에 따른 미국과 중국의 패권경쟁은 그 대상이 되고 있는 ASEAN 국가들의 입장에서는 생존과 번영이 걸려 있는 매우 중대한 문제가 아닐 수 없다. 양 강대국의 ASEAN에 대한 세력 확대경쟁은 양측으로부터 지원과 협력을 이끌어낼 수 있는 기회를 제공하기도 하지만, 동시에 동남아지역질서에 불안정을 초래함으로써 국가안보와 경제발전에 장애가 될 수도 있다. 따라서 ASEAN은 양 강대국의 상대방에 대한 인식과 경쟁적인 동남아정책을 예의 주시하면서 그 대응전략의 모색에 부심하고 있다. 이처럼 향후 동남아지역의 국제정치경제관계는 미국·중국·ASEAN의 삼각관계(trilateral relationship)의 향방에 따라 결정될 것이라는 점에서 우리는 비상한 관심을 갖지 않을 수 없다.

이 글의 목적은 최근 동남아시아를 둘러싸고 더욱 심화되고 있는 미·중 패권경쟁의 원인과 실태를 분석하고 이에 대응하는 ASEAN의 선택과 전략이 무엇인지를 규명하는 데 있다. 이를 위하여 먼저 양국이 동남아시아를 둘러싸고 경쟁하고 있는 요인이 무엇인가를 이념적·전략적·외교적 차원에서 다각적으로 분석하고 난 다음, 실제로 양국 간에 벌어지고 있는 패권경쟁의 양상과 실태를 구체적으로 분석하고자 한다. 이어서 이러한 양 강대국의 패권경쟁에 대해서 약소국의 연합체로서 ASEAN은 어떻게 인식하고 있으며 어떠한 대응전략을 구사하고 있는가를 인과관계의 관점에서 규명하고자 한다. 그리고 여기에서 한 가지 분명히 해야 할 것은 본 연구는 지역통합체로서 ASEAN의 집단적 선택 행위에 관심을 두기 때문에 원칙적으로 각 회원국의 개별적인 인식과 입장은 논의의 대상이 아니라는 점이다. 다만 특정 회원국의 친미 또는 친중 정서가 미·중 패권경쟁에 이용되거나 ASEAN 차원의 집단적 행동의 선택에 영향을 미칠 수 있는데, 여기에서는 이처럼 필요한 경우에 한하여 개별적 논의가 이루어질 수 있음을 밝혀 둔다.

2. 중국의 부상과 미·중 패권경쟁의 요인

현실주의 이론가들은 국제관계의 본질적 속성이 '힘의 정치(power politics)'에 있으며, 국가 간의 협력과 갈등은 '국가이익(national interest)'의 존재 여하에 따라 변화한다고 보는데, 이러한 사실은 미국과 중국의 관계에 있어서도 예외는 아니다. 국가의 최고목표를 힘의 추구라고 보는 '공세적 현실주의(offensive realism)' 이론은 중국의 부상이 필연적으로 미국과의 경쟁과 갈등을 가져오게 될 것이라고 보고 있으며, 역시 유사한 관점에 있는 '세력전이이론(power transition theory)'[1]은 중국의 부상으로 인하여 지배국인 미국과 도전국인 중국 사이에 존재하는 격차가 좁아지고 있다는 점에서 갈등은 불가피하다고 보면서 전쟁의 가능성

---

1) 세력전이이론은 오르간스키(A. F. K. Organski)에 의해 주창된 이론으로서 중국의 국력이 기존 패권국인 미국과 거의 동등해질 때 갈등으로 인한 전쟁의 가능성이 높아진다고 보았다. A. F. K., Organski, *World Politics*, New York: Alfred A. Knopf, 1958, pp. 299 - 339. 참조.

까지 거론하고 있다.[2] 현재 중국은 미국 본토를 공격할 수 있는 핵전력과 운반수단을 가지고 있을 뿐만 아니라, 중국의 경제력은 미국 다음의 세계 2위이고 그 발전의 속도가 매우 빠르다는 점에서 미국은 머지않은 장래에 세력 전이가 일어날 가능성을 크게 우려하고 있다. 중국과 미국의 경제력 격차는 해가 거듭할수록 줄어들고 있는데, 2008년 미국의 골드만삭스(Goldman Sachs)는 중국이 2027년경 미국의 경제규모를 추월할 것으로 예상하고 있으며, 2050년경에는 중국의 경제력 규모가 미국의 1.7배에 달할 것으로 전망하고 있다.[3] 또한 중국 칭화대학(清華大學)의 국제전략발전연구소가 2009년 6월에 발표한 양국의 경제발전추세에 대한 예측연구에 의하면 중국의 경제규모는 빠르면 2030년, 늦어도 2045년에는 세계 1위가 될 것으로 보고 있다.[4] 따라서 중국의 급속한 부상을 억제하고 패권국의 지위를 계속 유지하려는 미국과 국력의 성장에 걸맞은 새로운 국제질서를 창출하려는 중국 사이에는 필연적으로 갈등이 일어날 수밖에 없는 것이다.

특히 미국과 중국 간의 모순관계는 체제상의 차이에서 오는 정치, 세계시장에서의 경쟁관계라는 경제, 동아시아 안보질서상의 안보 등 3개 방면에 걸쳐 있는 중층적인 성격을 지니고 있기 때문에 미·중 관계야말로 다른 국가 간의 관계보다 훨씬 더 충돌할 개연성이 높다고 볼 수 있다.[5] 따라서 동남아시아를 둘러싼 미국과 중국 간의 패권경쟁

2) 김우상, "세력전이와 동아시아 안보질서에 관한 경험적 연구", 『한국정치학회보』, 제35집 1호, 2001, pp. 388-389.

3) Jim O'Neilm & Anna Stupnytska, "The Long Term Outlook for the BRICs and N-11 Post Crisis", Goldman Sachs, *Global Economic Paper No. 192,* 2009, pp. 21-22.

4) *The Rise of China's Power and International Role(A Study Report),* Beijing: Institute of International Strategic and Development Studies, Tsinghua University, 2009, pp. 10-11.

도 이러한 요인들이 복합적으로 작용하고 있는데, 여기에서는 논의의 편의상 이념·전략·경세 등 세 가지의 차원으로 나누어서 살펴보기로 한다.

먼저 이념적 차원에서 볼 때 미국과 중국의 대외정책 기저에는 자기중심적 가치체계가 내포되어 있다. 미국의 대외정책 기저에는 '미국 예외주의(American exceptionalism)'6)라고 불리는 선민주의적 서구중심주의가 자리 잡고 있으며, 중국의 국가전략에는 세계의 중심이 중국이라는 '중화주의(中華主義)'가 작동하고 있다.7) 특히 역사적으로 수천 년 동안 주변 국가들을 지배하면서 조공관계(朝貢關係)를 형성해 온 중국의 입장에서는 동남아지역에서의 패권은 너무나 당연한 것으로 인식될 수 있다. 이처럼 미국 예외주의에 바탕을 둔 자유민주주의적 시장경제체제, 그리고 중화주의에 바탕을 둔 사회주의적 시장경제체제라는 서로 다른 자기중심적 두 가치체계의 추구는 결과적으로 이제부터 논의하게 될 전략적·경제적 요인들과 결합할 경우에 패권경쟁으로 치달을 가능성이 매우 크다. 이데올로기가 지니고 있는 당위적 가치와 전략적·경제적 국가이익이라는 현실적 가치의 결합은 강경한 대외정책의 추구로 나타날 수 있기 때문이다.

다음으로 전략적 차원에서 볼 때 동남아시아 지역은 그 가치가 매우 크다. 김한식은 이 지역의 전략적 가치에 대해서 첫째, '주변지역이

---

5) 황병덕·홍용표, 『미·중패권경쟁과 동아시아 지역패권 변화연구』, 서울: 통일연구원, 2004, pp. 45–46.

6) 미국 예외주의란 '미국은 타국과 다르고 우월하며 미국적 가치와 다른 가치를 인정하지 않는 성향'을 말한다. 이에 대한 구체적인 논의는 Michael Ignatieff(ed.), *American Exceptionalism and Human Right*, Princeton: Princeton University Press, 2005. 및 Seymour M. Lipset, *American Exceptionalism: A Double Edged Sword*, New York: W.W. Norton & Co., 1997. 참조.

7) 황병덕·홍용표(2004), p. 64.

론(rimland theory)'[8]의 구체적 예시가 되며, 둘째, 대륙과 해양, 해양과 해양세력들 간의 분리 및 결합기능을 수행하고, 셋째, 완충지대의 가능성이 높은 지역이며, 넷째, 생명선(life line)과 세력선(power line)인 해상교통로의 중요한 위치에 있다는 점 등을 지적하고 있다.[9] 이러한 동남아시아의 일반론적인 전략적 가치는 중국과 미국의 이 지역에 대한 정치적 · 군사적 · 외교적 이해관계와 관련하여 특별한 전략적 가치를 가지게 된다. 중국의 입장에서 볼 때 동남아시아는 미국의 패권적 행위와 일방주의(unilateralism)의 견제를 위한 '다극화 외교전략'[10]에 유용한 파트너가 될 수 있고, 이 지역에서 일본과의 패권경쟁에서 우위를 확보할 수 있을 뿐만 아니라, 책임 있는 강대국으로서 긍정적 이미지를 부각시키는 데 중요하다. 동남아국가들의 전통적 외교노선인 비동맹중립주의는 중국의 반패권주의와 상통할 뿐만 아니라, 대외관계에 있어서 국가주권과 내정불간섭원칙을 공통적으로 존중하고 있다는 사실도 양측이 외교적 공동전선을 통하여 미국의 일방주의

---

8) 주변지역이론은 N. J. Spykman이 유럽을 중심으로 한 국제관계를 설명하면서 유라시아(Eurasia) 내륙 세력과 영국을 중심으로 한 주변세력을 갈등관계로 파악한 이론으로서, 내륙세력을 둘러싸고 있으면서 해양을 접한 주변지역이 가장 중요한 지역이라고 보았다. 자세한 내용은 N. J. Spykman, *The Geography of the Peace*, New York: Harcourt, Brace and Company, 1944. 참조. 김한식은 지정학(geopolitics)적 관점에서 볼 때 "해양세력인 미국이 대륙세력인 중국을 견제할 필요성을 느낄 때, 그리고 대륙세력인 중국이 해양진출의 필요성을 절감할 때 미국과 중국의 갈등은 동남아지역에서 가장 먼저 일어나게 된다."고 하였다. 김한식, 『동남아시아: 미국 · 중국 갈등의 현장』, 파주: 한국학술정보, 2005, p. 145.

9) 김한식(2005), pp. 18 - 22.

10) 다극화 외교전략은 중국이 미국의 패권적 행위와 자신에 대한 견제를 적극적으로 대응하기 위하여 고안된 전략인데, 다극체제에서는 강대국들 간의 힘의 균형이 유지됨으로써 미국의 일방적 독주가 불가능하고 중국도 하나의 극이 될 수 있다고 보기 때문이다. 중국의 다극화전략과 미 · 중 관계에 대한 자세한 논의는 김재철, "패권, 다극화, 그리고 중 · 미관계: 세계질서를 둘러싼 경쟁?", 『국제정치논총』, 제42집 2호. 2002, pp. 327 - 344. 참조.

와 패권추구를 견제할 수 있는 가능성을 말해주고 있다. 그뿐만 아니라 동남아국가들은 사유민수수의와 인권 등 서구적 가치를 바탕으로 한 미국의 압력에 공동 대응하는 파트너로서의 가치도 크다. 미국이 요구하는 인권과 종교의 자유, 민주주의와 정치다원화 등은 중국의 국가통일성과 정치안정을 해칠 수 있다는 점에서 동병상련(同病相憐)을 겪고 있는 동남아국가들과의 연대는 효율적 대응전략이 될 수 있기 때문이다. 동남아경제위기를 계기로 비상한 관심을 불러일으켰던 '아시아적 가치(Asian value)'와 '서구적 가치(Western value)' 논쟁의 저변에는 바로 이러한 영향력 확대를 위한 패권적 의도가 내포되어 있었음은 물론이다.

특히 남중국해(South China Sea)는 중국의 주권문제가 걸려 있는 '도서영유권 분쟁지역'[11]이라는 점에서 중요할 뿐만 아니라, 말라카 해협(Malacca straits)이나 바시 해협(Bashi straits)과 같은 이 지역의 주요 해로(sea lane)들은 인도양으로 나아가는 길목에 위치하고 있으며, 전 세계 해상 수송의 25%를 차지할 정도로 전략적으로 매우 중요하다. 중국은 에너지 수입의 65~75% 정도가 말라카 해협을 통과해서 남중국해로 들어오기 때문에 지속적이고 안정적인 경제성장을 위해서는 해상수송로의 안전 확보가 매우 긴요하며, 이 지역에 매장되어 있는 엄청난 양의 가스나 광물 등 천연자원을 확보하여 주변 영해를 수호하는 것은 중국의 사활적 이익이라고 볼 수 있다. 이러한 점들을

---

11) 남중국해 도서영유권 분쟁에는 중국·대만·베트남·필리핀·말레이시아·브루나이·인도네시아 등이 직접적 이해관계 당사자로서 분쟁을 벌이고 있으며, 이 지역에 깊은 이해관계를 가지고 있는 미국도 지대한 관심을 보이고 있다. 영유권분쟁의 국제적 성격과 그 구체적 내용에 대해서는 변창구, 『아세안과 동남아국제정치』, 서울: 대양사, 1999, pp. 183－189. 참조.

고려하여 중국은 2004년 미얀마에 송유관을 개설하여 중동으로부터의 석유를 수입하기로 하였으며, 이에 따라 2013년 완공을 목표로 2010년 9월 10일 중국-미얀먀 송유·가스관의 중국 구간 건설에 착공하였다.[12] 이러한 중국의 정책은 양안(兩岸)분쟁과 같은 국제분쟁이 일어나 미국이 석유수송로인 말라카 해협을 봉쇄할 경우 중국은 중대한 타격을 입기 때문이다.

　미국의 입장에서도 동남아지역은 전략적 가치가 매우 크다. 미국은 전통적인 아시아·태평양 세력으로서 이 지역에 있어서 기존의 절대적 영향력을 계속 유지하는 동시에 급속히 부상하는 중국의 세력 확대를 견제하기 위해서는 동남아국가들과의 우호관계가 중요하다. 미국은 중국의 부상을 자신의 패권적 지위에 도전할 수 있는 세력의 등장으로 인식하면서 이를 억제하려고 한다. 미국이 '중국위협론(China threat theory)'을 제기하고, 이를 활용하여 중국을 견제하는 데 있어서 중국의 위협을 느끼고 있는 동남아국가들은 전략적 파트너가 될 수 있을 뿐만 아니라, 중국과 국경을 접하고 있는 최전선국가들이라는 점에서 그 가치가 크다. 또한 지정학적으로 남중국해는 미 7함대가 태평양과 인도양 사이를 왕래하는 전략적 해로에 위치하고 있기 때문에 군사작전의 수행상 매우 중요할 뿐만 아니라, 경제적 측면에서도 해로의 안전을 확보할 수 있어야 동남아시장에 쉽게 접근할 수 있다는 점에서 중요한 가치가 있다. 이뿐만 아니라 미국은 9·11 이후 테러와의 전쟁을 수행하는 데 있어서 세계최대의 이슬람국가인 인도네시아를 비

---

12) 중국 최대의 석유·천연가스업체인 중국석유·천연가스공사(CNPC: China National Petroleum Corporation)는 윈난(雲南)성 성도 쿤밍(昆明)으로부터 50㎞ 떨어진 안닝(安寧)에서 오는 2013년 완공을 목표로 길이 2,380㎞의 이 송유·가스관 공사에 착공했다. ≪한국경제≫, 2010년 9월 11일.

롯하여 말레이시아·브루나이 등 이슬람 국가들의 협조가 절대적으로 필요한 실정에 있다.

한편 인적 및 물적 자원이라는 경제적 차원에서도 동남아지역은 매우 중요하다. 인적 자원의 측면에서 볼 때 동남아시아는 2010년 현재 약 6억이라는 많은 인구를 가지고 있을 뿐만 아니라, 그동안의 빠른 경제성장으로 구매력이 급속히 증대됨으로써 상품 판매시장으로서의 가치도 크다. 특히 1980년대 이후의 지속적인 고도성장을 해온 인구 규모가 큰 말레이시아·태국·인도네시아·필리핀·베트남 등 5개국 에서는 일정의 구매력을 갖춘 소득층이 크게 확대되었는데, 내구소비 재의 구매층이 되고 있는 가계소득 5,000달러 이상의 인구는 2008년 현재 약 2억 명으로 1990년대 대비 4배로 증가하였으며, 2020년에는 4억 명 가까이에 달할 것으로 예측되고 있다.[13] 또한 물적 자원으로서 남중국해에는 석유·천연가스·구리·알루미늄·주석 등 천연자원이 매우 풍부한 것으로 알려져 있다. 한 중국학자의 연구에 의하면 '남중 국해에는 약 110억 배럴에서 1,600억 배럴의 석유가 매장되어 있는 것으로 추정'[14]되고 있으며, 어장으로서의 가치도 매우 높은 것으로 알려져 있다.

특히 중국의 입장에서 볼 때 ASEAN과의 교역은 2000년 395억 달 러에서 2008년 2,311억 달러로 급속히 증대되어 왔으며, 이에 따라 대외무역에서 차지하는 ASEAN의 비중은 2001년 8.1%에서 2009년 9.6%로 크게 증대되었다. 더욱이 2010년 1월 1일 CAFTA의 발효로

---

13) KIET 해외산업정보, 『중산층을 중심으로 확대되는 ASEAN의 소비시장』, 2010. 6. 18. http://kiet.go.kr/servlet/isearch?mode=view&dataNo=41452(검색일: 2011. 3. 11)

14) Yuan Jing-Dong, "China's Defense Modernization: Implications for Asia-Pacific Security", *Contemporary Southeast Asia*, Vol. 16, No. 1, 1995, p. 79.

인하여 중국과 태국 · 말레이시아 · 싱가포르 · 인도네시아 · 브루나이 · 필리핀 간 교역 품목의 91.5%에 달하는 7,000여 상품의 평균 관세율을 9.8%에서 0.1%로 떨어뜨렸다. 그 결과 2010년 상반기에만 ASEAN 국가에서 중국으로 수출한 금액은 719억 달러로 64% 증가했으며, 중국에서 수입한 금액은 646억 달러로 45.4% 증가했다.15) 또한 미국의 경우 전체교역에서 ASEAN이 차지하는 수입 비중은 2000년 14%에서 2008년 9.6%, 그리고 수출은 2000년 17.9%에서 2008년 11.5%로 다소 감소하고 있으나, 여전히 적지 않은 비중을 차지하고 있다.16) 이러한 이유로 미국 헤리티지재단(Heritage Foundation) 아시아연구센터의 로만(Walter Lohman) 소장은 "미국의 동남아외교에서 가장 중요한 것은 무역과 투자의 성숙된 조건을 만들어내는 것"17)이라고 지적하면서 동남아지역에서 테러와의 전쟁을 위한 지지나 안보적 이익은 부차적인 것이라고까지 하였다. 이와 같이 중국의 경제에서 차지하는 ASEAN의 비중은 급속히 증대되고 있고, 미국 역시 동남아지역에 커다란 경제적 이해관계를 가지고 있다는 점에서 점차 치열해지고 있는 미 · 중 경쟁의 배경을 이해할 수 있다.

---

15) 『이코노믹리뷰』, 2010년 12월 28일.
16) 이선진, 2010, "동남아에 대한 중국 전략: 현황과 대응", 『JPI 정책포럼』, 2010 – 7호, pp. 5 – 12.
17) *Epoch Times*, 25 November 2010.

3. 동남아시아에 있어서 미·중 패권경쟁의 양상과 실태

동남아시아에 대한 미국과 중국의 외교전략은 서로 상대방의 전략적 목표 저지를 전제로 설정되어 있다는 점에서 상당히 대립적인 성격을 띠고 있다. 즉, 미국의 동남아전략의 목표는 자신의 지배적 지위를 계속 유지하고 중국과 같은 새로운 도전국의 부상을 저지하는 것이다. 로만이 "미국은 동남아지역에 대한 중국 관여(engagement)의 중대성을 결코 과소평가할 수 없으며, 중국의 이 지역에 대한 외교는 매우 효과적"[18]이라고 지적한 바와 같이 미국은 이 지역에 대한 중국의 영향력 확대를 상당히 우려하고 있다. 따라서 미국은 중국의 부상에 따른 중국위협론을 부각시켜서 동남아국가들의 중국에 대한 우려와 견제심리를 자극함으로써 자신의 협력에 유리한 환경을 조성하고자 한다.

이에 반해서 중국은 미국이 자신의 강대국으로의 부상을 저지하려는 전략을 구사하고 있다고 인식하면서 미국이 지배하는 패권적 질서를 타파하여 보다 다극화된 새로운 국제질서를 수립함으로써 중국의 위상을 더욱 강화하고자 한다. 이를 위하여 중국은 동남아국가들과 양자 및 다자간 협력관계의 강화를 적극적으로 추진함으로써 미국과의 전략적 경쟁에서 ASEAN을 최소한 중립화시키고 나아가 친중국화를 실현하고자 한다. 이처럼 동남아지역에 있어서 미국의 기득권에 대한 중국의 도전은 양국 간의 긴장과 갈등을 증대시키는 근본적 요인이 되고 있는데, 오늘날 미국과 중국의 동남아지역을 둘러싼 패권경쟁은 정치·경제·문화·군사·안보·외교 등 거의 모든 영역에 걸쳐서 다양

---

18) *Epoch Times*, 25 November 2010.

한 양상으로 나타나고 있다. 본 연구에서는 이러한 경쟁의 양상과 실태를 논의의 편의상 '하드 파워(hard power)' 차원과 '소프트 파워(soft power)' 차원으로 나누어서 살펴보기로 한다.

1) 하드 파워 차원

중국은 자신의 부상과 함께 미국의 견제전략이 점차 심화되어 가는 것을 실감하면서 이에 대한 대응전략을 모색함에 있어서 군사력의 중요성을 다시 인식하고 있다. 중국은 급속한 경제발전을 바탕으로 군사력 증강에 힘써 왔는데, 전반적인 군현대화를 추진하면서도 특히 이미 앞에서 지적한 바와 같은 해양의 전략적·경제적 가치의 증대로 인하여 '해양대국을 목표로 해군력 강화'[19]에 역점을 두고 있다. 중국은 전통적인 해양패권국인 미국으로부터의 견제에 효과적으로 대응하고 대만과의 통일을 성취하기 위하여 해양의 가치를 절감하고 있다. 특히 지정학적으로 매우 중요한 오키나와(沖繩)에 미군을 주둔시키고 있는 것은 중국의 위협 인식을 촉발시키고 해양안보의 확보를 위한 해군력 증강을 자극시키는 요인으로 작용하고 있다.[20] 따라서 중국은 북해함대에 치우친 잠수함 전력 분산과 남중국해에 대한 영향력 확대를 위하여 하이난다오(海南島) 남쪽 산야(Sanya)지역에 첨단 잠수함기지를

---

19) 중국의 해군력 발전전략은 3단계로 진행되고 있는데, 그 마지막 단계가 완료되는 2050년에는 해양대국으로서 입체적 작전수행뿐만 아니라, 세계의 주요 해로를 항해하는 중국 상선에 대한 원거리 지원능력을 확보하게 될 것으로 보고 있다. 자세한 내용은 김태호, "중국의 해양전략과 해군력 발전 추이", 『STRATEGY 21』, 제11－1호, 2008, pp. 192－193. 참조.

20) Robert Sutter, *China's Rise in Asia: Promises and Perils,* Oxford: Rowan & Littlefield., 2005, p. 199.

새로 건설하였는데, 이는 미에르(Christian Le Miere)가 지적한 것처럼 "그동안 이 지역에서 지배적 영향력을 행사해 오던 미국의 패권에 대한 중대한 도전"[21]이라고 할 수 있다.

이뿐만 아니라 중국 해군은 과거의 '연안방어전략'으로부터 '적극적 근해방어전략'으로 군사전략을 변화시켰으며, 장차 원양해군을 위한 준비를 착실하게 진전시키고 있다. 중국은 이미 2009년 소말리아 해역에 구축함을 파견한 바 있으며, 이제는 근해방어전략을 넘어 원해방어전략을 발전시키고 있다고 공공연하게 주장하고 있다.[22] 이러한 전략의 차원에서 중국은 항공모함 건조계획을 수립, 추진하여 왔는데, 미국 태평양 함대 사령관인 윌라드(Robert Willard)에 의하면 "1998년 옛 소련의 퇴역 항공모함 바랴크(Varyag)를 구입하여 현재 개조 중에 있으며 2012경에 실전 배치될 것"[23)으로 예상되고 있다. 물론 중국의 해군은 아직 원거리 투사능력과 작전지속능력이 높지 않고 중요한 해상교통로를 방어하기 위해 군사력을 사용할 정도의 수준에는 미치지 못하고 있다는 것이 일반적 평가이다.[24] 그럼에도 불구하고 이미 지적한 바와 같이 최근 중국의 해양대국화전략은 점차 공세적인 성격을 보여 주고 있으며 이는 미국의 해양패권 유지에 적지 않은 도전으로 다가오고 있다.

이에 반하여 미국의 전략은 압도적 국력을 바탕으로 세계 유일 초강대국으로서의 패권적 지위를 지속하는 것이며, 이에 대한 도전국들

---

21) *The Telegraph*, 1 May 2008.

22) *International Herald Tribune*, 23 April 2010.

23) *South China Morning Post*, 1 April 2010.

24) *Annual Report to Congress: Military Power of the People's Republic of China*, Washington, D.C.: U.S. Department of Defense, 2008, p. 13.

의 패권 추구를 억제하는 데 중점을 두고 있다.[25] 따라서 미국의 입장에서 볼 때 중국의 급속한 부상에 따른 영향력 확대는 장기적으로 패권 추구와 연결된다는 점에서 좌시할 수 없는 일이었다. 바로 이러한 이유에서 미국은 중국의 해양대국화 전략에 대응하여 냉전 종식 이후 다소 느슨해진 전통적인 동남아국가들과의 군사협력관계를 다시 공고화하는 방안을 다각도로 모색하고 있다. 미국은 2005년 싱가포르와 '방위 및 안보협력 파트너십에 관한 전략적 기본협정'[26]을 체결하였고, 필리핀과는 발리카탄(Balikatan) 작전을, 그리고 태국과는 코브라 골드(Cobra Gold) 작전을 실시하는 등 동남아국가들과 대규모 군사작전 프로그램을 다시 활성화시킴으로써 전통적인 안보관계를 재구축해나가고 있다. 특히 미국은 2003년 5월 필리핀의 대테러전쟁을 지원한다는 명분으로 미군 병력을 추가로 파병하고 9,500만 달러 이상의 군사지원을 제공하였으며, 필리핀을 태국과 함께 '비나토 동맹국(non-NATO allies)'[27]으로 격상시켰다.[28] 미국의 이러한 지원정책은 1990년대 초 필리핀 국민들의 반대로 철수하게 된 미군기지를 다시 설치하지는 못하더라도 언제든지 활용할 수 있는 군사적 토대를 마련하기 위한 정지작업이었다고 볼 수 있다. 나아가 미국은 2009년 12월 중국의 위협에 가장 민감하고 현재에도 남중국해상에서 중국과 영유

---

25) George Friedman, *The Next 100 Years: A Forecast for the 21st Century*, New York: Doubleday, 2009, p. 5.

26) *Strategic Framework Agreement between the United States of America and the Republic of Singapore for a Closer Cooperation Partnership in Defense and Security*, Washington, D.C., 12 July 2005.를 참조.

27) 필리핀은 비나토동맹국 지위로 격상됨으로써 NATO 회원국이 아닌 나라 가운데 미국의 핵심 동맹국인 이스라엘·오스트레일리아·이집트처럼 미 국방부와 함께 군사부문의 연구개발을 하고, 미군의 조달계약에 입찰할 자격도 얻게 되었다.

28) 《한겨레》, 2003년 5월 20일.

권분쟁을 치르고 있는 베트남의 풍꽝타잉(Phung Quang Thanh) 국방
장관을 비롯한 군사고문단을 초청하여 미 해군 함정의 베트남 기항과
'전략대화(strategic dialogue)'의 개최 등 군사교류 확대에 합의한 바
있으며, 2010년 10월에는 게이츠(Robert Gates) 국방장관이 직접 베
트남을 방문하여 합동군사훈련을 비롯한 4개 분야의 방위협력에 합의
하는 등 중국 견제라는 공동의 목적을 달성하기 위해 군사협력을 더욱
강화하고 있다.[29] 이러한 미국의 정책은 싱가포르의 리콴유(Lee Kuan
Yew) 전 수상이 지적한 것처럼 "중국의 군사력 증강은 그 투명성에
문제가 있기 때문에 미국의 개입이 필요하다."[30]는 대다수 동남아시
아 국가들의 중국에 대한 경계심에 편승하고 있음은 물론이다.

이러한 미국과 중국의 군사력을 중심으로 한 파워 경쟁은 결국 남
중국해에서 양국군의 충돌사건으로까지 발전하고 있다. 즉, 2001년 4
월 1일에 남중국해에서 중국 전투기와 미군 정찰기가 공중 충돌해서
중국 전투기 2대 중 1대는 추락하고 미군 정찰기는 승무원 24명과 함
께 하이난다오에 비상 착륙한 사건이 일어난 바 있다.[31] 또한 2009년
3월에는 미국의 해양관측선과 중국해군의 정보수집함이 긴장상태에서
대치한 사건이 일어났는데, 당시 미국은 '중국의 행동은 근래 가장 공
격적이었으며 공해의 합법적인 사용에 대한 권리를 존중하도록 한 국
제법을 위반한 것'이라고 주장한 반면에, 중국외교부는 '미 해군 선박
이 국제법과 중국의 법률을 어겼다'고 반박했다.[32] 이처럼 미국과 중

---

29) *South China Morning Post*, 12 December 2009; *Voice of America Online*, 7 October
   2010.
30) *South China Morning Post*, 17 December 2009.
31) ≪서울신문≫, 2001년 4월 3일.
32) ≪동아일보≫, 2009년 3월 11일.

국은 실제로 남중국해상에서 자국의 영향력 확대를 목적으로 군의 정보수집 및 정찰활동을 최근에 더욱 확대하고 있다.

한편 미국과 중국은 막강한 경제력을 바탕으로 동남아국가들과의 우호관계 구축과 경제적 영향력 확대에도 치열한 경쟁을 벌이고 있다. 중국은 급속한 경제적 성장을 바탕으로 미국과 차별화된 경제적 지원 및 협력전략을 구사하고 있는데, 국경을 접하고 있는 인도차이나 국가들과의 경제적 유대를 강화함으로써 중화경제권의 남진정책을 추진해 왔다. 중국은 1992년에 설립된 '메콩강유역개발사업(GMS: Greater Mekong Subregion)'33)을 적극적으로 활용하고 있는데, 2005년 7월 5일 윈난 성 쿤밍에서 GMS 정상회의를 개최하여 총 250억 달러 규모의 개발계획인 '쿤밍 선언'을 채택하고 국가 간 고속도로의 경우 2012년까지 5개 노선의 개통을 명시했다. 특히 중국은 이 회의를 통하여 향후 캄보디아·라오스·미얀마와는 우대 관세를 적용, 상호 무역을 활성화하기로 했다.34) 또한 2010년 6월 시진핑(習近平) 부주석은 비엔티안(Vientiane)을 방문하고 라오스의 인프라 구축을 위하여 수백만 달러의 투자를 약속하는 등 적극적인 지원을 하고 있다.35) 이처럼 중국의 남부지방 경제와 인도차이나 국가들의 경제는 도로망, 국경무역 및 인적 교류의 활성화로 자연스럽게 연결되었다. 그 결과 중국은 미국의 영향권 아래에 있는 믈라카 해협을 거치지 않고 쿤밍 시

---

33) GMS는 1992년 아시아개발은행(ADB: Asian Development Bank)의 지원으로 설립된 기구로서 메콩강유역의 6개 국가들, 즉 중국·캄보디아·라오스·미얀마·태국·베트남 등의 경제적·사회적 발전과 협력의 증진을 목적으로 하고 있는 프로젝트이다. GMS정상회의는 2002년 캄보디아의 프놈펜에서 처음으로 개최된 이후 2005년에는 중국의 쿤밍, 2008년에는 라오스의 비엔티엔 등 3년마다 개최되고 있다.

34) ≪동아일보≫, 2005년 7월 7일.

35) *Straits Times*, 30 July 2010.

를 거점으로 인도차이나 반도를 통하여 인도양으로 나가는 해로를 확보할 수 있게 되었다.

특히 중국은 1997년 태국의 바트(Bhat)화 폭락으로 시작되어 동남아 전역으로 확산된 금융위기를 계기로 적극적인 경제적 지원정책을 전개함으로써 ASEAN의 중국에 대한 신뢰를 크게 증대시켰다. 당시 미국은 동남아금융위기를 정경유착과 부정부패, 투명성의 결여 등 동남아정치경제의 구조적 문제에 기인한 것으로 보았고, 이에 대한 대응조치로 'IMF 방식(IMF conditionality)'을 고집하고 무역자유화 전략만 추구함으로써 동남아국가들의 경제적 어려움을 더욱 가중시켰다는 비판을 받았다.36) 이에 반해서 중국은 외환위기를 겪고 있는 동남아국가들을 위하여 위안화 평가절하를 유보하였을 뿐만 아니라, 심각한 위기에 빠져 있는 태국과 인도네시아에는 직접 대규모의 금융지원을 하였고, 역내 최빈국인 캄보디아 · 라오스 · 미얀마에 대해서는 부채 탕감을 해주는 등 적극적인 지원과 협력을 아끼지 않았다. 나아가 중국은 막강한 화교 경제력을 가지고 있는 동남아국가들과의 경제통합을 위하여 2001년 11월에는 CAFTA협상을 시작하였으며, 다음 해인 2002년에는 '포괄적 경제협력을 위한 기본협정(Framework Agreement on ASEAN-China Comprehensive Economic Cooperation)'37)에 서명하였다. 이를 바탕으로 드디어 2005년 7월 1일에는 CAFTA협정이 체결되었으며, 협정의 자체 규정에 의해 '2010년 1월 1일부터 CAFTA가 발효'38)됨으로써 중국과 ASEAN 간의 경제협력은 새로운 차원에

---

36) 이선진(2010), p. 11.

37) 자세한 내용은 *Framework Agreement on Comprehensive Economic Cooperation Between ASEAN and the People's Republic of China,* Phnom Penh, 4 November 2002. 참조

서 더욱 심화되고 있다.

　나아가 중국의 양제츠(楊潔篪) 외교부장은 2009년 4월 자국과 ASEAN 국가를 연결하는 기반시설 확충을 위해 100억 달러 규모의 투자기금을 설립하고 17억 달러의 우대대출을 포함, ASEAN 국가들에 대한 150억 달러 규모의 신용제공계획 등 총 250억 달러 규모의 ASEAN 투자기금 설립계획을 발표하였다.[39] 이에 따라 100억 달러의 인프라 기금 가운데 현재 10억 달러가 교통 및 통신망 건설에 사용 중이며, 후속 기금도 제조업과 금융서비스업에 사용할 계획으로 있다. 또한 중국은 동년 7월 2일 중앙은행인 인민은행 등 6개 부처가 '대외무역 위안화 결제 관리방법'을 발표, 상하이(上海) · 광저우(廣州) · 선전(深圳) · 주하이(珠海) · 둥관(東莞) 등 5개 도시와 ASEAN 간의 대외무역에 있어서 위안화 결제 제도를 시범 실시한다고 밝혔는데, 이로써 ASEAN 국가들은 미국 달러화에 대한 부담을 덜게 되었다.[40] 물론 이러한 조치는 중국이 장기적으로 위안화를 미국 달러나 유로 달러와 함께 '기축통화화'하는 동시에 동남아지역을 포함하는 '위안화경제권'을 형성하기 위한 전략의 일환으로 볼 수 있지만, ASEAN의 입장에서는 달러화 부족으로 인한 외환위기의 가능성을 다소나마 줄일 수 있다는 점에서 의미가 있는 것이었다.

　한편 미국은 9 · 11 이후 대테러전의 수행으로 동남아지역에 대해서 적극적인 관심을 기울이지 못하였으나 중국의 경제적 부상과 함께 이루어지고 있는 이 지역에 대한 급속한 경제적 영향력 확대를 더 이

---

38) CAFTA는 자체 규정에 의해 후발개도국인 인도차이나의 캄보디아 · 라오스 · 미얀마 · 베트남은 5년 유예기간을 주어서 2015년까지 완료하기로 하였다.

39) ≪중앙일보≫, 2009년 4월 13일.

40) ≪세계일보≫, 2009년 7월 2일.

상 방관할 수 없는 상황이 되었다. 이러한 인식에서 미국은 2002년 10월 부시대통령이 APEC 정상회의에서 ASEAN 측에 'ASEAN 행동계획(EAI: Enterprise for ASEAN Initiative)'[41]을 제안하게 되었으며, 이를 계기로 동남아국가들과 FTA를 추진하기 시작하였다. EAI는 ASEAN 국가들과 개별적인 양자 간 FTA를 중첩적으로 체결함으로써 미국과 ASEAN의 무역 및 투자관계를 '쌍무적 FTA네트워크(a network of bilateral FTAs)'로 구축하기 위한 의도로 고안된 프로그램이다. 이 구상에 따라 싱가포르와 FTA를 체결했고, 태국·말레이시아·필리핀 등과 FTA를 추진할 예정이며, FTA를 위한 사전 정지 작업으로서 필리핀·인도네시아·태국과는 무역통상기본협정(TIFA: Trade and Investment Framework Agreement)을 체결하였다. 또한 미국은 2008년 2월 '환태평양경제동반자(TTP: Trans-Pacific Partnership) 협정'[42]에 참여하기 위한 협상을 시작한 이후 중국과 차별화된 새로운 방식의 자유무역을 통하여 동남아국가들과 경제적 유대를 강화하려고 하고 있다. 이와 함께 미국은 인도차이나 국가들에 대해서도 중국과 차별적인 접근을 위하여 2009년 '메콩강유역이니셔티브(LMI: Lower Mekong Initiative)'를 발표하였다. 이 프로그램은 2009년 7월 23일 '힐러리 클린턴(Hillary Clinton) 국무장관과 메콩 강 유역의 캄보디아·

---

41) EAI에 대한 자세한 내용은 *Enterprise for ASEAN Initiative,* Bureau of East Asian and Pacific Affairs, U.S. Department of State, 26 October 2002.를 참조할 것.

42) TTP협정의 정식명칭은 Trans-Pacific Strategic Economic Partnership Agreement이며, 아시아·태평양 지역 경제의 통합을 목적으로 2005년 6월 뉴질랜드·싱가포르·칠레·브루나이 등 4개국 체제로 출범한 다자간 자유무역협정이다. 2006년 1월까지 회원국 간 관세의 90%를 철폐하고, 2015년까지 모든 무역 장벽을 철폐하는 것을 목표로 하고 있는데, 2008년 2월 미국이 이 협정에 참여하기 위한 협상을 시작했고, 동년 8월 호주·베트남·페루가 참여 의사를 밝혔으며, 2010년 10월 말레이시아가 참여를 선언했다. 2010년 현재 협상을 벌이는 5개국 외에도 캐나다·일본·필리핀·대만·한국 등이 협정 참여에 관심을 표명하고 있다.

라오스 · 태국 · 베트남 등 4개국 외상에 의해 설립'[43])되었으며, 그 목적은 환경 · 건강 · 교육 및 인프라의 구축에 있다. 이를 위하여 미국이 적극적인 지원을 하는 프로그램인데, 제2차 미국과 LMI 각료회의가 2010년 7월 22일 베트남의 하노이에서 개최되는 등 구체적인 실천 노력이 이루어지고 있다.

2) 소프트 파워 차원

미국과 중국의 동남아시아를 둘러싼 패권경쟁은 소프트 파워 차원에서 더욱 치열하게 전개되고 있다. 이는 중국의 '연실력(軟實力)'과 미국의 '스마트 파워(smart power)'[44] 간의 경쟁으로서, 소프트 파워는 하드 파워에 비해서 대상 국가의 저항을 덜 받으면서도 더욱 좋은 이미지를 심어주면서 영향력을 증대시킬 수 있다는 점에서 매력적인 전략 수단이 되고 있다. 특히 중국은 소프트 파워 전략을 통해서 낡은 사회주의 국가 이미지를 청산하고 역동적으로 발전하고 있는 국가이자 찬란한 문화유산을 가지고 있는 대국으로서의 새로운 이미지를 창출하고자 한다. 중국은 2003년 태국에 '시린돈 중국언어문화센터(Sirindhorn Chinese Language and Culture Center)'를 설치하여 동남아지역에 있어서 중국 자신과 중국어를 마케팅하고 있다. 또한 중산층 신분의 중국 관광객들이 동남아지역을 여행하면서 '질적으로 다른 좋은 손님'이라는 부

---

43) 메콩 강 유역에 있는 미얀마는 전체 메콩 강의 2%밖에 관련되어 있지 않아서 현 단계에서는 별로 의미가 없다고 보고 제외되었다.

44) '스마트 파워'는 정보통합 · 외교네트워크 · 국방 · 개발 등의 하드파워와 소프트 파워가 합친 개념으로서 오바마 정부 외교정책 비전의 핵심이다. Joseph S. Nye, "Obama's Tightrope", *Project Syndicate: A world of Ideas*, 8 March 2011, p. 1.

유하고 자신만만하며 영향력을 갖춘 중국의 이미지를 심어 주고 있다. 이러한 현상에 대해서 당시 국립싱가포르대학교 동아시아연구소의 왕 정우(Wang Gungwu) 소장은 "이 지역에서 중국 열풍은 중국위협론을 대체하고 있다."45)고까지 그 효과를 높이 평가한 바 있다. 그뿐만 아니라 중국은 2004년 10월 서울에 처음으로 '공자학원(孔子·學院)'을 세운 이후 2010년 10월 현재 전 세계 91개국에 322개를 설립, 운영하고 있으며, 공자학원보다 규모가 작고 어린 학생을 주로 교육하는 공 자교실도 34개국에서 369개가 운영 중이다.46) 이처럼 중국의 소프트 파워를 통한 적극적인 외교적 공세에 대해서 동남아지역의 미국문화 원(United States Information Center)에서 오랜 공직생활을 하였던 블랙번(Paul Blackburn)은 "중국인들이 적극적으로 민간외교를 전개하고 있는 데 반해서 우리는 퇴보하거나 제자리걸음을 하고 있다."47) 고 미국의 외교정책을 비판한 바 있으며, 역시 같은 맥락에서 쿠를란 치크(Joshua Kurlantzick)는 "중국의 소프트 파워 외교는 무력을 내세운 일방적인 미국의 외교와는 달리 동남아시아를 서서히 침투하고 있으며, ASEAN과의 거래에 있어서 외부 영향력을 가장 잘 행사하는 국가로 만들어가고 있다."48)고 지적하고 있다.

한편 양국의 소프트 파워를 통한 패권경쟁은 동남아지역을 무대로 한 치열한 외교전쟁에서도 잘 나타나고 있다. 중국은 무엇보다도 ASEAN이 주도하고 있는 다자협의체에 적극적으로 참여하여 동남아

---

45) *New York Times*, 18 November 2004.

46) ≪동아일보≫, 2011년 1월 22일.

47) *New York Times*, 18 November 2004.

48) Joshua Kurlantzick, *Charm Offensive: How China's Soft Power Is Transforming the World*, New Haven: Yale University Press, 2007, p. 226.

국가들과의 유대관계를 강화함으로써 이 지역에 대한 미국의 영향력을 배제하고자 한다. 중국은 1994년 ARF의 창립과 동시에 다자안보대화에 참여함으로써 중국위협론을 불식시키고 동남아국가들과의 우호관계를 증진시키고 있는데, 특히 1997년에는 남중국해문제를 ARF 의제로 상정하는 데에 동의함으로써 중국의 영토적 야심을 견제하려는 동남아 국가들의 우려를 크게 완화시켰다.49) 나아가 2002년 11월 중국은 ASEAN 회원국들과 '남중국해 행동지침 선언(Declaration on the Conduct of Parties in the South China Sea)'에 참여하였는데, 이는 남중국해에 대한 중국의 태도가 변화한 결정적 전환점으로 간주되고 있다.50) 왜냐하면 이 선언은 그동안 치열하게 전개되어 왔던 남중국해 영유권 분쟁의 평화적 해결방안을 도출할 수 있는 실마리를 제공하고 있기 때문이다. 또한 중국은 그동안 ASEAN이 역외 강대국들에게 동남아국가들의 주권과 안전을 보장하고 신뢰구축 증진을 위하여 지속적으로 요구해 온 TAC에 2003년 6월 역외국가로서는 처음으로 가입함으로써 ASEAN과의 우호관계 구축을 위한 중요한 토대를 마련하였고, 동년 10월 정상회담을 통하여 '평화와 번영을 위한 전략적 동반자관계'51)를 선언하였다. 이처럼 중국은 미국의 대중봉쇄전략에 대응하여 국경을 접하고 있는 인도차이나 국가들과의 협력은 물론이고 모든 동남아국가들, 그리고 집단적 차원에서 ASEAN과의 전방위 협력관계의 구축을

---

49) Rosemary Foot, "China in the ASEAN Regional Forum: Organizational Processes and Domestic Modes of Thought", *Asian Survey,* Vol. 38, No. 5, 1998, pp. 425 – 426.

50) John Garofano, "China, South China Sea, and U.S. Strategy", in Gabriel B. Collins(et al), *China's Energy Strategy: The Impact on Beijing's Maritime Policies,* Annapolis, MD: Naval Institute Press, 2008, p. 283.

51) 자세한 내용은 *Joint Declaration of ASEAN and China on Strategic Partnership for Peace and Prosperity,* Bali, Indonesia, 8 October 2003. 참조.

적극적으로 추진하고 있다. 중국이 평화발전론을 전파하고 동남아국가 들 간의 영도분쟁문제를 위한 다자협의체에 적극 참여함으로써 중국위 협론을 불식시키고 지역 리더(leader)로서의 이미지를 제고시키는 이면 에는 전통적으로 자신의 세력권으로 여겨왔던 이 지역에서의 우위를 확보하려는 전략적 의도가 담겨 있음은 물론이다.52)

반면에 미국은 9·11 이후 대테러 전쟁에 몰두하면서 동남아에 대 한 정책을 소홀히 하였고, 그 결과 중국의 침투와 영향력이 크게 확대 되었다. 이러한 상황에서 집권한 오바마 행정부는 그동안의 잃어버린 동남아외교를 되찾기 위하여 적극적인 정책을 추진하고 있다. 우선 미 국은 ASEAN에 대한 접근을 강화하기 위하여 2008년 5월 초대 ASEAN 주재 미국 대사로 동남아시아 전문가인 스콧 마르시엘(Scot Marciel)을 임명, 파견하였으며,53) 나아가 클린턴 국무장관은 2009년 7월 ARF회의 참석한 후 기자회견을 통하여 "미국과 ASEAN을 잇는 외교대표부를 신설하겠다."고 발표하면서 미국은 이제 동남아시아로 다시 되돌아왔음을 분명히 선언하였다.54) 이러한 정책 선언의 연장선 에서 미국은 먼저 ASEAN을 통한 집단적 차원에서는 그동안 보류해 왔던 TAC에 대한 서명을 2009년 7월 ARF회의를 통하여 실행하였으 며, 공식적으로 EAS의 참여를 신청하는 등 ASEAN과의 관계 강화에 전향적으로 임하고 있다. 이와 함께 동남아국가들에 대한 개별적 차원 에서의 접근정책도 더욱 강화하고 있는데, 이는 특히 전통적으로 반중 정서가 강한 인도네시아·베트남·싱가포르 등을 겨냥하고 있다. 미

---

52) 서정경, "동아시아지역을 둘러싼 미중관계: 중국의 해양대국화를 중심으로", 『국제정치 논총』, 제50집 2호, 2010, p. 109.

53) *China Daily*, 2 May 2008.

54) ≪동아일보≫, 2009년 7월 29일.

국이 특히 인도네시아를 중시하는 이유는 세계최대의 이슬람국가로서 테러와의 전쟁을 수행하는 데 있어서 협조가 필요할 뿐만 아니라, 동남아지역에서 화교의 영향력이 상대적으로 낮고 전통적으로 중국에 거부감을 갖고 있기 때문이다. 미국은 인도네시아가 ASEAN에서 주도적인 역할을 하고 있을 뿐만 아니라 중국을 견제하고 이슬람권과의 협력을 강화하는 데 교두보가 될 수 있다는 점에서 중시하고 있다. 이러한 인식하에 오바마는 2010년 11월 9일 자카르타를 방문하여 유도요노(Susilo Bambang Yudhoyono) 대통령과 정상회담을 개최하고 양국의 '포괄적 동반자 관계'로의 격상을 선포하였다.55) 또한 중국과 국경을 접하고 있는 베트남 역시 중국과 전쟁을 치른 바 있으며 남중국해 도서 영유권분쟁이 계속되고 있다는 점에서 미국은 베트남 전쟁의 상처를 씻고 우호관계를 강화하는 데 공을 들이고 있다. 또한 싱가포르 역시 전체인구의 3/4이 중국계이며 도시국가로서 국가적 취약성이 크기 때문에 중국의 세력 확대에 대한 우려가 크다는 점에서 미국의 적극적인 협력공세의 대상이 되고 있다. 이뿐만 아니라 최근 미국은 인권문제 등으로 지속적인 재재를 가해 온 미얀마에 대한 정책을 수정하여 제재와 대화를 병행함으로써 미얀마가 지나치게 중국에 의존하는 것을 막으려고 하고 있다.

이처럼 양 강대국의 외교전은 점점 더 확대되어 왔는데, 이 가운데 특히 남중국해에 있어서 영향력 증대를 둘러싼 양국의 외교적 갈등과 경쟁이 가장 치열하다. 중국은 2010년 3월 '남중국해가 자신의 주권 및 영토보전과 관련된 핵심이해 사안'이라는 사실을 미국에 통보한바

---

55) *Jakarta Post*, 11 October 2010.

있다. 그러나 이러한 중국의 입장에 대해서 미국의 힐러리 클린턴 국무장관은 2010년 7월 23일 베트남 하노이에서 열린 ARF에서 '이는 미국의 이해와 직결된 중요한 외교적 사안'이라고 하면서 남중국해의 상당 부분이 중국의 배타적 경제수역이라는 중국의 주장을 정면 반박하였다. 특히 여기에서 주목할 것은 클린턴 장관이 이 지역 분쟁 해결을 위해 국제적 메커니즘 구축을 제안한 점이다. 이는 남중국해의 스프라틀리(Spratly) 군도와 파라셀(Paracel) 군도의 영유권을 둘러싸고 중국이 베트남·필리핀·말레이시아·브루나이 등과 영유권 분쟁을 벌이고 있는 상황에서, 미국이 중국과 분쟁 중인 ASEAN 국가들의 편을 들고 나섰다는 것을 의미한다.[56] 미국의 이러한 입장 표명은 그동안 동남아지역에 있어서 미국의 존재에도 불구하고 사실상 남중국해 영토분쟁에는 거의 개입하지 못하였으나 ASEAN의 중요성이 증대됨에 따라 남중국해 항해 안전과 같은 실용적인 관여를 하기 시작하였다는 것을 의미한다. 이러한 미국의 정책에 대해서 중국은 남중국해 문제에 대한 내정간섭적 발언을 중단하고 개입하지 말 것을 강력히 경고한 바 있다. 즉, 양제츠(楊潔篪) 중국 외교부장은 힐러리의 주장에 대해서 "이 문제가 국제화되면 문제를 악화시켜 해결을 더욱 어렵게 할 뿐이며, 따라서 문제해결을 위한 최선의 방식은 관련국들 간의 직접적인 양자 협상"[57]이라고 주장하면서 미국이 개입할 문제가 아니라는 점을 분명히 했다. 나아가 동년 11월 중국 외교부의 아시아담당 책임자인 후정웨(胡正躍)는 "남중국해의 평화와 안정을 지키려면 이 문제를 확대하거나 국제화해서는 안 된다. 남중국해 분쟁 당사국들은 자

---

56) *South China Morning Post*, 25 July 2010.

57) ≪서울신문≫, 2010년 7월 26일.

신의 힘으로 문제를 해결해 나갈 능력이 있다. (……) 당사국들이 쌍
방 협상을 통해 분쟁을 해결해야 하며 역외세력이 이 문제에 개입해서
는 안 된다."58)는 점을 분명히 하였다.

　이뿐만 아니라 미·중 외교전은 현재 ASEAN이 주도하고 있는 동
아시아 지역통합을 둘러싼 영향력 확대경쟁에 있어서도 치열하게 전
개되고 있다. 중국은 1997년 동남아 외환위기 이후 나타난 동아시아
지역주의 및 지역공동체 논의에 적극 참여해 왔는데, 그 배경에는 동
아시아 국가들만의 지역협력체를 구축함으로써 미국의 영향력을 배제
하고 자신의 영향력을 확대하는 장소로 활용하자는 전략적 의도가 있었
다. 중국은 이미 1990년 말레이시아의 마하티르(Mahathir bin Mohamad)
가 제안하였던 EAEC에 처음부터 일관된 지지 입장을 표명하였으며,
1998년 APT가 출범하였을 때에도 적극적으로 참여하여 APT과정에
있어서 ASEAN의 '중심성(centrality)'과 '일차적 추진력(primary driving
force)'을 지지하였으며, 말레이시아와 함께 EAS의 조기 개최를 통하
여 동아시아공동체의 제도화 논의를 가속화시킴으로써 자신의 영향력
확대와 미국의 영향력 배제에 적극적 노력을 기울여 왔다. 이에 대응
하여 미국은 중국이 동아시아를 지배하지 못하도록 하기 위하여 일본
및 ASEAN 일부 국가들과 협력하여 참여국 확대를 주장하였으며, 그
결과 2004년 제1차 EAS회의에 오스트레일리아·뉴질랜드·인도 등
이 참여하게 됨으로써 미국의 전략은 일단 성공을 거두었다. 나아가
미국의 힐러리 국무장관은 2010년 7월 ARF회의에서 ASEAN이 EAS
참여의 전제조건으로 제시하고 있는 TAC에 서명하였으며, EAS 가입

---

58) *South China Morning Post*, 4 November 2010.

신청을 하는 등 중국의 영향력 확대를 견제하기 위하여 더욱 적극적인 정책을 전개하였다. 그 결과 미국은 2011년 EAS 회의에서부터 정식 회원국으로 참여할 수 있게 되었으며, 이에 따라 중국은 다시 동아시아 지역통합 논의의 중심을 EAS보다는 APT 중심으로 전환하는 전략을 구사하고 있다. 따라서 현재 논의되고 있는 동아시아공동체의 건설과 같은 동아시아지역통합 논의와 관련하여 향후 양국의 ASEAN에 대한 영향력 확대 경쟁이 더욱 치열해질 것으로 예상된다.

4. 미·중 패권경쟁에 대한 ASEAN의 인식과 선택

중국의 부상에 대한 ASEAN 회원국들의 인식은 지정학적 성격, 정치체제, 경제발전 수준, 군사력 정도 등에 따라서 편차가 있으며, 이에 따라 대응방식에 있어서도 차이를 보여 주고 있다. 역사적으로 갈등을 겪어온 인도네시아·베트남·필리핀, 그리고 도시국가로서 국가적 취약성이 큰 싱가포르 등은 중국의 부상에 대해서 커다란 우려를 가지고 있지만, 비교적 우호관계를 유지하고 있는 태국·미얀마·캄보디아·라오스의 경계심은 상대적으로 약하다. 그러나 '대다수 ASEAN 회원국들은 중국의 부상이 위험뿐만 아니라 기회도 동시에 가져다준다고 인식'[59]하고 있기 때문에 기회는 최대한 활용하되 위험은 최소화시켜야 한다는 데에 의견을 같이하고 있다.

ASEAN 국가들은 아직도 중국을 완전히 신뢰하지 못하고 있는데,

---

[59] 중국의 부상에 대한 ASEAN의 인식에 대한 자세한 논의는 이 책의 <제8장>을 참조할 것.

그것은 중국이 남중국해에서 추구하는 완고한 영유권정책과 팽창주의
적 남진정책, 중화주의에 바탕을 둔 강대국화 정책 등은 '평화로운 부
상(peaceful rising)'이라는 외교적 수사와는 거리가 있기 때문이다.
이러한 점에서 아차라(Amitav Acharya)가 "중국의 ASEAN 지역에
대한 '매력공세(charm offensive)'에 대해서는 신중하고도 장기적인
평가가 필요하다."60)고 한 지적은 매우 적절한 것이었다고 하겠다. 따
라서 ASEAN은 중국의 경제적 부상이 가져다주는 이익을 얻기 위하
여 중국과 협력하는 한편, 중국의 군사적 부상이 초래하게 될 위험에
대처하기 위하여 미국과 안보협력을 모색하고 있다. 그러나 동시에
ASEAN이 미국을 완전히 신뢰하고 있는 것도 아니다. ASEAN은
1997년 금융위기를 경험하면서 IMF에 가장 큰 영향력을 행사하고 있
는 미국의 역할에 의문을 가지게 되었고, 1999년 동티모르(East Timor)
위기를 겪으면서 미국에 대한 불신이 더욱 증대되었다. 그뿐만 아니라
9·11 이후 미국이 대테러전을 수행하는 과정에서 보여 주고 있는 이
슬람세력에 대한 공격은 동남아지역의 이슬람국가들로 하여금 반미정
서를 증대시켰다.

이와 같이 미국과 중국의 두 강대국 가운데 어느 하나에 편승하기
어려운 상황에서 ASEAN이 선택한 전략은 미국과 중국에 대한 '헤징
(hedging)'과 '균형(balance)'이었다. 헤징이란 "어떤 국가가 매우 불
확실하고 중대한 이해관계가 걸려 있는 상황에서 상호 반작용하는 효
과를 만들어낼 의도로 다각적인 정책을 선택함으로써 위험의 상쇄를
추구하는 행위"61)라고 정의할 수 있다. ASEAN은 중국의 부상에 따

---

60) Amitav Acharya, "China's Charm Offensive in Southeast Asia", *International Herald Tribune*, 8 November 2003.

든 위험에 대치하기 위하여 대립적인 이해관계를 가지고 있는 미국이나 일본 등과 경제적·안보적 유대를 유지하는 동시에, 미국과의 군사적 협력이 야기할 수 있는 주권 손상과 미국의 압력에 대처하기 위하여 부상하는 중국과의 협력을 강화함으로써 어느 일방으로부터의 위험을 상쇄하는 전략을 추구하고 있다. ASEAN의 헤징전략에 대해서 국쳉줴(Kuik Cheng-Chwee)는 대체로 다섯 가지의 요소로 구성되어 있다고 하였는데, 그것은 위험발생에 대비한 옵션(option)으로서 간접적 균형(indirect balancing)과 지배 거부(dominance denial), 보상을 극대화하기 위한 옵션으로서 경제적 실용주의(economic pragmatism), 구속력 있는 개입(binding engagement), 제한적 편승(limited bandwagoning) 등이다.[62] 물론 중국의 부상에 대한 ASEAN 회원국들의 인식과 이해관계의 차이에 따라 옵션의 선택에 있어서 편차가 있는 것은 사실이지만, 보상과 위험을 동시에 고려하는 전략이어야 한다는 점에는 이론이 없다. 이처럼 ASEAN의 헤징전략은 본질적으로 이중적 접근법이며, '최선을 위해서 작동하는 전략인 동시에 최악의 경우를 대비하는 전략'이기도 하다.

싱가포르의 수상 리센룽(Lee Hsien Loong)이 "ASEAN은 미국과 중국 또는 중국과 일본 사이에서 선택을 강요받는 것을 원하지 않는다."[63]고 강조하였듯이, ASEAN은 어느 한 편에 서서 다른 편과의 대결을 하는 것보다는 자신이 중심이 되어 자율적으로 경쟁하는 세력을

---

61) Kuik Cheng-Chwee, "The Essence of Hedging: Malaysia and Singapore's Response to a Rising China", *Contemporary Southeast Asia*, Vol. 30, No. 2, 2008, p. 163.

62) Kuik(2008), pp. 165 – 171.

63) *CRS Report for Congress RL32688*, Washington D.C.: Government Printing Office, 2006. p. 1.

활용함으로써 이익을 극대화시키고자 하는 전략을 구사하고 있다. ASEAN은 CAFTA를 체결함으로써 중국을 경제성장의 엔진으로 활용하는 동시에, 중국의 경제적 영향력 확대로 인한 화교경제권의 종속과 같은 부작용을 최소화하고 중국을 견제하기 위하여 미국 · EU · 일본 · 호주 · 인도 · 한국 등 주요 경제대국과도 적극적으로 FTA를 추진하는 헤징전략을 구사하고 있다. 또한 ASEAN은 중국이 APT 참여국들만으로 EAS를 출범시킴으로써 동아시아 지역통합을 지배할 우려를 견제하기 위하여 중국의 반대에도 불구하고 오스트레일리아 · 뉴질랜드 · 인도는 물론이고 미국의 참여까지 허용함으로써 중국의 영향력 확대를 견제, 상쇄시키고자 한다. 나아가 ASEAN의 헤징전략은 동남아지역의 평화와 안정에 미국의 역할을 완전히 신뢰할 수 없는 상황에서 자신이 직접 지역안보에 공헌할 수 있는 중추적 역할을 적극적으로 모색하고 있는데, 이러한 역할은 주로 '다자외교(multilateral diplomacy)'를 통해서 나타나고 있다.[64] 즉, ASEAN은 자신의 이니셔티브에 의해서 창설된 ARF · APT · EAS와 같은 다자주의 메커니즘들을 주도함으로써 자신의 위상을 강화하는 동시에 미국과 중국 등 강대국들에 대한 역할을 확대해 가고 있다. 이처럼 ASEAN의 헤징전략은 경제 · 안보 · 외교 등 거의 모든 영역에서 광범하게 구사되고 있다.

이와 함께 ASEAN이 미 · 중 패권경쟁에서 선택한 전략의 또 하나의 특징은 '균형'에 있다. 아차라와 탄(See Seng Tan)은 '세력균형'이라는 개념을 '상태(condition)'적 개념과 '정책(policy)'적 개념으로 구

---

[64] Amitav Acharya & See Seng Tan, "Betwixt Balance and Community: America, ASEAN and the Security of Southeast Asia", *International Relations of the Asia-Pacific*, Vol. 6, No. 1, 2006.

분하면서, ASEAN은 역사적으로 동맹이나 군사력 증강과 같은 정책으로서의 세력균형을 주-+하기보다는 강대국 간의 '균형상태(condition of equilibrium)'를 중시하였다고 지적하고 있다. 또한 이러한 균형상태를 유지하기 위해서는 어느 한 강대국이 이 지역에서 독점적 영향력을 행사하지 못하도록 하는 '집단적인 외교적 압력(collective diplomatic pressure)'이 요구된다고 하였다.[65] 따라서 ASEAN은 중국이냐 미국이냐의 제로섬(zero-sum) 게임적 선택을 피하고자 한다. ASEAN은 부상하는 중국으로부터 이익을 추구하는 동시에 미국과도 계속 좋은 관계를 유지하기를 희망하고 있다.[66] 이러한 사실은 ASEAN 지도자들의 인식에서 잘 나타나고 있는데, 인도네시아의 전 외상 알라타스(Ali Alatas)는 이미 탈냉전 초기에 "동남아지역의 안보는 강대국들 간의 균형 및 강대국들과 동남아시아 간의 균형을 요구하고 있다."[67]고 지적한 바와 있으며, 인도네시아의 전 국방장관 수다르소노(Juwono Sudarsono)는 "미·중 어느 한 국가와 너무 가까이 지내는 것은 외교정책의 가치를 손상시킬 수 있기 때문에 인도네시아는 양국 간 경쟁관계에서 전략적 공간을 유지할 것"[68]이라고 하면서 경제적으로는 미국과 가깝지만 중국에서 군수품을 들여오는 방식으로 균형을 추구하고 있음을 지적한 바 있다. 또한 태국의 국제문제전문가이자 방콕 시장인 수콤판 바릿파트라(Sukhumbhand Baribatra)는 "동남아국가들은 중국의 영향력 확대를 정확히 파악하고 있으며, 이를 활용하려고 노력하고

---

65) Acharya & Tan(2006), p. 44.

66) David C. Kang, *China Rising: Peace, Power, and Order in East Asia*, New York: Columbia University Press, 2007, p. 126.

67) *Far Eastern Economic Review*, 11 July 1991.

68) *International Herald Tribune*, 10 November 2010.

있다."69)는 사실을 지적하면서 "태국을 포함한 동남아국가들은 지난 수십 년간 미국 · 중국 등 강대국의 영향력에 휘둘리지 않으려고 균형 있는 외교정책을 펼쳐 왔다."70)는 사실을 분명히 하였다.

이러한 점에서 ASEAN은 김예경이 적절히 표현하고 있는 것처럼 '균형전략(balanced strategy)'71)을 추구하여 왔던 것이다.72) ASEAN 의 입장에서는 미국과 중국 가운데 하나를 선택해야 하는 상황은 최악 의 시나리오이기 때문에 미국과의 안보협력에 있어서도 중국에 대한 봉 쇄정책이나 군사개입에 직접적으로 참여하는 것이 아니라, 중국과의 경 제협력에 손상을 주지 않는 범위 내에서 미국과의 군사협력을 모색하는 등 일정한 한계를 두고 있다.73) 바로 이러한 균형전략을 통하여 ASEAN 은 많은 실익을 얻을 수 있었기 때문에 인도네시아대학교의 드완토 (Pamungkas A. Dewanto)가 적절히 지적한 바와 같이 "ASEAN은 동 남아지역에 있어서 미국과 중국의 경쟁을 즐겨왔다."74)고 할 수 있으며, 싱가포르의 게일(Bruce Gale)은 최근 미국의 중국 견제를 목적으로 한 라오스에 대한 관심과 지원 확대정책과 관련하여 "라오스의 지도자들은 베이징과 워싱턴의 경쟁이 야기하는 이익을 기꺼이 거두어들인다."75)고

---

69) 《중앙일보》, 2010년 9월 30일.

70) 《중앙일보》, 2010년 9월 30일.

71) 균형전략은 '세력균형(balance of power)'과 다른 개념인데, 전자가 한 국가의 대외전 략 또는 정책적 차원에서 이해해야 하는 단위수준(unit level)의 개념이라면, 후자는 국 제관계의 구조를 설명하기 위해 사용되는 체제수준(system level)의 개념이다. 김예경, "중 · 미 간의 세력경쟁과 아세안의 균형전략: 약소국의 중추적 역할 찾기", 『한국정치 학회보』, 제42집 1호, 2008, pp. 326–327.

72) 김예경(2008), p. 320.

73) David M. Lampton, *The Three Faces of Chinese Power: Might, Money, and Minds*, Berkely: University of California Press, 2008, p. 263.

74) *Jakarta Post*, 2 December 2010.

75) *Straits Times*, 30 July 2010.

지적하고 있다. 이처럼 ASEAN은 미국과 중국에 비해 상대적 열세에 있는 국력의 한계를 극복하면서 자신의 이익을 극대화시키기 위해서는 균형전략이 최선의 선택이라고 판단하고 있는 것이다. 그리고 이러한 균형전략은 이미 오랜 역사적 경험을 통해서 얻게 된 ASEAN 국가들의 외교정책노선인 '비동맹중립주의(non-aligned neutralism)'[76])에 그 뿌리를 두고 있다는 점에서 일시적인 전략적 선택이라기보다는 상당히 지속적인 성격을 띠고 있는 것이라고 보아야 할 것이다.

5. 결 론

이상의 논의에서 알 수 있는 바와 같이 현재 유일 초강대국으로서 '미국이 추구하는 패권적 세계질서'와 새로운 강대국으로 부상하고 있는 '중국이 추구하는 다극적 세계질서'는 상호 대립적이고 갈등적이라는 점에서 미국과 중국 간의 협력은 제한적일 수밖에 없으며, 앞으로도 중국의 국력이 빠른 속도로 계속 성장할 것이라는 점에서 향후 양 강대국 간의 경쟁은 더욱 확산될 가능성이 크다. 물론 외관상으로 미국은 부강한 중국의 평화로운 부상을 환영하고 책임 있는 대국으로서의 역할을 기대하고 있지만, 내면적으로는 중국의 급속한 발전에 따른

---

76) ASEAN 국가들은 강대국 간의 패권경쟁이 약소국들에게 어떠한 영향을 미치며, 이러한 패권경쟁에 휘말려 들어가지 않고 자주성을 지키면서 국가이익을 유지, 확대시킬 수 있는 외교전략이 무엇인지를 역사적 경험을 통하여 터득하여 왔는데, 그것이 바로 비동맹중립주의였다. ASEAN이 1971년에 채택한 '동남아시아 자유 · 평화 · 중립지대 (ZOPFAN: Zone of Peace, Freedom an Neutrality in Southeast Asia)'안과 1995년에 체결된 동남아시아비핵지대(SEANWFZ: Southeast Asia Nuclear Weapon Free Zone) 조약은 모두 여기에 근거한 외교전략이다.

영향력 확대를 이 지역에 있어서 자신의 전통적인 패권에 대한 도전으로 인식하면서 강력한 견제전략을 구사하고 있다. 최근 미·중 간의 다각적인 교류의 증가에도 불구하고 여전히 진정한 상호신뢰가 형성되지 않고 있는 것은 바로 이러한 상대방에 대한 견제와 지역패권을 향한 영향력 확대 경쟁이 치열하게 계속되고 있기 때문이다.

그렇다면 이러한 상황 속에서 향후 ASEAN은 어떠한 선택을 하여야 할 것인가? 지금까지의 논의에서 밝혀진 것처럼 ASEAN은 양국의 경쟁을 즐기면서 그로부터 얻을 수 있는 실리를 챙겨 왔으며, 그것을 우리는 '헤징전략' 또는 '균형전략'이라고 보았다. 이러한 전략은 강대국관계에서 ASEAN이 수동적 입장에서 취할 수 있는 이익이었다. 그러나 중국의 급속한 부상에 대한 미국의 강력한 견제에서 볼 수 있듯이 이 지역 질서의 유동성과 불안정성은 ASEAN의 전략적 선택을 어렵게 하는 요인이 되고 있다. 만약 미국과 중국의 갈등이 심화되어 분쟁이 일어나는 상황이 발생한다면 ASEAN은 더욱 어려운 선택을 강요받게 될지도 모른다. 따라서 ASEAN은 미·중 경쟁구도 속에서 단순히 중립·헤징·균형을 통한 이익의 극대화에 만족할 것이 아니라, ASEAN이 원하지 않는 어려운 선택을 강요받게 되는 상황을 미연에 방지하는 노력이 필요하다.

디트머(Lowell Dittmer)는 하나의 '피봇 플레이어(pivot player)'와 두 개의 '윙 플레이어(wing player)'의 우호관계로 구성되어 있는 '전략적 삼각관계(strategic triangle)'를 '로맨틱 삼각관계(romantic triangle)'라고 하면서 이 경우에 중추국가(pivotal state)의 지위와 역할이 가장 적절하게 적용될 수 있다고 하였다.77) 바로 이러한 관점에서 본다면 ASEAN은 미국과 중국이라는 두 강대국의 경쟁관계 속에서 우호관계를 유지하고 있는 전략적 삼각관계를 형성하고 있기 때문에 중추적 역할을 할 수 있는 지위에 있다. 그러나 ASEAN이 이러한 역할을 하기 위해서는 미국과 중국의 패권경쟁 속에서 단순히 완충적 역할이나 중립적 지위를 추구해서는 안 되며, 그들과 함께 이 지역의 평화와 공동번영을 추진해 나가는 데 필요한 역량을 갖추는 것이 필요하다. 그리고 이러한 역할을 하는 데 필요한 역량은 강대국에 비해 열세에 있는 '하드파워'가 아니라 ASEAN의 강점이라고 할 수 있는 '외교'와 같은 '소프트 파워'를 강화하는 것이 중요하다. 따라서 향후 ASEAN의 중추적 지위와 역할은 자신의 역량 강화와 함께 미국 및 중국과의 전략적 삼각관계를 어떻게 인식하고 판단하는가의 능력 여하에 달려 있다고 하겠다.

결론적으로 말한다면 이제 ASEAN은 소극적 자세로부터 벗어나서 보다 적극적인 중재자적 입장에서 미·중 간의 화해와 신뢰구축을 모색할 필요가 있다. 왜냐하면 ASEAN이 적극적 역할을 통하여 미·중 간의 화해와 협력을 증진시키는 것이야말로 실질적인 이익을 극대화시킬 수 있는 최선의 전략적 선택이 될 것이기 때문이다. ASEAN은 중추국가의 입장에서 미·중 갈등이 충돌로 치닫지 않도록 중재자의 노력을 경주하는 동시에 ASEAN의 역할 공간을 확장함으로써 양국에 대한 영향력을 증대시킬 필요가 있다. 그리고 이러한 목적을 달성하기 위하여 현 단계에서 가능한 가장 현실적인 방안은 ASEAN의 주도로 이루어지고 있는 ARF · APT · EAS 등의 다양한 다자주의 메커니즘들을 효과적으로 활용하는 것이다.

---

77) Lowell Dittmer, "The Strategic Triangle: An Elementary Game-Theoretical Analysis", *World Politics*, Vol. 33, No. 4, 1981, pp. 510 - 511.

제 4 부

동아시아 지역질서와 한국

제11장

한국의 신아시아외교와
ASEAN

1. 서 론

이명박 대통령은 2009년 3월 8일 호주·뉴질랜드·인도네시아 등 3국 방문을 마무리 짓는 자리에서 '신아시아외교' 구상을 발표하였는데, 이 정책은 이미 대통령에 당선된 직후에 구성한 '대통령직인수위원회'를 통해서 '신아시아협력외교'를 추진함으로써 성숙한 세계국가, 즉 '글로벌 코리아(Global Korea)'를 건설하겠다는 전략의 연장선에서 나온 것이었다. 우리는 그동안의 경제성장과 정치발전에 따라 국제적 위상이 크게 제고되어 왔음에도 불구하고 아시아 국가로서 이 지역에 대한 영향력을 제대로 인정받거나 행사하지 못해 온 것이 사실이다. 이러한 점에서 기존의 4강 외교에서 벗어나 그 지평을 확대하고 아시아 국가로서 우리의 위상에 걸맞은 역할을 찾겠다는 것은 늦은 감이 있지만 바람직한 인식이라고 하겠다.

물론 그동안 우리가 미국·일본·중국·러시아 등 4강 외교에 중점을 둘 수밖에 없었던 이유는 한반도분단의 안정적 관리 및 북한 핵 문제 등으로 인하여 국가안보가 가장 중요한 이슈였고, 이를 위해서는 한·미 동맹과 한·미·일 공조체제를 중심으로 한 4강 외교의 비중이 무엇보다도 컸기 때문이었다. 그러나 탈냉전으로 인하여 국제환경이 크게 바뀌었을 뿐만 아니라, 글로벌시대의 도래에 따른 비군사적인 초국가적 안보이슈들, 즉 경제·환경·테러·인권·마약 등이 중요한 관심사로 부상하면서 국제협력의 필요성이 증대됨에 따라 우리의 외교도 인접한 아시아 국가들과의 지역협력이 더욱 중요하게 되었다.

이에 따라 지난 정부에서는 이른바 '동북아중심국가론'을 제창하면서 외교적 활로를 적극적으로 모색하였으나 중국과 일본 등의 우려와 반대에 부딪쳐서 중도에 포기하는 결과를 초래하고 말았다. 이처럼 한 국가의 외교는 아무리 중요한 필요성이 제기되었다고 하더라도 면밀한 연구와 검토 없이 최고통치자의 의지에 의해서 즉흥적으로 추진될 경우에는 소기의 성과를 달성하기는커녕 오히려 이해관계 당사국들의 경계심만 촉발시킴으로써 결국 실패하게 되는 것이다.

이 글의 목적은 이명박 정부가 천명한 신아시아외교의 핵심적 대상이 되고 있는 동남아시아 국가들, 즉 ASEAN외교의 추진에 따른 문제점을 규명하고, 그 발전방안을 모색하는 데 있다. 이를 위하여 먼저 이명박 정부가 신아시아외교를 추진하게 된 배경 및 그 구체적인 추진전략을 살펴보고 난 다음, 이에 따라 실제로 ASEAN외교를 어떻게 추진하였는가를 추적해 본다. 이어서 이러한 ASEAN외교의 추진과정에서 나타나고 있는 문제점 내지 당면과제들을 규명하여 그 대책으로서 발전방안을 제시해 보고자 한다. 다만 여기에서 한 가지 미리 밝혀 둘 것은 현재 ASEAN은 10개국으로 구성되어 있는 국가연합체이기 때문에 논의의 수준을 회원 개별국가에 맞추는 국가적 차원의 분석이 아니라 ASEAN을 하나의 행위자로 보고 집단적 차원에서 논의하게 될 것이며, 필요한 경우에 한하여 개별 국가적 논의도 병행할 것이라는 점이다.

2. 신아시아외교의 추진배경과 방향

신아시아외교의 구상을 밝히면서 이명박 대통령은 그 필요성과 관련하여 "지난해에는 4강을 중심으로 한 단계 높은 외교관계를 이루었다. (……) 금년에는 이웃하고 있는 아시아 국가들과의 관계개선이 중요하고 시급하다."[1]고 하면서 아시아지역 공관장들은 신아시아외교 구상을 잘 이해하고 활동하기를 당부하였다. 이처럼 이 대통령은 그동안 이념과 한반도, 동북아시아라는 좁은 공간에 갇혀 있는 한국외교정책의 좁은 시야를 극복하고 국제무대에서 아시아 국가들의 이익을 적극적으로 대변함으로써 아시아의 화합과 발전에 기여하겠다는 새로운 방향을 설정하였다고 하겠다.[2] 이를 좀 더 구체적으로 살펴본다면 신아시아외교를 천명하게 된 데에는 다음과 같은 배경이 있었다고 볼 수 있다.

우선 무엇보다도 글로벌 코리아로 거듭나기 위해서는 우리의 이웃인 아시아 국가들로부터의 지지와 협력이 중요하기 때문이다. 한국은 그동안 세계 10위권의 눈부신 경제적 발전, 민주정치발전과 공고화에 따라 G20 의장국을 수임하게 되는 등 국제적 위상이 크게 제고되었

---

1) ≪경향신문≫, 2009년 3월 8일.
2) 이대우, "이명박 정부의 신아시아외교 구상", 『정세와 장책』, 성남: 세종연구소, 2009, p. 13.

다. 이에 따라 국제사회에서 발언권을 더욱 높이기 위해서는 아시아 주도국으로 우리의 입지를 강화하는 것이 필요하며, 이를 위해서는 역시 아시아 국가인 중국 및 일본과의 우호적 관계를 유지하면서도 이 지역 개발도상국과 한 차원 더 높은 협력관계가 필요하였다. 아시아 국가들의 중국과 일본에 대한 경계심으로 인하여 한국이 국제문제에 있어서 이들과 협력할 수 있는 공간이 충분히 마련될 수 있을 뿐만 아니라, 경제금융위기에 대한 아시아 개도국들의 입장을 대변하고 협력할 수 있기 때문이다. 말하자면 아시아는 우리의 외교역량을 발휘하기에 용이한 지역이라고 할 수 있다.

이뿐만 아니라 아시아지역은 한국외교에 있어서 그 중요성이 크게 증대되었다는 사실이다. 이 지역에는 세계인구의 52%인 38억 명이 살고 있고, 세계 GDP의 21%인 10조 7천억 달러를 생산하고 있으며, 세계교역량의 26%인 8조 달러를 차지하고 있어서 미국 및 EU와 함께 세계의 3대 세력권을 형성하고 있다. 더욱이 아시아경제는 우리 경제의 성장 동력이 된다는 점에서도 매우 중요하다. 이러한 아시아지역의 중요성을 고려하여 우리가 그동안 동북아 중심의 4강 외교에서 벗어나 동남아시아·서남아시아·중앙아시아 및 남태평양지역까지 한국외교의 지평을 확대하자는 것이다.

한편 우리의 '소프트 파워(soft power)' 강화에 유리한 분야에서의 협력 필요성이 증대하였다는 사실도 신아시아외교의 중요한 배경이 되고 있다. 오늘날 국제정치에서는 국력의 핵심적 척도로서 소프트 파워를 중시하고 있으며, 금융위기나 기후변화와 같은 초국가적 이슈들의 해결을 위하여 우리가 적극적으로 기여할 수 있고, 이를 통하여 국제적 위상을 제고시킬 수 있기 때문이다. 실제로 이명박 정부가 추진하고 있는 녹색성장이라는 국정지표는 기후변화에 대응하면서 지속가능한 발전을 지향한다는 점에서 아시아 개도국들과 환경협력이 가능하며, 경제금융위기를 극복하기 위한 '치앙마이 이니셔티브(CMI: Chiang Mai Initiative)'에 따른 다자화기금을 통하여 ASEAN 국가들과 협력하고 있다.

나아가 이제 세계의 이목을 집중시키고 있는 한국이 선진국과 후진국의 사이에서 가교 역할을 할 수 있는 유리한 위치를 잘 활용하자는 취지도 내포하고 있다. 한국은 매우 짧은 기간에 선진국 문턱까지 진입하였다는 점에서 아시아 개도국들에게는 하나의 발전모델로서 주목받고 있으며, 식민지 경험을 가지고 있을 뿐만 아니라 오늘날에도 강대국에 둘러싸여 있는 지정학적 위치 등으로 정서적인 면에서도 다른 아시아 국가들과 우호관계를 강화할 수 있기 때문이다. 이처럼 신아시아외교의 목적은 이 지역 국가들과 우호관계를 더욱 강화함으로써 정치적으로는 아시아의 중심국가로 부상하고 경제적으로는 실질적인 국익을 증대시키는 데 있다고 볼 수 있다. 이러한 구상의 배경에는 아시아 국가들이 중국이나 일본과의 관계에서 겪었던 역사적인 부정적 경험 때문에 경계심을 가지고 있으며, '동병상련(同病相憐)'의 역사적 경험을 공유하고 있는 중견국가인 한국이 이를 잘 활용하여 이들과 친밀도를 제고시키면 선진국과 개도국 사이에서 가교 역할을 하면서 역내 지도적 국가로 부상할 수 있다는 생각이 깔려 있다.

이와 같은 배경을 가지고 있는 '신아시아외교는 그 구체적 추진방향으로서 대체로 네 가지를 설정'3)하고 있는데, 그 첫째는 금융위기나

---

3) ≪한겨레신문≫, 2009년 3월 8일.

기후변화와 같은 범세계적 이슈의 해결을 주도하겠다는 것이다. 아시아·태평양지역에서의 녹색성장벨트를 조성하고 국제금융위기를 함께 돌파하기 위해 자유무역과 상호투자를 확대하기 위하여 협력을 강화한다는 것이다.

둘째, 우리의 협력대상이 되는 아시아 각국에 대한 '맞춤형 경제협력관계'의 추진이다. 아시아 국가들이 보유하고 있는 광물 및 에너지 자원을 확보하기 위해서 우리가 강점을 가지고 있는 IT기술, 방위산업을 전략적으로 활용하기 위한 구체적인 방안을 강구한다. 또한 한국이 아시아 FTA 네트워크의 허브 역할을 담당할 수 있도록 역내의 모든 국가와 조속히 FTA를 체결하자는 것이다.

셋째, 아시아지역에 대한 한국의 역할과 기여를 증대하자는 것이다. 우선 아시아 개도국들과 우리의 개발경험을 공유하며, 어려운 경제여건에도 불구하고 현재의 ODA 수준을 축소하지 않을 것이며, 경제여건이 호전되는 대로 ODA규모를 점차 확대하여 나갈 것이다. 그리고 ODA 등을 통한 협력을 추진할 경우에 우리 기업의 진출 및 수출 증대에 도움이 될 수 있도록 전략적 사고를 가지고 접근하는 것이다.

마지막으로는 주요 이슈별 협력협의체(Asian Caucus) 구성을 추진한다는 것이다. 기후변화·금융위기·개발협력 등의 주요 이슈영역에 있어서 아시아국가들 가운데 유사한 입장을 가지고 있는 국가들과 중점 협력국을 구성하는 문제를 검토하여 추진한다는 것이다. 하나의 예를 들어 본다면 금융위기 대처를 위해 G20 내에서 한국－호주－인도네시아 간의 협력을 추진하는 것이다.

요컨대 신아시아외교는 그동안 우리가 동북아시아 국가들에 치중했던 4강 중심의 외교로부터 전 아시아지역과 남태평양 지역으로 확대하는 동시에, 경제 중심의 협력 네트워크를 안보 및 문화분야를 포함하는 전방위협력으로 확대하고자 한다는 점에서 기존의 4강 중심외교를 대체하는 것이 아니라 이를 보완하는 데 그 본래적 목적이 있다고 할 수 있다. 그리고 이를 추진하기 위한 기본적 전략의 방향은 우리가 경쟁력이 있는 이슈영역(issue area)을 중심으로 하여 개별 국가의 필요에 따른 호혜적인 맞춤형 협력방안을 강구하는 것이라고 할 수 있다.

3. 신아시아외교에 있어서 ASEAN의 중요성

우리의 외교는 그동안 한반도의 평화를 위하여 한미동맹을 중심으로 하는 안보외교에 일차적 관심을 두었기 때문에 ASEAN과 동남아 지역에 대한 중요성을 다소 간과하거나 소홀히 다룬 면이 없지 않다. 그러나 청와대에서 발표한 바와 같이 "ASEAN과의 관계 강화는 현재 이명박 정부가 중점 외교목표로 추진하고 있는 신아시아외교의 핵심"[4]이 되고 있을 정도로 중요한 의미를 가지고 있는데, 그 구체적인 이유는 다음과 같은 몇 가지 측면에서 지적할 수 있다.

우선 외교안보적인 측면에서 볼 때 ASEAN의 10개 회원국 모두가 남북한과 동시에 수교하고 있는 국가라는 점에서 우리의 안보와 대북 정책에 있어서 중요한 외교적 파트너이다. 하나의 실례로서 2001년 인도네시아의 메가와티(Megawati Sukarnoputri) 대통령은 남한과 북한을 방문하면서 김대중 전 대통령의 메시지를 전달한 바 있다. 또한

---

4) 《투데이코리아》, 2009년 10월 26일.

ASEAN은 한반도문제에 관하여 한국의 입장을 지속적으로 지지해 주었을 뿐만 아니라, 이 지역 최초의 다자안보협의체인 'ARF'[5]를 주도하면서 역내 평화와 안정에 커다란 역할을 하고 있기 때문이다. ARF 의장국은 ASEAN 의장국이 겸임하고 있으며, 1998년 이후 ARF 의장의 역할이 강화됨으로써 한반도문제를 비롯한 동아시아 지역안보 현안을 논의하는 순회 의장국으로서 ASEAN이 더욱 중요해졌다. 따라서 ARF 의장국을 맡고 있는 ASEAN과의 협력관계는 북핵문제와 한반도 평화, 나아가 동아시아지역의 평화와 안보에 매우 중요하다고 하겠다.

이뿐만 아니라 ASEAN은 동아시아지역협력에 있어서 중요한 협력 파트너이다. 한국은 1989년 ASEAN의 '부문별 대화파트너(sectoral dialogue partner)'가 되었으며, 1991년부터 ASEAN의 '완전대화파트너(full dialogue partner)'로 격상되었다. 이후 매년 ASEAN - PMC, 한 - ASEAN회의 등을 통해 상호협력을 증진시키고 있으며, ASEAN 회원국들과 APT 및 EAS를 통하여 동아시아공동체 구축에 노력하고 있는 등 ASEAN은 우리에게 동아시아지역협력에 있어서 매우 중요한 파트너이다. ASEAN 국가들은 지역패권경쟁을 벌이고 있는 중국 및 일본과는 부정적인 역사적 경험을 가지고 있기 때문에 한국과의 관계를 보다 편하게 느끼며 적절한 협력 대상으로 인식하고 있는 것이다.[6]

---

5) 1994년 ASEAN이 주도하여 아시아 · 태평양지역 최초의 다자간 안보협의체인 ARF가 출범하였으며, ASEAN의 일차적 역할에 의한 신뢰구축과 예방외교 활동을 통하여 이 지역의 평화와 안정에 기여하고 있으며, 여기에 2000년부터 북한도 참여하고 있다는 점에서 한반도의 평화와 안정에 중요한 역할을 할 수 있다. 자세한 내용은 Amitav Acharya, *Constructing a Security Community in Southeast Asia*(2nd ed.), London: Routledge, 2009, pp. 193 - 214. 및 변창구, 『21세기 동아시아 안보와 한국』, 서울: 대왕사. 2000, pp. 54 - 85. 참조.

6) Prasetyono, "Next Steps in ASEAN-Korea Relations for East Asian Security", in Ho

ASEAN의 입장에서 볼 때 한국은 중국이나 일본에 비해 위협적이지 않으면서도 팔목할 만한 경제적 · 정치적 발전을 이룩한 국가이기 때문이다. 따라서 우리는 ASEAN과의 전략적 제휴를 통하여 동아시아 지역협력에서 중국과 일본을 제어하고 강대국 사이에서 가교 역할을 하면서 지역협력의 리더십을 발휘할 수 있다. 더욱이 최근 ASEAN의 정치적 · 경제적 · 외교적 통합이 더욱 심화됨에 따라 2015년까지 'ASEAN 공동체(ASEAN Community)' 형성을 위한 'ASEAN 헌장(ASEAN Charter)'[7]까지 채택함으로써 국제사회에서 차지하는 비중이 더욱 증대되었다.

다음으로 경제적인 측면에서 볼 때 ASEAN은 2008년 기준으로 중국과 미국에 이어 3위의 교역대상국으로서 우리의 소중한 시장이다. 2004년 464억 달러에서 2008년 902억 달러로 불과 5년 만에 2배 가까이 증대하였을 정도로 양측의 교역은 급속히 확대되고 있을 뿐만 아니라, 무역수지에 있어서도 1990년 이후 계속 흑자를 기록하고 있으며 2006년 23억 2,000만 달러에서 2008년 83억 7,000만 달러로 크게 증가하고 있다.[8] 물론 이러한 결과는 2006년 8월 상품분야에서 한-ASEAN 자유무역협정이 체결되고, 2009년 5월 서비스분야까지 확대된 데에 크게 힘입은 것이었다.

또한 ASEAN지역은 제2위의 투자대상지역인 동시에 중동지역에 이어서 제2위의 해외건설시장이며, 원자재가 풍부할 뿐만 아니라 지

Khai Leong(ed), *ASEAN-Korea Relations: Security, Trade and Community Building*, Singapore: Institute of Southeast Asian Studies, 2007.

7) 자세한 내용은 *Charter of the Association of Southeast Asian Nations*, Singapore, 20 November 2007. 참조.

8) ≪동아일보≫, 2009월 5월 16일.

리적으로 가깝다는 점에서 주요 에너지 및 원자재 공급원이 되고 있다. 실제로 한국은 ASEAN 국가들로부터 LNG · 원유 · 유연탄 · 나프타 · 동괴 · 벙커C유 · 동광 · 고무 · 목재 등의 에너지 자원과 원자재를 수입하고 있다.9) 이와 관련하여 ASEAN은 해로(sea lane)의 안전을 확보한다는 측면에서도 매우 중요한 의미를 가지고 있는데, 우리는 교역량의 30% 이상, 원유 수입의 90% 이상을 남중국해를 거쳐 믈라카(Melaka) 해협을 경유하는 해상수송로를 이용하고 있기 때문이다.10) 이처럼 동남아지역의 주요 해로는 우리 경제의 생명선이라고 할 수 있을 정도로 지정학(geopolitics)적, 전략적 측면에서 볼 때 그 가치가 매우 크다고 하겠다.

한편 사회문화적인 측면에서 볼 때 ASEAN은 일본과 함께 한류(韓流)의 진원지로서 중국과 일본에 비해 한국과 ASEAN의 사회문화교류가 더욱 활발하다. 양측의 관광객은 연간 400만 명을 넘고 있으며, ASEAN 출신의 이주노동자와 결혼이민자의 수가 전체의 30%를 차지할 정도로 비중이 크다. 또한 학생들의 교류도 급격히 증대되고 있는데, 2007년 현재 양측 간 어학연수, 학위과정 이수 등은 2만 명에 달하고 있으며, 한국에서 ASEAN 국가들로 가는 학생 수는 6년 전 4,000명에서 2008년 현재 16,000명으로 증가하였다. 특히 우리나라 대학에서 ASEAN 출신 학생들의 유치 노력으로 그 수는 크게 증가하고 있으며, 이들이 한국에서 유학하고 귀국하여 ASEAN 국가의 엘리트로 성장할 미래에는 우리의 소프트 파워 증진에 크게 기여할 것으로 기대되고 있다.11) 한 통계에 의하면 한국인이 가장 많이 방문한 국가

---

9) 박번순, "한-아세안 경제협력 현황과 확대 방안", 《이슈페이퍼》, 2009년 6월 1일.
10) 국방부, 『2008 국방백서』, 서울: 국방부, 2009, p. 99.

15위 안에 ASEAN 회원국 7개 국가가 포함되어 있다. 또한 국내에 체류하고 있는 외국인 근로자의 수도 언어에 불편이 없어서 취업이 용이한 한국계 중국인을 제외한다면 동남아인의 비율이 가장 높아서 전체 외국인 근로자의 30.5%에 해당하는 것으로 나타나고 있다[12] 이처럼 동남아지역에서의 한류와 함께 최근에는 우리 사회에도 다양한 동남아문화가 급속히 침투하고 있어서 한국 내 '동남아류(東南亞流)'에 관한 논의까지 등장하고 있을 정도로 양측의 사회문화적 교류가 활성화되고 있으며, 이들과의 우호적인 관계는 글로벌 코리아를 지향하는 우리의 외교에 있어서 매우 중요한 의미를 가지는 것이다.

4. 이명박 정부에서의 ASEAN 외교

현 정부 신아시아외교의 핵심적 대상이 되고 있는 동남아시아지역과 ASEAN의 중요성에 대한 인식은 이미 지난 정부에서도 나타나고 있는데, 특히 김대중 정부에서는 ASEAN과의 협력을 모색하면서 동아시아 지역협력을 적극적으로 추진하였다. 당시 김대중 대통령이 제안하여 성사시킨 EAVG와 EASG는 ASEAN과의 협력 속에서 이루어진 대표적인 성과로서 우리가 이 두 개의 그룹을 주도하면서 동아시

---

11) 이재현, "한-아세안 특별정상회의 평가 및 향후 과제", 『주요 국제문제분석』, 서울: 외교안보연구원, 2009, p. 3.

12) 2007년에 실시한 외교통상부의 연구용역 보고서에 따르면 태국(3위), 필리핀(5위), 베트남(7위), 싱가포르(8위), 캄보디아(12위), 말레이시아(14위)가 포함되어 있고, 총 해외 출국자의 20.3%가 동남아지역으로 출국하였다. 자세한 내용은 동아시아공동체연구회(편), "동아시아 지역협력의 미래방향: ASEAN+3과 EAS의 관계정립 및 우리의 대응방안", 『2008년도 외교통상부 연구용역 보고서』, 서울: 동아시아공동체연구회, 2008. 참조.

아협력을 실질적으로 발전시키는 데 기여하였다.[13] 또한 2004년에는 대화관계 수립 15주년을 기념하여 '한-ASEAN 포괄적 협력 동반자 관계에 관한 공동선언'을 발표하였으며, 2007년 11월 싱가포르에서 개최된 제11차 한-ASEAN 정상회담을 계기로 '한-ASEAN센터 (ASEAN-Korea Center) 설립 양해각서'를 체결함으로써 최근 한- ASEAN 센터를 개원할 수 있는 기반을 마련하였다.

이러한 토대 위에서 현 정부에서는 한 차원 더 높은 수준의 협력관계로 발전시키기 위하여 신아시아외교를 천명하고 이미 지적한 바와 같은 전략에 입각하여 정상외교를 중심으로 적극적인 접근을 시도하고 있다. 우선 이명박 대통령은 2009년 3월 신아시아외교 구상을 밝힌 인도네시아 방문에서 '한-인도네시아 CEO간담회'를 개최하고 인도네시아의 조림개발에 한국의 참여방안, 인도네시아의 에너지자원을 친환경적으로 이용하기 위한 한국자본과 기술의 참여방안, 정보통신과 문화분야의 교류확대 등 이른바 '3대 그린협력방안'을 제안하면서 인도네시아의 녹색자원과 한국의 녹색기술의 결합을 통한 적극적인 경제협력을 강조하였다.

나아가 동년 6월에는 한국과 ASEAN의 대화관계 수립 20주년을 기념하여 '실질적 관계, 영원한 우정(Partnership for Real, Friendship for Good)'이라는 슬로건 아래 제주도에서 특별정상회의를 개최함으로써 실질적인 협력의 토대를 구축하고자 하였다. 먼저 이 정상회의의 전야제 성격을 가진 '한-ASEAN 최고경영자회의(CEO Summit)'에

---

13) EAVG 및 EASG의 구체적 활동의 결과에 대한 자세한 내용은 *The East Asia Vision Group Report*, "Towards an East Asian Community-Region of Peace, Prosperity and Progress", Seoul, Korea, 3 November 2001; *Final Report of the East Asia Study Group,* Phnom Penh, Cambodia, 4 November 2002. 등을 참조할 것

서 이명박 대통령은 기조연설을 통해 ASEAN과의 경제협력을 위한 3 대 행동강령을 제안하였는데, 그것은 첫째, 무역과 투자의 우선확대, 둘째, 문화·관광교류의 확대, 셋째, 녹색성장분야의 협력 확대 등이 다. 또한 '한-ASEAN 특별정상회의'에서는 정치안보·경제·사회 문화 등 3개의 분야에서 실질적인 협력방안을 논의하였는데, 정상회 담의 결과 채택한 공동성명의 내용을 살펴보면 먼저 정치안보영역에 서 대화와 협력을 통해 한반도의 평화와 안전을 증진하는 것이 역내의 평화와 안정에 긴요하다는 데에 인식을 같이하고, 이를 위해 6자회담 과정을 통해 평화적인 방법으로 북한 핵문제의 조속한 해결과 한반도 긴장완화에 노력할 것을 결의하였다. 또한 경제 및 개발협력 강화를 위하여 양측 간 교역이 2015년까지 1,500억 달러 규모로 증대되도록 노력하기로 하였으며, 한국은 ASEAN 국가들로부터 향후 7년간 7,000 명의 연수생을 초청하기로 하였다. 또한 사회문화교류의 증진을 위하 여 현재 연간 300만 달러의 한-ASEAN 협력기금을 2010년 이후 연 간 500만 달러로 확대하기로 하였다.[14) 이는 ASEAN의 요구와 희망 에 보다 적극적으로 부응함으로써 양측의 관계를 한 단계 향상시키고 자 한 것이었다. 특히 이번 정상회담의 성과로 지적할 수 있는 것은 북한에 우호적이던 미얀마·베트남·라오스와 같은 국가들까지 포함 하여 모든 ASEAN 회원국들이 북한 핵을 규탄하는 발표문에 참가하 였다는 사실이다.[15) 이들은 이른바 북한의 전통적인 우방으로서 북한

---

14) 자세한 내용은 *Joint Statement of the ASEAN-Republic of Korea Commemorative Summit*, Jeju Island, Republic of Korea, 2 June 2009. 참조.

15) 자세한 내용은 *Joint Press Statement of the ASEAN-Republic of Korea Commemorative Summit on the Nuclear Test Conducted by the DPRK*, Jeju Island, Republic of Korea, 2 June 2009. 참조.

문제 규탄에 참여를 꺼려해 왔는데, 이러한 국가들의 입장을 변화시킴으로써 북한에 대해 국제여론의 압력을 행사하고 한국과의 우호관계를 더욱 강화할 수 있는 계기를 마련하였다고 할 수 있다.

한편 이명박 대통령은 2009년 10월 태국에서 개최된 ASEAN 관련 회의와 APT 및 EAS회의에 참석하는 일정과 함께 베트남과 캄보디아를 방문하여 신아시아외교의 기반을 강화하였다. 10월 21일 베트남 방문에서는 응웬 밍 찌엣(Nguyen Minh Triet) 국가주석과의 정상회담을 통하여 양국관계를 기존의 '포괄적 협력 동반자관계'에서 '전략적 협력 동반자관계'로 격상시키기로 하였는데, 그 핵심 내용은 경제 및 통상 분야 중심의 협력에서 벗어나 정치 · 안보 · 군사 분야까지 확대하면서 차관급 전략대화를 신설하기로 한 것이다. 이러한 전략적 동반자관계의 설정은 미국 · 중국 · 러시아에 이어 네 번째 국가라는 점에서 베트남과의 관계가 크게 격상되었으며, 이는 지금까지 북한의 우방으로 인식되어 온 베트남과 안보대화도 가능하게 되었다는 점에서 그 의미가 큰 것이다. 또한 한-베트남 자유무역협정의 추진 가능성과 실효성을 논의하기 위해 실무작업반 구성문제를 논의하기로 하였으며, 베트남 고속철도 건설과 70억 달러 규모의 하노이 홍강 개발 프로젝트를 포함한 총 160억 달러 규모의 대규모 인프라 구축 사업에 우리 기업의 참여를 보장받았다. 또한 대통령 방문에 수행한 각 부처와 기업들이 '한-베트남 방송통신협력에 관한 양해각서'를 비롯하여 11개의 양해각서를 체결하였다.16) 이어서 10월 22일 캄보디아 방문에서 세계문화유산인 앙코르와트를 함께 방문하는 등 '훈센(Hun Sen) 총리

---

16) ≪동아일보≫, 2009년 10월 22일.

와의 각별한 인연'[17])을 과시하면서 경제발전에 적극적인 지원과 협력을 약속하면서, 양자 간 FTA 체결 가능성을 타진하였다. 양국 정상회담에서는 광물자원의 공동연구, 무상원조의 확대, 캄보디아 내 조림지 확보, 농업협력 등의 방안을 협의하였으며, 양국 간 범죄인 인도협정, 대외경제협력기금 기본약정안 등을 체결하였다. 특히 2008년 한 해 동안 캄보디아를 방문한 한국인은 26만 명으로서 5년 연속 1위를 차지함으로써 최근 양국 간의 사회적·문화적 교류의 증대에 만족하고 지속적인 협력을 약속하였다.

나아가 2009년 10월 24일 태국의 휴양지 후아힌(Cha-am Hua Hin)에서 개최된 한-ASEAN 정상회담의 결과 채택한 의장성명을 통하여 양측은 지난 6월 1일 제주도에서 개최된 특별정상회의가 지난 20년간 발전해 온 양측의 견고하고 활발한 관계를 증명하였다고 평가하면서, 한국의 신아시아외교 구상이 미래 한-ASEAN 관계 강화에 기여할 것을 확신한다고 하였다. 또한 ASEAN의 효과적인 기후변화 대응을 지원하기 위해 한국은 '동아시아 기후 파트너십' 기금 가운데 1억 달러를 지원하기로 한 공약을 환영하였다.[18]) 이어서 개최된 APT 정상회의에서는 아시아지역의 금융위기에 대응하기 위해 구축한 총 1,200억 달러 규모의 CMI의 다자화기금이 조속히 출범할 수 있도록 요청하였으며, 특히 ASEAN의 식량안보 자원을 위한 'APT 비상 쌀 비축사업'에 15만 톤 규모의 쌀을 한국 정부의 약정 물량으로 설정하

---

17) 훈센 총리는 1996년 한국 재계로부터 경제발전 전략에 대한 자문을 구하면서 당시 대기업 총수이던 이 대통령을 처음 만났고, 2000년에는 경제고문으로 위촉하였다. 이후 방한할 때마다 경제문제에 대한 의견을 나누면서 우의를 다져왔으며, 2008년 2월 대통령 취임식에도 참석했다.

18) 자세한 내용은 *Chairman's Statement of the 12th ASEAN-ROK Summit*, Cha-am Hua Hin, Thailand, 24 October 2009.를 참조할 것.

였다.[19] 또한 이 대통령은 EAS 정상회의에 참석하여 아직 북한이 핵을 포기하겠다는 결단을 내린 징후가 보이지 않는다고 하면서 국제사회는 대화의 길을 열어 놓되 유엔 안보리 결의의 엄격한 이행 등 단합된 입장을 유지하면서 북한이 진정한 대화로 나오도록 유도해야 한다고 협조를 요청하였다.[20] 이는 북핵문제의 해법으로 정부가 제시한 '그랜드 바겐(grand bargain)' 구상에 대한 국제사회의 공감대를 확산시켜서 북한을 6자회담이라는 대화의 테이블로 복귀시키기 위한 국제여론 형성의 일환이라고 볼 수 있다.

5. ASEAN 외교의 발전방안 모색

이상에서 살펴본 바와 같이 최근 이명박 대통령의 동남아지역 순방, 한-ASEAN 특별정상회의 및 APT와 EAS의 성과 등을 열거하면서 일부 언론에서는 신아시아외교에 대해서 높이 평가하고 있다. 그러나 이는 엄밀한 의미에서 중국과 일본을 포함하는 '아시아외교'가 아니라 'ASEAN외교'라고 보아야 할 것이며, 특정한 기간의 활동만을 가지고 그 성과를 평가한다는 것은 아직 시기상조이다. 특히 동남아지역을 대상으로 하는 ASEAN외교의 경우 장기적 관점에서 실질적인 성과를 거두기 위해서는 앞으로 해결해야 할 과제들이 적지 않으며, 현 정부는 이러한 과제들을 해결하기 위한 구체적인 발전 방안으로서 다음과 같은 전략들을 모색할 필요가 있다.

---

19) ≪세계일보≫, 2009년 10월 25일.
20) ≪경향신문≫, 2009년 10월 26일.

첫째, 우리는 ASEAN과 동병상련의 입장에서 일본이나 중국과는 다른 차별화된 외교전략이 필요하다. 지역 강대국인 일본과 중국은 각기 자신의 강점을 이용하여 ASEAN에 적극적으로 접근정책을 추진해 왔으며, 동남아지역의 주도권을 장악하기 위하여 지역패권경쟁을 벌여 왔다. 일본은 자신의 경제력을 활용하여 ASEAN에 대한 영향력을 확대해 왔으며, 중국은 화교들을 활용하여 ASEAN과의 유대를 강화하여 왔다. ASEAN의 입장에서 볼 때 최근 중국의 급속한 경제적 · 군사적 · 외교적 부상과 함께 우려되고 있는 동남아지역에 대한 영향력 확대를 견제하기 위해서는 더 많은 역외 플레이어(player)가 필요하며, 한국은 이러한 점에서도 여러 가지 괴롭힘을 당하고 있는 미국이나 일본과는 달리 비교적 ASEAN이 우려하지 않아도 될 만한 중견국가라고 할 수 있다.

대부분의 동남아국가들은 역사적으로 중국의 지배를 받은 경험이 있고 제2차 세계대전 중에는 일본의 지배를 받았으며, 그 결과 일정한 거부감과 경계심을 가지고 있다. 이러한 점에서 한국은 중국이나 일본보다는 거부감이 없으며, 상호협력에 유리한 조건을 가지고 있다. 하나의 예로서 일본은 동아시아지역협력에 있어서 중국의 주도를 염려하여 같은 입장을 가지고 있는 인도네시아 · 싱가포르 등 일부 ASEAN 회원국들과 함께 연합하여 APT 참여국 외에 호주 · 뉴질랜드 · 인도 등을 가입시킴으로써 EAS의 '지역적 정체성(regional identity)'을 희석시켰으나 한국은 그러한 염려를 하지 않아도 되기 때문이다. 중국은 ASEAN을 기반으로 하여 미국과의 패권경쟁에 대비하면서 위안화를 동아시아지역의 기축통화로 격상시키려는 전략을 구사하고 있고, 일본은 이 지역을 경제성장의 원천으로 활용하고자 하면서 엔화통화권에 편입시키려는 정책을 추진하고 있다. ASEAN 국가들은 중국의 화이사상(華夷思想)과 조공제도 및 일본의 지배, 점령기를 겪었다는 점에서 중국과 일본에 대해서는 경계심을 버리지 못하고 있으며, 오히려 양국의 지역패권경쟁을 역이용하는 균형전략(balanced strategy) 내지 어부지리(漁父之利) 전략을 구사하고 있다. 따라서 한국은 ASEAN의 이러한 정서와 전략을 정확히 인식하면서, 유사한 경험을 공유하고 있다는 점에서 협력전략을 강구하여야 할 것이다.

ASEAN은 중국과 일본에 비해 한국에 더욱 친근한 면을 가지고 있다는 사실이다. 한국은 중국과 일본에 비해서 덜 위협적이고 한국전쟁을 경험한 폐허의 약소국으로부터 불과 반세기 만에 눈부신 발전으로 OECD의 회원국으로 도약한 저력과 노하우를 배울 만한 국가이며, 한국인들은 ASEAN 국가들의 민주주의나 인권문제에 관여하지 않기 때문이다. 이러한 점에서 보링(P. Bowring)의 지적처럼 "동남아시아는 한국의 영향력을 확대하는 데 매우 비옥한 토양이기 때문에, 이명박 대통령과 찌엣 베트남 국가주석이 양국관계를 전략적 협력 동반자관계로 격상하는 데 합의한 것은 당연한 결과"21)라고 할 수 있다. 따라서 우리는 ASEAN의 이러한 우호적 입장과 기대에 부응할 수 있는 차별화된 전략을 수립, 추진하여야 한다.

둘째, 한국과 ASEAN 양측에서 쌍방향으로 이루어지는 사회문화교류를 더욱 강화해야 한다. 문화는 이른바 '소프트 파워'의 핵심으로서 '한류' 열풍에서 보듯이 국위 선양의 중요한 수단이 되기 때문이다. 1990년대 후반부터 태국과 베트남을 중심으로 불던 한류 열풍은 2006

---

21) Philip Bowring, "South Korea Rising", *International Herald Tribune*, 24 October 2009.

년 이후에는 필리핀·라오스·브루나이 등 동남아 전역으로 확산됨으로써 일부에서는 이를 경계하는 목소리도 생겨나고 있다. 이는 그동안의 교류가 한국에서 ASEAN으로 향하는 일방적인 방향으로 일어난 데 따른 반작용이었다고 할 수 있다. 따라서 국내에 거주하는 동남아 지역 출신 외국인 근로자와 결혼이민자들을 배려하고 서로의 문화를 이해할 수 있도록 쌍방향 문화외교가 더욱 확대, 강화되어야 한다. 아직도 많은 국민들은 ASEAN국가들이 싱가포르를 제외하고는 열대지방의 게으른 후진적인 국민들로 인식하고 있는데, 이러한 인식은 ASEAN의 중요성에 비추어 볼 때 시급히 바뀌어져야 한다. 이러한 인식 변화를 토대로 우리의 외교가 지향해야 할 방향은 장기적이고 거시적인 관점에서 볼 때 과거 중국이나 일본이 제국경영의 전략으로 사용했던 하드 파워(hard power)에 의존한 방식이 아닌 소프트 파워를 사용하는 외교이다. 사회문화협력은 중국이나 일본에 비해 우리가 우위를 점하고 있는 강점인 동시에 차별화된 접근법이며, 특히 현 정부가 글로벌 코리아를 지향하고 있다는 점에서 문화외교의 중요성은 아무리 강조해도 지나치지 않을 것이다.

셋째, 초국가적 안보 이슈에 대한 적극적 협력을 모색할 필요가 있다. 1990년대 중반 이후 ASEAN 국가들에게는 초국가적 이슈들이 가장 중요한 관심사로 부상하였다. 밀림화재나 연무사태와 같은 환경문제, 쓰나미나 홍수와 같은 자연재해, 인신매매·해적·마약·테러와 같은 초국가적 범죄 등에 대한 대응이 ASEAN 국가들에게는 중요한 관심사가 되고 있다. 이러한 초국가적 이슈들이나 인간안보(human security)와 같은 문제의 해결에 한국이 적극적으로 참여한다면 중국이나 일본과 같은 경제대국이 선점한 경제적 원조와 같은 부문과는 달리 차별화된 전략적 접근으로서 이들보다 더 큰 효과를 기대할 수 있기 때문이다. 또한 이러한 포괄적(comprehensive) 안보이슈들은 ASEAN 국가들만의 문제가 아니라 그것은 동아시아지역에 함께 살고 있는 우리의 문제라는 점에서 보다 적극적으로 문제해결에 참여하는 자세를 보여 주어야 한다.

넷째, ASEAN 회원국들에 대한 다양한 지원이 적극적으로 추진되어야 하며, 특히 정부의 ODA를 대폭 확대하여야 한다. 우리가 2008년 아시아 국가들에게 제공한 ODA규모는 1억 5천만 달러로서 이는 일본이 베트남 한 나라에 지원한 액수에 불과하며, 우리 경제의 규모에 비해서 매우 미약한 수준이다. 더욱이 한국이 최근 'OECD 산하 개발원조위원회(DAC: Development Assistance Committee)의 회원국으로 가입'22)되었다는 점에서 국제사회는 한국의 역할을 크게 기대하고 있다. 다행히 이명박 대통령은 지난 10월 한-ASEAN 정상회의를 통하여 ODA 규모를 2015년까지 3억 9,500만 달러로 늘리고, 한-ASEAN 협력기금의 규모를 연간 300만 달러에서 500만 달러로 늘리기로 하고 IT분야를 중심으로 1만 명의 해외봉사단 파견 등을 약속하였다. 그러나 이러한 ODA 지원 규모 역시 현재 일본이나 중국에 비한다면 상당히 저조한 수준이라고 할 수밖에 없다. 물론 우리 경제의 현실을 고려해서 지원해야 하겠지만 ODA 외에 가능한 다른 지원 방법, 예를 들어 민간 차원의 경제 지원과 협력 방법도 좀 더 적극적으로 모색할 필요가 있다. 이러한 지원은 ASEAN 지역의 사업 참여 등

---

22) 한국은 2009년 11월 25일 DAC 회원국으로 가입함으로써 1961년 OECD 출범 이후 원조 수혜국에서 원조 공여국으로 그 지위가 바뀐 첫 번째 사례로 기록되었으며, 1996년 OECD에 가입한 지 13년 만에 원조 선진국 클럽에 정식 회원국이 되었다.

어러 가지의 경제협력 방법을 통하여 다시 우리에게 돌아오게 된다는 점에서 그 의의가 크기 때문이다.

마지막으로 최근에 발족한 한－ASEAN센터의 활성화에 적극적인 노력을 기울일 필요가 있다. 금년 3월에 개원한 '한－ASEAN센터'는 한국과 ASEAN 10개 회원국 간에 무역 확대, 투자 촉진, 문화관광 교류를 활성화함으로써 한국과 ASEAN 간의 교류와 협력을 확대하는 동시에, 인적 교류를 활성화하여 양 지역 국민 간의 이해와 우호를 증진시키고, 나아가 ASEAN 회원국 간 개발격차 감소를 위한 지원에 기여할 목적으로 설립된 국제조직이다. 현재 이 센터에는 ASEAN 회원국의 대표가 1명씩 파견되어 양 지역 간의 협력에 관한 업무를 수행하고 있으나, 앞으로는 ASEAN 회원국의 파견인원을 증가시키고 이 센터의 역할에 안보협력문제도 포함시킴으로써 이 센터가 사실상 ASEAN의 한국대표부의 성격을 가지도록 그 지위를 격상시킴으로써 더욱 실질적인 한국과 ASEAN 간의 협력을 위하여 가교 역할을 할 수 있도록 더욱 발전시켜 나가야 한다.

6. 결 론

신아시아외교 구상은 "아시아에 대한 영향력을 둘러싸고 선두 주자인 중국과 일본을 추격하는 디딤돌이 될 수 있다."[23]는 것이 청와대의 설명이다. 아시아를 새롭게 보고 아시아에 한국을 새롭게 알림으로써

---

23) ≪세계일보≫, 2009년 10월 25일.

우리가 국제사회에서 아시아의 이익을 대변하는 중심국가로 발돋움하자는 것이다. 그러나 주지하는 바와 같이 현재 이 지역에서 막강한 영향력을 유지하고 있는 중국 및 일본과 경쟁하면서 신아시아외교를 추진한다는 것은 결코 쉬운 일이 아니며 경우에 따라서는 역풍을 맞을 우려도 없지 않다. 이미 우리의 신아시아 외교를 의식한 듯 지난 APT 회의에서 원자바오(溫家寶) 중국 총리는 6개항의 대ASEAN 협력방안을 제시하였으며, 일본의 하토야마 유키오(鳩山由紀夫) 총리는 일본정부가 아시아국가들 간의 경제적 격차 해소를 위해 적극적인 역할을 하겠다는 입장을 밝히고 있다.24) 우리는 지난 정부에서 야심차게 추진하려고 했던 '동북아중심국가론'이 이들의 우려와 견제로 빛을 보지 못하고 중도하차했던 뼈저린 교훈을 잊지 말아야 할 것이다.

이러한 점에서 우리의 신아시아외교는 대통령의 의욕만으로 그 성과를 기대할 수 없으며, 이미 앞에서 제시한 바와 같이 이 지역에 영향력을 선점한 국가들과는 차별화된 전략을 통하여 장기적인 관점에서 좀 더 주도면밀하게 추진되어야 한다. 우리가 경제력이나 군사력에 있어서 압도적 우위에 있는 중국이나 일본과 공세적인 영향력 확대 경쟁을 벌이는 것은 결코 우리에게 승산이 있는 것이 아닐 뿐만 아니라, 오히려 이 지역의 긴장과 갈등을 고조시킴으로써 우리의 국익을 손상시키는 결과를 초래할 수도 있다. 따라서 우리가 아시아지역에 있어서 지도적인 위상 확보에만 관심을 집중할 것이 아니라 이들과 함께 동아시아의 평화와 번영을 추구해 나가는 동반자로서 협력할 수 있는 영역을 더욱 확대해 나가는 정책도 병행하여야 한다. 중국과 일본의 협력

---

24) ≪세계일보≫, 2009년 10월 25일.

이야밀로 이 지역의 평화와 안정에 절대적으로 필요하며, 이를 바탕으로 동아시아의 공동번영이 가능하기 때문이다.

우리는 이러한 필요에서도 ASEAN과의 적극적인 공조와 협력을 모색해야 한다. 최근 중국의 급속한 부상 이후 더욱 치열해지고 있는 중국과 미국 및 중국과 일본의 패권경쟁에서 한국과 ASEAN은 모두 유사한 입장에 처해 있다는 점에서 '한국과 ASEAN 간의 전략적 제휴' 가능성은 그 어느 때보다도 높다. 우리의 입장에서 볼 때 한미안보동맹과 중국과의 협력이 모두 한반도의 평화와 경제적 번영에 중요하듯이, ASEAN의 입장에서도 어느 한쪽에 치우쳐서 다른 한쪽을 소홀히 할 수 없기 때문이다. 따라서 한국과 ASEAN은 "중대한 이해관계가 걸려 있는 상황에서 상호 반작용하는 효과를 만들어 낼 의도로 다각적인 정책 선택을 추구함으로써 위험의 상쇄를 추구"[25]하는 '헤징전략(hedging strategy)'을 전개하는 데 있어서 상호 협력할 수 있다. 게다가 양측은 일본과 중국에 대한 동병상련의 역사적 경험을 하였을 뿐만 아니라, 상호보완적 경제협력이 가능한 영역도 많다는 점도 잘 활용하여야 한다.

결국 외교는 상대가 있기 때문에 일방통행이 불가능할 뿐만 아니라, 시시각각으로 변화하고 있는 복잡한 국제환경을 정확하게 판단하면서 외교정책 목적의 달성에 필요한 수단을 제대로 뒷받침할 수 있어야 한다는 것은 외교전략의 기본이다. 따라서 현 정부에서 추진하고 있는 신아시아외교 역시 '포퓰리즘(populism)'에 호소하는 요란한 슬로건이나 단기에 성과를 내려는 과욕을 버리고 장기적 관점에서 '조용한

---

25) Kuik Cheng-Chwee, "The Essence of Hedging: Malaysia and Singapore's Response to a Rising China", *Contemporary Southeast Asia*, Vol. 30, No. 2, 2008, p. 163.

외교(quiet diplomacy)'를 전개함으로써 중국과 일본을 자극하지 않으면서 ASEAN과의 협력관계를 실질적으로 진전시킬 수 있도록 하여야 할 것이다.

제12장

한국과 동아시아공동체의 구축

1. 서 론

글로벌시대의 도래와 함께 더욱 두드러지게 나타나는 현상 가운데 하나인 지역주의 내지 지역통합의 심화는 EU와 NAFTA가 그 대표적인 것이지만, 최근에는 동아시아 지역에서도 공동체 형성을 위한 담론들이 활성화되고 있으며, 비록 아직 초보적 단계이기는 하지만 동아시아공동체를 향한 지역협력의 제도화가 부분적인 진전을 보여 주고 있다.

동아시아 지역통합에 대한 관심은 1997년 7월 태국에서 촉발된 금융위기가 동아시아 전역의 경제위기로 확산됨으로써 본격적으로 논의되기 시작하였는데, 그 결실은 먼저 1999년 ASEAN이 한국·중국·일본을 초청하여 출범시킨 APT로 나타났으며, 나아가 2001년부터는 EAS도 함께 개최되고 있다. 이처럼 APT와 EAS에서 이루어지고 있는 다양한 협력방안들은 향후 동아시아공동체 형성의 초석이 될 수 있다는 점에서 적지 않은 의미가 있다. 동시에 이러한 협의체들에 있어서 주요 의제의 논의과정에서 나타나고 있는 동아시아 국가들 간의 상이한 입장이나 견해 차이는 동아시아공동체의 구축이 얼마나 어려운 과제인지를 잘 말해주고 있다.

그러나 동아시아공동체의 형성이 이 지역에 커다란 이익을 가져다 줄 것이라는 사실에 대해서는 모든 국가들이 의견을 같이하고 있으며, 특히 한국의 입장에서는 다른 어느 국가보다도 실익이 클 것으로 기대되고 있다는 점에서 우리는 비상한 관심을 가지지 않을 수 없다. 왜냐하면 우리가 희망하는 동아시아공동체는 '경제공동체(economic community)'이자 '안보공동체(security community)'로서 한반도의 분단을 안정적으로 관리하고 평화를 정착시키는 데 기여할 수 있을 뿐만 아니라, 경제통합의 상승효과를 통하여 선진경제에 진입하는 제2도약의 계기를 마련할 수 있을 것으로 기대되고 있기 때문이다. 따라서 우리는 동아시아공동체의 구축에 있어서 적극적이고 주도적인 역할을 하여야 할 것이며, 실제로 우리의 노력 여하에 따라서는 충분히 그러한 역할공간을 마련할 수 있다. 즉, 우리는 중견국(middle powers)으로서 중국과 일본의 패권경쟁을 조정할 수 있고 ASEAN의 개도국들과 경제 강국들 간에 가교 역할도 할 수 있다. 문제는 우리가 동아시아공동체 구축을 위하여 어떠한 전략을 가지고 있는가 하는 것이다.

이 글은 한국의 입장에서 바람직한 동아시아공동체를 구축하기 위한 전략을 모색하는 데 그 목적이 있다. 이를 위하여 먼저 우리에게 동아시아공동체는 어떠한 의의와 필요성이 있는지를 정치안보적·경제적 측면에서 살펴보고 난 다음, APT와 EAS를 통하여 그동안 진행되어온 동아시아 지역통합 논의에서 나타나고 있는 관계 국가들의 입장과 견해를 분석해 본다. 이러한 논의를 토대로 하여 향후 동아시아

공동체를 구축하기 위하여 요구되고 있는 한국의 전략을 다각적으로 모색해 보고자 한다.

2. 한국의 동아시아공동체 구축 의의

동아시아 국가들은 이 지역에 있어서 공동체의 설립 필요성과 그것이 가져다주는 정치경제적 실익에 대해서는 의견을 같이하고 있다. 특히 분단 상황에서 남북한 간의 갈등을 안정적으로 관리하고 세계일류 국가로 도약을 모색해야 하는 한국의 입장에서 볼 때 동아시아공동체의 구축은 더욱 절실한 과제인데, 그 구체적 의의와 필요성은 다음과 같은 몇 가지로 요약해 볼 수 있다.

먼저 정치·안보적 측면에서 볼 때 동아시아공동체의 구축은 일종의 다자안보체제(multilateral security system)로서 동아시아와 한반도의 항구적인 평화정착은 물론이고 민족통일의 여건을 조성하는 데 크게 기여할 수 있다는 사실이다. 세계적인 냉전 종식에도 불구하고 남북한의 대립과 갈등은 여전히 지속되고 있으며, 최근에는 북한 핵문제와 '천안함 사건'[1] 및 '연평도 사건'[2] 등이 미국과 중국 간의 이 지역에 대한 영향력 확대경쟁과 연계됨으로써 긴장이 더욱 고조되고 있다. 이처럼 한반도를 중심으로 한 동북아의 평화를 안정적으로 관리하

---

[1] 천안함 사건은 2010년 3월 26일 북한의 어뢰 공격을 받아 해군 초계함 천안함이 침몰되면서 46명의 병사가 희생된 사건이다. ≪국민일보≫, 2010년 4월 5일.

[2] 연평도 사건은 2010년 11월 23일 북한이 우리의 일상적인 해군 훈련을 핑계로 연평도에 170여 발의 무차별 포격을 가함으로써 해병 2명과 민간인 2명이 사망하고 엄청난 재산 피해를 초래한 사건이다. ≪동아일보≫, 2010년 11월 26일.

기 위해서는 다자안보체제가 절실히 요구되고 있으며, 그러한 체제로서 동아시아공동체의 구축은 매우 의미가 큰 것이다. 물론 이러한 다자안보대화의 한 유형으로서 북한 핵문제를 해결하기 위하여 중국의 주도하에 6자회담이 진행되어 왔으나 그동안의 대화과정은 의미 있는 진전을 보지 못한 채 교착상태에 빠짐으로써 별 다른 기대를 갖지 못하게 하고 있다. 특히 6자회담의 존재에도 불구하고 북한은 핵과 미사일실험을 강행하고 한국에 대한 도발을 계속함으로써 회담 무용론까지 대두하고 있는 실정이다.

이러한 점에서 신윤환은 동아시아공동체의 건설이 한반도에 항구적인 평화체제를 확립하는 데 매우 유리한 그리고 거의 유일한 방안이라고 주장한다. 그는 4대국 보장론이나 제도화된 6자회담처럼 강대국들이 모여 한반도 평화를 보장하고 운명을 결정하는 다자주의보다는 중견국이나 약소국도 함께 힘을 가질 수 있는 구도의 지역공동체적 다자주의가 더욱 유용하다고 본다.3) 더욱이 이러한 지역공동체를 구축하기 위해서는 남북한 간에 상생과 협력에 대한 인식과 노력이 필연적으로 수반되어야 하기 때문에 남북한관계의 개선에도 긍정적인 영향을 미칠 수 있다. 따라서 우리는 동아시아공동체의 구축이 북한에도 많은 실익과 혜택을 가져다준다는 점을 충분히 인식시키는 한편, 북한이 우려하는 체제붕괴를 고려하여 남북대화와 협력을 통한 신뢰구축 노력도 병행해 나가야 할 것이다. 이는 동아시아 국가들이 냉전적이고 대결적인 자세로부터 벗어나 미래지향적인 동아시아공동체 구축을 위한 '공동의 의미지평(common space of meaning)'4)을 발전시켜 나가는

---

3) 신윤환, "중국의 부상과 동아시아공동체의 미래", 『동아시아브리프』, 제5권 제1호. 2010, p. 3.

것을 뜻한다. 장기적 안목에서 볼 때 동아시아공동체의 구축은 남북한 간의 갈등을 해소하고 한반도에 항구적인 평화를 가져다주는 '평화공동체(peace community)'로서 기능할 수 있을 것으로 기대되고 있기 때문이다.

한편 경제적 측면에서 볼 때 역내 국가 간의 경제협력을 강화함으로써 경제위기에 효율적으로 대처할 수 있을 뿐만 아니라 세계일류국가로 도약할 수 있는 중요한 계기를 마련할 수 있다는 점이다. 우리는 이미 지난 1990년대 후반 금융위기를 경험한 바 있고 최근 미국발 금융위기에도 높은 역외 의존도 때문에 적지 않은 어려움을 겪었다. 2000년 5월 태국의 치앙마이에서 열린 APT재무장관회의에서 시작된 '치앙마이 이니셔티브(CMI: Chiang Mai Initiative)'에 의한 다자화기금 논의가 드디어 2009년 5월 3일 제12차 APT 재무장관회의에서 '1,200억 달러 규모의 다자화기금의 설립과 분담금 배분의 최종 합의'5)에 도달할 수 있었던 것은 바로 이러한 위기들에 대처하기 위한 동아시아 국가들의 자구노력의 결과였다고 할 수 있다.

더욱이 우리의 입장에서 볼 때 이 지역 국가들과 괄목할 정도로 발전한 높은 상호의존성은 경제통합으로 인한 커다란 파급효과를 기대하게 하고 있다. 실제로 우리 경제에서 차지하는 동아시아국가들의 비

---

4) 최장집이 제시한 '공동의 의미지평'은 냉전의 유산으로서 지역 내 국가관계를 이데올로기적으로 보는 것, 잠재적으로 적대적 경쟁관계로 보는 것으로부터 벗어나 지역이 공통적으로 대면하고 있는 위험과 이해관계가 무엇인가 하는 것에 대한 현실적 인식을 말한다. 최장집, "동아시아공동체의 이념적 기초: 공존과 평화를 위한 의미지평", 『KNSI 특별기획』, 제4호. 2005, p. 30.

5) 기금 설립의 가장 큰 쟁점이었던 분담금 배분에 있어서는 한국 16%, 중국 32%, 일본 32%, ASEAN 20%씩 분담하기로 합의했다. 또한 분담금 대비 인출배수는 중국과 일본이 각각 0.5, 한국 1.0으로 정했고 태국·말레이시아·인도네시아·싱가포르·필리핀 등 ASEAN 빅5 국가는 2.5, 나머지 ASEAN 5개국은 5.0으로 결정되었다.

중은 엄청난 것인데, 1980년대에 26.1%로 전체 교역의 4분의 1 정도를 차지했지만 2010년에는 거의 40%에 육박할 것으로 예상되고 있다. 이는 미국 및 유럽의 경제성장 둔화, 범중화권경제의 빠른 성장 등으로 인해 흐름이 더욱 빨라질 것으로 예상된다. 이러한 추세를 감안하여 삼성경제연구소는 '고조되는 환율갈등의 배경과 전망'이라는 보고서에서 한국의 동아시아 역내교역이 크게 확대됨에 따라 환율정책의 타깃(target)을 원-달러에서 원-엔과 원-위안으로 점차 전환하는 것을 중장기적으로 검토해야 한다고 주장했다. 수출과 수입이 미국이나 유럽 등 선진국에 집중됐던 예전과는 달리 동아시아 역내 무역규모가 커지는 추세에 따라 정부의 환율정책도 바뀌어야 한다는 것이다.[6] 최근 윤증현 기획재정부 장관이 "한·중·일을 엮는 시장이 만들어지면 전 세계 국내총생산(GDP)의 10%를 넘어 경제 규모가 EU 수준에 이를 정도로 비중이 커질 것"[7]이라고 지적한 바 있는데, 3국 간 FTA가 체결될 경우 실제로는 산술적 통합 수치를 능가하는 시너지 효과를 발휘할 것으로 기대하고 있다. 이러한 상황에서 중국을 포함하는 동아시아 경제통합은 '규모의 경제(economy of scale)'를 구축함으로써 획기적인 경제적 이익을 가져다 줄 것으로 기대되고 있다. 특히 동남아시아 국가들은 경제적 상호보완성이 높은 산업구조를 가지고 있기 때문에 경제협력에 따른 호혜적 이익이 매우 크다. 한국의 자본과 기술은 동남아시아의 노동집약적 산업·자원개발·농수산업 등과 결합함으로써 양자 모두에게 커다란 경제적 이익을 가져다 줄 수 있다. 이처럼 동아시아공동체의 핵심요소인 경제공동체를 구축함으로

---

6) ≪내일신문≫, 2010년 10월 7일.
7) ≪동아일보≫, 2010년 7월 26일.

써 한국은 세계일류국가로 도약의 계기를 마련할 수 있을 것으로 기대되고 있다.

이뿐만 아니라 사회문화적 측면에서 볼 때 동아시아 지역통합은 동북아인들에게 민족적 · 종족적 · 문화적 편견을 극복하여 다양한 가치와 문화를 존중하고 다른 민족과 종족을 이해하는 다원주의적 가치관과 사고를 길러 줄 수 있다.[8] 특히 한국과 같이 단일민족문화에만 갇혀서 살아온 사람들은 세계화와 더불어 전개되고 있는 다문화사회를 살아가는 데 있어서 동남아인들이 좋은 선례와 교훈을 주고 있는 것이다. 동남아시아는 세계에서 그 유래를 찾아보기 어려울 정도로 다양한 문화적 특성을 가지고 있다. 말레이인 · 중국인 · 인도인들이 불교 · 이슬람교 · 가톨릭교 등의 서로 다른 종교와 언어를 사용하면서도 국내에서는 물론이고 ASEAN이라는 하나의 지역통합체를 결성하여 공동의 선을 위해 함께 노력하고 있는 모습은 세계화시대에 우리에게 많은 함의(implication)를 던져 주고 있다. 최근 한국은 동남아시아와 중국으로부터 들어오고 있는 외국인 노동자와 결혼 이민자의 수가 급속히 증가함에 따라 우리 사회에 적지 않은 변화를 가져다주고 있으며, 이러한 추세는 앞으로 더욱 가속화될 것이라는 점에서 동아시아공동체의 형성은 적지 않은 도전인 동시에 세계화된 세계에서 한국인의 바람직한 가치관을 정립하는 데 기여하게 될 것이다.

---

8) 신윤환, "동아시아 지역통합과 한국의 선택", 동아시아공동체연구회, 『동아시아 공동체와 한국의 미래』, 서울: 이매진. 2008, pp. 386 - 387.

3. 동아시아공동체 논의와 관계국의 입장

동아시아공동체는 아직 구체적인 로드맵(road map)을 가지고 추진되지 못하고 있는데, 그 이유는 동아시아 지역통합에 리더십을 발휘해야 할 두 강대국 즉, 중국과 일본이 상호 불신 속에서 패권경쟁을 하고 있을 뿐만 아니라, 사실상 APT와 EAS를 주도하고 있는 ASEAN도 동아시아공동체 구축보다는 동남아시아공동체 구축에 더 큰 관심을 가지고 있어서 추진력을 잃고 있기 때문이다. 더욱이 현재의 동아시아 통합논의를 주도하고 있는 ASEAN이 채택하고 있는 지역통합전략은 이른바 'ASEAN 방식(ASEAN way)'으로서, 그 특징은 공동협의(consultation)와 합의(consensus)를 토대로 한 점진적이고 증가주의(incrementalism)적인 접근법이라는 데에 있다. 따라서 참여국들 간에 합의가 이루어지기 어려운 민감한 이슈들은 아예 처음부터 논의의 대상이 되지 않기 때문에 동아시아공동체 구축을 위한 제도화의 진전은 매우 느릴 수밖에 없는 것이 현실이다.

그렇다면 동아시아공동체 구축에 대한 이 지역 국가들의 인식과 입장은 어떠한가? 먼저 중국은 동아시아공동체의 참여국 문제에 있어서 APT에 참가하는 국가들만으로 제한하자는 입장을 견지하고 있으며, 미국 등 역외 국가들의 참여를 배제하고자 한다. 이는 역외 강대국이 참여할 경우 동아시아공동체에 있어서 중국의 지배적 영향력이 약화될 뿐만 아니라 미국 의 이 지역에 대한 개입과 영향력 확대를 우려하기 때문이다. 또한 중국은 동아시아 지역통합에 있어서 경제적 측면을 가장 강조하고 있는데, 2010년에 발효된 ACFTA를 비롯하여 양자 간 및 다자간 FTA의 체결에 적극적인 노력을 기울이고 있다. 이는 물론 중국의 급속한 경제성장에 견인차 역할을 할 수 있도록 하기 위함이지만, 동시에 경세적 통합을 통하여 정치적 영향력을 확대시키고자 하는 전략이 그 배경에 있다고 하겠다. 최근 중국은 미국과 경쟁하는 이른바 'G2 시대'를 맞이하여 자신의 중심적 역할공간이라고 생각하는 동아시아지역에 확실한 위상을 확보할 수 있는 방향의 공동체를 구축하고자 하는데, 특히 중국은 미국의 영향력을 배제할 수 있는 동아시아공동체를 희망하고 있다.

이에 반해 일본은 중국을 견제하기 위하여 동아시아공동체 구성에 있어서 EAS에 참여하는 국가들은 물론 장차 미국의 가입까지도 가능성을 열어두고 있다. 이는 중국의 급격한 부상에 따르는 일본의 위협인식을 반영하는 것으로서 기본적으로는 최근 미국의 동아시아전략과도 일치하고 있다. 중국의 정치경제적 부상과 함께 나타나고 있는 이 지역에 대한 영향력 확대를 우려하여 오스트레일리아·뉴질랜드·인도 등의 참여를 주장하여 성사시킴으로써 중국의 패권적 지배를 견제하고 있다. 또한 일본은 동맹국인 미국의 참여도 적극 주장하여 왔는데, 다소 관망적인 태도를 보이던 미국이 중국의 영향력 확대를 견제하기 위하여 최근에는 더욱 적극적인 동아시아 개입정책을 추진하면서 EAS를 주도하고 있는 ASEAN에 참여 신청을 함으로써 드디어 2011년 정상회의부터 참여할 수 있게 되었다. 일본은 이러한 중국 견제와 함께 자신이 동아시아 지역통합에 있어서 주도적 역할을 하기 위한 노력을 병행해 왔는데, 그 대표적인 것이 1997년 동아시아경제위기 직후에 제안하였던 AMF 설립안이다. 이는 동아시아 금융위기에 대응하기 위하여 일본이 500억 달러를 출연하여 아시아판 IMF를 만들자는 것이었는데, 국제통화체제의 분열을 우려하는 미국 및 유럽국가들과 설립 의도를 의심하는 중국의 견제 등으로 무산되고 말았다. 그러나 이미 앞에서 지적한 바와 같이 CMI는 일본의 적극적인 노력으로 나름대로 성과를 거두고 있다.

한편 현재 APT와 EAS를 주도하고 있는 ASEAN은 중국과 일본의 경쟁을 적절히 활용하면서 자신의 이익을 극대화시키는 데 보다 큰 관심을 보여 주고 있다. ASEAN은 APT의 제도화를 통한 지역통합의 심화라는 과제는 미뤄둔 채 일본과 역외 국가들이 선호하는 대안적 틀인 EAS를 동시에 추진하는가 하면, 한·중·일 등 동북아 국가들을 개별적으로 상대하는 ASEAN+1 프로세스(process)를 활성화하여 자신에 대한 지원과 지지경쟁을 벌이게 함으로써 이익을 극대화하고 있는 것이다. 바로 이러한 행태 때문에 ASEAN이 과연 동남아시아를 넘어서 동아시아 지역통합에 대해서도 과연 진지한 것인지에 대해 의문이 생긴다.9) 또한 ASEAN은 동아시아 국가 간의 기능적 협력강화는 지지하면서도 APT의 동아시아공동체로의 조기 전환에 대해서는 유보적 입장을 보여 왔는데, 이는 현재 2015년까지 자신들이 추진하고 있는 ASEAN공동체(AC: ASEAN Community)를 먼저 완성하여 내부적 결속력과 협상력을 강화하고자 하는 전략에 기인하고 있다. 왜냐하면 카심(Yang R. Kassim)이 적절히 지적한 바와 같이 "ASEAN은 동아시아공동체에서 그들의 위상이 약해질 것을 우려"10)하는데, 그것은 동북아 3국에 비해 힘의 열세에 있기 때문이다. 즉 ASEAN은 자신의 결속력을 강화하지 않은 상태에서 광역의 동아시아공동체에 참여하게 될 경우 ASEAN의 정체성과 공동체의식이 약화될 수 있음

---

9) 신윤환(2010), p. 2.

10) *Financial Times*, 8 December 2005.

을 우려하고 있다. 바로 이러한 맥락에서 ASEAN은 동아시아 지역통합에 있어서 자신의 '일차적 추진력(primary driving force)'과 주도적 역할을 거듭 강조하고 있으며, 주도권 유지에 강한 집착을 보이고 있다. 역시 같은 맥락에서 ASEAN의 동아시아 지역통합전략도 자신들이 동남아시아 지역통합에 적용하였던 ASEAN 방식을 그대로 채택함으로써 점진적 접근을 시도하고 있다.

한국은 1997년 11월 IMF로부터 구제금융을 신청하는 경제위기를 경험하면서 동아시아 지역통합의 필요성을 절실히 인식하고 김대중 정부에서는 EAVG와 EASG를 제안하는 등 지역통합에 적극 노력해 왔으며, 최근 이명박 정부는 '신아시아외교'를 천명하고 '동아시아비전그룹Ⅱ(EAVGⅡ: East Asia Vision GroupⅡ)'를 제안하는 등 지속적인 관심과 노력을 기울이고 있다. 경제적 측면에서뿐만 아니라 정치안보적 측면에서도 동아시아공동체의 구축으로 인한 이익이 그 어느 국가보다도 크다는 점에서 우리의 관심이 높은 것은 너무나 당연한 것이라고 하겠다. 그렇지만 한국은 동아시아공동체의 참여국 문제에 있어서 APT 국가들로 제한하자는 것인지 아니면 EAS 참여국과 미국 및 러시아의 참여도 지지하고 있는지에 대해서는 아직 분명한 입장을 표명하지 않고 있다. APT 출범 초기에는 APT 참여국 중심으로 동아시아공동체 건설을 희망하였으나 EAS의 출범 이후에는 다소 애매한 입장을 보이고 있다. 특히 최근 북한에 의한 천안함 사건과 연평도 사건 등 일련의 도발에 대처하는 과정에서 한미동맹과 미국의 지원이 절대적 중요성을 가지게 됨에 따라 참여국 문제에 있어서는 유보적인 입장을 보이고 있다.

미국은 역외 국가이기는 하지만 동아시아지역에 커다란 이해관계를 가지고 막대한 영향을 미치고 있을 뿐만 아니라 2011년부터는 EAS 정상회의에도 참여하기로 결정되어 있다는 점에서 향후 동아시아공동체 구축과정에서 매우 중요한 변수가 되고 있다. 미국의 전통적인 동아시아정책은 기본적으로 양자주의(bilateralism)에 기반을 둔 이른바 '중심-위성(hub and spoke)' 관계라고 하는 미국 중심의 동맹체제였으나, 탈냉전으로 인하여 전략환경이 변화하고 중국의 급격한 부상과 공세적 다자주의 정책에 대한 대응 필요성에 따라 다자주의(multilateralism)를 전향적으로 수용, 활용하고 있다. 바로 이러한 점에서 미국이 동아시아의 지역통합 내지 공동체 형성에 대해서 가지는 관심은 클 수밖에 없으며, 1990년 마하티르가 제안하였던 EAEC에 대한 반응에서 잘 나타나고 있듯이 자신이 배제된 어떠한 동아시아지역 블록화에도 반대하고 있다.

경제적 측면에서 미국의 동아시아정책은 2002년 10월 부시(George W. Bush) 대통령이 발표한 이른바 'ASEAN 사업계획(EAI: Enterprise for ASEAN Initiative)'을 통해서 체계화되었다. EAI는 ASEAN 국가들과의 개별적인 양자 간 FTA를 중첩적으로 체결함으로써 미국과 ASEAN 간의 무역 및 투자관계를 '쌍무적 FTA 네트워크'의 구축을 통해서 강화시키고자 의도된 프로그램이다. 이에 따라 2004년 싱가포르와 FTA 발효를 시작으로 같은 해 태국과 FTA 협상을 시작하였으며, 2006년 6월에는 말레이시아와 FTA 협상을 추진하는 등 적극적으로 동아시아 FTA정책을 추진하였다.[11] 이는 미국의 동아시아지역에 대한 전형적인 양자주의 전략이 통상분야에서 적용되고 있는 것이라

---

11) 최태욱, "한미 FTA와 동아시아공동체 전망", 『환경과 생명』, 제52호, 2007, p. 2.

고 하겠다. 더욱이 최근 오바마(Barack H. Obama) 행정부에서는 동아시아를 미국 경제의 사활적인 지역으로 규정하고 이 지역의 시장개방을 통해 수출을 더욱 확대하고자 하는 분명한 의지를 천명하고 있다.[12] 이러한 미국의 적극적인 개입정책은 2010년 1월에 발효된 ACFTA로 인한 중국의 경제적 영향력 확대에 대한 대응과 자신의 경제적 기득권을 유지하기 위한 것임은 물론이다.

4. 한국의 동아시아공동체 구축 전략

이상의 논의에서 알 수 있는 바와 같이 동아시아공동체 구축을 위한 관계 당사국의 인식과 입장에는 적지 않은 차이가 있기 때문에 단기간에 공동체를 구축한다는 것은 어려운 일이다. 이러한 점에서 동아시아공동체는 카첸스타인(Peter J. Katzenstein)이 지적하였듯이 '현존하는 실체가 아니라 앞으로 사회적으로 구성되고 시간을 두고 서서히 발전될 하나의 정치적 구성물'[13]이라고 할 수 있다. 한국의 입장에서는 이러한 정치적 구성물의 구축이 가져다주는 정치안보적 · 경제적 가치와 이익이 너무나 크기 때문에 장기적 관점에서 바람직한 전략을 연구하여 적극적으로 추진할 필요가 있는데, 그것은 구체적으로 다음과 같은 몇 가지 요소들이 반드시 강조되어야 한다.

첫째, 우리는 공동체의 디자인(design) 과정에서부터 적극적인 이니

---

12) ≪경향신문≫, 2010년 4월 5일.

13) Peter J. Katzenstein, "Asian Regionalism in Comparative Perspective", in Peter J. Katzenstein and Takashi Shraishi(ed.), *Network Power: Japan and Asia*, New York: Cornell University Press, 1997, p. 11.

셔티브를 취하고 실효성 있는 아이디어(idea)를 제공하여야 한다. 동아시아공동체 구축에 주도권 경쟁을 벌이고 있는 중국과 일본, 그리고 자신의 역량의 한계로 광역의 동아시아 지역통합보다는 동남아시아를 중심으로 한 자신들의 공동체인 AC의 구축에 더욱 관심을 집중하고 있는 ASEAN의 인식과 입장을 고려한다면 동아시아 공동체를 실질적으로 추진할 수 있는 국가는 오직 한국밖에 없다고 할 수 있다. ASEAN이 주도하는 동아시아 지역통합 논의는 동남아국가들의 정치적 · 경제적 역량의 제약으로 인하여 구조적 한계를 가질 수밖에 없기 때문에 한국의 적극적 역할이 더욱 요구되고 있다고 하겠다. 다행히 우리 정부는 2010년 APT정상회의를 통하여 그동안의 성과를 점검하고 향후 방향을 모색하기 위하여 'EAVG Ⅱ'를 제안하여 지지를 이끌어내었다. 이러한 우리 정부의 제안은 2000년대 중반 이후 다소 정체되어 있는 APT 중심의 동아시아 지역협력을 재활성화시키고 주변 강대국들의 참여와 경쟁으로 불확실성이 증가하는 동아시아지역질서를 지역협력의 심화를 통해서 극복하려는 시도이다.[14] 따라서 이제 우리는 보다 장기적인 관점에서 동아시아공동체의 성격, 제도화의 로드맵, 참여국의 범위, 의제 등을 외교통상부와 학계의 전문가들이 관학협동의 차원에서 종합적으로 연구함으로써 정책적 뒷받침할 수 있어야 한다. 그리고 이러한 정책연구에 있어서는 보수와 진보, 여당과 야당이 이념적 · 정권적 차원을 초월하여 한반도의 평화와 민족의 번영에 실질적으로 기여할 수 있는 공동체를 디자인하여야 할 것이다. 이와 함께 우리의 동아시아정책은 정권의 변화와 관계없이 일관성 있게 추진되어야 한다.

---

14) 이재현, "동아시아지역 정상회의 평가와 지역협력 전망", 『주요 국제문제분석』, 2010 - 30호, 2010.

지난 김대중 정부에서 EAVG 및 EASG의 제안 등으로 주도적으로 추진해오던 동아시아공동체 정책이 노무현 정부에 와서 갑자기 '동북아중심국가론'을 들고 나옴으로써 ASEAN에게 실망을 주었을 뿐만 아니라, 중국을 비롯한 주변국들의 불필요한 의혹만 불러일으킴으로써 실패한 정책이 되었던 교훈을 잊지 말아야 한다.

둘째, 우리는 동아시아지역의 평화와 공동번영을 위한 공동체의 구체적인 방안을 연구하여 제시할 필요가 있다. 이를 위해서는 먼저 이론적·정책적 차원에서 우리가 희망하는 동아시아공동체는 구체적으로 어떠한 것인지에 대한 연구가 선행되어야 한다. 지난 정부의 동아시아공동체 구상은 지역주의 전략을 구체적 비전, 주체적 역량, 실현가능성이라는 측면에서 논의를 전개하기보다는 '정치적 구호'에 지나지 않는 이벤트(event)적 경향이 강했다.[15] 특히 참여정부에서 제시하였던 '동북아중심국가론'이 제대로 추진되지도 못하고 오히려 주변 국가들의 의혹과 불신만 초래하였던 것은 장기적 차원에서 면밀한 연구와 검토를 거치지 못한 필연적인 결과였다.

그럼에도 불구하고 현 정부의 외교도 별로 나아진 점이 없다. 최근 중국과 일본의 경쟁적인 동아시아공동체 추진정책의 배경에는 각국 정부의 지원에 의한 축적된 연구가 있으나 우리의 연구는 여전히 일천한 수준에 있다. 그리고 이러한 연구마저도 외교 당국에 의한 본격적인 정책연구가 아니라 학자들의 개별적 관심 분야에 의한 이론적 수준의 논의에 그치고 있는 실정이다. 오히려 지난 '국민의 정부' 초기에 우리가 주도적으로 EASG를 제안하고, 이를 통하여 동아시아공동체

---

15) 최청호, "동아시아 공동체의 구축: 한국의 전략", 『동북아연구』, 제13권, 2008, p. 173.

건설을 위하여 적극적인 이니셔티브를 취함으로써 적지 않은 성과를 거두었는데, 이는 사전에 충분한 연구와 준비가 있었기 때문이다.

일본과 같은 일부 국가에서 동아시아공동체의 안을 제시하기도 하였지만, 이는 경쟁관계에 있는 중국을 비롯한 이 지역 국가들로부터 진정성을 의심받고 있다는 점에서 본격적으로 논의되지 못하고 있다. 반면에 우리는 중견국으로서 패권 장악의 우려가 없고 보다 중립적인 입장에서 접근할 수 있다는 점에서 우리의 제안 여하에 따라서는 충분히 본격적인 논의가 가능하기 때문이다. 그리고 이러한 공동체의 디자인 과정에서는 관계 당사국의 이해관계와 입장을 반영함은 물론이고 역사적 갈등과 불신, 잠재적 영토분쟁 등을 고려하여 역내국가 간의 신뢰와 공동체의식의 증진 방안 모색에 최우선을 두어야 할 것이다. 따라서 동아시아공동체의 제도화 과정은 지금까지 APT와 EAS에서 보여준 'ASEAN 방식'의 점진적 증가주의를 채택하여 낮은 수준의 통합으로부터 점차 높은 수준의 통합을 시도해야 할 것이다. 이는 우리가 디자인하는 공동체의 성격은 유연한 것이어야 하며, 다루게 될 의제도 민감하지 않고 협력 가능성이 높은 문제부터 시작하여야 한다는 것을 말한다.

특히 동아시아공동체의 참여국 문제는 공동체 설립의 가장 중요한 목적이라고 할 수 있는 이 지역의 평화와 안정을 위하여 북한의 참여가 필수적으로 요구되고 있다. 그럼에도 불구하고 현재 진행되고 있는 동아시아 지역협력의 제도화 논의에는 북한이 제외되어 있음은 문제가 아닐 수 없다. 북한이 참여하지 않는 지역공동체는 안보공동체로서 의미가 없기 때문에 우리는 현재 APT와 EAS에 배제되어 있는 북한의 참여와 관련한 지원문제를 전향적으로 검토할 필요가 있다. 우리가 디자인하는 동아시아공동체에는 북한도 함께할 수 있는 진정한 의미의 지역공동체가 될 수 있을 때 비로소 평화와 번영을 가져다주는 공동체의 구축이라는 소기의 목적을 달성할 수 있을 것이다. 따라서 남북관계의 개선과 협력은 한반도의 평화통일은 물론이고 진정한 동아시아공동체의 구축을 위해서도 반드시 병행해 나가야 할 매우 중요한 우리의 과제이다. 또한 역시 같은 맥락에서 현재의 분단 상황에서는 미국과 러시아의 참여 없는 동아시아공동체의 구축은 한반도의 평화를 보장하는 평화공동체로서 제대로 된 역할을 수행하기 어렵다는 점에서 이들의 참여도 역시 중요한 의미를 가지고 있다. 다만 미국과 러시아의 참여는 동아시아공동체의 지역적 정체성 논란을 불러일으킬 수 있고, 현재 중국이 부정적 태도를 보이고 있다는 현실적 어려움이 없지 않다. 따라서 먼저 APT 참여국 중심의 동아시아공동체를 출범시키면서 EAS에 참여하고 있는 오스트레일리아·뉴질랜드·인도와 내년부터 참여하게 될 미국과 러시아는 옵서버 형태로 참관시키면서 동아시아공동체의 진전에 따라 점진적으로 참여를 검토하는 것도 하나의 방안이 될 것이다.

셋째, 동아시아공동체를 구축하기 위해서는 무엇보다도 ASEAN과의 협력이 매우 중요하다. ASEAN은 강한 주권의식과 민족주의 의식을 가지고 있으며 동아시아공동체에 있어서 중국이나 일본의 패권적 지배나 압도적 영향력 행사를 우려하고 있다는 점에서 우리도 동일한 인식을 하고 있다. 또한 우리가 제안하였던 EAVG와 EASG를 ASEAN이 적극 수용함으로써 동아시아 지역통합의 초기 제도화 과정을 함께 주도해 왔다는 점에서 협력 및 제휴의 가능성이 다른 어떤 국가들보다도 크다. 더욱이 현재까지의 동아시아 지역통합의 제도화는 사실상

ASEAN의 주도적 역할에 의해 이루어져 왔고, 이들의 주도권에 대한 의지는 매우 강하다는 점에서 ASEAN을 배제한 독단적인 추진전략은 그 실현 가능성이 낮기 때문이다. 이러한 점에서 2010년 10월 29일 하노이에서 개최된 ASEAN+1 정상회의를 통하여 '평화와 번영을 위한 한-ASEAN 전략적 동반자 관계 격상에 관한 공동선언'과 '공동선언 이행을 위한 행동계획'을 채택하여 양자관계를 한층 격상시키고 '한-ASEAN 안보대화'도 신설하기로 합의한 것은 매우 바람직한 정책추진이라고 하겠다.[16]

우리의 외교는 그동안 한반도의 분단과 긴장상태의 지속으로 동북아 중심의 4강 외교를 벗어나기 어려웠으며, 최근 북한의 핵개발, 천안함 및 연평도 도발 사건이 보여주듯이 현재에도 그러한 제약요인을 여전히 가지고 있다. 그러나 우리가 미국과 중국, 일본과 중국 등 강대국의 이해관계가 예민하게 충돌하고 있는 동북아와 한반도문제에 매몰되어 있는 한, 보다 넓은 동아시아지역이라는 시각으로부터 문제해결에 접근하는 노력은 소홀히 할 수밖에 없게 된다. 때로는 문제해결을 위한 직접적 시도보다는 충돌과 대결을 피하면서 우회적으로 접근하는 것이 보다 효과적일 경우가 있다. 바로 이러한 점에서 우리는 현재 동아시아 지역통합을 주도하고 있는 ASEAN과의 제휴와 연대를 통하여 상호 경쟁하는 강대국 간의 관계를 조율함으로써 동아시아공동체의 제도화를 진전시키고, 다자안보체제의 틀 속에서 동북아와 한반도의 문제 해결의 길을 찾아나갈 필요가 있다. 현실적으로 동아시아공동체를 추동할 수 있는 유리한 입장에 있는 나라는 강대국이 아니라

---

16) ≪동아일보≫, 2010년 10월 30일.

한국과 ASEAN 같은 중견국가이기 때문이다. 따라서 한국은 내년에 설치되는 '한·중·일 성상회의 서울사무국'[17] 개소를 계기로 3국 간의 긴밀한 협력은 물론이고 이를 통히여 ASEAN과 대화와 협상을 잘 수행해 나갈 수 있어야 하겠다. 동아시아지역 협력에 있어서 한국이 발휘해야 할 리더십은 강대국과 같이 힘을 투사하는 리더십이 아니라 참여 당사국 간의 갈등을 조정하는 리더십, 참여국들의 힘을 한데 모으는 리더십이어야 하며, 바로 이것이 우리가 할 수 있는 역할 공간이자 강점이다.

넷째, 중국과의 전략적 협력관계를 더욱 발전시켜 나가야 한다. 우리가 희망하는 동아시아공동체를 구축하기 위해서는 대중협력외교를 더욱 강화하여 중국의 한국 및 한미동맹관계에 대한 불신과 우려를 해소해 나가야 한다. 중국이 이웃 국가인 한국과 일본이 자신을 소외시키고 미국과 연대하여 자기의 목을 죄어 온다고 인식하게 되면 동아시아 지역협력체제의 구축은 요원한 일이 될 수 있다.[18] 중국의 입장에서 볼 때 동아시아지역에 있어서 최대의 위협 내지 경쟁세력은 미국이며, 미국과 동맹관계에 있는 한국과 일본은 그 연장선에서 인식하고 있다는 점에 유의하여야 한다. 우리의 현실이 북한으로부터의 위협에 대처하기 위해서 미국과의 동맹이 불가피하다고 할지라도 이것이 중국과의 전략적 협력관계를 발전시키지 못하는 이유가 될 수는 없다. 우리의 외교 역량과 동아시아공동체 구축 전략 여하에 따라서는 미국

---

17) 한·중·일 정상회의 사무국은 2009년 10월 중국 베이징(北京)에서 개최된 제2차 한·중·일 정상회의에서 이명박 대통령의 제안으로 추진된 사업으로서 2010년 5월 제주에서 개최된 제3차 정상회의에서 2011년 중 우리나라에 설립하기로 합의하였으며, 2010년 12월 16일 외교통상부 청사에서 사무국 설립협정 서명식을 가졌다. ≪아시아투데이≫, 2010년 12월 16일.

18) 최태욱(2007), p. 62.

과의 동맹관계를 유지하면서도 중국과의 관계를 획기적으로 발전시켜 나갈 수 있다. 한미관계와 한중관계가 반드시 부정적 상관관계에 있는 것이 아닌데도 불구하고 우리는 지난 날 세련되고 성숙하지 못한 외교를 전개함으로써 그러한 결과를 초래하였던 것이다. 다행스럽게도 현재 중국은 동아시아공동체의 구축에 많은 관심과 노력을 기울이고 있으며, 우리와 이해관계가 일치되는 부분들도 적지 않다. 한국과 중국이 모두 원－원(win-win)할 수 있는 협력영역을 찾아 점차 확대해 나가는 것이 매우 중요하다. 따라서 이제 우리는 장기적 안목에서 한반도의 평화와 번영을 가져다 줄 수 있는 동아시아공동체의 구축이라는 좀 더 큰 그림을 그리면서 기존의 한미동맹관계를 훼손하지 않으면서도 한중관계를 획기적으로 발전시켜 나갈 수 있는 전략을 모색, 추진하여야 한다.

마지막으로 동아시아공동체의 제도화 과정에서 민간차원(Track Ⅱ)의 대화와 연구 및 시민사회의 참여가 함께 추진되어야 한다. 현재까지의 동아시아공동체 논의는 APT와 EAS를 통해서 알 수 있듯이 주로 정부의 공식적 차원에서 이루어져 왔기 때문에 공동체의식이나 지역적 정체성 형성에 있어서 중요한 당사자인 일반 국민들에게까지 확산되지 못한 한계를 가지고 있다. 또한 지역국가들 간에 이루어지는 민간차원의 대화는 정부차원의 공식적인 대화보다는 부담을 줄여줄 수 있어서 자유로운 대화가 가능하다. 특히 이 지역 국가들 간의 신뢰구축을 위하여 한·중·일 및 한·미·중 전략대화 메커니즘을 Track Ⅱ 차원에서 시작하여 Track 1.5 차원으로 발전시켜 나가는 것은 장기적 안목에서 동아시아공동체 형성의 분위기 조성에 매우 의미 있는 역할을 하게 될 것이다. 따라서 현재 가동 중에 있는 '동아시아포럼

(EAF: East Asia Forum)'[19])이나 '동아시아 싱크탱크 네트워크(NEAT: Network of East Asian Think-tanks)'[20])와 같은 Track Ⅱ 차원의 대화체를 적극 활용함은 물론, 필요하다면 새로운 민간 차원의 협의체를 구성하여 본격적인 공동체 연구를 시도할 필요가 있다. 더욱이 진정한 의미의 동아시아공동체는 참여국 국민들의 공동체의식과 지역적 정체성이 필수적으로 요구된다는 점에서 일반 국민과 시민사회의 교류 확대에도 관심을 기울여야 한다.

5. 결 론

최근 중국은 정치적 · 경제적 · 군사적 부상과 함께 자기 목소리를 높이면서 동아시아지역에 대한 영향력을 강화하고 있고, 이에 맞서 미국은 기득권을 유지하기 위하여 EAS 가입을 추진하면서 보다 적극적인 개입정책으로 맞서고 있다. 이러한 상황에서는 이 지역 국가들이 자칫 미국이냐 중국이냐의 양자 선택을 강요받는 기로에 설 수 있고, 따라서 동아시아공동체 건설 문제는 지나치게 이상적인 논의로 치부될 위험에 처할 수도 있다. 특히 북한의 계속되는 도발과 안보위협에 대처하기 위해서는 동아시아공동체와 같은 다자안보체제의 이상보다

---

19) EAF는 동아시아 13개국의 산 · 관 · 학이 모여 지역 협력과 통합에 관한 관점과 방안들을 교환하고 조율하는 포럼이며, 한국이 주도하고 있다.

20) NEAT는 2003년 9월 중국에서 창립총회를 시작으로 참가국을 순회하면서 개최되고 있는데, 여기에서는 참여국의 정책지향의 연구소들이 모여 동아시아 지역통합을 앞당길 수 있는 구체적인 협력방안을 연구하고 있다. NEAT 총회는 각국의 입장을 모아 보고서를 만들어서 APT 정상회의에 정책 제안의 형태로 보고한다.

는 미국과의 동맹이라는 현실적 대응체제의 중요성이 부각될 수밖에 없다. 물론 현실적인 안보위협에 대한 효율적 대응은 매우 중요하지만 그것이 장기적 관점에서 동아시아공동체의 이상을 포기해야 하는 이유가 되지는 못한다.

우리는 지난 냉전체제를 통해서 경험하여 왔듯이 힘의 정치(power politics)를 강조하는 현실주의가 득세하게 되면 갈등과 대립이 만연하게 되었고, 상호의존의 현실을 인식하고 공동운명체 의식이 증진되면 협력과 통합의 노력이 진전되었다. 따라서 한국은 냉전의 희생자로서 또다시 냉전 논리에 휘둘려서는 안 되며 상생과 공존 및 공동 번영의 길을 모색하는 데 앞장서야 한다. 바로 여기에 우리가 동아시아공동체 구축에 열정을 가져야 하는 이유가 있는 것이다. 특히 이제 우리는 냉전과 한국전쟁을 겪으면서 자연스럽게 형성된 강대국 정치와 동북아 중심의 인식론적 한계를 벗어나서 좀 더 넓은 안목으로 동아시아를 보면서 중견국으로서 우리가 나아갈 미래의 좌표를 설정하지 않으면 안 된다.

이러한 점에서 우리의 외교전략은 현실을 직시하면서도 미래의 비전을 제시할 수 있는 것이어야 한다. 현실적으로는 북한 핵 위협, 천안함 사건과 연평도 사건 등 끊임없이 제기되고 있는 북한의 도전과 도발에 대처하기 위해서는 강력한 한미동맹을 통한 국가안보전략이 무엇보다도 긴요하다. 그러나 동시에 우리는 장기적 안목에서 남북갈등을 해소하고 한반도에 항구적인 평화를 정착시킬 수 있는 동아시아공동체 구축을 위해서 지속적인 노력을 경주해 나가지 않으면 안 된다. 이러한 노력 과정에 있어서 특히 '중국과 전략적인 협력관계를 발전시킬 수 있는 메커니즘을 제도화하지 않고서는 북핵문제를 해결하기도 어려울 뿐만 아니라 동아시아 질서 수립에서 의미 있는 역할을 해 나가기도 어려울 것'21)이라는 점에 유의하여야 한다. 따라서 장기적 안목에서는 한·미 동맹체제의 유지와 한·중 전략적 협력관계의 증진이 현실적으로 양립할 수 있는 방안을 모색, 추진할 필요가 있다.

결론적으로 말한다면 현실주의적 시각에서 볼 때 동아시아지역은 불신과 갈등, 국익의 충돌로 인하여 힘의 정치가 지배하는 대표적인 지역인 것처럼 보일지 모르지만, 자유주의적 관점에서 볼 때에는 상호 의존이 증대하면서 호혜적인 이익을 증대시키기 위한 제도화 노력이 싹트고 있다고 할 수 있다. 따라서 우리가 앞으로 추구하여야 할 좌표는 구성주의자(constructivist)들이 가르쳐 주고 있는 것처럼 평화와 번영의 동아시아공동체 구축에 가장 중요한 이 지역 국가들 간의 '우리 의식(we-ness)'을 만들어 나가는 지속적인 노력이다.

---

21) 이태환, "미·중 전략경제대화와 동아시아: 한국의 시각", 『JPI Peace Net』, 2009 - 15호, 2009, p. 2.

제13장

북한의 급변사태와 한국의 안보외교전략

1. 서 론

최근 북한 김정일 위원장의 건강 이상설과 관련하여 정부와 민간 차원에서 북한에 급변사태가 발생할 가능성 및 그 대책에 대한 관심과 논의가 크게 증가하고 있다. 지난 1994년 7월 남북정상회담을 앞두고 갑자기 김일성 주석이 사망했을 때 우리 정부는 매우 당황하였고, 2006년 10월 북한이 핵실험을 하였을 때에도 한동안 혼란에 빠진 적이 있는데, 이러한 과거의 경험에 비추어 최근의 관심 증대는 다행이라고 하겠다.

김정일 위원장이 2008년 뇌졸중 수술 후 건강이 상당히 회복된 상태로 알려지고 있지만, 2011년 현재 69세의 나이와 고혈압 · 당뇨 등 그의 건강상태를 감안한다면 언제든지 북한에 급변사태가 올 수 있다. 그리고 그러한 급변사태가 우리에게는 생존과 민족통일에 직결되어 있는 사활적 이익(vital interest)이 걸려 있는 문제일 뿐만 아니라, 동북아지역 전체의 안정과 평화가 위협받을 수 있다는 점에서 우리가 주도적으로 사태를 장악하여야 할 당위성이 있으며, 그에 필요한 대비책을 강구해두지 않으면 안 된다.

북한에 급변사태가 발생할 경우 우리가 대비해야 할 사항들이 무엇인가 하는 것은 정책목표에 따라 달라질 수 있다. 이러한 목표들에는 국가안보·남북통일·외세개입 차단 등 여러 가지가 있을 수 있겠으나, 이 가운데 무엇보다도 중요한 것은 우리의 안전을 확보하는 문제이다. 따라서 북한의 급변사태에 대응하는 정책적 핵심과제는 우리의 안보와 한반도의 평화를 확보하는 안보외교이며, 이는 동맹국과의 확고한 공조 및 주변국에 대한 협력외교가 중요하다는 것을 말한다. 우리의 외교역량에 따라 북한의 급변사태는 통일의 계기를 마련하는 민족적 기회가 될 수도 있고, 전쟁이나 분단의 고착화와 같은 국가적 재앙이 될 수도 있다.

북한의 급변사태는 문제의 성격상 갑자기 일어날 뿐만 아니라 그에 대한 대처 역시 신속하게 이루어지지 않으면 소기의 목적을 달성하기 어렵다는 점에서 이에 대한 효율적인 대비책이 사전에 치밀하게 마련되어 있어야 한다. 급변사태는 일반적인 상식이나 관행으로 접근하여 문제를 해결하기가 어려울 것이기 때문에 예상되는 시나리오를 만들고 그에 따른 대책들을 다각적으로 모색하여야 하며, 특히 사태의 안정화와 해결을 위해서는 주변 이해관계국가들의 협력이 절대적으로 요청된다는 점에서 외교적 차원의 대책이 충분히 강구되어 있어야 한다.

이 글은 바로 이러한 문제의식에서 착수되었기 때문에 북한 급변사태가 한반도 및 동북아지역에 미치는 안보적 영향을 점검하고 그에 따른 우리의 대비책을 모색하는 데 그 목적이 있다. 이를 위하여 먼저 북한에 급변사태가 발생한다면 어떠한 원인 및 형태로 나타날 것인지를 살펴보고 난 다음, 그러한 사태가 우리의 안보와 국익에 어떠한 파장을 불러일으킬 가능성이 있는지를 분석해 보고자 한다. 그리고 마지막으로 여기에 대한 우리의 대응책을 안보외교의 차원에서 모색해 보고자 하는데, 이해관계국들을 개별적으로 논의하는 것이 아니라, 이들의 상호작용관계에 주목하면서 중요한 안보이슈들을 중심으로 논의하기로 한다.

2. 북한 급변사태의 예상 형태와 가능성

현재 언론이나 학계에서 사용하고 있는 북한 급변사태라는 개념은 학문적으로 제대로 정립된 것이 아니기 때문에 연구자들에 따라서 그 강조점이나 의미에 있어서 상당한 차이를 보여 주고 있다. 북한의 급변사태를 "김정일 정권이 붕괴함으로써 더 이상 국가로 존재하지 못하는 상황"[1]으로 정권의 붕괴에 역점을 두고 정의하는 학자가 있는가 하면, "한·미 양국의 안보 목표를 심각하게 위협하는 북한 내부 상황 또는 한·미 양국을 포함하는 주변국들의 안보이익에 막대한 영향을 미치는 상황"[2]이라고 이해 당사국의 안보 이슈에 역점을 두기도 한다.

이뿐만 아니라 기존의 급변사태 개념들은 북한체제의 특성상 외부 세력의 개입 없이 김정일의 유고로 자동적으로 발생한다는 전제에 입

---

1) 제성호, "한반도 유사시 유엔의 역할", 『서울국제법연구』, 제6권 2호, 1999, pp. 369–370.
2) 김창수·엄태암·박원근, 『북한 급변사태 시 한·미 협력방안』, 서울: 한국국방연구원, 1997. 6.

각하고 있다고 비판하면서 북한 내 특정한 돌발 상황을 급변사태로 유도할 수 있는 '외부세력의 사전 개입요소'를 포함해야 한다고 주장하는 사람도 있다.3) 또한 어떤 학자는 북한 급변사태를 과정적 의미로 해석하여 "북한에서 급격한 변화가 일어나 외부의 군사개입이 불가피할 정도의 상황이 조성되는 상태"4)로 정의하는가 하면, 급변사태는 과정이 아니라 '최종의 특정 상황을 중심으로 한 정태적 · 실체적 개념'5)으로 보아야 한다고 주장하기도 한다.

이와 같이 북한 급변사태의 개념은 그 상황을 정의하는 사람들마다 보는 시각과 강조점에 따라 상당한 편차를 보여 주는 것이 사실이지만, 그 핵심적 의미는 '북한 정권이 통제할 수 없는 급격한 변화로 인하여 체제나 국가의 생존에 매우 치명적인 영향을 미치는 사태'라고 정의할 수 있다.

그렇다면 이러한 급변사태는 어떠한 원인에서 기인되어 어떠한 형태로 나타날 가능성이 있는가? 예상되는 시나리오 가운데 가장 큰 가능성은 김정일의 유고이다. 1994년 김일성 주석의 갑작스러운 사망에도 불구하고 북한이 큰 혼란을 경험하지 않았던 것은 이미 20여 년간 준비해온 김정일 후계체제가 바로 작동할 수 있었기 때문이었다. 그러나 현재의 북한에는 후계자가 없다는 점에서 전문가들은 "김정일의 실각 또는 유고의 경우에 북한은 무정부상태에 빠질 것"6)으로 전망하

---

3) 서진영, "북한의 급변사태의 유형과 대응방안: 북한의 체제위기와 체제 변화과정에 대한 4가지 시나리오", 『평화연구』, 제6호, 1997, pp. 154 – 166. 참조

4) 김일영, "북한 붕괴 시 한국군의 역할과 한계", 『국방연구』, 제46권 2호, 2003, pp. 138 – 139.

5) 고재홍, "북한 급변사태 관련 국제적 협력문제 고찰", 『북한학보』(북한학회), 제33집 2호, 2008, pp. 210 – 211.

6) Kongdan Oh & Ralph C. Hassig, "North Korea: The Hardest Nut", *Foreign Policy*,

고 있다.

　권력이 1인에게 집중되어 있는 북한체제에서 김정일의 유고는 급변 사태로 발전할 가능성이 높다. 다만 그 유고의 원인이 무엇인가에 따라 북한체제가 비교적 조기에 안정화될 수도 있고 급변사태로 치달을 수도 있을 것이다. 만약 유고가 건강상의 이유로 인한 급사나 우발적 사고사와 같은 단순 사망인 경우에는 상황이 조기에 수습, 안정화의 방향으로 전개될 가능성이 높지만, 조직적·계획적 암살이나 특정 세력의 쿠데타에 의한 피살, 정치적 실각 혹은 해외 망명의 경우에는 김정일 적대세력의 존재를 의미하기 때문에 급변사태의 전개 가능성이 크다.[7] 김정일의 유고 원인 가운데 가능성이 가장 높은 것은 자연사 또는 병사인데, 2008년 10월 두 차례나 뇌졸중으로 쓰러졌다는 '국내외의 보도'[8]가 사실이라면 그 가능성은 더욱 크다고 하겠다. 이처럼 김정일의 나이와 건강을 고려할 때 후계자 지명은 시급한 과제임에도 불구하고 그의 아들 3명 가운데 어느 누구도 후계자 교육을 받지 않고 있는 상태인데, 이는 김정일의 내부 장악과 통제의 취약성을 반영하는 것으로서 김정일 유고 시 북한체제가 급변사태로 발전할 가능성을 높여 주고 있다.

　다음으로는 군부쿠데타와 같은 권력투쟁의 가능성이다. 국제위기감시단(ICWG: International Crisis Watch Group)의 피터 백(Peter Beck)은 북한에 급변사태가 일어난다면 민중봉기의 형태가 될 가능성은 거의 없다고 하면서 군부 쿠데타와 같은 군사적인 형태로 나타날

No.139, 2003, p. 44.

7) 고재홍(2008), p. 214.

8) *New York Times*, 10 September 2008; ≪매일경제≫, 2008년 11월 1일.

가능성이 있다고 보았다.9) 물론 선군체제(先軍體制)의 특성을 감안한다면 김정일의 유고가 북한의 전면적 권력공백으로 이어지리라고 예상하는 것은 지나친 비약이며 새로운 지도부가 구축될 때까지 군부에 의한 집단지도체제로 운영될 가능성이 크다고 볼 수 있다.

이러한 점에서 김정일이 생존해 있는 상태에서 권력투쟁이나 군사쿠데타가 발생할 가능성은 거의 없다고 하겠으나, 만일의 경우 그러한 돌발 상황을 가정해 본다면 후계자를 둘러싼 권력투쟁, 핵무기 통제권한에 대한 당-군 갈등, 김정일 정권에 불만을 품은 특정 세력의 쿠데타, 실패한 친위쿠데타로 인한 내부 투쟁의 지속 등을 예상해 볼 수 있다.10) 예상되는 권력투쟁을 사전에 방지하기 위해서는 후계 구축이 필요하지만, 그것이 어려운 것은 후계자를 지명할 경우 조기에 권력누수현상이 생겨날 우려가 있고, 후계구축과정에서 자칫 권력투쟁이 일어날 가능성이 있으며, 아들 3명 모두가 '혼외 및 후처의 자식'11)이기 때문에 김일성-김정일의 경우와는 달리 혈통계승론을 내세우기 어렵다는 점 등을 지적할 수 있다. 이처럼 현재의 북한체제는 김정일 1인에게 권력이 집중되어 있고, 합법적인 권력교체 시스템이 존재하지 않을 뿐만 아니라, 후계자도 지명되어 있지 않다는 점에서 김정일의 유고는 군부를 중심으로 하는 권력투쟁이 일어날 가능성이 있다.

한편 북한에서 민중봉기로 인해 김정일이 축출되는 상황을 가정하는 것이 별로 현실성이 없는 것이기는 하지만, 민중봉기 이후 다양한

---

9) 박관용, 『북한의 급변사태와 우리의 대응』, 서울: 한울아카데미, 2007, p. 50.

10) 자세한 논의는 고재홍, (2008), pp. 215-217 참조.

11) 김정일은 본처인 김영숙과의 사이에서 김설송이라는 딸을 두었고 아들이 없다. 장남 김정남(40세)은 성혜림과의 비정상적 관계에서 태어났고, 차남 김정철(30세)과 삼남 김정은(27세)은 후처인 고영희와의 사이에서 태어났다.

전개 양상 가운데 북한의 급변사태로 이어질 수 있는 경우를 상정해 볼 수 있다. 그러한 경우로서는 첫째, 기아자와 아사자의 확산, 부정부패 등으로 당기관에 대한 습격과 약탈사건의 급증 및 이에 따른 민중봉기, 둘째, 개혁·개방 요구 및 김정일 정권에 반발하는 대규모 태업이나 조직적 반체제 사건의 발생 및 확산, 셋째, 극심한 식량난과 내전 및 정치탄압 회피 등 생존을 위한 대규모 탈북사태의 발생, 넷째, 특정국가나 단체들의 대량 기획 탈북 등이 지적되고 있다.[12] 현재 김정일 정권의 당과 군부는 물론이고 각급 국가 기관들을 통하여 북한사회에 대한 통제가 비교적 잘 이루어지고 있다는 점에서 이러한 주민봉기의 가능성은 희박하다고 볼 수 있다.

그렇다면 실제로 북한에서 급변사태가 일어날 가능성은 어떠한가? 이와 관련하여 그 촉진요인과 억제요인을 분석한 한 연구에 의하면 북한의 경제난, 김정일의 건강과 불확실한 후계문제, 주민의식의 변화와 사회질서의 이완 등을 촉진요인으로 지적하고 있으며, 주체사상을 통한 신념의 확대 재생산, 폐쇄적이고 철저한 사회통제, 중국의 지원, 외부위협으로부터 오는 긴장감, 특수한 정치문화 등을 억제요인들로 지적하고 있다.[13] 또한 북한체제의 내구성 연구 결과에 의하면, 체제를 위협하는 불안정 요인으로서 집단주의와 주체사상에 대한 불신 및 이념적 동요, 김정일과 지도층에 대한 불신, 경제난과 식량난, 외교적 고립, 배금주의 확산, 지도층의 부정부패, 관료체제의 이완 등이 지적되고 있는 반면에, 체제안정요인으로서는 군·당·국가보위부·사회안

---

12) 고재홍(2008), p. 220.

13) 김수민, "북한 급변사태의 개연성: 내부 요인을 중심으로", 『평화학연구』, 제9권 3호, 2008, pp. 8 - 18. 참조.

전부 등 다양한 물리적 통제기구가 작동하고 있고 외부정보의 유입도 차단되어 있다는 점 등을 지적하고 있다.[14] 이러한 요인들은 북한체제의 경직성과 저항성을 의미한다는 점에서 북한의 급변사태 기능성을 설명하는 배경이 되고 있으며, 북한체제의 특성상 김정일이 생존하고 있을 경우에는 그 가능성이 크지 않지만 만약 그에게 유고가 발생한다면 급변사태를 촉발시킬 수 있는 가능성은 상당히 크다고 하겠다.

3. 북한 급변사태의 안보적 영향

북한의 급변사태는 한반도의 안정은 물론이고 동북아지역의 평화에 커다란 영향을 미칠 수 있다는 점에서 다양한 안보이슈들이 관심을 모으고 있는데, 이 가운데 무엇보다도 가장 직접적인 안보불안요인은 북한 군부의 무력도발 가능성이다. 북한은 급변사태의 진전에 따라 내부 수습용으로서 국지적·부분적으로 도발할 가능성을 예상해 볼 수 있다. 북한군의 전면적인 대남 도발의 가능성은 상대적으로 높지 않을 것으로 예상되지만, 일부 군부세력에 의한 국지전 도발의 가능성은 충분히 있다.

이러한 시각에서 2009년 2월 20일 한국을 방문한 미국의 힐러리 클린턴(Hillary Clinton) 국무장관은 '김정일 위원장의 잠재적 후계자들이 권력 투쟁을 벌이고 북한 지배체제가 변화를 겪는 과정에서 북한과 인접국가 간 긴장이 고조될 가능성을 미국 정부가 염려하고 있다'

---

14) 전봉근, "북한의 변화 시나리오와 정세 평가", 『주요 국제문제분석』, 서울: 외교안보연구원, 2008, p. 4.

고 하면서, '권력교체가 평화적으로 진행되더라도, 불확실성이 증대되고 내부 권력을 강화하기 위해 더욱 도발적인 행동이 나타날 수 있기 때문에 한반도를 둘러싼 압력이 가중되고 있다'는 점을 지적하고 있다.15) 북한군의 도발이 비록 국지적인 경우라고 하더라도 그것이 중앙의 군 수뇌부의 지시에 의한 계획적인 도발인가, 아니면 일선 군 지휘관에 의한 단독적 도발인가에 따라 우리의 안보에 미치는 비중과 영향이 다르게 나타날 수 있다. 그러나 그 어느 경우이든 간에 우리의 안보에는 매우 중대한 문제일 수밖에 없다.

다음으로는 북한이 보유하고 있는 핵무기나 생화학무기 등 대량살상무기(WMD: Weapon of Mass Destruction)의 통제문제이다. 핵무기 보유국인 북한이 급변사태를 맞을 경우 핵물질 및 핵관련 기술의 보전 처리와 통제 확보가 한반도를 중심으로 한 동북아지역은 물론이고 전 세계의 평화와 안보에 중대한 영향을 미치게 된다는 점에서 비상한 관심을 모으고 있다.

WMD의 유출 및 확산문제에 대해서는 특히 미국이 가장 우려하고 있는데, 최근 국방부 부장관인 윌리엄 린(William Lyln)이 "북한이 붕괴할 경우, 미국은 관리가 소홀해진 핵무기와 핵물질을 신속하고 안정하게 확보하기 위해 한국과 긴밀히 협의할 필요가 있다."16)고 지적한 데서 알 수 있듯이, 미국은 북한 급변사태 발생 시 테러단체나 미국에 적대적인 이른바 불량국가(rough state)들에게 핵무기나 핵물질·핵기술이 유출되는 것을 안보상 최대의 위협요인으로 간주하고 있다. 따라서 미국은 북한이 보유하고 있는 WMD에 대한 통제에 의문이 제기될

---

15) ≪조선일보≫, 2009년 2월 20일.
16) *Asia Today*, 18 January 2009.

경우, 그것이 한반도와 동북아지역은 물론이고 나아가 세계평화에 대한 심각한 위협으로 간주하여 무력적 개입을 할 가능싱이 매우 높다.

중국 역시 핵무기 통제에 비상한 관심을 가지고 있다. 이러한 사실에 대해서 미국의 대표적인 안보 싱크탱크(think tank)인 랜드연구소(RAND Institute)의 브루스 베넷(Bruce Bennett)은 "중국은 북한의 동맹국으로서가 아니라 급변사태가 일어나는 시점에 북한에 들어서 있는 정권이 중국에도 강력한 대응(strong action)을 할 가능성에 대해 우려하고 있다. (……) 중국은 북한의 핵무기를 통제해야 할 필요성을 느끼고 있고, 중국에 반대하는 세력으로 핵무기가 유출되는 것을 원하지 않는 것"[17]이라고 지적한 바 있다.

이러한 점에서 만약 북한 급변사태로 인하여 핵무기를 비롯한 WMD의 사용 또는 그 가능성이 심각하게 우려될 경우, 이를 통제하기 위해서 미국이나 중국 또는 유엔 등이 개입하는 상황이 일어날 수 있다. 유엔헌장 제7장 51조에는 "유엔 회원국에 대해서 무력공격이 발생한 경우에는 안전보장이사회가 국제평화와 안전의 유지에 필요한 조치를 취할 때까지 개별적 또는 집단적 자위의 고유한 권리를 저해하는 것은 아니다."[18]라고 자위권에 의한 개별적 또는 집단적 개입을 인정하고 있기 때문이다.

한편 북한 급변사태로 인한 이해관계 당사국들의 개입은 북한 지역에 대한 우리의 관할권 행사에 문제를 야기할 수도 있다. 북한의 급변사태 시 주변 국가들은 자국의 영향력 확대를 목적으로 개입할 가능성

---

17) http://www.monthlychosun.com(검색일: 2010. 2. 20)

18) http://www.un.org, *Charter of the United Nations, Chapter* Ⅶ, *Article 51*(검색일: 2010. 3. 12)

이 높은데, 특히 중국은 군사적 또는 비군사적 방법을 포함하여 다양한 방법과 강도로 개입할 것으로 예상된다.

중국의 개입은 인도적 · 경제적 · 정치외교적 지원으로부터 군사적 개입에 이르기까지 상황의 전개에 따라서 다양한 형태로 나타날 수 있다. 북한 급변사태 발생에 대한 중국의 기본적이고 일차적인 대응방식은 정치 · 외교적 차원에서 방어적으로 이루어지겠지만, 사태발전의 추이에 따라서는 군사적 대응도 불사할 것으로 보이는데, 그 이유는 중국은 현재 정전협정의 당사자로서, 북한과는 동질적인 사회주의 이데올로기를 가지고 있고, 1961년 7월 11일에 체결된 '조 · 중 우호조약'19)에 근거한 동맹국일 뿐만 아니라, 전략적으로 국경을 접하고 있는 순망치한(脣亡齒寒)의 관계로서 중국의 안보에 치명적 영향을 미칠 수 있기 때문이다. 따라서 중국은 이미 십여 년간 집요하게 동북공정(東北工程)을 통하여 북한에 대한 영토적 야심을 노골적으로 표출하여 왔다. 러시아 출신 북한문제 전문가인 란코프(Andrei Lankov)는 "중국 외교 관계자들과 정치인들은 2002년경 북한 정권 붕괴가 중국의 국익에 악영향을 끼칠 것이라는 판단하에 북한의 급변사태를 막는 동시에 이를 제어하는 내부 방침을 정했다."20)고 지적하면서, "중국의 한반도문제 개입은 결국 북한 내 친중정권의 수립으로 이어질 것"21)으로 보았다.

---

19) 조 · 중 우호조약 제2조에는 "체약 쌍방 중 어느 일방에 대한 어떠한 국가로부터의 침략이라도 이를 방지하기 위하여 모든 조치를 취할 의무를 지닌다. 체약 일방이 전쟁 상태에 처한 경우, 체약 상대방은 모든 힘을 다하여 지체 없이 군사적 및 기타 원조를 제공한다."라고 자동개입조항을 두고 있으며, 국가적 자원을 총동원하여 원조할 것을 약속하고 있다.

20) *Asia Times*, 21 February 2008.

21) *Asia Times*, 21 February 2008.

중국의 한반도문제 전문가인 푸단대(復旦大) 스위안화(石源華) 교수는 "중국 정부는 북한 상황의 긴급성 정도와 북한 측의 요구에 근거해 정치적·경제적·기타 북한 측이 필요하다고 판단하는 조치 등 여러 방식을 사용해서 적극적인 알선 역할을 할 것"[22]이라고 하면서, 군사적 개입문제와 관련해서는 유엔이나 6자회담이라는 국제공조의 틀 내에서 이루어져야 한다는 점을 강조하였다. 그러나 그는 "미국과 한국 등이 일방적으로 북한 영토에서 군사활동을 전개할 경우에는 중국도 무력 대응을 할 수 있다."[23]는 점을 지적하였다. 중국은 압록강 국경선을 따라 인민해방군 정예군 15만 명을 집중 배치해 두고 있을 뿐만 아니라, 최근에는 압록강에서 '도하훈련'[24]을 하는 등 북한 급변사태에 대비하여 중국의 군사적 개입 가능성을 증대시키고 있는데, 브루스 베넷은 "북한 급변사태 때 중국군이 개입할 경우 신양과 베이징군구에서 병력 45만 명과 전차 2,200여 대, 야포 2,600문 등을 동원할 것"[25]이라고 전망하였다.

그러나 중국은 단독개입에 따른 부담을 줄이기 위하여 유엔을 통한 대북개입을 시도할 가능성이 크다. 중국 중앙군사위원회 산하 총참모부 총참모장 주리(助理)는 2006년 10월 개최된 국제회의에서 북한 급변사태와 관련하여 중국의 개입 여부를 묻는 질문에 대해 "중국군은 단독으로 개입하기보다는 국제조직, 특히 유엔의 힘을 빌려 문제가 해

---

22) ≪동아일보≫, 2008년 10월 14일.

23) ≪동아일보≫, 2008년 10월 14일.

24) 2008년 5월 6일 중국 인민해방군 심양군구 소속 공병대 200여 명은 단둥 시에서 압록강 상류방향으로 10km 떨어진 신의주 상단리와 불과 400m 떨어진 곳에서 병력과 장비를 사용하여 부교 설치 훈련을 실시한 바 있다. *The Daily NK*, 8 May 2008.

25) ≪한겨레신문≫, 2008년 10월 21일.

결되기를 원한다. 중국군이 개입한다면 유엔군의 일원으로 참가하는 형태가 될 것"26)이라고 밝힌 바 있다. 또한 중국의 개입은 대량난민의 유입을 방지하기 위해서도 불가피할 것이라는 주장도 있다. 2007년 6월 미국의 CSIS(Center for Strategic and International Studies)와 USIP(United States Institute of Peace)의 전문가들이 중국을 방문하여 고위당국자 및 군사전문가들과 가진 인터뷰에서는 북한의 급변사태 발생 시 중국은 대량난민 유입을 막기 위해 국경선 통제를 강화하겠지만, 불가피한 경우 인민해방군의 직접 개입을 통한 문제해결도 고려하고 있음을 밝힌 바 있다.27) 브루스 베넷은 "중국은 북한 급변사태 시 수많은 난민이 중국으로 유입되는 것을 크게 꺼리고 있기 때문에 이를 통제하기 위해 어떤 식으로든 개입할 것"28)이라고 예상했다. 이와 같이 중국은 북한 난민의 대량유입을 차단하고 국경지역의 안전을 확보하기 위하여 국경을 봉쇄하거나 북한에 내전이 일어날 경우 자국 국경지역으로 확산되는 것을 막기 위해 군사적 개입을 할 수 있다.

한편 동아시아 지역에 가장 큰 영향력을 행사하고 있는 미국은 중국의 개입 가능성에 대해 매우 민감한 관심을 가지고 있으며, 북한 급변사태의 전개 상황에 대한 통제력을 확보하지 못할 경우 동북아지역을 포함한 동아시아 전략에 중대한 차질이 발생할 수 있다는 점을 우려하고 있다. 특히 미국은 한반도에 대한 중국의 영향력 확장 및 반미 정서와 결합된 민족주의의 포로가 된 통일된 한반도 국가형성에 상당한 우려를 갖고 있다.29) 따라서 미국은 국제평화와 안전의 유지라는

---

26) ≪동아일보≫, 2006년 12월 9일.

27) 구체적인 내용은 *Keeping on Eye on an Unruly Neighbor*, USIP and CSIS Joint Working Paper, January 3, 2008.을 참조할 것.

28) http;//www.monthlychosun.com(검색일: 2010. 12. 5)

일반적인 명분과 함께 북한이 무력 도발을 하여 유혈사태가 일어날 경우에는 인도적 개입, WMD동세를 명분으로 하여 현재의 정전협정 및 한미상호방위조약을 근거로 개입할 가능성이 높다. 북한에 내전이 일어나거나 대남 무력도발이 일어날 경우 미국은 '작전계획 5027, 5029'[30])에 따른 군사적 개입을 비롯하여 특정지역의 폭격·점령, 특수부대 침투, 한미연합군에 의한 북한 점령 등 다양한 형태로 개입할 수 있다.

이에 반해 일본은 한반도문제에 대한 비상한 관심에도 불구하고 직접적인 개입 수단을 가지지 못하고 있으며, 과거 식민지배의 역사적 원죄 때문에 개입의 정당성을 확보하기 어려운 입장에 있다. 그러나 북한의 급변사태가 일본의 이익에 중대한 영향을 미칠 수 있다는 점에서 미·일 동맹과 한·미 동맹을 연계시키는 한-미-일 3각협조체제의 틀을 활용하면서 영향력 확대를 모색할 가능성이 크다. 북한 급변사태 발생 시 일본은 '신방위 가이드라인'과 '유사법제(有事法制)'에 따라 북한의 대량난민 유입에 대한 대처, 북한 내 자국민 보호를 명분으로 미국과 공동 또는 유엔의 결의를 근거로 개입이 가능하다. 일본의 대표적인 극우주의자의 한 사람인 이시하라 신타로(石原愼太郎)는 '북한은 중국에 통합되는 것이 최선'이라고 하면서 이것은 '미국에는 가장 쉬운 북한문제 해결책이고, 중국도 반대하지 않을 것이며, 한국도 이익이 될 것'이라는 망언을 한 바 있다.[31) 이러한 그의 발언은 북한 급변사태 시 일본도 어떤 형태로든 한반도문제에 발언권을

29) John Feffer, "U.S. Grand Strategy in East Asia", *Korea Herald*, 1 March 2004.
30) 작전계획 5027은 북의 침략에 대비한 것이며, 5029는 북한의 급변사태에 대비한 것이다.
31) ≪동아일보≫, 2009년 1월 15일.

갖기 위해 다분히 고의성을 내포하고 있는 것이라고 하겠다.

러시아도 역시 구소련의 스탈린이 북한 정권의 탄생을 주도하였을 뿐만 아니라 국경을 접하고 있어서 전략적 이해관계가 크다. 러시아는 1996년 '조·소 동맹조약'이 폐기됨으로써 직접적인 군사적 개입 가능성은 낮지만, 최근 전략적 협력관계가 강화되고 있다는 점에서 볼 때, 북한의 요청이 있거나 사태의 진전에 따라서는 그 가능성을 완전히 배제할 수는 없다. 특히 러시아는 2000년에 체결한 '북·러 신우호조약 제2조'[32])에 근거하여 개입 명분을 가지고 있다는 사실에 주목할 필요가 있다.

마지막으로 북한 급변사태 시 대량난민의 발생 및 그들의 국내유입은 우리의 안보에 커다란 영향을 미치게 된다. 난민은 적게는 수만 명에서 많게는 수백만 명까지 북한의 사태 전개에 따라 다양한 경로와 방식으로 나타날 것이지만, 그 경로는 대체로 첫째, 중국 및 러시아 접경을 통한 육로, 둘째, 동해 및 서해를 통한 해상, 셋째, 직접적인 휴전선 통과 등으로 예상되며, 이 가운데 첫 번째 루트의 난민이 가장 많을 것으로 예상되고 있다.[33]) 또한 대량난민의 유입을 방지하기 위해 국경을 강화하는 과정에서 예기치 않은 인명피해가 발생할 수 있고, 이는 주변국 간에 외교적 갈등으로 비화될 수 있다. 작년 12월 '중국은 북한의 혼란에 대비하여 중국과 북한의 국경지대 병력을 증강하였다'[34])는 보도는 바로 이러한 사태에 대비하기 위한 것임을 증명하고 있다.

---

32) 2000년 2월 9일에 체결된 '조·러 친선, 선린 및 협조에 관한 조약' 제2조에는 안보위협이 발생할 경우에 협의하도록 규정하고 있다.

33) 고재홍(2008), p. 232.

34) *Financial Times*, 13 November 2008.

4. 한국의 안보외교전략 모색

북한 급변사태와 관련하여 이상의 논의에서 살펴본 안보적 영향과 예상 문제들은 평화적 방법에 의한 위기관리와 군사적 충돌의 예방, 북한에 대한 인도적 지원 및 탈북자 관리, 군사적 도발에 대한 대비 등으로서, 이러한 안보이슈들은 모두가 우리의 안보와 주권에 치명적 영향을 미치게 됨은 물론이고, 주변국들의 안보에도 중대한 영향을 미치게 된다는 점에서 국제적 관심사항이 될 수밖에 없다. 따라서 이러한 문제들은 우리 정부가 단독으로 대응하기보다는 주변국과의 협력 및 공조체제에 의해서 추진하는 것이 더욱 효과적이며, 바로 여기에 북한 급변사태에 대비하는 안보외교의 중요성과 의의가 있는 것이다.

북한에 급변사태가 발생할 경우 주변 이해관계 당사국들은 더 많은 영향력을 행사, 확보하기 위해 치열한 각축전을 전개할 것으로 예상되기 때문에 여기에 대응하는 우리의 외교전략이 매우 중요하다. 북한 급변사태 시에 한국을 비롯한 유엔 및 주변 4강 모두가 북한에 개입할 수 있는 나름대로의 국제법적 근거와 명분을 가지고 있다는 점에서 이해관계국 간의 충돌 가능성이 있으며, 따라서 한반도의 평화와 안정을 위해서는 국제협력을 이끌어 낼 수 있는 효율적인 안보외교전략이 강구되어야 한다.

이러한 점에서 외교전략의 수립 및 추진에 있어서 기본원칙은 북한의 급변사태는 우리 민족의 문제라는 사실을 전 세계에 인식시키는 동시에, 우리가 주도적으로 우방들의 협력을 이끌어내어 위기상황을 안정적으로 관리하고 향후 민족통일에 대비하는 것이어야 한다. 또한 효율적인 안보외교전략의 수립을 위해서 무엇보다도 선행되어야 할 것은 북한 내부의 정보를 정확히 파악하는 것이며, 우리의 정보수집 능력의 극대화는 물론이고 미국 등 주변 이해 당사국들과 긴밀한 정보공유체제를 구축하는 것이 중요하다. 이러한 기본적인 원칙과 전제하에서 북한 급변사태에 대응하는, 보다 구체적인 우리의 안보외교전략을 모색해 보기로 한다.

먼저 무엇보다도 중요한 것은 급변사태에 대처하는 실질적인 역량을 확보하고 외교적 협상력을 제고하기 위하여 한미동맹과 한미공조 체제를 더욱 강화하는 것이다. 북한 급변사태가 발생한 상황에서의 한미동맹관계는 평시보다 한반도의 평화와 안정을 위해 더욱 중요하다. 이미 앞에서 지적한 바와 같이 북한군의 국지적·부분적 도발 가능성은 충분히 있으며, 이 경우 우리의 안보를 위해서는 한미안보동맹과 한미공조가 무엇보다도 중요하다. 또한 미국과 신속한 정보공유를 통해서 급변사태의 원인과 그 진전 상황에 대해서 정확한 정보를 입수해야 할 것이며, 급변사태가 한반도 전역의 불안정으로 확산되지 않도록 신속한 조치를 취할 수 있는 한미공조가 이루어져야 한다.

이뿐만 아니라 확고한 한미공조체제가 유지될 수 있어야 우리가 주변국들과의 전략대화에서 협상력을 높일 수 있다. 우리는 중국과 협상할 때 미국 카드를 가지고 있어야 하며, 만약 한미공조가 깨어진다면 중국은 우리와의 협상을 매우 경시하게 될 것이다. 또한 북한의 통미봉남(通美封南) 정책 역시 한미공조의 와해를 염두에 두고 있는데, 현 오바마(Barack Obama) 정부가 대북정책을 추진함에 있어서 우리의 정책과 갈등이 일어나지 않도록 충분히 조율하여 확고한 공조체제를 유지할 수 있어야 북한의 통미봉남 기도를 차단할 수 있고, 남북대화를 복원시키는 계기도 마련할 수 있다. 나아가 한국의 대미외교는 일본과의 공조 및 중국과의 직접 또는 미국을 통한 협상력 제고에 중요한 변수가 된다. 예를 늘어 북한 급변사태 발생 시 중국이 무리하게 북한에 개입하지 않고 국제사회의 합리적인 방안에 맞게 행동할 수 있도록 유도하기 위해서도 미국의 영향력을 적절히 활용하는 것이 필요하기 때문이다.

한미공조와 관련하여 현 단계에서 중요한 문제는 '전시작전통제권'의 변화와 '작전계획(Operation Plan) 5029'이다. 먼저 전작권이 변화된다면 어떻게 할지 그에 따른 대책을 강구해야 한다. 2012년을 기점으로 전작권의 한국군 전환이 이루어지는데, 만약 북한에 급변사태가 발생한다면 한미연합작전이 공동으로 행사되기가 어려워질 수 있다. 전작권이 전환되어 한미연합사(CFC: Combined Forces Command)가 해체되는 상황에서 북한 급변사태가 발생할 경우 유엔사의 위상과 역할을 어떻게 정립할 것인가에 대해서 안보전문가들 간의 충분한 논의와 한미 정책입안자들의 전략적 혜안이 요구되고 있다.[35] 이러한 문제점을 인식하여 한미 양국은 2008년 10월 17일 워싱턴에서 열린 제40차 연례안보협의회(SCM: Security Consultative Meeting)의 결과 발표된 공동성명을 통하여 한반도 유사시에 적정(appropriate) 수준의 군사력을 신속히 제공키로 하였는데, 이는 전작권이 환수되면 미국의 증원 전력이 신속히 전개될 수 없을 것이라는 우려를 어느 정도 해소시키는 의미가 있다고 하겠다. 이처럼 전작권이 환수되는 데 따른 안보상 취약부문에 대한 보완대책이 지속적으로 이루어질 수 있도록 강력한 한미공조체제를 발전시켜야 할 것이다.

---

35) 정경영, "유엔사의 미래 역할과 한국군의 관계 설정 방향", 『국회국방위 정책연구서』, 2007. 8.

전작권의 환수에 따른 보완대책과 함께 현재의 '작전계획 5029'를 더욱 구체화시켜 만일의 사태에 대비하여야 한다. 원래 이 계획은 2005 년 초 노무현 정부에서 처음 논의되었는데, 당시 국가안전보장회의(NSC: National Security Council)가 한국의 '주권을 침해할 소지'36)가 있다 는 이유로 논의를 중단시켰고, 그 결과 현재는 '개념계획(Conceptual Plan)'37) 차원에 머물러 있다. 이러한 한계성 때문에 미국의 게이츠 (Robert Gates) 국방장관은 작년 10월의 SCM에서 북한의 급변사태 에 대비할 계획을 구체화하기 위하여 현재의 개념계획 5029를 즉각 시행이 가능한 작전계획 5029로 보완할 것을 제안하면서, 그 실행에 필요한 전력을 한국에 지원할 용의가 있음을 밝혔다. 또한 당시 이상 희 국방장관은 SCM 후 가진 공동기자회견을 통하여 "한미 양국은 안 보에 중대한 영향을 미치는 사안에 철저히 대비하고 있으며, 한미 양 국은 대비계획을 발전시켜 나갈 것"38)임을 밝힌 바 있다. 이처럼 양국 은 작전계획 5029를 보완하여 북한 급변사태에 대비한 위기관리대책 을 더욱 구체화하여야 한다.

다음으로는 중국에 대한 협력외교의 강화와 전략적 동반자관계의 구축이다. 중국은 북한 급변사태와 관련하여 우리의 안보와 통일과정 에 있어서 미국 못지않게 중요한 역할을 할 수 있는 국가이다. 이미 앞에서 살펴본 바와 같이 북한의 급변사태 발생 시 중국의 개입 가능

---

36) 당시 노무현 정부는 한미연합군의 북한 개입 시 중국과의 대치 상황 발생, 북한지역에 대한 관할권 행사 등의 문제가 있다는 점을 지적하였다.

37) 개념계획 5029가 상정하고 있는 시나리오는 다섯 가지인데, 그것은 ① 쿠데타 · 주민 폭동 등으로 인한 내전사태 ② 북한 정권이 핵 · 생화학무기 · 미사일 등 WMD의 통제 력 상실 ③ 북한 주민의 대량 탈북사태 ④ 북한 내 한국인 인질사태 ⑤ 가뭄 · 홍수 · 지진 등 대규모 자연재해 발생 등이다.

38) http://www.globalsecurity.org/military/ops/oplan-5029.htm(검색일: 2010. 3. 10)

성이 가장 크다는 점에서 중국이 부정적인 영향을 미치지 않도록 하는 외교안보전략이 중요하다. 우리는 중국이 대만을 자신의 영토임을 주장하는 바와 같이 민족자주권과 민족재통합의 논리를 국제사회에 일관성 있게 주장하면서, 중국과는 전략적인 대화를 추진할 필요가 있다. 중국을 설득하기 위해서는 원래 한반도는 한민족이 지배한 하나의 영토이자 국가였으며, 한민족 분단에 중국은 많은 책임이 있고 그에 대한 결자해지(結者解之)의 의무를 이행하여야 한다는 점을 인식시켜야 한다.[39] 또한 재통합된 한국은 중국과 더욱 발전된 우호관계를 유지할 것은 물론이고, 동북아지역의 평화와 안정에 크게 기여할 것이라는 논리로 설득하는 것도 중요하다. 그렇지만 중국이 북한을 강점(强占)할 경우에는 이를 용납하지 않을 것이며, 한미동맹을 통하여 강력한 대응조치를 취할 것이라는 점을 분명히 인식시키면서 전략적 대화와 협상을 하여야 한다.

북한 급변사태 발생 시 중국은 몇 가지 중요한 기본 원칙과 입장을 가지고 대응할 것으로 보이는데, 그것은 북한의 조속한 안정회복과 핵무기 통제방식의 모색, 반중국적 성향의 정권 수립의 저지, 국제적 군사충돌 확산의 방지, 유엔 등 국제적 관리를 통한 문제 해결, 미국의 한반도 군사개입 저지 및 미국과의 협상을 통한 문제 해결 등이다.[40] 이처럼 중국은 북한에 급변사태가 발생할 경우 자신의 사활적 이익이 침해되지 않는 한, 힘에 기초한 일방적인 단독개입에 따른 부담과 부작용을 배제하고 이해관계 당사국들과의 타협을 통한 협조적 개입을

---

39) 송대성, "북 급변사태에 대비책을", ≪세계일보≫, 2008년 11월 14일.
40) 김홍규, "북한 핵실험과 중국의 대북외교", 『한국국제정치학회 연례학술회의 논문집』, 서울: 한국외국어대학교, 2006년 12월 12일.

추구할 가능성이 높다. 이는 우리의 외교전략 여하에 따라 얼마든지 중국과의 타협과 협력이 가능하다는 것을 의미하며, 따라서 우리의 외교는 미국과 중국의 협력 및 한·중 협력방안을 보다 적극적으로 모색할 필요가 있다. 이러한 점에서 이명박 대통령은 2008년 5월 중국을 방문하여 정상회담을 통하여 전략적 협력 동반자 관계로 격상시키기로 합의하였고, 나아가 이를 더욱 구체화하기 위하여 중국의 후진타오(胡錦濤) 주석은 베이징 올림픽 직후인 8월 25일 한국을 답방하여 정치·경제·인적 문화교류 및 국제협력 등 '4개 분야 34개 항목'[41]에 합의한 것은 매우 의미 있는 외교적 성과라고 하겠다.

한편 일본과 러시아에 대한 전략적 대화도 더욱 강화하여야 한다. 북한 급변사태에 대한 일본과 러시아의 인식은 미국이나 중국에 비해서는 상대적으로 약하지만 이들도 역시 자신의 국가이익과 영향력 확보에 커다란 영향을 미친다고 보기 때문에 질서재편과정에 적극적으로 개입할 것으로 예상된다. 최근 일본은 미국과 한반도 급변사태 시 미군과 자위대의 대처방법 등을 담은 '공동작전계획'을 전면 재검토하고 있는 것으로 알려지고 있다. 보도에 따르면 긴급사태 발생 시 미군이 사용할 민간항공과 항만 선정, 비행제한 등을 포함한 영공관리, 부상 미군병사의 이송 및 의료지원시스템, 포로에 대한 일본정부의 조사 허용, 화학·생물·핵무기 공격에 대한 대응, 정보공유강화, 후방보급지원 등이 포함되어 있다.[42] 이러한 작전계획의 전면 재검토는 2007년에 이어 이미 두 번째 이루어지고 있는데, 우리는 새로운 작전계획

---

41) 구체적인 내용은 http://blog.daum.net/jkleesmart/12383569(검색일: 2010. 3. 21)을 참조할 것.
42) 《경향신문》, 2008년 11월 11일.

의 수립이 단지 미·일 양국관계에서만이 아니라 한·일 간에도 협력할 수 있는 영역을 찾아 발전시켜 나가야 한다. 또한 러시아와의 진략대화도 더욱 발전시킬 필요가 있는데, 이명박 대통령은 2008년 9월 28일 러시아를 방문하여 메드베데프(Dmitry A. Medvedev) 대통령과 정상회담을 통하여 '양국이 전략적 협력 동반자 관계로 격상시키기로 합의하고, 지금까지 경제 중심으로 이루어져 온 협력관계를 외교·안보 분야까지 포괄하는 외교당국자 간 전략대화를 개최'[43]하였다. 이는 북한의 급변사태와 관련하여 양국 간의 협조체제를 구축하였다는 점에서 상당히 의미 있는 것이었다.

마지막으로 북한체제에 급변사태가 발생할 경우, 유엔이라는 국제기구와 유엔사가 중요한 임무를 맡게 될 수 있으므로 유엔과의 긴밀한 협조체제를 구축할 필요가 있다. 북한의 급변사태는 급속도로 진행되는 위기상황이라는 점에서 관련 당사국 간에 사전 역할과 임무를 분담하는 등의 긴밀한 협조가 요구된다. 미국과 중국 어느 국가도 이해관계가 첨예하게 얽혀 있어 협의하는 데 한계가 있고, 직접 당사국인 한국 역시 양 강대국을 거중 조정한다는 것이 여의치 않을 것이기 때문에 유엔의 조정 및 중재 기능이 요청되는 것이다.[44]

현재 유엔은 한반도 비핵화와 북한 급변사태에 대비하여 이른바 '한반도 구상(Korean Peninsula Initiative)'[45]을 준비하고 있는 것으로 알려져 있다. 이는 유엔이 필요할 경우 반기문 사무총장의 개입을 권

---

43) ≪조선일보≫, 2008년 9월 30일.

44) 정경영, 북한의 급변사태와 우리의 외교안보전략, 『한국국제정치학회 연례학술회의 논문집』, 서울: 한국외국어대학교, 2008. 12. 12, p. 11.

45) 구체적인 내용은 http://news.chosun.com/site/data/html-dir/2007/06/07/2007060700049.html. (검색일: 2010. 2. 2.)을 참조할 것.

고하는 일종의 정책전략보고서로서, 여기에서는 한반도문제에 대한 일관성 있고 분명한 정책의 필요성을 강조하면서 한반도 비핵화를 위한 6자회담 진전 기여, 북한과 정치적 대화 지속, 북한에 대한 인도적 문제 해결, 북한 급변사태 시 유엔의 역할 등을 유엔의 접근 전략으로 제시하고 있다. 또한 북한 급변사태 시 유엔이 평화유지군을 편성하여 개입하는 경우를 상정해 볼 수 있겠는데, 이 경우 유엔과의 협조체제 구축은 더욱 중요하다. 이해 당사국이 단독으로 개입할 경우에는 국제법과 내정불간섭원칙, 주변 이해관계국들의 개입으로 인한 충돌 등 많은 부담을 안을 수밖에 없다. 반면에 유엔 안보리 결의를 통한 PKO 파병안은 국제법적으로도 가장 정통성을 부여받을 수 있다는 점에서 우리는 PKO를 통한 인도적 개입의 방법과 절차 등에 대해서 국제사회와 협력하는 방안을 사전에 충분히 연구해 두어야 한다.

5. 결 론

1990년대 초반 탈냉전과 더불어 진행되었던 동독의 급변사태가 독일의 통일로 이루어질 수 있었던 것은 무엇보다도 서독의 외교력이 뒷받침되었기 때문이다. 브란트 수상의 동방정책(Ostpolitik)으로 대변되는 지속적인 통일정책이 구소련을 비롯한 이해관계 당사국들을 협력으로 이끌어 동독의 급변사태를 안정적으로 관리하면서 통일로 연결시킬 수 있었던 것이다. 따라서 우리도 머지않은 장래에 예상되는 북한의 급변사태에 대비하여 이미 앞에서 논의한 바와 같은 실효성 있는 안보외교전략을 강구하여 한반도의 위기를 안정적으로 관리하고, 나이기 통일의 계기를 마련하여야 한다. 이제 그러한 전략의 수립 및 추진에 있어서 유의해야 할 몇 가지 사항들을 지적하여 강조하는 것으로서 결론에 대신하고자 한다.

첫째, 북한 급변사태에 대처하는 우리 안보외교의 핵심대상은 미국과 중국이기 때문에 우리는 양국의 이해갈등을 조정하고 일치시켜 나가는 외교적 노력을 기울여야 한다. 왜냐하면 만약 양국의 컨센서스(consensus)가 이루어지지 못한 상태에서 북한에 급변사태가 발생할 경우에는 한반도가 심각한 위기를 맞을 수도 있기 때문이다.

우리는 먼저 동맹국인 미국과의 협의를 통한 대비책을 수립하는 동시에, 대중협력외교를 강화하면서 미국과 함께 중국을 설득해 나가는 노력이 필요하다. 우리의 안보외교전략은 한미공조를 가장 중요한 수단으로 사용하면서 중국 및 러시아와는 전략적 동반자 관계를 구축하고, 유엔 및 유엔사와 같은 국제기구를 적극 활용하는 것이 되어야 한다. 이러한 점에서 이명박 정부가 집권 초기인 2008년 4월 정상외교를 통해서 미국과의 동맹관계를 강화하면서도 5월에는 중국과 그리고 9월에는 러시아와 각각 전략적 협력 동반자관계로 격상시켜 나가기로 합의한 것은 북한의 급변사태의 대비라는 차원에서 볼 때 매우 의미 있는 외교였다고 할 수 있다.

둘째, 북한의 급변사태에 대한 일차적 대응책은 우리의 안보와 한반도 평화이지만 그것이 한반도 분단의 영구화가 아니라 민족통일의 계기가 될 수 있도록 유도한다는 목표가 함께 추진되어야 한다. 따라서 여기에 대처하는 우리 외교전략의 기본적 목표는 무엇보다도 '한국에 불리할 수 있는 국제협력이나 개입방식들'46)이 적용되지 않도록 하는 것이 급선무이며, 동시에 국제적 협력하에 우리의 안보를 지키고, 나아가 민족통일의 계기를 마련하는 주도권 확보에 두어야 할 것이다. 이러한 점에서 대응전략의 기조는 주변 이해관계 당사국의 입장과 정책에 이끌려 다니는 '한반도문제의 국제화'가 되어서는 안 되며, '한반도문제의 한반도화'를 유도하는 것이어야 한다. 한반도분쟁이나 통일문제는 어디까지나 한민족 내부문제라는 점을 내세워 문제해결을 위한 외교과정에서 당사자 해결원칙을 견지하여야 한다.

셋째, 북한의 통미봉남 전략에 말려들지 않고 대미외교의 성과를 거두기 위해서는 좀 더 유연성 있는 대북정책이 필요하다는 점이다. 북한 급변사태 발생 시 우리가 상황을 주도하기 위해서는 확고한 한미공조를 바탕으로 중국·일본·러시아 등 주변국들과의 협력외교를 전개하면서, 동시에 현재 중단되어 있는 남북한 간의 채널을 복원하는 것이 필요하다. 현재 이명박 정부가 추진하고 있는 '상생공영의 대북정책' 수단으로서 '비핵·개방·3000'은 북한의 변화를 전제로 하고 있기 때문에 북한의 변화가 없는 한 남북관계의 개선은 기대하기 힘들다. 따라서 우리 정부의 정책을 북한이 받아들이도록 일방적으로 강요하기보다는 좀 더 유연성 있게 남북관계를 운영함으로써 만일의 사태에 우리가 주도권을 확보할 수 있도록 하여야 할 것이다. 더욱이 김정일 이후 개혁지향적인 리더십을 출현시키고 핵 포기를 이루어내기 위해서는 북·미 및 북·일 간의 적대관계가 해소되고 남·북한 간에도 화해와 협력이 필요하다. 따라서 현 정부는 엄격한 상호주의를 고집할

---

46) 이러한 개입방식에는 첫째, 북한 체제를 유지, 존속시키는 방식의 국제관리 형태, 둘째, 국제관리 참여국들의 상호 완충지대 설정이나 분담지역 분할, 셋째, 한국을 배제한 국제관리, 넷째, 국제적 충돌이나 갈등유발, 다섯째, 국제개입의 지연으로 인한 북한 상황의 악화 등을 들 수 있다. 구체적인 내용은 국가정보원(편), 『북한 급변사태,시 국제관리방안』, 서울: 국가정보원, 1997, pp. 99-104 참조.

것이 아니라 좀 더 유연하고 탄력성 있는 정책을 통하여 북한을 관리해 나가야 할 것이다.

넷째, 남남갈등의 해소를 통한 안보외교과정에서의 협상력의 제고이다. ICWG의 피터 백은 "외국인으로서 한국을 볼 때 가장 아쉬운 것은 남남갈등이다. 남남갈등을 어느 정도 해소하지 못하면 만약에 북한이 붕괴되었을 때 그 상황은 더욱더 어렵게 진행될 것이다. 여·야, 노·사, 진보·보수 등의 남남갈등을 어느 정도 해소하지 못한다면 북한 급변사태에 대한 준비가 불가능할 것"[47]이라고 지적한 바 있다. 그의 충고는 매우 적절한 것으로서 우리가 북한의 급변사태에 대한 대책을 강구함에 있어서 무엇을 명심해야 하는지를 분명하게 가르쳐 주고 있다. 우리 정부가 추진하는 안보외교의 협상력도 남남갈등이 해소되지 않고서는 제고될 수 없기 때문이다.

마지막으로 안보외교전략의 수립 및 추진과정은 '조용한 접근법(quiet approach)'에 의한 '조용한 외교(quiet diplomacy)'이어야 한다는 점을 강조하고자 한다. 북한의 급변사태 발생에 대비하여 우리는 사전에 면밀한 검토와 연구를 거쳐 필요한 전략을 수립하여야 함은 재론의 여지가 없지만, 그 과정은 조용하게 이루어져야 한다. 대북정보 확보의 어려움을 고려한다면 조용한 접근이 최선이며, 구체적 대응방안 역시 공개적으로 논의하는 것은 결코 바람직하지 않다. 북한 급변사태에 대비한 우리의 구체적 전략과 전술은 비공개가 원칙이고 기본이다. 구체적 내용이 사전에 공개되어 버린다면 유사시 그 전략은 무용지물이 될 수 있다는 점을 유의하여야 한다.

---

47) 박관용(2007), p. 51에서 재인용

참고문헌

◆ 동양서 및 논문

고재홍, "북한 급변사태 관련 국제적 협력문제 고찰", 『북한학보』, 제33
    집 2호, 2008.

구갑우, "지역통합이론의 재검토", 『한국과 국제정치』, 제14권 1호, 1998.

국가정보원(편), 『북한 급변사태 시 국제관리방안』, 서울: 국가정보원, 1997.

국방부, 『2008 국방백서』, 서울: 국방부, 2009.

권율, "동아시아 지역주의: ASEAN의 시각과 전략", 『동남아시아연구』,
    제14권 1호, 2004.

권호연, 『일본 신방위정책의 분석 및 자료』, 서울: 세종연구소, 1996.

김기석, "일본의 동아시아 지역주의 전략", 『국가전략』, 제13권 1호, 2007.

_____, "동아시아 지역주의와 일본 대외경제정책의 딜레마", 『국가전략』,
    제11권 4호, 2005.

김상준, "동아시아 지역공동체에서 중국과 일본", 『21세기정치학회보』,
    제17집 3호, 2007.

김성철, "신국제질서와 일본의 안보외교", 백종천, 『신세계질서와 동북
    아 안보』, 성남: 세종연구소, 2004.

_____, 『미중일 관계와 동북아질서』, 성남: 세종연구소, 2003.

김성한, "신보수주의 미국외교의 현황과 전망", 『주요국제문제분석』, 서
    울: 외교안보연구원, 2007.

김수민, "북한 급변사태의 개연성: 내부 요인을 중심으로", 『평화학연구』,
    제9권 3호, 2008.

김용민, "일본의 동아시아공동체 구축과 CEPEA 전략", 『아시아연구』,
    제10권 2호, 2007.

김용호, "양자주의와 다자주의: 동아시아의 현황과 전망", 『환동해권 협

력의 국제정치경제 세미나보고서』, 서울: 외교안보연구원, 1998.

김우상, "세력전이와 동아시아 안보질서에 관한 경험적 연구", 『한국정치학회보』, 제35집 1호, 2001.

김예경, "중국의 화평굴기론 연구: 논쟁과 함의를 중심으로", 『국제정치논총』, 제45집 4호, 2005.

_____, "중·미 간의 세력경쟁과 아세안의 균형전략: 약소국의 중추적 역할 찾기", 『한국정치학회보』, 제42집 1호, 2008.

김일영, "북한 붕괴 시 한국군의 역할과 한계", 『국방연구』, 제46권 2호, 2003.

김종걸·김문정(역), 다니구치 마코토(저), 『동아시아 공동체』, 서울: 도서출판 율력, 2007.

김재철, 『중국의 외교전략과 국제질서』, 서울: 폴리테이아, 2007.

_____, "패권, 다극화, 그리고 중·미관계: 세계질서를 둘러싼 경쟁?", 『국제정치논총』, 제42집 2호, 2002.

김태현, "동북아 다자간 안보협력체의 구상", 『지역연구논총』, 제6집, 1994.

김태호, "중국의 해양전략과 해군력 발전 추이", 『STRATEGY 21』, 제11-1호, 2008.

김한식, 『동남아시아: 미국·중국 갈등의 현장』, 파주: 한국학술정보, 2005.

김홍규, "북한 핵실험과 중국의 대북외교", 한국국제정치학회 연례학술회의, 2006. 12. 2.

길정우(외), 『미국 클린턴 행정부의 동북아정책과 동북아질서 변화』, 서울: 민족통일연구원, 1993.

남궁곤, "동아시아 전통적 국제질서의 구성주의적 이해", 『국제정치논총』, 제43집 4호, 2003.

다키다 겐찌(濱田賢治), "다자주의의 재정의와 미국외교", 『민주주의와 인권』, 제5권 1호, 2005.

동아시아공동체연구회(편), 『동아시아공동체와 한국의 미래』, 서울: 이매진, 2008.

_____, "동아시아 지역협력의 미래방향: ASEAN+3과 EAS의 관계정립 및 우리의 대응방안", 『2008년도 외교통상부 연구용역 보고서』, 2008.

박관용,『북한의 급변사태와 우리의 대응』, 서울: 한울아카데미, 2007.

박변순, "한 - 아세안 경제협력 현황과 확대 방안", ≪이슈페이퍼≫, 2009
년 6월 1일.

박병광, "중국의 동아시아 전략: 인식, 내용, 전략을 중심으로",『국가전
략』, 제16권 2호, 2010.

박영준, "일본의 입장",『동아시아 안보공동체』, 서울: 나남출판사, 2005.

박인휘, "미국의 동아시아 인식과 전략", 손열(편),『동아시아와 지역주
의』, 서울: 미래인력연구원, 2006.

박홍서, "중국의 부상과 국제관계이론: 중국 위협에 대한 이론적 시각",
김태호(외),『중국외교연구의 새로운 영역』, 서울: 나남출판, 2008.

배긍찬, "중국의 부상과 동아시아 전략환경의 변화",『주요국제문제분석』,
서울: 외교안보연구원, 2007.

_____,『동아시아 지역협력과 미국 변수』, 서울: 외교안보연구원, 2006.

배정호,『21세기 한국의 국가전략과 안보전략』, 서울: 통일연구원, 2000.

변창구,『ASEAN 운영체제론: 동남아통합과 ASEAN Way의 향방』, 서
울: 대왕사, 2002.

_____,『21세기 동아시아 안보와 한국』, 서울: 대왕사, 2000.

_____,『아세안과 동남아국제정치』, 서울: 대왕사, 1999.

_____,『ASEAN 안보론』, 서울: 형설출판사, 1987.

_____, "구성주의 이론에서 본 ASEAN의 정체성과 지역통합",『대한정
치학회보』, 제18집 2호, 2010.

_____, "중국의 부상에 대한 아세안의 인식과 전략",『한국동북아논총』,
제14권 4호, 2009.

서정경, "동아시아지역을 둘러싼 미중관계: 중국의 해양대국화를 중심으
로",『국제정치논총』, 제50집 2호, 2010.

서정경 · 원동욱, "동아시아 지역주의와 중국의 대응전략",『한국정치학
회보』, 제43집 2호, 2009.

서진영,『21세기 중국외교정책 - 부강한 중국과 한반도』, 서울: 폴리테이
아, 2006.

_____, "북한의 급변사태의 유형과 대응방안: 북한의 체제위기와 체제
변화과정에 대한 4가지 시나리오",『평화연구』, 제6호, 1997.

서진영 · 강수정, "중국의 부상을 바라보는 국제사회의 인식에 대한 실
　　증적 연구", 『국제정치논총』, 제48집 1호, 2008.
세종연구소(편), "동북아 다자안보협력에 대한 일본의 입장", 『정책보고
　　서』, 제68호, 서울: 세종연구소, 2006.
손열, 『동아시아와 지역주의』, 서울: 지식마당, 2006.
송영선, 『다자안보체제에 대한 일본의 시각과 전망』, 서울: 세종연구소,
　　2004.
송영선(외), 『동북아 다자간안보협력체제』, 서울: 전략문제연구소, 1994.
신윤환, "중국의 부상과 동아시아공동체의 미래", 『동아시아브리프』, 제
　　5권 제1호, 2010.
_____, "동아시아 지역통합과 한국의 선택", 동아시아공동체연구회, 『동
　　아시아 공동체와 한국의 미래』, 서울: 이매진, 2008.
양준희, "월츠의 신현실주의에 대한 웬트의 구성주의의 도전", 『국제정
　　치논총』, 제41집 제3호, 2001.
유현정, "중국 - 아세안 FTA 전면 발효와 우리의 대응방안", 『정세와 정
　　책』, 2010년 2월호.
이내영 · 정한울, 『중국의 부상, 위협인가 기회인가: 세계여론을 통해 본
　　중국의 현재와 미래』, 서울: 동아시아연구원, 2007.
이대우, "이명박 정부의 신아시아외교 구상", 『정세와 장책』, 성남: 세종
　　연구소, 2009.
이서항, "동북아 평화와 안정", 『국방논집』, 제27집, 1994.
_____, "역내 다자안보 논의 동향 평가와 우리 외교정책에 대한 함의",
　　외교안보연구원(편), 『신안보환경과 한국외교』, 서울: 외교안보연
　　구원, 2006.
이선진, "동남아에 대한 중국 전략: 현황과 대응", 『JPI 정책포럼』, 2010
　　- 7호, 2010.
이인배, "미국의 다자주의 안보전략: 북핵 문제 해결의 함의", 『통일문
　　제연구』, 제41호, 2004.
이재현, "한 - 아세안 특별정상회의 평가 및 향후 과제", 『주요국제문제
　　분석』, 서울: 외교안보연구원, 2009.
_____, "동아시아지역 정상회의 평가와 지역협력 전망", 『주요국제문제

분석』, 서울: 외교안보연구원, 2010.

이대훈, "동아시아공동체와 중국", 하영선(편), 『동아시아공동체: 신화와 현실』, 서울: 동아시아연구원, 2008.

_____, "미중 전략경제대화와 동아시아: 한국의 시각", 『JPI Peace Net』, 2009.

전봉근, "북한의 변화 시나리오와 정세 평가", 『주요국제문제분석』, 서울: 외교안보연구원, 2008.

전성흥, "중국의 부상, 그 배경과 함의에 대한 재평가", 전성흥·이종화 (편), 『중국의 부상: 동아시아 및 한중관계에의 함의』, 서울: 도 서출판 오름, 2008.

전재성, "현실주의 국제제도론을 위한 시론", 『한국정치학회보』, 제34집 2호, 2000.

정경영, "북한의 급변사태와 우리의 외교안보전략", 『한국국제정치학회 연례학술회의 논문집』, 서울: 한국외국어대학교, 2008. 12. 12.

_____, "유엔사의 미래 역할과 한국군의 관계 설정 방향", 『국회국방위 정책연구서』, 2007. 8.

조영남, 『후진타오시대의 중국정치』, 서울: 나남출판, 2006.

조재욱, 『표류하는 동아시아공동체』, 파주: 한국학술정보, 2009.

진창수, "일본의 동아시아 지역주의", 『세종정책연구』, 제2권 1호, 2006.

최영종, 『동아시아 지역통합과 한국의 선택』, 서울: 고려대학교 아연출 판부, 2003.

최운도, "일·중관계의 이중구조와 동아시아 지역주의", 『국제평화』, 제 3권 2호, 2006.

최장집, "동아시아공동체의 이념적 기초: 공존과 평화를 위한 의미지평", 『KNSI 특별기획』, 제4호, 2005.

최청호, "동아시아 공동체의 구축: 한국의 전략", 『동북아연구』, 제13권, 2008.

최태욱, "한미 FTA와 동아시아공동체 전망" 『환경과 생명』, 제52호, 2007

하영선(편), 『동아시아공동체: 신화와 현실』, 서울: 동아시아연구원, 2008.

한상일, "일본사회의 우경화: 역사수정주의를 중심으로", 김호섭(외 공 편), 『일본우익연구』, 서울: 중심, 2000.

한석희, "중국의 부상과 책임대국론: 서구와 중국의 인식적 차이를 중심으로", 『국제정치논총』, 제44집 1호, 2004.

한석희·강택구, "동아시아공동체 형성과 중국의 인식: EAS에 대한 정책적 함의", 『한국정치학회보』, 제43집 1호, 2009.

홍현익·이대우, 『동북아 다자안보협력과 주변 4강』, 서울 세종연구소, 2001.

황병덕·홍용표, 『미·중패권경쟁과 동아시아 지역패권 변화연구』, 서울: 통일연구원, 2004.

황인원, "확대 지향의 동아시아 지역주의와 아세안의 인식과 대응", 『동아연구』, 제54집, 2008.

쩡삐젠(저), 이희옥(역), 『중국 평화부상의 새로운 길』, 오산: 한신대학교 출판부, 2007.

山影 進, "ASEAN－10の 課題と內政不干涉原則の 動搖", 『國際問題』, 1999年 7月號.

西原正, "アジア·太平洋地域と多國間安全保障脇力の桝組み: ASEAN 地域フォーラムを中心に", 『國際問題』 第415号, 1994.

五白旗頭眞, "冷戰後の日本外交とリーターツップ", 『國際問題』, 1999年 3月号.

谷口 誠, 『東アジア共同體』, 김종걸·김문정(역), 『동아시아공동체』, 서울: 울력, 2007.

◈ 서양서 및 논문

Acharya, Amitav, "Identity Without Exceptionalism: Challenges for Asian Political and International Studies", *Address to the Inaugural Workshop of the Asian Political and International Studies Association*, Kuala Lumpur, 1－2 November 2001.

Acharya, Amitav, *Constructing a Security Community in Southeast Asia(2nd ed.)*, London: Routledge, 2009.

_____, "Constructing Security and Identity in Southeast Asia", *Brown Journal of World Affairs*, Vol. 12, No. 2, 2006.

_____, "Do Norms and Identity Matters: Community and Power in Southeast Asia's Regional Order", *Pacific Review*,

Vol. 18, No. 1, 2005.

_____, "Asia‑ Pacific: China's Charm Offensive in Southeast Asia", *International Herald Tribune*, 8 November 2003.

_____, *The Quest for Identity: International Relations of Southeast Asia,* Singapore: Oxford University Press, 2000.

Acharya, Amitav & Tan, See Seng, "Betwixt Balance and Community: America, ASEAN and the Security of Southeast Asia", *International Relations of the Asia‑Pacific*, Vol. 6, No. 1, 2006.

Adler, Emanuel, "Imagined (Security) Communities: Cognitive Regions in International relations", *Millenium: Journal of International Studies,* Vol. 26, No. 2, 1997.

Adler, Emanuel & Barnett, Michael, *Security Community*, Cambridge: Cambridge University Press, 1998.

Alagappa, Multhiah, "Regionalism and Security: A Conceptual Investigation" in A. Mark & J. Ravenhill(ed.), *Pacific Cooperation: Building Economic and Security Regimes in the Asia‑Pacific Region,* Boulder: Westview Press, 1995.

Anderson, Benedict, *Imagined Communities*, London: Verso, 1991.

Antolik, Michael, *ASEAN and the Diplomacy of Accommodation,* New York: M. E. Sharp, 1990.

Anthony, Mely Caballero, *Regional Security in Southeast Asia: Beyond the ASEAN Way*, Singapore: Institute of Southeast Asian Studies, 2005.

Armitage, Richard L. & Nye, Joseph S. *CSIS Commission on Smart Power: A Smarter, more Secure America*, Washington D.C.: Center for Strategic and International Studies, 2007.

Asciutti, Elena, "The ASEAN Charter: An Analisis", *Perspectives on Federalism*, Vol. 2, No. 1, 2010.

Bader, Jeffrey A. "The Dynamics of Change among China, Japan and the United States", *Brooking Council Speech*, 3 October 2007.

Balaam, David N. & Veseth, Michael, *Introduction to International*

Political Economy, New Jersey: Pearson Education Inc., 2005.

Banlaoni, Rommel C., "Southeast Asian Regionalism and China's Soft Power Strategy in a Global Age", *Malaysian Journal of History, Politics, & Strategic Studies*, Vol. 37, 2010.

Beeson, Mark, *Bush and Asia: America's Evolving Relations with East Asia*, London: Routledge, 2007.

_____, "ASEAN: The Challenges of Organizational Reinvention", in Mark Beeson(ed.), *Reconfiguring East Asia: Regional Institutions and Organizations After Crisis*, London: Routledge, 2002.

Bergsten, C. Fred, "The New Asian Challenge", *in Institute for International Economics Working Paper*, 2000.

Bernstein, Richard & Munro, Ross H., "The Coming Conflict with China", *Foreign Affairs*, Vol. 76, No. 2, 1997.

Boren, David L. & Perkins, Edward J.(ed.), *Democracy, Morality, and the Search for Peace in America's Foreign Policy*, Norman: University of Oklahoma Press, 2002.

Bower, Ernest Z., "ASEAN Opportunity to Become the Core of Asian Regionalism", *CSIS Newsletter*, 2 April 2010.

Bowring, Philip, "South Korea Rising", *International Herald Tribune*, 24 October 2009.

Brandson, John, "United States and an East Asian Community", *Weekly Insight and Features from Asia*, 30 May 2007.

Callick, Roqan, "China's Rise", *Australian Financial Review 26*, 2004.

Campbell, Kurt M.(et al), *Strategic Leadership: Framework for a 21st Century National Security Strategy*, Washington D.C.: Center for a New American Security, July 24, 2008.

Campbell, Kurt M., Patel, Nirav & Singh, Vikram J., *The Power of Balance: America in Asia*, Washington D.C.: Center for a New American Security, June 11, 2008.

Cambell, Kurt M. & O'Hanlon, Michael E., *Hard Power: The New Politics of National Security*, New York: Basic Books, 2006.

Caporaso, James A., "International Relations Theory and Multilateralism: The Search for Foundations", in John Ruggie(ed.), *Multilateralism Matters,* New York: Columbia University Press, 1993.

_____, "Global Political Economy", in A. W. Finifter(ed.), *Political Science: The State of the Discipline,* Washington D.C.: American Political Science Association, 1993.

Chang, Alan, "Political Stability of the ASEAN Region and the Direction for Mutual Cooperation", *A Paper Presented in Conference on the Development of Korea − ASEAN Relationship*, Press Center, Seoul, Korea, 4 − 5 March 2009.

Chen, Xulong, "Building a Harmonious World: Chinese President Hu Jintao Spells Out China's Views at the UN Summit", *Beijing Review*, 29 September 2005.

Chongkittavorn, Kavi, "The Future Path for an East Asian Community", *The Nation,* 26 October 2009.

Christensen, Thomas J., "Fostering Stability or Creating a Monster?", *International Security*, Vol. 31, No. 1, 2006.

Chu, Shulong, "The East Asia Summit: Looking for an Identity", *Brookings Northeast Asia Commentary,* No. 6, 2007.

Clinton, Bill, "U.S. President Bill Clinton's Assemble Speech, 10 July 1993", *The Korean Journal of International Studies,* Vol. 24, No. 3, 1993.

Collins, A., "Forming a Security Community: Lessons from ASEAN", *International Relations of the Asia − Pacific*, Vol. 7, No. 2, 2007.

Cook, Maicolm, "The United States and the East Asia Summit: Finding the Proper Home", *Contemporary Southeast Asia*, Vol. 30, No. 2, 2008.

Cossa, Ralph A.(et al), *The United States and the Asia − Pacific Region: Security Strategy for the Obama Administration*, Washington D.C.: Center for a New American Security, 2009.

Dittmer, Lowell, "The Strategic Triangle: An Elementary Game − Theoretical

Analysis", *World Politics*, Vol. 33, No. 4, 1981.

Emmerson, Donald K., "ASEAN as an International Regime", *Journal of International Affairs*, Vol. 41, No. 1, 1987.

Er, Lam Peng, "Japan and the Spratly Dispute: Aspiration and Limitation", *Asian Survey*, Vol. XXXⅥ, No. 10, 1996.

Evans, Paul, "East Asian Regionalism: Supplement or Alternative to an American Centered Pacific Order?", in *Building an East Asian Community: Visions and Strategies*, Annual International Conference, Asiatic Research Center, Korea University, 2002.

_____, "Reinventing East Asia: Multilateral Cooperation and Regional Order", *Harvard International Review*, Vol. XⅧ, No. 2, 1996.

Friedman, George, *The Next 100 Years: A Forecast for the 21st Century*, New York: Doubleday, 2009.

Galbreath, Davi, *The Organization for Security and Co-operation in Europe*, London: Routledge, 2007.

Gansen, N., "Malaysia in 2003: Lidership Transition with a Tall Shadow", *Asian Survey,* Vol. 44, No. 1, 2004.

Garofano, John, "China, South China Sea, and U.S. Strategy", in Gabriel B. Collins(et al), *China's Energy Strategy: The Impact on Beijing's Maritime Policies,* Annapolis, MD: Naval Institute Press, 2008.

Gates, Robert M., "A Balanced Strategy: Reprogramming The Pentagon For A New Age", *Foreign Affairs*, January/February 2009.

Gilpin, Robert, *The Challenge of Global Capitalism: The World Economy in the 21st Century*, Princeton: Princeton University, 2000.

_____, *The Political Economy of International Relations*, New Jersey: Princeton University, 1987.

Goh, Evelyn, *Meeting the China Challenge: The U.S. in Southeast Asian Regional Security Strategies*, Washington: East – West Center, 2005.

_____, "The ASEAN Regional Forum in United States East

Asian Strategy", *Pacific Review*, Vol. 17, No. 1, 2004.

Grieco, Joseph M., "Understanding the Problem of International Cooperation: The Limits of Neoliberal Institutionalism and the Future of Realist Theory", in David A. Baldwin(ed.), *Neorealism and Neoliberalism*, New York: Columbia University Press, 1993.

Haacke, Jürgen, *ASEAN's Diplomatic and Security Culture: Origins, Development and Prospects*, New York: Routledge, 2003.

Haas, Ernst B., *Beyond the Nation‑State: Functionalism and International Organization*, Stanford: Stanford University Press, 1964.

_____, "Why Collaborate? Issue‑Linkage and International Regime", *World Politics*, Vol. 32, No. 3, 1980.

_____, "Technocracy, Pluralism and the New Europe", in Stephen Graubard (ed.), *A New Europe*, Boston: Bacon Press, 1963.

Hassan, Mohamed Jawhar bin, "Southeast Asia and the Major Powers", *Pacific Review*, Vol. 8, No. 3, 1995.

Haruki, Wada, "Toward Northeast Asian Regional Cooperation and East Asian Community", *in A Paper Presented '2007 NEAR International Economic Forum', The Association of Northeast Asia Regional Governments*, Dague: Hotel Inter‑Burgo. October 17 2007.

Hawarht, D., "Discourse Theory", in David Marsh and Gerry Stoker(ed.) *Theory and Methods in Political Science*, London: Macmillan, 1995.

Hemmer, Christopher & Kazenstein, Peter J., "Why is there no NATO in Asia? Collective Identity, Regionalism and the Origins of Multilateralism", *International Organization*, Vol. 56, No. 3, 2002.

Hill, Cameron J. & Tow, William T., "The ASEAN Regional Forum: Material and Ideational Dynamics", Mark Beeson(ed.), *Reconfiguring East Asia: Regional Institutions and Organizations After Crisis*, London: Routledge, 2002.

Holsti, K. J., *International Politics: A Framework for Analysis*, Englewood

Cliffs: Prentice Hall, 1995.

Hund, Markus, "ASEAN Plus Three: Towards a New Age of Pan – East Asian Regionalism? A Skeptic's Appraisal", *Pacific Review,* Vol. 16, No. 3, 2003.

Huntington, Samuel P., "Transnational Organization in World Politics", *World Politics*, Vol. 25, No. 3, 1973.

Ignatieff, Michael(ed.), *American Exceptionalism and Human Right*, Princeton: Princeton University Press, 2005.

Ikenberry, G. John, "State Power and the Institutional Bargain: America's Ambivalent Economic and Security Multilateralism", in Rosemary Foot, S. Neil MacFarlane & Michael Mastanduno(ed.), *US Hegemony and International Organization*, Oxford: Oxford University Press, 2003.

Ito, Kenichi, "State of East Asian Community Concept and ASEAN Integration", *CGJ Commentary*, 21 February 2007.

Job, Brian, "Matters of Multilateralism: Implications for Regional Conflict Management" In David A. Lake and Patrick M. Morgan, eds., *Regional Orders: Building Security in New World,* University Park, PA: Pennsylvania State University Press, 1997.

Jones, David M. & Smith M. L. R., *ASEAN and East Asian International Relations: Regional Delusion,* Northampton: Edward Elgar Publishing Inc., 2006.

Jones, Michael E., "Forging an ASEAN Identity: The Challenge to Construct a Shared Destiny", *Contemporary Southeast Asia*, Vol. 26, No. 1, 2004.

Jönsson, Kristina, "Unity – in – Diversity?: Regional Identity Building in Southeast Asia", *Working Paper No. 29*, Center for East and Southeast Asian Studies, Lund University, Sweden, 2008.

Kagan, Robert, "Multilateralism, American Style", *Washington Post,* 13 September 2002.

Kang, David C., *China Rising: Peace, Power, and Order in East*

Asia, New York: Columbia University Press, 2007.

Katada, Saori N., "Japan and Asian Monetary Regionalism: Cultivating a New Regional Leadership after the Asian Financial Crisis", *Geopolitics*, Vol. 7, No. 1, 2002.

Keohane, Robert O., "Reciprocity in International Relations", *International Organization*, Vol. 40, No. 1, 1986.

_____, "Multilateralism: An Agenda for Research", *International Journal*, Vol. 45, No. 4, 1990.

_____, *After Hegemony: Cooperation and Discord in the World Political Economy*, Princeton: Princeton University Press, 1984.

Kesavapany, K., *Special Lecture on 'ASEAN Centrality in Regional Integration'*, The Siam City Hotel, Bangkok, 26 February 2010.

Kivimäki, Timo, "Power, Interest or Culture – Is There a Paradigm that Explain ASEAN's Political Role Best?", *Pacific Review*, Vol. 21, No. 4, 2008.

Krasner, Stephen D. "Structural Causes and Regime Consequences: Regime as Intervening Variables", *International Organization*, Vol. 36, No. 2, 1982.

Krauthammer, Charles, "The Unipolar Moment", *Foreign Affairs*, Vol. 70, No .1, 1990/1991.

Kuik Cheng – Chwee, "The Essence of Hedging: Malaysia and Singapore's Response to a Rising China", *Contemporary Southeast Asia*, Vol. 30, No. 2, 2008.

Kurlantzick, Joshua, *Charm Offensive: How China's Soft Power Is Transforming the World*, New Haven: Yale University Press, 2007.

Lampton, David M., *The Three Faces of Chinese Power: Might, Money, and Minds*, Berkely: University of California Press, 2008.

Leonard, Mark, *What Does China Think?*, New York: Public Affairs, 2008.

Lincoln, Edward, *East Asian Economic Regionalism*, Washington D.C.,:

Brookings Institution, 2004.

Lipset, Seymour M., *American Exceptionalism: A Double Edged Sword*, New York: W. W. Norton & Co., 1997.

Liu Yunhua & NG Beoy Kui, "Impact of a Rising Chinese Economy and ASEAN's Responses", *Working Paper No: 2007/03*, Singapore: Economic Growing Center, 2007.

Loke, Beverly, "The ASEAN Way: Toward Regional Order and Security Cooperation?," *Melbourne Journal of Politics*, January 1, 2005.

Lum, Thomas, W. M. Morrison & Bruce Vaughn, " China's Soft Power in Southeast Asia", *CRS Report for Congress*, 4 January 2008.

Mack, Andrew, "Security Cooperation in Northeast Asia: Problems and Prospects", *Journal of Northeast Asian Studies*, Vol. XI, No. 2, 1992.

Mahathir, Mohamad, "Let Asian Build Their Own Future Regionalism", *Global Asia,* Vol. 1, No. 1, 2006.

Malik, Mohan, "The East Asia Summit", *Australian Journal of International Affairs*, Vol. 60, No. 2, 2006.

Malone, David M. & Yuen Foong Khong, "Unilateralism and US Foreign Policy: International Perspectives", in Malone, M. David & Yuen Foong Khong(ed.), *Unilateralism and US Foreign Policy*, Boulder: Lynne Rienner Publishers, 2003.

Masashi Nishihara, "The Role of the Japan – U.S. Alliance for Northeast Asian Security", *Japan Close – up*, September 1996.

Marshall, Tyler, "How China is Winning the Soft Power Battle across East Asia", *The National Interest*, No. 85, 2006.

Mastanduno, Michael, "Incomplete Hegemony", in Muthiah Alagappa(ed), *Asian Security Order*, Stanford: stanford University Press, 2003.

Mattli, Walter The Logic of Regional Integration: Europe and Beyond, Cambridge University Press, 1999.

Maynes, Charles, "America's Fading Commitment", *World Policy Journal*, Vol. 16, No. 2, 1999.

Meyer, Feggy F., "Sino – Japanese Relations: The Economic Security Nexus", in Tsuneo Akaha(ed.), *Politics and Economics in Northeast Asia*, New York: St. Martin's Press, 1999.

Mitrany, David, A Working Peace System: An Argument for the Functional Development of International Organization, Chicago: Quadrangle Books, 1966.

Moravcsik, Andrew, *The Choice for Europe*, Ithaca: Cornell University Press, 1998.

_____, "Negotiating the Single European Act: National Interests and Conventional Statecraft in the European Community", *International Organization*, Vol. 45, No. 1, 1991.

Mosher, Steven H. *Hegemone: China's Plan to Dominate Asia and the World*, San Francisco: Encounter Books, 2000.

Needham, Michael A., "Nuclear Test Calls for Active Intolerance of North Korean Regime", *WebMemo(The Heritage Foundation)*, No. 1232, October 9, 2006.

Nesadurai, Helen E. S., "ASEAN and Regional Governance after the Cold War: From Regional Order to Regional Community?" *The Pacific Review*, Vol. 22, No. 1, 2009.

Nischalke, T., "Does ASEAN Measure Up? Post – Cold War Diplomacy and the Idea of Regional Community", *The Pacific Review*, Vol. 15, No. 1, 2002.

Nordhaug, Kristen, "The United States and East Asia in an Age of Financialization", *Critical Asian Studies*, Vol. 37, No. 1, 2005.

North, Douglass, *Institutional Change and Economic Performance*, New York: Cambridge University Press, 1990,

Nye, Joseph S., "Obama's Tightrope", *Project Syndicate: A world of Ideas*, 8 March 2011.

_____, *International Regionalism*, Boston: Little Brown & Co., 1968.

Oh Kong dan & Ralph C. Hassig, "North Korea: The Hardest Nut'"

Foreign Policy, No. 139, 2003.

O'Hanlon, Michael, "Damn the Torpedoes: Debating Possible U.S. Navy Loses in a Taiwan Scenario", *International Security*, Vol. 29, No. 2, 2004.

O'Neilm, Jim & Stupnytska, Anna, "The Long Term Outlook for the BRICs and N-11 Post Crisis", Goldman Sachs, *Global Economic Paper No. 192*, 2009.

Ong Keng Yong, "ASEAN-China Relations: Harmony and Development", *in A Speech at a Commemorative Symposium to Mark the 15th Anniversary of China's Dialogue with ASEAN*, 8 December 2006.

Organski, A. F. K., *World Politics*, New York: Alfred A. Knopf, 1958.

Pan, Zhenqiang, *China and East Asia Regional Cooperation and Community Building*, Beijing: The Konrad Adenauer Foundation, 2006.

Payne, Anthony & Gamble, Andrew, *Regionalism and World Order*, Houndmill: Macmillan Press, 1996.

Pempel, T. J., "Introduction: Emerging Webs of Regional Connectedess", in T. J. Pempel(ed.), *Remapping East Asia: The Construction of a Region*, Ithaca: Cornell University Press, 2005.

Phongpaichit, Pasuk, "Who wants an East Asia Community? and Who doesn't?", *CREP Seminar*, No. 16, 2006.

Ravenhill, John, "A Three Bloc World? The New East Asian Regionalism", *International Relations of the Asia-Pacific*, Vol. 2, 2002.

Prasetyono, "Next Steps in ASEAN-Korea Relations for East Asian Security", in Ho Khai Leong(ed), *ASEAN-Korea Relations: Security, Trade and Community Building*, Singapore: Institute of Southeast Asian Studies, 2007.

Rita, Smith Kipp, "Indonesia in 2003: Terror's Aftermath", *Asian*

Survey, Vol. 44, No. 1, 2004.

Roy, Anish Kumar, "The Role of Education in Building the ASEAN Community by 2015", *A paper Presented in the 1st Regional Seminar on Education to Achieve ASEAN Caring and Sharing Community*, Bangkok, Thailand, 23 - 25 February 2009.

Rudd, Kevin, *Building on ASEAN's Success: Towards an Asia Pacific Community*, Singapore: Institute of Southeast Asian Nations, 2008.

Ruggie, John G., *Constructing the World Polity: Essays on International Institutionalization,* London: Routledge, 1998.

_____, *Winning the Peace: America and World Order in the New Era*, New York: Columbia University Press, 1996.

_____, "Multilateralism: The Autonomy of an Institution: *International Organizations,* Vol. 46, No. 11, 1992.

Samad, Paridah Abdul & Muhammad, Mokhtar, "Japan in Southeast Asia: Its Diplomatic, Economic and Military Commitment", *The Indonesian Quarterly*, Vol. X , No. 3, 1994.

Sambaugh, David, "China Engages Asia: Reshaping the Regional Order", *International Security*, Vol. 29, No. 3, 2005.

SIPRI Yearbook 2009, Stockholm: Stockholm International Peace Research Institute, 2009.

Smith, Paul J., "China - Japan Relations and the Future Geopolitics of East Asia", *Asian Affairs: An American Review,* Vol. 35, No. 4, 2009.

Sopiee, Noordin, 'ASEAN Towards 2020: Strategic Goals and Critical Pathways', *Presented at the Second ASEAN Congress*, Kuala Lumpur, Malaysia, 20 - 23 July 1997.

Spykman, N. J., *The Geography of the Peace*, New York: Harcourt, Brace and Company, 1944.

Stein, Arthur A., "Coordination and Collaboration: Regime as an Anarchic World", *International Organization*, Vol. 36, No. 2, 1982.

Su Hao, "The Nature of East Asian Regionalism: A Chinese Perspective", Zhang Yunling(ed.), *Emerging East Asian Regionalism: Trend and Response,* Beijing: World Affairs Press, 2005.

Sutter, Robert G., *China's Rise in Asia: Promises and Peril,* Roman & Littlefield Publishers, Inc., 2005.

Tajfel, Heri, *Human Groups and Social Categories: Studies in Social Psychology,* Cambridge: Cambridge University Press, 1981.

Tay, Simon, "ASEAN Plus 3: Challenges and Cautions About a New Regionalism", in Mohamed J. Hassan, S. Leong and V. Lims(ed.), *Asia Pacific Century: Challenges and Opportunities in the 21st Century,* Kuala Lumpur: ISIS Malaysia, 2002.

Terada, Takashi, "The Origines of ASEAN+6 and Japan's Initiatives: China's Rise and the Agent-Structure Analysis", *Pacific Review,* Vol. 23, No. 1, 2010.

Thayer, Carlyle A., *Kevin Rudd's Asia – Pacific Community Initiative: Suggestions and Insights for the Future Process of East Asian Regional Cooperation,* A Presentation to International Conference on East Asia and South Pacific in Regional Cooperation, Shanghai, China, 9 – 10 September 2009.

Thompson, Eric C. & Thianthai, Chulanee, *Attitudes and Awareness toward ASEAN: Findings of a Ten Nation Survey,* Singapore: Institute of Southeast Asian Nations, 2008.

Wang, Fei – Ling, "To Incorporate China: A New Policy for a New Era", *The Washington Quarterly,* Vol. 21, No. 1, 1998.

Wang, Seok – Dong, "Regional Financial Cooperation in East Asia: The Chiang Mai Initiative and the Beyond", *Bulletin on Asia – Pacific Perspectives 2002/2003,* 2002.

Weatherbee, Donald, "Strategic Dimensions of Economic Interdependence in Southeast Asia", in Ashley Tellis & Michael Wills(ed.), *Strategic Asia 2006 – 2007,* Seattle: National Bureau of Asian Research, 2006,

Wendt, Alexander, *Social Theory of International Politics*, Cambridge: Cambridge University Press, 1999.

_____, "Collective Identity Formation and International State", *American Political Science Review*, Vol. 8, No. 2, 1994.

Yahuda, Michael, *The International Politics of the Asia-Pacific, 1945~1995*, London: Routledge, 1996.

Yoshimatsu, Hidetaka, *The Political Economy of Regionalism in East Asia: Integrative Explanation for Dynamics and Challenges*, New York: Macmillan, 2008.

Yu, Hyun-Seok, "The Emergence of a New U.S. Multilateralism: The Case of PSI", *OUGHTOPIA: The Journal of Social Paradigm Studies*, Vol. 23, No. 1, 2008.

Zehfuss, Maja, *Constructivism in International Relations: The Politics of Reality*, Cambridge: Cambridge University Press, 2002.

Zhang Yunling, "East Asian Community Building and China", *Waseda University's 125th Anniversary Commemorative International Symposium*, 15-16 October 2007.

_____, "New Regionalism and East Asian Community Building", in Zhang Yunling(ed.), *Emerging East Asian Regionalism: Trend and Response*, Beijing: World Affair Press, 2005.

_____, "Emerging New East Asian Regionalism", *Asia-Pacific Review*, Vol. 12, No. 1, 2005.

Zhang, Xiaoming, "The Rise of China and Community Building in East Asia", in Margaret McCown(et. al.), *Political Economy of Northeast Asian Regionalism*, Seoul: Korean Institute of National Unification, 2006.

Zhao, Quansheng & Liu, Guoli, "The Challenge of a Rising China", The Journal of Strategic Studies, Vol. 30, No. 4, 2007.

Zheng, Bijian, "China's Peaceful Rise to Great Power Status", *Foreign Affairs*, Vol. 84, No. 5, 2005.

◈ 선언 · 성명 · 보고서

Annual Report to Congress: Military Power of the People's Republic of China, Washington, D.C.: U.S. Department of Defense, 2008.

ASEAN Declaration on the South China Sea, Manila, Philippine, 22 July 1992.

ASEAN - India Partnership for Peace, Progress and Shared Prosperity, Vientiane, Laos, 30 November 2004.

ASEAN Ministerial Meeting, Cebu, Philippines, 11 April 2005.

ASEAN - Republic of Korea Plan of Action to Implement the Joint Declaration on Comprehensive Cooperation Partnership, Vientiane, Laos, 30 November 2004.

ASEAN Vision 2020, Kuala Lumpur, Malaysia, 15 December 1997.

Cebu Declaration on the Acceleration of the Establishment of an ASEAN Community by 2015, Cebu, Philippine, 13 January 2007.

Chairman's Statement of the East Asia Summit Foreign Ministers Informal Consultations, Ha Noi, 21 July 2010.

Chairman's Statement of the 12th ASEAN - ROK Summit, Cha - am Hua Hin, Thailand, 24 October 2009.

Chairman's Statement of the 16th ASEAN Summit "Towards the ASEAN Community: from Vision to Action", Ha Noi, Vietnam, 9 April 2010.

*Chairman's Statement of the Ninth ASEAN Plus Three Summi*t, Kuala Lumpur, Malaysia, 12 December 2005.

Chairman's Statements of the First East Asia Summit, Kuala Lumpur, Malaysia, December 14, 2005.

CRS Report for Congress RL32688, Washington D.C.: Government Printing Office, 2006.

Declaration of ASEAN Concord, Bali, Indonesia, 24 February 1976.

Declaration of ASEAN Concord Ⅱ, Bali, Indonesia, 7 October 2003.

East Asia Vision Group Report, *Toward an East Asian Community - Region of Peace, Prosperity and Progress*, 2001.

Enterprise for ASEAN Initiative, Bureau of East Asian and Pacific
Affairs, U.S. Department of State, 26 October 2002.

Final Report of East Asia Study Group, ASEAN+3 Summit, Phnom
Penh, Cambodia, 4 November 2002.

*Framework Agreement on Comprehensive Economic Cooperation Between
ASEAN and the People's Republic of China,* Phnom Penh, 4
November 2002.

Hanoi Plan of Action, Hanoi, Vietnam, 16 December 1998.

Joint Communique of the 38th ASEAN Ministerial Meeting, Cebu, the
Philippines. 11 April 2005.

*Joint Declaration of ASEAN and China on Strategic Partnership for
Peace and Prosperity,* Bali, Indonesia, 8 October 2003.

*Joint Declaration of the Heads of State/Government of the Association
of Southeast Asian Nations and the People's Republic of
China on Strategic Partnership for Peace and Prosperity,* Bali,
Indonesia, 8 October 2003.

*Joint Ministerial Statement of the 11th ASEAN Plus Three ASEAN
Ministerial Meeting,* Madrid, Spain, 4 May 2008.

*Joint Statement of the ASEAN − Republic of Korea Commemorative
Summit,* Jeju Island, Republic of Korea, 2 June 2009.

*Joint Statement of the Ninth ASEAN − Japan Summit − Deepening and
Broadening of ASEAN − Japan Strategic Partnership,* Kuala
Lumpur, Malaysia, 13 December 2005.

Joint Statement on East Asian Cooperation, Manila, Philippine, 28
November 1999.

*Memorandum of Understanding on Establishing the ASEAN − Korea
Centre between the Member Countries of the Association of
Southeast Asian Nations and the Republic of Korea,* Singapore,
21 November 2007.

*Second Joint Statement on East Asia Cooperation: Building on the
Foundations of ASEAN Plus Three Cooperation,* Singapore, 20

November 2007.

Singapore Declaration on Climate Change, Energy and the Environment, Singapore, 21 November 2007.

Strategic Framework Agreement between the United States of America and the Republic of Singapore for a Closer Cooperation Partnership in Defense and Security, Washington, D.C., 12 July 2005.

The Charter of the Association of Southeast Asian Nations, Singapore, 20 November 2007.

The National Security Strategy of Engagement and Enlargement, July, 1994.

The Rise of China's Power and International Role(A Study Report, Beijing: Institute of International Strategic and Development Studies, Tsinghua University, 2009.

The United States Security Strategy for the East Asia－Pacific Region, November 23, 1998.

Toward an East Asian Community－Region of Peace, Prosperity and Progress, East Asia Vision Group Report, 2001.

Treaty of Amity and Cooperation in Southeast Asia, Bali, Indonesia, 24 February 1976.

United States Security Strategy for the East Asia－Pacific Region, Washington D.C.: Department of Defense Office of International Security Affairs, February 1995.

US Department of Defense, *Annual Report to Congress: Military Power of the People's Republic of China 2008*, Washington D.C.: Office of the Secretary of Defense, 2009.

U.S.－Japan Joint Declaration on Security: Alliance for the 21st Century, Tokyo, Japan, 17 April 1996.

Vientiane Action Programme, Vientiane, Laos, 29 November 2004.

변창구

변창구(邊昌九) 교수는 고려대학교 정치외교학과를 졸업하고 경북대학교 대학원에서 정치학 박
사학위를 취득하였으며, 미국 University of Southern California 객원교수를 역임하였다. 현재
대구가톨릭대학교 교수로 재직하고 있으면서 동아시아국제정치학회 회장, 대한정치학회 회장,
한국국제정치학회 부회장, 한국정치정보학회 고문, 외교통상부 정책자문위원, 민주평화통일자문
회의 자문위원, 대구가톨릭대학교 국제대학원장·법정대학장·입학처장을 역임하는 등 활발한
학술활동과 정책자문을 하고 있다. 주요 저서로는 『아세안과 동남아국제정치』, 『21세기 동아시
아 안보와 한국』, 『세계화시대의 국제관계』가 있으며, 「국제레짐으로서 ASEAN의 운영체제:
도전과 전망」 등 동아시아 국제문제에 관한 수많은 학술논문들을 발표하였다.

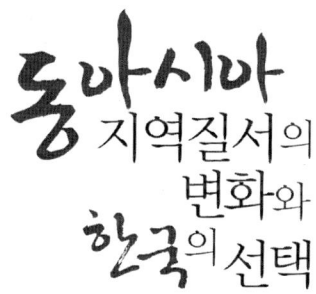

초판인쇄 | 2011년 7월 29일
초판발행 | 2011년 7월 29일

지 은 이 | 변창구
펴 낸 이 | 채종준
펴 낸 곳 | 한국학술정보㈜
주   소 | 경기도 파주시 교하읍 문발리 파주출판문화정보산업단지 513-5
전   화 | 031) 908-3181(대표)
팩   스 | 031) 908-3189
홈페이지 | http://ebook.kstudy.com
E-mail | 출판사업부 publish@kstudy.com
등   록 | 제일산-115호(2000. 6. 19)

ISBN   978-89-268-2422-1 93340 (Paper Book)
          978-89-268-2423-8 98340 (e-Book)

내일을여는지식 은 시대와 시대의 지식을 이어 갑니다.